Karam Khella

»Jederzeit, überall, mit allen Waffen«

Imperialismus heute

Krieg und Frieden

AF551581

Die Vorlesungen über

Krieg und Frieden

von

Karam Khella

Vierte und Fünfte Lieferung

Gegenwartsanalyse

»Jederzeit, überall, mit allen Waffen« – Imperialismus heute

Perspektiven und Chancen des Friedens

Die ersten beiden Auflagen 1985 und 1987 erschienen unter dem Titel »Jederzeit, überall, mit allen Waffen – Imperialismus heute«.
Die dritte Auflage erscheint in zwei Bänden: „Die gespaltene Welt" (2002) und der hier vorliegende Band.

Alle Rechte vorbehalten
© Copyright bei Theorie und Praxis Verlag
Sämtliche Rechte sind urheberrechtlich geschützt.
Das Werk darf – auch auszugsweise – ohne ausdrückliche Genehmigung des Verlages nicht in gedruckter, kopierter, akustischer Form, durch EDV oder durch ein anderes Verfahren reproduziert oder gespeichert werden.

– 4. Auflage – 2018
ISBN 978-3-939710-06-6

Theorie und Praxis Verlag
Goldbachstr. 2
D 22765 Hamburg

info@tup-verlag.com

Vorwort zur dritten Auflage

Die beiden ersten Auflagen von *Imperialismus heute* (1985 und 1987) waren viel schneller als erwartet vergriffen. Es hat sich gezeigt, daß ein großes Interesse zur Vertiefung in die behandelte Thematik besteht. Sowohl die Analyse der gegenwärtigen Weltlage als auch das Phänomen *Imperialismus* stehen an oberster Stelle der Auseinandersetzungen. Sie bilden aber auch den Kern der täglichen Sorgen der Menschen. „Militarismus" und „Krieg" sind unbestreitbar das größte Problem, mit dem die Völker konfrontiert sind.

Das Buch *Imperialismus heute* wurde zur Grundlage vieler Studienseminare, aber auch zur persönlichen Qualifikation genommen. Fragen an den Autor mehrten sich. Nachdrucke, die folgten, haben zwar Basiswissen geliefert, nicht jedoch in jedem Einzelfall neu aufgeworfene Fragen beantwortet.

Seit 1989 hat sich die internationale Situation tiefgreifend geändert. Die schwerwiegendste Veränderung war mit Abstand durch die Zusammenbrüche des Realsozialismus hervorgerufen. Die bis dahin existierenden Widersprüche der Weltlage sind sichtbarer und deutlicher geworden. Die durch den Imperialismus geschaffenen Antagonismen haben sich extrem verschärft. Jeder ist betroffen.
Die stürmischen Veränderungen der internationalen Beziehungen waren Grund dafür, daß ich während der Vorbereitung des Druckmanuskriptes immer wieder neue Tatbestände einbeziehen und die eingetretenen Verhältnisse berücksichtigen mußte. Neue Antworten auf veränderte Situationen sind dringend erforderlich geworden. Darum bitte ich um Nachsicht dafür, daß es bis zum Erscheinen der jetzt vorliegenden neuen Auflage so lange – ein Vierteljahrhundert! – gedauert hat.

Da die Thematik des Werkes dem Gegenstand einer Vorlesungssequenz entsprach, die ich parallel zur Redaktion hielt, habe ich es für sinnvoll gehalten, geeignete Vorlesungsskripten und die dazugehörigen Seminardiskussionen in das Buch zu integrieren. Der Charakter der Publikation als ein allgemeinverständliches Werk, das auch ohne Vorkenntnisse gelesen und praktisch genutzt werden kann, sollte dadurch nicht leiden. Wo immer eine Erklärung von Fachbegriffen oder Erläuterung von Formeln und Aussagen nötig waren, habe ich sie hinzugefügt.

Um den gemeldeten Fragen der Leserschaft der ersten Auflagen und den an mich herangetragenen Wünschen gerecht zu sein und dem Informationsbedarf nachzugehen, mußte eine wesentlich größere Druckfläche in Anspruch genommen werden. Der Umfang des Gesamtwerkes hat sich um ein Vielfaches erweitert. Seitenzahlen sind aber nur ein rein formaler Indikator für die geleistete Arbeit.

Viel wichtiger ist es, daß wir alle uns der veränderten Situation stellen müssen. Wir leben in einer gespaltenen Welt, darum ist sie so nicht lebensfähig.
Die Zeit, in der wir leben, haben wir selber nicht gewählt; unsere Eltern vielleicht. Wären wir vor die Wahl gestellt, hätten wir uns wahrscheinlich für eine andere Epoche entschieden. Eine schlimmere als die unserige gab es in der Geschichte kaum: Anhaltende Aggressionen, Dauerkriege, Versagen der internationalen Organisationen.

Darum ist es eine große Ehre, gerade jetzt zur Welt gekommen sein zu dürfen. Jede und jeder ist berufen, einen Beitrag gegen den Krieg, für Frieden und Gerechtigkeit zu tun. Voraussetzung für das Gelingen der Praxis ist das Verstehen. Darum dieses Buch.

Alle sind aufgerufen, die Stimme zu erheben und zu handeln.

Mögen die vorgelegten Analysen eine Orientierung bieten. Ich hoffe sehr, daß durch die Neubearbeitung von *Imperialismus heute* manche offene Fragen eine Erklärung, aktuelle Probleme der Theoriebildung eine befriedigende Lösung finden und damit zur zielgerichteten Praxis beitragen.

Allen Leserinnen und Lesern wünsche ich viel Kraft, Motivation und Freude an der Solidarität, der Zärtlichkeit der Völker.

Karam Khella
Hamburg im Sommersemester 2012.

Inhalt

Erstes Kapitel
Ende des Krieges – Beginn des Krieges

Ende des Krieges – Beginn des Krieges

Der Zweite Weltkrieg wurde nach einem perfekt ausgearbeiteten, präzise umgesetzten Drehbuch geführt: Skrupellos und kriminell. Die Bilanz: 56 Millionen Menschen sind Kriegsopfer.
Am 08. Mai 1945 endet der Zweite Weltkrieg mit der Unterzeichnung Deutschlands unter die Kapitulationsurkunde.
Nun atmet die Menschheit endlich auf. Der Krieg ist zu Ende gegangen. Nie wieder Krieg. Jetzt beginnt eine neue Ära. Das Zeitalter des Friedens ist angebrochen. Der Weltfrieden ist da. Der langersehnte Frieden ist nun eingetreten. Hält er an?

Am 08. Mai 1945 feierten die Algerier die Unabhängigkeit Frankreichs und ihre eigene, für die sehr viele Söhne des Landes auf den europäischen Schlachtfeldern starben. Grundlage ihrer Teilnahme am Krieg war das Einvernehmen, daß mit der Befreiung Frankreichs von der deutschen Besatzung auch Algerien sowie andere Länder Afrikas frei werden. In Massenkundgebungen begingen die Algerier ihre nationale Unabhängigkeit, Freiheit und Souveränität. Feierliche Umzüge, Festveranstaltungen und fröhliche Programme für Alt und Jung finden statt. In allen Städten Algeriens und auf dem Land herrschen große Freude und Aufbruchsstimmung. Die Eltern umarmen ihre Söhne, die aus dem Krieg in Europa nach Afrika zurückgekommen sind. Kinder sehen ihre Väter nach vielen Jahren der Trennung wieder. Andere beweinen den Tod des Geliebten, der in Europa für die Freiheit gestorben ist. Andere Rückkehrer marschieren mit auf Krücken, mit den Verletzungen, die sie aus Europa mitbrachten.
Am gleichen Tag beschließt die „Provisorische Regierung der Französischen Republik“ unter dem Vorsitz Charles de Gaulles in Paris die Bombardierung Algeriens.
Zur gleichen Stunde ist der algerische Himmel von der französischen Luftwaffe bedeckt. Über Algerien fällt ein Bombenhagel. Rauch steigt in den Himmel. Frankreich bombardiert Algerien. Es war das

Ende des Kriegs – der Beginn des Kriegs.

Achter, Neunter und Zehnter Mai 1945

Der Krieg gegen das algerische Volk wurde von Charles de Gaulles selbst geführt. Einer seiner Offiziere war der spätere Präsident Frankreichs Francois Mitterand, den die Algerier kurz vorher aus einem deutschen Konzentrationslager befreit hatten. Im Auftrag der „Provisorischen Regierung der Französischen Republik" wird die nationale Unabhängigkeitsfeier in Algerien sofort und blutig beendet. Der Ruf nach Selbständigkeit sollte mit Bomben und Raketen zum Schweigen gebracht werden.

Die „Provisorische Regierung der Französischen Republik" wurde durch die Opfer algerischer und afrikanischer Truppen an die Macht gebracht. Von ihnen wurde ihr der Weg nach Paris in verlustreichem Widerstand freigekämpft.
Die „Provisorische Regierung der Französischen Republik" unter dem Vorsitz de Gaulles befahl die Bombardierung nicht nur Algeriens, sondern auch anderer *frankophoner* Länder Afrikas, denn dort fanden Parallelfeiern zu denen in Algerien statt.
In den Ortschaften und Kasernen forderten die afrikanischen Soldaten ihren Sold, den Paris bis dahin nicht gezahlt hatte. Frankreich antwortete mit Raketen und Bombenregen über die Versammlungsorte der Soldaten. Tote erhalten keinen Sold. Witwen- und Waisenrente gibt es nicht.
Es waren jene Soldaten, welche die Freiheit Frankreichs erkämpft hatten. Hier feiern sie den Sieg der Freiheit – für Frankreich und für die eigene algerische Heimat.
Das befreite Frankreich beschließt die Beseitigung seiner Befreier. Ihre Freiheit müsse im Keim erstickt werden.

Während in Europa die Waffen schweigen, wird in Afrika der Völkermord durch europäische Besatzer wieder in Angriff genommen – nicht nur in Algerien, hier aber besonders grausam. Am 8., 9. und 10. Mai 1945 starben 45.000 Algerierinnen und Algerier aller Altersgruppen.
Frankreich und England verlegten ihre Truppen aus Europa nach Afrika und Asien, um ihren in Europa beendeten Krieg nunmehr gegen die Befreiungsbewegungen des Südens einzusetzen. Menschen sterben in Massen.

Im Jahr 2008 erneuerte der algerische Staatspräsident Abdelasis Bouteflika (ʿAbd alʿAzīz Būtaflīqa, seit 1999 Staatsoberhaupt der Demokratischen Volksrepublik Algerien) die Forderung seiner Vorgänger an Frank-

reich, den Völkermord vor der Erlangung der Unabhängigkeit Algeriens als Kriegsverbrechen anzuerkennen.
Bemerkenswert sind die Reaktionen der französischen Regierung auf die Forderung, Frankreich solle anerkennen, daß es in Algerien bis 1962 Kriegsverbrechen begangen hat: Charles de Gaulle (bis 1968), Georges Pompidou (1969-74) und Valéry Giscard d'Estaing (bis 1981) ignorierten die algerische Forderung. Francois Mitterand (1981-1995) redete sich damit heraus, daß Algerien vor der Unabhängigkeit als eine französische Provinz gegolten habe. Handlungen gegen Algerien gelten deshalb nicht als Kriegsverbrechen, weil Algerien für Frankreich kein Ausland gewesen sei. Jacques Chiracs (1995-2002) Stellungnahme war, daß Algerien und Frankreich nicht mehr von der Vergangenheit reden und ein neues Blatt der Beziehungen beginnen sollen. Sarkozy (2002-2009) wollte sich zur Frage des Völkermordes, den Frankreich in Algerien verübte, nicht äußern.

Zweites Kapitel
Aufstieg des US-Imperialismus

Mit der barbarischen Besetzung durch europäische Staaten und Siedler seit dem sechzehnten Jahrhundert beginnt die blutige Geschichte Amerikas. Die verstärkte Kolonisierung Amerikas durch Portugal und Spanien ging mit der Annihilation der authentischen Völker und der schonungslosen Ausplünderung Mittel- und Südamerikas einher. Beide Länder wurden durch Besetzung und Raub extrem reich, dann aber durch die Kolonien in Amerika und der alten Welt zermürbt. Nach der Schwächung beider Mächte mußten sie die Führung des Kolonialismus abgeben. Abgelöst wurden Portugal und Spanien durch den französischen und englischen Kolonialismus. Ihrerseits wurden England und Frankreich durch den Imperialismus zunächst enorm reich, dann wiederum eben durch die Kolonien zersetzt. Ihnen folgten die USA.

Vierhundert Jahre lang hielt der Vernichtungskrieg gegen die authentischen amerikanischen Völker, die Indigenas. Die Ausrufung der „Vereinigten Staaten von Amerika“ leitete den Folgeabschnitt des langen Genozids der Indigenen ein. Die USA sind über dem Ruin einer Völkergemeinschaft entstanden.

Zusammen mit ihrer Zivilisation und ihren Kulturen wurden die Indigenas bis auf eine kleine Minorität vernichtet. Sie sind Opfer eines vorsätzlich geplanten, radikal durchgeführten Völkermordes geworden.

Die Entstehung der von europäischen Siedlern beherrschten Staatssysteme in Süd- und Nordamerika ist identisch mit der „Annihilation“, dem Abschlußkapitel des radikalen Völkermordes an den authentischen Völkern des amerikanischen Doppelkontinents.
Die USA haben das Werk Portugals, Spaniens, Frankreichs und Englands, die Annihilation der Indigenen Amerikas, radikal fortgesetzt. Seit dem sechzehnten Jahrhundert fielen hundertmillionen Menschen dem Ausrottungskrieg der Europäer zum Opfer. Nun machen sich die USA daran, die anderen Kontinente in ein Blutmeer zu versenken.

Es gibt keinen Konsens, ein Gründungsdatum für die USA zu bestimmen. Man kann – nicht ohne historiographische Willkür – die Machtergreifung George Washingtons (regierte von 1789 bis1797), des ersten US-Präsidenten, als Gründungsdatum der USA wählen. George Washington (1732-1799) war vor seiner politischen Laufbahn Anführer von Siedlerbanden, welche die Indigenas terrorisierten, ausraubten und massakrierten. Diese Rolle begleitete ihn bis zu seinem Lebensende. Seine amtlich bestätigte militärisch-politische Laufbahn begann damit, daß er 1754 von einem Bandenchef zum Offizier befördert wurde. Von da an er leitete das erste blutige Kapitel der US-Geschichte ein. Er führte den planmäßigen Krieg zur physischen Liquidierung der Indigenas durch. Das Leitmotiv seiner Befehle lautete im Originalton „Annihilation". Er selbst ging dabei als Beispiel zur Nachahmung voran. Seine nachträgliche Bedeutung in der US-Geschichtsschreibung wird darauf zurückgeführt, daß er gegen die französische, dann gegen die englische Armee in Nordamerika gekämpft und für die Loslösung der USA von der britischen Krone gesorgt hat. Er vereinte seine Siedlerbanden zu einer politischen Organisation, mit der er die Partei der „Föderalisten" gründete. Statt mit den authentischen Völkern Nordamerikas friedlich zusammenleben zu wollen, organisierte er die europäischen Siedler zu einer Armee. Sie setzte den bisherigen Krieg gegen die indigenen Völkergemeinschaften fort. Mit den europäischen Einwanderern zusammen festigte er den europäischen Siedlerkolonialismus zum Staatsystem, das heute den Namen „Vereinigte Staaten von Amerika, USA" trägt. Nachträglich muß man konstatieren, daß mit Washington die Herrschaft über Nordamerika durch die europäischen Siedler, die vor der Vernichtung der Indigenas eine Minderheit waren, endgültig etabliert wurde.

Bereits die Staatsgründung der USA vor über 220 Jahren (berechnet vom Regierungsantritt George Washingtons 1789 an) geht von der Weigerung des friedlichen Zusammenlebens gleichberechtigter Völker aus. Die Indigenas haben die europäischen Siedler gastlich empfangen, weder abgelehnt noch zurückweisen wollen. Die Siedlerkolonisten wollten aber den einheimischen Völkern weder ihre Wohngebiete noch ihr Lebensrecht überlassen. Der Plan der europäischen Siedler sah vor, die authentischen Völker Amerikas zu vernichten und sie durch aus Afrika entführte Menschen zu ersetzen. Durch die demographische Desintegration der Kontinente Afrikas und Amerikas versprachen sich die Europäer, eine Herrschaftsposition über beide Erdteile zu erzielen. Der Aufbau des „weißen Amerikas" wurde auf dem Rücken einer Sklavenklasse von Schwarzen vollzogen.

Einen Meilenstein auf dem Weg des US-Imperiums bildet der US-Spanische Krieg (auch „spanisch-amerikanischer Krieg“ genannt) von 1898. Die USA haben Spanien als Kolonialmacht endgültig zerschlagen. Die USA besetzten die unter spanischer Kolonialherrschaft stehenden Philippinen, Cuba und Puerto Rico und legten damit die Basis für das US-Imperium. Die USA erlangten Herrschaft über die Karibik. 1898 hat sich Spanien nur schwach gewehrt. Rasch kam es zur US-spanischen Einigung von Paris 1898/99.

Auch jetzt wird wieder beobachtet, daß eine Kolonialmacht – hier Spanien – die sich im Niedergang befindet, weil sie am Widerstand der unterjochten Völker zermürbt wurde, statt sich mit den Unterdrückten zu verständigen und auf gerechte Formen der Kooperation zu einigen, lieber das besetzte Land an die nächste aufsteigende imperiale Macht abgibt.
Auf den Philippinen (benannt nach dem spanischen König Phillip II.) setzen die USA die Akkulturationspolitik der bisherigen Kolonialmacht fort. Sie lassen Spanisch als Amtssprache weiterhin gelten. Die gesellschaftliche Abstufung, welche von den Spaniern in das Archipel eingeführt wurde, bleibt erhalten. Auf den Philippinen bauen die USA mehrere größere Basen sowohl zur Widerstandsbekämpfung als auch zur Führung von Aggressionen gegen asiatische Länder.

Die USA entwickeln ein eigenes Repressions- und Akkulturationsprogramm für den Zweck, die Identität und Abwehrbereitschaft der Philippiner zu zersetzen. Nicht uninteressant ist die folgende, besonders bemerkenswerte Idee:
Die USA als Kolonialmacht über die Philippinen (amtliche Schriftsprache Spanisch) geben einen sofortigen Auftrag zur Übersetzung der Marx-Werke ins Spanische (Carlos Marx, spaniol, 1902) mit dem Gedanken im Hinterkopf, die Marxstudien eignen sich dazu, den antiimperialistischen Kampf zu dämpfen. Marx vertrat das Globalisierungskonzept, das sich von den fortgeschrittenen kapitalistischen Staaten über die Welt ausbreiten würde. Somit gelangen die Kolonien zum Kapitalismus. Marx sah das Gute darin, daß der Kapitalismus, der sich im Süden durch den Kolonialismus ausbreitete, eine Voraussetzung für den Sozialismus sei.

Die westliche Geschichtsschreibung räumt den USA große heroische Leistungen während des Ersten und Zweiten Weltkriegs (1914-1945) ein. Diese Rolle erweist sich bei näherer Prüfung zum größten Teil als Geschichtslegende. Im Ersten Weltkrieg waren die USA eher Zuschauer denn Teilnehmer, sehr wohl wollten sie vom Krieg und seinen Ergebnissen profitieren. US-Präsident T. Woodrow Wilson (1913-1921) und seine Administration mischten sich freilich ein, um Ansprüche anzumelden. Damit traten die USA 1917 erstmalig außerhalb des amerikanischen Kontinents auf die Weltbühne.

Ihre Beteiligung am Zweiten Weltkrieg war selektiv und opportunistisch. Zunächst ließen sie die europäischen Kriegsparteien einander zermürben und warteten ihren Niedergang ab. Ihr primäres Kriegsziel war Japan. Sie haben gegen das asiatische Land keinen Krieg geführt, sondern eine Zerstörung, besonders durch den massiven Einsatz der Luftwaffe.
Die USA versetzen dem japanischen Konkurrenten schwere Schläge. Die US-Luftwaffe richtete an der Bevölkerung Japans ein Gemetzel an.
In Europa hingegen waren die USA eher ein Beobachter der Ereignisse. Sie schauten zu, wie die europäischen Staaten sich gegenseitig zermürbten. Als lachender Dritter, eigentlich Vierter (anglo-französische Allianz, Achsenmächte und Sowjetunion), warteten sie ab, um ihre historische Stunde als Weltmacht anzutreten.
Einschränkend muß man ergänzen, daß die USA in Europa nicht nur passive Bobachter waren. Ihre Luftangriffe gegen Deutschland von Aachen bis Meiningen richteten sich meist gegen zivile Anlagen. Die Bombardements wurden auch dann fortgesetzt, als Deutschland keine Kampfkraft mehr bieten konnte, aber noch vor der Unterzeichnung der Kapitulationsurkunde. Damit schufen die USA Voraussetzungen für den Einstieg in das Wiederaufbaugeschäft. Außerdem wollten sich die USA eine Machtposition in Europa aufbauen. Dazu wurde der Marshallplan aufgestellt.

Als die marokkanische Truppe die Normandie befreite, landeten sofort US-Fallschirmjäger. Die Propaganda behauptete, die USA hätten die Normandie befreit. Die Legende von der Teilnahme der USA am „Anti-Hitler-Krieg" wurde sanktioniert.
Der eigentliche Beitrag der USA im Zweiten Weltkrieg beschränkte sich hauptsächlich auf den Ruin Japans, zunächst vermittels konventioneller Waffensysteme, dann durch den atomaren Krieg. Diese Tatsache brachte den USA eine Position in Südost-Asien ein, die zur Katastrophe dieser Weltregion werden sollte. Damit schufen sich die USA die praktischen Voraussetzungen ihrer Weltmachtrolle.
Unmittelbar nach dem Zweiten Weltkrieg nahmen die USA dann auch die Realisierung ihrer globalen Ambitionen in Angriff.

Geschichte entfaltet die ihr innewohnende Eigendynamik. Der Widerstand gegen den US-Imperialismus wächst sowohl weltweit als auch innerhalb der Vereinigten Staaten. Der blutige Weg zur Weltherrschaft führt über kurz oder lang in den Niedergang. Die wachsende Brutalität des US-Imperialismus lenkt nur vorübergehend von seiner tatsächlich anhaltenden Agonie ab.

Die „Supermacht" USA

Weltmacht/Supermacht: Die Prädikate „Weltmacht" und „Supermacht" erlangten die USA ausschließlich durch den Besitz der Atombombe mit ihrer Vernichtungskraft und vor allem durch ihre Anwendung! Mit der Atombomben-Explosion über Hiroschima und Nagasaki am 06. und 09. August 1945 wurden die USA mit den Titeln „Superpower" und „Weltmacht" dekoriert. Richtiger wären Prädikate wie „Criminal Empire" oder „Weltverbrecher". Eine Atombombe zu bauen oder Uran anzureichern ist kein Ausdruck von besonderer Intelligenz. Das können Atomphysiker aus allen Kontinenten tun. Was sie brauchen sind nur entsprechende Laborbedingungen, ein Experimentierfeld, ein Maximum an Skrupellosigkeit und natürlich Uran. Die meisten Staaten der Welt verzichten auf Atomwaffenproduktion, vor allem aus ethischen Gründen.

Die Praxis der Supermacht: Die USA sind mit Abstand Weltmeister in bezug auf die Produktion von Waffensystemen aller Art. Es ist eben diese Tatsache, die ihnen den Titel „Supermacht" eingebracht hat. Bei jeder Art tödlicher Waffen erzielen die USA Rekordzahlen. Diese Leistung ist nicht Ausdruck des Fortschritts, sondern des fehlenden ethischen Bewußtseins. Deshalb wollen wir vorab klarmachen, welche praktischen Konsequenzen die angebliche Supermachtstellung der USA hat.

Die USA verfügen über die furchtbarste Militärtechnologie, welche die Menschheit je gekannt hat. Die bloße Existenz atomarer Waffensysteme stellt nicht nur eine permanente Bedrohung von Mensch und Natur, sondern auch realen Mord an Massen dar. Selbst außerhalb von Kriegshandlungen sind die Opfer groß. Die Schäden – ohne Abwurf, sondern durch die bloße Herstellung und Lagerung – von Kernwaffen reichen von Krebserkrankungen bis zum Tod. Seit dem Atomwaffenbesitz steigen Leukämien, Säuglingssterblichkeit, pränatale Schäden sowie neuartige Erkrankungen und Krebsarten, die zuvor nicht bekannt waren. Radioaktive Waffen sind weiterhin Ursache von Sterilität, Zeugungsunfähigkeit und Kinderlosigkeit. Auch die Bevölkerung der USA selbst ist betroffen. Je näher die Menschen zu den Reaktoren, Experimentierfeldern, Labors und Lagern von Kernwaffen leben, umso häufiger ist die Morbiditäts- und Mortalitätsrate. Statistische Untersuchungen, die auch in Deutschland durchgeführt wurden, haben ermittelt und mehrfach festgestellt, daß in Wohnorten in der Nähe von AKWs die Leukämiequote bei Kindern bedrohlich ansteigt. Über diese Tatsache schweigen sich die gleichgeschalteten Medien aus.

Da die USA nicht nur Atombomben entwickeln und herstellen, sondern auch ein Breitspektrum anderer tödlicher Waffen, addieren sich die Gefahren schon im Vorfelde ihrer Anwendung bei Aggression und Krieg. Produktion, Lagerung und Transport von Atomwaffen, Uranium, *depleted Uranium*, Clusterbomben, Streumunitionen sind auch ohne Einsatz und Anschlag eine penetrierende Gefahr. Ein langer Katalog von Pathologien – Krebs, Leukämien und vielen anderen Krankheiten einschließlich Sterilität bei Mann und Frau – läßt sich auf die bloße Montage und Existenz dieser Waffen zurückführen. Es ist schon lange kein Geheimnis mehr, daß die USA große Laboratorien zur Entwicklung und Produktion von bakteriologischen Mutationen für Kriegszwecke unterhalten. Analog produzieren die USA Toxine und chemische Waffen. Daß auch diese Stoffe emittieren und – vorsätzlich oder versehentlich – die Umwelt verseuchen, wurde wiederholt berichtet. Die Gifte erreichen den Menschen auf direktem Weg oder über die Nahrung. Pflanzen und Tiere, selbst anorganische Materie – z.B. Badewasser und Strandsand – übertragen ABC-Elemente auf den Menschen. Mit der Atemluft werden radioaktive Korpusekel eingeatmet. Kaum berücksichtigt sind die psychischen, neurologischen, psychiatrischen und mentalen Störungen als Auswirkung der beschriebenen Waffen.

Es besteht absolut keine öffentliche Aufklärung über die Schäden, welche durch Waffenherstellung und Lagerung entstehen. Die Gefahren und die extrem pathologischen Folgen werden entweder banalisiert oder überhaupt nicht aufgeklärt. Nicht nur bei Betroffenen und Angehörigen, sondern auch bei Fachleuten wird Wissen über Risiken verdrängt.

Es bestehen physische, psychische, nervale, psychosomatische und psychiatrische Epidemien, die wegen ihrer großen Verbreitung nicht mehr als Pathologien, sondern als Normalzustand empfunden werden. An der

Spitze psychiatrischer Pathologien stehen Depressionen mit gebietsweise über 98%iger Verbreitung unter der Bevölkerung. Zu den populären Psychopathologien zählen außerdem Phobien, hysterische Störungen und Schizophrenien unterschiedlicher Ausprägungen. Es verbreiten sich in den USA und Nachbarländern sogenannte „Krankheiten unklarer Genese“. Pathologien epidemischen Ausmaßes expandieren. Krankheitsbilder, die in keinem Lehrwerk der Medizin dargestellt werden, sind klinischer Alltag geworden. Es ist unter Ärzten kein medizinisches Geheimnis, daß die Angabe auf dem Todesschein „Todesursache: Herzversagen“ nur bei einem Teil der Fälle gesichert ist. Dafür sollte es korrekterweise heißen: „ungeklärt“.

Bisher sprachen wir über die Auswirkungen von Waffen im „Frieden“, d.h. im Vorfeld ihrer Anwendung bei Aggression und Krieg.

Nun wollen wir uns eine Vorstellung davon machen, wie es dort aussieht, wo diese und andere Waffen und Munitionen zum Einsatz kommen, zur Explosion gebracht oder liegengelassen werden.

Hinzu kommen die permanente imperialistische Propaganda und psychologische Kriegsführung, die überall Panik und Resignation verbreiten. Dieser Effekt ist angestrebt und wird in der US-Militärsprache als „Abschreckung“ bezeichnet. Die USA wollen uns täglich mitteilen: „Es habe keinen Zweck, Widerstand gegen uns zu leisten“. Sie wollen eben suggerieren, eine unbesiegbare Supermacht zu sein. Um diesen Eindruck zu erwecken, schrecken sie vor keinem terroristischen Akt zurück. Panikerzeugende Anschläge gehören zu den Routine-Handlungen des Militärs und der paramilitärischen Organisationen der USA. Damit wollen sie den Eindruck von absoluter, unbezwingb arer Macht erwecken. Damit aber verkünden sie täglich den realen politischen und moralischen Bankrott.

Wenn Munitionen, Bomben und andere Waffen auf der Erde explodieren, diffundieren die freigesetzten Stoffe in Wasser, Boden, Luft und Biosphäre. Die ganze Erde ist betroffen. Niemand bleibt verschont. Am härtesten heimgesucht ist das Zentrum des Anschlags, das überfallene Land. Die Auswirkungen für die Menschen sind katastrophal.

Der atomare Krieg
Der atomare Angriff der USA auf japanische Ballungszentren
Achter und Neunter August 1945

Die menschheitsgeschichtlich erste Atombombe wird über Hiroschima abgeworfen. In Minuten sterben 200.000 Menschen. In den folgenden Wochen und Monaten überschritt die Zahl der Toten durch das Atomverbrechen die Millionengrenze. Eine Million Menschen starben eines sinnlosen Todes. Durch einen Befehl wurden Menschen bei lebendigem Leib verbrannt. Mit ihren Ideen, Initiativen, schöpferischen Kräften, Sehnsüchten, Hoffnungen, ihrer Menschlichkeit, Mitmenschlichkeit, Liebe wurden sie einfach ausgelöscht, im anderen Fall die Überreste zu Grabe getragen. Ihre künstlerischen Leistungen, intellektuellen Fähigkeiten, Weisheiten, Erfahrungen und all ihre schöpferischen Kräfte verschwanden für immer. Keiner von ihnen konnte sich von der Welt verabschieden. Keiner der Angehörigen konnte von seinen Toten Abschied nehmen. In ihrem Todesschrei klagten sie Wahnsinn, Gewalt und Verbrechen an. Mann und Frau, Eltern und Kinder, die aufeinander gewartet haben, sind nie wieder zusammengekommen. Sehnsüchte wurden nicht erfüllt. Die letzte Umarmung fand nicht statt.

Zum ersten Mal wird Mutter Erde vom Atompilz überschattet. Seine radioaktiven Strahlen durchdringen alle Organismen, das Lebensmilieu und die Biosphäre. Boden, Wasser und Luft wurden nachhaltig verseucht. Der Atomtod von Hiroschima war weltgeschichtlich das bis dahin größte Massenverbrechen.
Am 06. August 1945 entfesselten die USA grundlos den atomaren Krieg, den sie bis zum Ende des Jahrhunderts fortsetzten und in das dritte Jahrtausend hinein mitführen. Hiroschima war nicht letztes Opfer. Für die USA und die übrige Welt war es nur das erste Opfer. Hiroschima war nur ein Experiment. Es geht. Seit dem 06. August entwickeln die USA ihre Atomwaffen – immer wirksamer, zielgerichteter, tödlicher.
Die USA konnten mit ihrem zweifelhaften Erfolg nicht lange warten. Schon drei Tage später folgt der zweite Atombombenabwurf. Das Opfer heißt Nagasaki.

Am Neunten August 1945 wiederholen die USA die schreckliche Tat, das unvorstellbare Verbrechen gegen Nagasaki. Ihnen muß ja klar geworden sein, was eine Atombombe bewirkt. War es ein Rausch der USA nach Massentod, der sie zum zweiten Bombenabwurf bewegt hat? War es das

Experimentieren einer anderen Variante der Atombombenproduktion, einer Ausführung, die sich besonders durch Spätfolgen unterscheidet? Es war aber auch eine Sondervorstellung, denn die USA wollten der Welt zeigen, welche Macht sie besitzen. Die Menschheit sollte zur Kenntnis nehmen, sie sei erpreßbar.
Noch nicht vom ersten Massenverbrechen erholt, muß die Menschheit dasselbe zum zweiten Mal erleben. Hunderttausende schöpferische Kräfte wurden in einem einzigen Augenblick per Knopfdruck umgebracht. Künstler, Literaten, Mütter, Väter, Kinder, Jugendliche, verliebte Menschen sind kaltblütig von der Welt ausgelöscht worden. Viele Leben, die sich weiter entfalten wollten, wurden erstickt.

Die USA präsentierten das Massenverbrechen als eine Errungenschaft des technologischen Fortschritts und als eine Normaloperation im Rahmen des Zweiten Weltkriegs. Man wundert sich, denn er war real und formal beendet. Auch Japan hatte kapituliert. US-Präsident Truman verschleppte jedoch seine Gegenzeichnung unter die Kapitulationsurkunde, um einen Vorwand für den Atombombenabwurf zu haben. Die USA, welche die Nürnberger Prozesse selbst leiteten, synchronisierten die Gründung des Kriegsverbrechergerichts mit dem Atombombenabwurf, um ihren Kriminalitätsrekord in den Schatten der Naziverbrechen zu stellen.
Der Nürnberger Militärgerichtshof zur Untersuchung deutscher Kriegsverbrechen wurde gemäß dem Londoner Abkommen vom 09.08.1945 gegründet. Die Bekanntmachung über den Beginn des Kriegsverbrecherprozesses wurde für die Öffentlichkeit spektakulär aufbereitet, um von den aktuellen Atombombenkatastrophen abzulenken. Das Nürnberger Gericht stand unter Einfluß der USA und wurde letztlich für ihre Zwecke funktionalisiert.

Die weltweite Empörung über die atomare Bombardierung Japans war grenzenlos. Die Menschheit war dabei, sich vom Schrecken des Zweiten Weltkriegs zu erholen. Plötzlich wird sie wie aus einem schönen Traum vom Beginn der Ära des ewigen Friedens aufgeschreckt. Die Menschen haben gehofft, daß der Zweite Weltkrieg der letzte aller Kriege sein werde.

Die Menschheit erlitt einen unüberwindbaren Schock. Wer noch in einer Friedenseuphorie träumte, verfiel nach bösem Erwachen in tiefste Resignation. Depressionen verbreiteten sich allenthalben. Die Empörung war und ist zu groß, um rasch gestillt zu werden. Die Menschen hatten noch geglaubt, das Zeitalter des Krieges und der Barbarei sei ein für alle mal zu Ende gegangen.

Die beiden Atombomben haben nicht nur die Bevölkerung der beiden Großstädte Japans ausgelöscht, sondern auch den Mut und den Optimismus der Menschheit. Hilflos, mit einem Gefühl von Ohnmacht vermischt, nehmen die Menschen Abschied von der Friedenseuphorie. Nüchtern schauen sie noch einmal auf die Weltkarte. Eigentlich gab es auch vor dem Atombombenabwurf keinen Grund zur Euphorie. Real hat es seit dem 08. Mai 1945 keinen Frieden gegeben. Weder in Asien noch in Afrika noch in Süd- und Mittelamerika wurden den Menschen Frieden, Freiheit und Unabhängigkeit gegönnt. Der Frieden existierte nur als Hoffnung.

Als wollten die USA durch die Atomkatastrophe mitteilen:
Frieden gibt es nicht und soll es nicht geben!
Nur einen Frieden bringen wir euch:
Pax americana!
Die Ära des US-Imperialismus beginnt.

Genau darin liegt ein wichtiges Motiv für das US-Verbrechen. Es darf keine Gelegenheit aufkommen, wo die Menschen die Erfahrung vom Frieden machen. Je länger der Frieden andauert, umso schwerer, ihn zu brechen und einen Krieg zu beginnen.
Es gibt den Weltfrieden. Wie schön ist es, ohne Krieg zu leben! Ein solcher paradiesischer Zustand würde das Entfesseln einer erneuten Aggression erschweren. Der böse Unfriedenstifter würde sofort an den Pranger gestellt. Im anderen Fall würde der Macher des Krieges sogar daran gehindert. Die Initialenergie für neue Aggressionen könnte im Keim erstickt werden. Davor hat der Militärisch-industrielle Komplex (MIK) Horror. Für den Imperialismus ist der Friede gefährlicher als der Krieg.
Der Atombombenabwurf sollte allen Menschen klarmachen: „Frieden hat keine Chance". Dies zu vermitteln war ein zentrales Lernziel des praktischen Unterrichts „Atombomben über Japan". Ich befürchte, die USA haben das Klassenziel geschafft. Leider denken heute viele Menschen, Krieg gehört zum menschlichen Sein. Es gehe nicht ohne.

Uns obliegt die Aufgabe, diesen Aberglauben zu durchkreuzen. Es ist nicht leicht. Es ist aber möglich und notwendig.
Daher diese Vorlesung. Daher die Notwendigkeit der Weiterverbreitung durch Euch als Multiplikatoren. Wenn die Universität Bremen es durch-

setzen sollte, mir ein Lehrverbot zu erteilen, die Fortsetzung dieser Vorlesung und der Begleitseminare zu verhindern, dann wißt Ihr auch warum. Diese Gelegenheit nehme ich zum Anlaß, Euch für Eure Solidarität herzlich zu danken. Die vielen Aktionen, Veranstaltungen und Dokumentationen, die Ihr für den Erhalt meiner Lehre durchführt, sind mir eine große moralische Unterstützung und eine Hoffnung, daß wir nicht am Ende sind.

Es ist falsch, von einem Ende des Zweiten Weltkrieges zu reden. Weder hat 1939 ein Krieg begonnen noch wurde 1945 ein Krieg beendet.
Ende des Krieges ist Beginn des Krieges. Der „neue" Krieg, der seit dem 08. Mai 1945 begonnen hat und heute noch anhält, ist der grausamste aller Kriege der Menschheitsgeschichte. Mit ihren Atombombenabwürfen und dem Millionentod kündigten die USA die neue Qualität an. Japan war am härtesten betroffen, aber niemand in der Welt ist verschont geblieben. Menschen, welche Jahrtausende nach uns zur Welt kommen, werden leider immer noch unter Stoffen und Emissionen leiden, deren Halbwertzeiten mit Hunderttausenden von Jahren zu berechnen sind.
Wer am 08. Mai 1945 geglaubt hat, die Friedenszeit sei eingetreten, eine neue Weltära beginne, mußte umdenken. Aber der kontinuierliche Krieg, in dessen Rahmen der atomare Krieg eingeschaltet wurde, ist nicht unabwendbar. Er ist jedoch nicht nur mit frommen Wünschen und Unterschriftensammlungen zu beenden. Die Einstellung, den Krieg mit Appellen zu beenden, ist ehrenwert, reicht aber leider nicht aus. Kriegsverbrecher nehmen keine Rücksicht darauf.

Weder der Atombombenabwurf über Hiroschima und Nagasaki noch die Tausend-Bomber-Anschläge über Köln, Hamburg, Dresden, Rostock und anderswo hatten einen rein militärischen Sinn. Sie zerstören, eignen sich aber nicht dazu, daß nach einem Krieg Frieden eintritt und das die Menschen ihr Leben ungestört entfalten.
Es gehörte zu den Unterrichtszielen des vermeintlichen Siegs der USA über Japan: Kein Krieg ist der letzte Krieg. Bedingungslos kapitulierte Japan. Aber rasch haben die USA neue Feinde gesucht und gefunden. Seit dem 08. Mai 1945 haben sie nicht aufgehört, Kriege gegen friedfertige Völker zu führen.
Die USA wurden von der Weltöffentlichkeit verurteilt, weil sie den atomaren Angriff nach dem offiziellen, völkerrechtlich verbindlichen Ende des Weltkrieges als Sabotage der eingekehrten Ruhe, als Stiftung des Unfriedens erkannte. Das mußten die USA auch erwarten, hatten diesem Vorwurf aber außer Zynismus nichts entgegenzusetzen.

Mit den bisherigen Ausführungen wollte ich Eure geschätzte Aufmerksamkeit darauf lenken, daß die USA mit ihrem Atombombenabwurf nicht strategisch oder nur militärisch gedacht haben. Japan hatte schon vor den beiden Atombombenabwürfen kapituliert. Sollten sie einen militärischen Sinn erkennen lassen, sind sie trotzdem unzulässig und nicht zu vergeben oder zu tolerieren.
Der Atomkrieg ist ein Verbrechen gegen die Menschheit. Er muß absolut geächtet und verhindert werden.
Die USA haben Hiroschima und Nagasaki für ihre neue Auflage des Krieges nicht zufällig gewählt. Es waren die beiden wichtigsten Industriestädte Japans. Hier war das Arbeiterheer tätig. Viele Intellektuelle, Facharbeiter und kinderreiche Familien lebten in Hiroschima und Nagasaki. Am 06. August 1945 war die japanische Bevölkerung wie die übrige Menschheit optimistisch. Die Stimmung war geprägt durch die Hoffnung auf ein baldiges Kriegsende und den Beginn der Friedensära.

Der sechste August 1945 ist der bis dahin finsterste Tag der gesamten Menschheitsgeschichte. Er übertraf alle furchtbaren Verbrechen der bisherigen Kriege. Noch nie wurde in einer so minimalen Zeiteinheit so viel Leben vernichtet wie an diesem Tag.
Anders als Tschernobyl handelte es sich hier nicht um ein ungewolltes Unglück. Der Atombombenabwurf ist reiflich studiert, in den politischen und militärischen Gremien der USA diskutiert und beschlossen worden. Kostenaufwendige Labors waren schon lange eingerichtet. Hier wurde das atomare Programm der Nazis fortgesetzt.

Wie haben sich die USA zur „Supermacht“ qualifiziert?

Der Atombombenabwurf ist Krieg gegen die Zivilbevölkerung. In wenigen Wochen starben in Hiroschima über eine Million Menschen. Eine vielfache Zahl erkrankte und mußte mit Verstümmelungen weiterleben. Das war das größte Verbrechen in der Geschichte der Menschheit bis dahin. In Nagasaki starben auf der Stelle über 75.000 Menschen. Viele mehr starben später. Die zehnfache Zahl trug bleibende Behinderungen und Erkrankungen davon. Der Tod fand unerwartet statt und zog weiter durch Japan und seine Umwelt. Mit diesem furchtbaren Verbrechen qualifizierten sich die USA zur „Supermacht“; so wird das Criminal Empire seitdem tituliert.

Der Bombenabwurf folgt der amerikanischen Doktrin vom *Enemy people*. Feind ist das Volk. Unter dem Aspekt *Enemy people* ist auch Nagasaki und Hiroshima zu sehen. Die Annahme, Japan sollte militärisch besetzt werden, ist falsch. Japan hatte schon die Kapitulationsurkunde eingereicht. Außerdem sind Atombomben für einen „Sieg" ungeeignet. Bei einer Besetzung schaden die Emissionen gleichermaßen beiden Seiten. Sie machen auch vor keiner Grenze halt.
Die Frage, warum die USA Atombomben auf die beiden japanischen Städte abgeworfen haben, bewegt seitdem die Menschheit insgesamt. Demgegenüber heben sich Politologen ab. Sie lassen Hypothesen über Hypothesen vom Stapel. Ich muß natürlich einräumen, daß die meisten diese Frage schlicht als ein faktisches Geschehen betrachten, das man nur zur Kenntnis zu nehmen braucht.
Uns ist die atomare Katastrophe ein aus dem Gedächtnis unauslöschliches Geschehen. Unerbittlich ermahnt sie uns, eine Wiederholung zu verhindern. Das ist uns leider bisher nicht gelungen. Nötig wäre es, mit der Nachricht über die Katastrophe gleich an Entwürfen zu arbeiten, mit denen man künftig überhaupt Aggression und Krieg verhindert.

Die Frage lautet also: Warum? Militärisch war ein Verbrechen dieses Ausmaßes nicht notwendig gewesen. Die USA selbst haben auch keine befriedigende Erklärung dazu abgegeben. Jeder soll es verstehen, wie er will.
Die Frage ist nicht leicht oder vielleicht überhaupt nicht zu beantworten. Sollten wir uns auf der Ebene bewegen, daß die kriminelle Handlung der USA mit rationalen Denkversuchen zu beantworten sei, so ergeben sich folgende Überlegungen:
Die Sowjetunion ging aus dem Zweiten Weltkrieg zwar verlustreich, doch als Sieger hervor. Als einziger europäischer Staat hat sie zusammen mit den Soldaten aus dem Süden wirklich gegen die deutsche Expansion gekämpft, geopfert und einen echten Beitrag zur Befreiung Europas vom Faschismus geleistet. Als solcher erschien sie den USA – nach dem Verfall des europäischen Imperialismus – eine echte Behinderung auf dem Weg, ihre Illusion von der globalen Herrschaft zu realisieren. Die USA beschließen, der Sowjetunion eine Warnbotschaft mitzuteilen. Diese These reicht sicher nicht aus, um das Atomverbrechen der USA zu begründen; gleichwohl ist sie diskussionswert.
Die USA waren im Besitz des Atommonopols. Sie dachten naiv, sie werden lange über dieses Monopol verfügen. Demnach wollten die USA mit dem Atombombenabwurf der Sowjetunion und der ganzen Welt die Message übermitteln: Wir dulden keine Herausforderung.

Die atomare Politik

Bei der letzten Vorlesung sind wir bei der Frage stehen geblieben:
Was hat die USA dazu bewegt, die Atombomben über Japan abzuwerfen. Im folgenden möchte ich das Spektrum möglicher Überlegungen, welche die USA zum Bombenabwurf bewegt haben, darstellen. Wir fragen uns, wer sind die Adressaten?

1. UdSSR als Adressat: Der Atomangriff ist wiederholbar. Mit einem solchen Angriff habe die UdSSR zu rechnen, stelle sie sich den USA in den Weg. Wir, die USA haben Pläne, von denen wir wissen, daß sie niemandem außer uns selber gefallen werden. Weh dir, UdSSR, du stellst dich auf die Gegenseite. Die Atombombe kann auch über Moskau abgeworfen werden und jede beliebige Stelle in der Sowjetunion erreichen. Also UdSSR, hüte dich davor, einen antiimperialistischen Kurs zu verfolgen. Zu dem Zeitpunkt des Bombenabwurfs über Japan besaßen die USA noch ein Atommonopol. Die beiden Atombomben auf Japan waren eine Botschaft à la US-American way of Communication. Die atomare Mitteilung war primär an die Adresse der Sowjetunion gerichtet. Sie war noch nicht im Besitz der Atomwaffe und dadurch erpreßbar. Hiroshima und Nagasaki sollten von den Sowjets als Warnung davor verstanden werden, den antiimperialistischen Weg zu gehen.

2. China als Adressat: China war zwar noch nicht unabhängig, doch haben die Befreiungsbewegungen unter Führung von Kuomintang und der Kommunistischen Partei Chinas weite Territorien Großchinas unter ihre Kontrolle gebracht. Das große Entwicklungspotential in China war schon damals erkennbar. Ihm sollte gesagt werden, womit China ohnehin rechnen mußte, wenn es US-Interessen kreuzt. Hüte Dich China vor uns USA! Schau, wozu wir fähig sind!

3. Sozialistischer Staatenblock als Adressat: In der zweiten Hälfte des Jahres 1945 waren viele Staaten Osteuropas im Begriff, sich zu rekonstituieren. Das Jalta-Abkommen sah eine Annäherung dieser Staaten an die UdSSR und den Sozialismus vor. Kommunistische Organisationen haben die Widerstandsbewegungen auf dem Balkan geführt. Der Befreiungskampf in Osteuropa wurde von der Sowjetunion unterstützt.

Mit der atomaren Drohung wollten die USA den osteuropäischen Staaten, die mit einem antikapitalistischen Anspruch antraten oder ihn anstrebten, und den noch nicht rekonstituierten Staaten auf dem Balkan mitteilen, womit sie zu rechnen hätten, wenn sie sich wider die US-imperialistischen Interessen stellen würden.

*4. **Südost-Europa*** als Adressat: Im Süden Europas, insbesondere in Griechenland und in Italien, waren die Kommunistischen Parteien und die Linke überhaupt ob ihrer Opferbereitschaft aus dem Widerstand gestärkt hervorgegangen. In der Bevölkerung waren sie tief verankert. Die Kommunisten haben sogar regional und örtlich die Macht gestellt. Eine Weiterentwicklung auf diesem Weg wollten die USA unterbinden. Die Aufgeschlossenheit gegenüber Sozialismus und Kommunismus nach dem Niedergang des Faschismus war selbst in Deutschland breit und stark.
Die Tatsache, daß in Deutschland, und zwar in allen vier Zonen, zwischen 1945 und 1948, eine breite sozialistisch orientierte Bewegung bestanden hat, ist ein Geschichtskapitel, das so gut wie in Vergessenheit geraten ist. Diese Geschichtslücke sei noch durch Forschungsarbeiten zu schließen. Auf diesem Gebiet besteht eine Chance für Diplom- und Doktorarbeiten, was ich sehr begrüßen würde.
In Italien und besonders in Griechenland hat die Orientierung auf den Sozialismus noch viel länger als in Deutschland gehalten. In den südosteuropäischen Staaten herrschte nach dem Zweiten Weltkrieg eine vorrevolutionäre Situation.

5. Die Dreikontinente des Südens als Adressat: Der Süden befand sich inzwischen auf dem Höhenflug des antikolonialen Befreiungskampfes. Viele Staaten, z.B. Ägypten oder Brasilien, haben ihre Unabhängigkeit und Souveränität ausgerufen. Andere Staaten waren auf dem Weg dahin. Überhaupt waren die Jahrzehnte nach dem Zweiten Weltkrieg trikontinental weit eine Epoche von *Rise of Nations*.
Mit dem Atombombenabwurf wollten die USA die neuen souveränen Staaten „einladen", sich an den US-Block zu binden.

Natürlich war der Atombombenabwurf kein attraktives Mittel, sich in eine Gemeinschaft mit den USA einzugliedern. Dennoch haben die USA mit Politikern wie Truman, Eisenhower und Dulles (1888-1959, US-Außenminister 1953-59) gedacht, mit Abschreckung, Angst und Erpressung können sie alles erreichen. Von dieser Illusion haben sich die USA bis heute nicht geheilt.

Diese US-atomare Sprache war somit eine klare Drohung an den Süden insgesamt, besonders an die südost-asiatischen und arabischen Staaten und alle anderen, die sich noch im Widerstand gegen Kolonialismus und Imperialismus befanden.

6. Alliierte als Adressat: Nicht zuletzt war der Atombombenabwurf selbstverständlich an die Adresse der US-eigenen Alliierten gerichtet. Die USA haben im Zweiten Weltkrieg zur Befreiung Europas von der Herrschaft des deutschen Faschismus so gut wie keinen Beitrag geleistet. Sie landeten in der Normandie (06.06.1944), nachdem sie von marokkanischen Kämpfern befreit worden war.
Bis dahin hatten die USA eine zwar imperialistische, doch im Vergleich zu Europa geringere Rolle gespielt. Mit dem Atombombenabwurf melden die USA einen Führungsanspruch innerhalb des imperialistischen Lagers und selbst über Europa an.

7. Japan als Adressat: Mit dem Atombombenabwurf über Japan sagen die USA den Japanern: „Hiroschima und Nagasaki sind erst der Anfang“. Die USA strebten nicht an, Japan zur Kolonie zu machen, wohl aber in totale Abhängigkeit von ihnen zu bringen, was leider auch gelungen ist.

8. Menschheits-Weltgemeinschaft als Adressat: Hiroschima und Nagasaki waren eine Mitteilung an die ganze Welt: Jetzt beginnt die US-amerikanische Ära. Wir, die USA, sind allmächtig. Jede Stadt in der ganzen Welt kann zum dritten Atom-Opfer werden.
Die Menschheit soll das Fürchten vor den USA lernen: Abschreckung durch den realen Massentod.
Hiroschima und Nagasaki waren weder Science Fiction noch eine leere Drohung. Die USA teilt der Menschheit mit: Ihr seid erpreßbar.

Natürlich geben die USA eine rein militärische Begründung zur Rechtfertigung des Atombombenabwurfs. Die vorstehend genannten Aspekte beweisen dennoch, daß der Atombombenabwurf nicht militärisch, sondern politisch und massenpsychologisch zu verstehen ist: Auf daß die ganze Welt Furcht und Panik ergreife! Die Atombombe ist eine psychologische Waffe, die Welt unterwerfe sich oder werde ruiniert. Atombomben sind Träger der Abschreckungsstrategie. Keine Verhandlung, keine Verständigung, kein Konsens, kein Widerspruch, sondern Unterwerfung durch Abschreckung. Deshalb ist es richtig, die Atombombe auch als eine psychologische Waffe, die Panik und Phobien erzeugt, zu betrachten.

Seit 1945 haben die USA ihre Atomprogramme und -forschung weiter ausgebaut. Der US-Ex-Außenminister Henry Kissinger, der ein halbes Jahrhundert lang die US-Kriegs- und Außenpolitik maßgeblich mitbestimmte, dokumentiert selbst, daß die Atomwaffen die Basis des hegemonialen Anspruchs der US-Weltherrschaft sind: Kissinger, Nuclear Weapons and Foreign Policy.[1]

Der offen imperialistische, arrogante und menschenverachtende Diskurs Kissingers brachte ihm heftige Kritik ein (Fullbright, The Arrogance of Power, u.a.). Als Kissinger nach Erscheinen seines Werkes Professor für Politik wurde mit Aussicht auf höhere Positionen und bis selbst an die Schaltstellen der Entscheidung aufgestiegen ist, sah er sich aus rein optischen Gründen veranlaßt, seine Sprache, die selbst befreundeten Staaten keine Wahl läßt, zu kaschieren. Dazu schrieb Kissinger „Necessity for Choice“[2]. Dennoch konnte jeder erkennen, daß er nur seine Ideen und Absichten verschleierte, ohne sie aufzugeben. Die reale Politik der USA, die Kissinger selbst mitprägt und mitträgt, beweist daß es ihm nicht um Kursänderung, sondern nur um Imagewahrung geht.

Die USA bauen ihre Macht auf der Basis von Einschüchterung, Abschreckung und Angst auf und manifestieren damit ihren politischen und moralischen Bankrott.

Gibt es gute Gründe für den Atombombenabwurf und überhaupt für die Produktion und den Einsatz atomarer Waffen?

Kausalitätenfindung ist eine Falle. Für jede Handlung lassen sich beliebig Ursachen und Wirkungen finden.

Sicher ist, daß die USA stets von der Vorstellung ausgegangen sind, ihre Ziele durch Gewalt und ohne Rücksicht auf Moral oder Menschlichkeit zu realisieren. Ihre Außenpolitik und Kriegspolitik sind identisch. Im Sinne der vorstehenden Überlegungen haben die USA gedacht.

Der Atombombenabwurf über Hiroschima und Nagasaki sowie der Einsatz der sogenannten *Mininukes* gegen das irakische Volk (April 2003) und wo auch immer sind ohne Wenn und Aber ein Verbrechen. Überhaupt ist die Atomwaffenproduktion ein Wahnsinn. Niemand kann andere zerstören, ohne zuallererst sich selbst zu zerstören.

---

1 Henry A. Kissinger, Nuclear Weapons and Foreign Policy, (published by Harper & Row; by Random House, Inc.) 1957.

2 Henry A. Kissinger, Necessity for Choice – Prospects of American Foreign Policy, New York (Harper) 1961.

Die Menschen werden eher erhobenen Hauptes untergehen, als daß sie sich von Wahnsinnigen erpressen lassen.

Die USA mußten davon ausgehen, daß sie in den Augen der Weltöffentlichkeit als Kriegsverbrecher und Politkriminelle zu gelten haben. Falls sie so weit gedacht haben, war es ihnen viel wichtiger, einen vermeintlichen materiellen Gewinn zu erzielen, als eine humanistische Gesellschaft in den USA aufzubauen und eine gute Reputation in der Welt zu haben. Sie setzen ihre Kriegspolitik von der Staatsgründung an kontinuierlich fort. Seit dieser Zeit ist es Ziel der in den USA herrschenden weißen Oligarchie, im eigenen Land eine aggressive Kultur zu züchten und die gesamte Gesellschaft der USA soweit zu militarisieren, daß sie bei ihren Angriffen den Rücken frei haben.

Wir haben alle denkbaren Ursachen für den Atombombenabwurf aufgezählt. Was haben aber die USA mit den Atomwaffen erreicht?
Gegenwärtig genießen die USA den Haß der ganzen Welt. Sie sind Synonym für Terror und politische Verbrechen geworden.
Paradoxerweise sind die USA heute jene Macht, die am meisten Horror vor einem Atomkrieg hat.
Mit einer Politik des internationalen Einvernehmens und der friedlichen Koexistenz würde jede menschliche Gesellschaft, einschließlich der USA, viel mehr erreichen können als mit Gewalt.
Der Atombombenabwurf über die beiden japanischen Städte war das größte Kriegsverbrechen der Militärgeschichte bis dahin. Dieser kriminelle Rekord wird aber bei den kommenden Aggressionen weit übertroffen. Wie bei Hiroschima und Nagasaki verschweigen die imperialistischen Medien die Wahrheit, die wir hier bei der weiteren Besprechung der US-NATO-Kriegsverbrechen öffentlich und fachöffentlich machen wollen.

Atomwaffen müssen verschrottet werden oder sie werden die Welt verschrotten.

Drittes Kapitel
US-Aggressionen gegen Südost-Asien

Inhaltsübersicht

Der Atombombenabwurf hat eine abschreckende Wirkung. Mit diesem psychologischen Effekt fangen die USA ihren Weltkrieg gegen die Menschheit an. Während sie auf dem europäischen Schauplatz des Zweiten Weltkriegs eher als Beobachter zuschauten, haben sie in Asien Japan vollständig demoliert. Es war bis dahin die unbestreitbare Macht in Südost-Asien. Jetzt wollen die USA ein Imperium aufbauen. Nichts lag näher, als jene Region zu besetzen, die bislang unter japanischem Einfluß stand und nun für ein Machtvakuum gehalten wird.

US-Aggression gegen Korea

Noch im letzten Stadium des Zweiten Weltkriegs marschierten die USA in Korea ein. Zum einen war es eine Aggression ohne jede Rechtfertigung. Die USA selbst gaben an, sie bekämpfen in Korea den Kommunismus. Zum anderen war Korea gerade von Japan unabhängig geworden. Seine Unabhängigkeit wurde von vielen Staaten nicht nur anerkannt, sondern auch garantiert. Die US-Provokation erschütterte die Welt. Die Koreaner riefen zum Widerstand gegen die US-Aggressoren auf und haben dabei weltweite Solidarität und Unterstützung erfahren.

Im Jahr 1950, mehrere Jahre nach der anhaltenden Aggression gegen Korea, ließen sich die USA eine Pseudolegitimation des von ihnen beherrschten Sicherheitsrates erteilen. Im Kontext war dieser nichts anderes als die beiden kolonialistischen Staaten England und Frankreich. Die Sowjetunion hat die Sitzung aus Protest boykottiert. China war noch kein Mitglied.

Der blutrünstige US-General Douglas MacArthur (1880-1964), der schon seit 1942 Oberbefehlshaber der US-Streitkräfte im Süd-West-Pazifik war, dann den Krieg gegen Japan führte, leitete die Landbesetzung Japans. Nach Entgegennahme der Kapitulation Japans 1945 wurde MacArthur zum Chef der US-Besatzungstruppen, de facto Statthalter über Japan.

Eigentlich war der Frieden dieser Region bereits proklamiert. Es herrschte Ruhe. Japan wurde besiegt. Die politischen Verhältnisse und Beziehungen waren im Stadium der endgültigen Regelung und Normalisierung. Die USA als eine fremde Macht, welche in der südostasiatischen Region weder Präsenzanspruch noch irgendwelche Mitbestimmungsrechte hat, interveniert buchstäblich aus heiterem Himmel. Die USA eröffnen einen Krieg, der zwei Jahrzehnte Ruin und Annihilation in Südost-Asien bedeutet.

Es ist wohl der Gipfel des Zynismus, daß die USA ihre Aggressionen namens des Weltsicherheitsrats betreiben. MacArthur wird vom US-Präsidenten Truman – aber als vom sogenannten Weltsicherheitsrat beauftragt – zur Unterjochung Koreas ernannt. Der Völkermord gegen Korea wird erbarmungslos fortgesetzt. Seit 1950 führt MacArthur die US-Invasion Koreas unter dem Schwindeletikett „Oberbefehlshaber der UN-Streitkräfte". Korea erlebt die grausamsten Jahre seiner Geschichte. Die Aggressionstruppen wenden jedes ihnen zur Verfügung stehendes Mittel zur Unterwerfung des koreanischen Volkes an. Die Invasoren verüben ungeheure Verbrechen gegen die Menschlichkeit. Gebeugt haben sich die Koreaner nicht. Nach den gehäuften Niederlagen der US-Armee durch den koreanischen Widerstand wird MacArthur 1951 abberufen.

Der angebliche Weltsicherheitsrat wurde in der Praxis auf eine Abteilung der US-Außen- und Kriegspolitik degradiert. Die „UN-Truppen" standen unter dem Oberbefehl des US-Generals MacArthur, der nachweislich ein Kriegsverbrecher war.

Die Koreaner führten einen zähen, langanhaltenden Volksbefreiungskrieg. Die als UN-Intervention getarnte US-Invasion beachtete weder das Völkerrecht noch die Genfer Konventionen. Kriminelle Handlungen am koreanischen Volk wurden täglich und gegen Massen begangen. Die Koreaner sind Opfer von Mißhandlungen geworden, wie sie ihresgleichen in der Geschichte nie haben erfahren müssen. Diese und spätere Kriegsverbrechen der USA sind noch vor keinem Kriegsgericht verhandelt worden.

Im Angesicht des heftigen Widerstands gegen die US-Invasoren mußten die USA 1953 Korea teilweise verlassen, intensivierten jedoch den See- und Luftkrieg gegen das koreanische Volk.
Nach sechsjährigem verlustreichen Befreiungskampf gelang es dem koreanischen Volk die US-Aggressoren endgültig aus ihrem Land zu vertreiben. Die US-Truppen mußten Korea fluchtartig verlassen.[3]
Damit nicht genug. Die US-Invasoren mußten das Land verlassen, sorgten jedoch vorher für *scorched earth.* Die übelsten Verbrechen wurden noch kurz und während der Flucht verübt. Die US-Truppen verließen das Land, hinterließen jedoch verbrannte Erde und eine künstlich erzeugte Spaltung.
Zwar sind die USA in Korea eindeutig militärisch, politisch und moralisch besiegt worden, dennoch wollten sie sich eine Bastion schaffen. Sie setzten über Südkorea eine Marionettenregierung ein, errichteten eine Militärbasis und setzten die Provokationen gegen Nordkorea fort. Trotz alldem konnten sich die Beziehungen zwischen Nord- und Süd-Korea allmählich verbessern.

Der US-Krieg gegen Korea war und wird von allen Staaten des Südens uneingeschränkt verurteilt.
Die versuchte Spaltung Koreas führt uns zu einer speziellen Frage der imperialistischen Zersetzungspolitik.

Die Imperialistische Kartographie

Ich komme zu diesem besonderen Aspekt der Entwicklung nach dem Zweiten Weltkrieg. Seit dem Sykes-Picot-Abkommen von 1916 versucht der Imperialismus, integrierte Länder und Regionen zu zerstückeln und eine neue Kartographie der Welt zu erstellen.

1945 begannen die USA damit, mehrere neugegründete Länder erst auf die politische Karte zu zeichnen, dann in die Realität umzusetzen. Die nationale Einheit und die territoriale Integrität sollten gesprengt werden. Einheitliche politische Strukturen werden aufgespalten. Es entstehen staatliche Konstrukte, die nie vorher existierten. Die Neugründungen verschaffen den USA Einflußmöglichkeiten. Hier richten sie Basen ein,

[3] Aus US-Sicht unmittelbar nach den Ereignissen in Südostasien dargestellt: Cagle, Malcolm V., and Frank A. Manson, The Sea War in Korea, ed. United States Naval Institute, Annapolis, 1957.)

intervenieren und versuchen, von einem nahestehenden oder gar lokalen Standort aus die Region zu infiltrieren.

Der für die USA gefährlichste Fall war die Entstehung von sogenannten „Frontstaaten“, wo jenseits des Grenzverlaufs neue, nicht imperialismushörige Systeme aufgekommen sind. Als Reaktion versuchten die USA Mini-Staatenkonstrukte zu schaffen, die nicht anders bestehen können als durch starke Bindung an den Imperialismus. Von dieser Basis aus betreiben die USA die Destabilisierung und Labilisierung von sozialistischen und antiimperialistischen Staaten.
Die USA beginnen damit, einen Dauerkrieg gegen das sozialistische und antiimperialistische Lager zu entfachen und ihn auf dem Laufenden zu halten. Die wichtigsten Fälle sind:

Taiwan: An der Grenze zur „Volksrepublik China“ wird auf der einen Seite das sogenannte „Nationalchina“, d.h. Taiwan, auf der anderen Hongkong konstruiert. Die größte Volksrepublik der Welt wird im Visier gehalten. Es ist wohl zynisch, eine Insel vor der VR China „Nationalchina“ zu nennen.

Hongkong: Hongkong ist eigentlich kein Staat, sondern ein typisches Konstrukt. Es hat nicht einmal Wasserressourcen oder Umland. Es war völlig isoliert und konnte nur durch die Gnade Englands und der USA bestehen.
Durch die Geduld und die politische Weisheit der VR China konnte Hongkong mit Wirkung vom 01.07.1997 wieder an das Mutterland China angegliedert werden, was sich auch in der Praxis bewährt hat. Seit 2007 wurde eine stärkere Integration Hongkongs an das politische, gesellschaftliche und wirtschaftliche Leben Chinas vollzogen.

Süd-Korea: Die nationale Integrität Koreas wurde durch US-Gewalt zerstückelt. An der Grenze zur „Demokratischen Volksrepublik Korea“ wurde „Südkorea“ künstlich installiert. Von hier aus sollte das demokratische Korea destabilisiert werden. Obwohl Kim il Sung als Präsident von der Gesamtheit des koreanischen Volkes gewählt wurde, konnten die USA ihre Einmischung in die inneren Verhältnisse Koreas soweit treiben, daß sie eine praktische Spaltung des Landes durchgesetzt haben.
Seit 1997 wird eine zunehmende Annäherung der beiden Landesteile realisiert. Indes ist Korea heute noch ein geteiltes Land. Die DVK hat dem Süden große Entgegenkommen erwiesen, das geeignet ist, die Versöh-

nung zwischen den beiden Staaten zu fördern. Die Wiedervereinigung ist der alle verbindende Wille des koreanischen Volkes. Verzögert wird sie durch Interventionen von seiten der USA, die immer noch eine Militärbasis in Süd-Korea unterhält. Der Stützpunkt richtet sich in erster Linie gegen Nordkorea und die VR China. Durch Einmischung der USA und der NATO-Staaten verzögert sich die Wiederherstellung des Einheitsstaats Korea, die Trennung ist dennoch nicht unüberwindbar geworden.

Süd-Vietnam: Die Desintegration Vietnams begann mit der gewaltsamen Einmischung der USA in die inneren Angelegenheiten der „Republik Vietnam", dann durch die massive militärische US-Intervention schon während der Kennedy-Administration. Vermittels der Schaffung zweier Staaten, von denen der eine, Süd-Vietnam, unter einer US-hörigen Marionettenregierung stand, sollte die Spaltung Vietnams etabliert werden. Das vietnamesische Volk in seiner Gesamtheit erhob sich gegen die US-Intervention. Die USA führten von „Südvietnam" aus, von den internationalen Gewässern und Lufträumen, einen erbarmungslosen Krieg gegen Vietnam. Das Staatsgebilde des Saigoner Regimes konnte nicht lange bestehen. Mit der Befreiung Vietnams von den US-Aggressoren am 30. April 1975 wurde die Einheit Vietnams wiederhergestellt.
Entlang der Südgrenze der Sowjetunion wurde ein Gürtel von US-abhängigen Staaten geschaffen. Integrierte, zusammengehörige Völker werden gespalten.

Israel: Besonders wichtig für die imperialistische Strategie war die Schaffung Israels als Brückenkopf und Sprungbrett in die arabische Welt. Es wurde auf einem Teil Palästinas am 14. Mai 1948 gegründet.

BRD/DDR: Auch die Bildung zweier deutscher Staaten nach 1948, DDR 1949-1990, und BRD seit 1949 gehörte in die globale Spaltungsstrategie: Bildung der „Bundesrepublik Deutschland (West-Deutschlands)" und der „Deutschen Demokratischen Republik (DDR)" (im Osten). Die Teilung erfolgte auf Betreiben des Westens, nicht des Ostens, wie oft behauptet wird. So ist die Bundesrepublik ein westdeutsches/US-amerikanisches Konstrukt, das als Frontstaat gegen den Realsozialismus dienen und den Kalten Krieg führen sollte.Die Teilung Deutschlands war kein Plan der Sowjetunion und Ostdeutschlands gewesen. Diese waren gegen die Teilung. Ihre Alternative war ein „neutrales, entmilitarisiertes Deutschland".

Südafrika war ebenfalls ein koloniales Gebilde. Die Apartheid wurde 1948 zum Staatsprinzip erhoben. Es diente als Frontstaat gegen den Befreiungskampf in Afrika. Das rassistische Südafrika hat zwar als Region bestanden, aber mit der Strategie, daß die Mehrheit der Bevölkerung von der Minderheit der Weißen regiert wird. Auch dies ist ein imperialistisches Diktat, das nur mit der Unterstützung der USA und westeuropäischer Staaten bis zum Niedergang des Apartheidsystems 1994 bestehen konnte.

Es wurde nicht darauf Rücksicht genommen, daß all die so gespaltenen asiatischen Länder jeweils eine historische, kulturelle, volkswirtschaftliche und sprachliche Einheit bilden, und auch nicht darauf, daß sie ihre Einheit wiederherstellen und wahren wollten – in aller Regel unter sozialistischem, vom Imperialismus unabhängigem Vorzeichen.

Die genannten Beispiele sind nur die Spitzen der Spaltung der Welt. An allen Grenzen zum sozialistischen Block schufen die USA jeweils ein Staatsgebilde, das nicht anders denn als Frontstaat dienen sollte. Die ganze Welt wurde umkartographisiert.
All diese neugegründeten Staaten, wie sie auf dem Globus verteilt sind, und welche Funktion sie haben sollen, ergeben zusammen einen klaren Sinn. Sie entstammen einem einheitlichen imperialistischen kartographischen Konzept.
Die geschaffenen Staatengebilde werden in ein Abhängigkeitsverhältnis zu den USA gebracht, ohne das keiner von ihnen existieren kann. Sie bestehen durch ständige Einflußnahme der USA.

Umgekehrt verdankt der Imperialismus seine Herrschaft dem Faktum, die Spaltungspolitik aufrecht zu erhalten. Durch die Bindung möglichst vieler Ministaaten an die imperialistische Strategie können die USA bestehen. Die Spaltungsgebilde stellen Eckpfeiler der Spaltung der Welt in den imperialistischen Norden und den ausgebeuteten Süden dar.

Divide et impera

Die dargestellten Spaltungen an der Front zum Sozialismus (bis 1990) sind nur die eine Form, deren besondere Bedeutung oben dargelegt wurde.

Die andere Form ist die „Spaltung“ prinzipiell, von der alle Staaten des Südens durch das Sykes-Picot-Abkommen betroffen sind. Zusammenge-

hörige Völker und integrierte Länder wurden auseinanderdividiert, einheitliche Kulturen zerstückelt. Überall wurden Ministaaten und politische Inseln geschaffen.
Wie rücksichtslos und dramatisch Sykes und Picot ihre kartographischen Linien gezogen haben, zeigt das Beispiel der Stadt Rafah. Die Grenzlinie, die Palästina gegenüber Ägypten abgrenzt, läuft mitten durch die Stadt Rafah, so daß die Angehörigen ein und derselben Familie unterschiedliche Staatsangehörigkeiten haben können.

Kleine Volksgruppen wurden in einem Landesteil verselbständigt. Der Partikularismus zerstört die wirtschaftliche, kulturelle und politische Integration. Das abgezweigte Gebiet gerät in ständige Abhängigkeit vom Imperialismus, da ihm keine integrierte Produktion möglich ist. Die Ministaaten bekommen einen klientelähnlichen Status und sollen imperialismushörig bleiben. Sie bauen eine Monokultur zugunsten eines festen Abnehmers auf, von dessen Gnade sie abhängig und ständig erpreßbar bleiben. Die enggefaßte Spezialisierung solcher Länderkonstrukte beantwortet auch die Frage nach den Ursachen für anhaltende Spannungen zwischen benachbarten Staaten. Daraus leitet der Imperialismus den Grund zur Intervention ab und nutzt dabei seine Vasallen in der Region.

Vermittels dieser kleinen politischen Gebilde konnten sich die USA und die NATO auf allen Kontinenten ständige Präsenz verschaffen und entlang dem Globus Stützpunkt bauen, von denen aus sie ihre Überfälle in die Zielregion starten.

Viertes Kapitel
Französische und US-Aggressionen gegen Indochina

Inhaltsübersicht

Die französische Aggression gegen Indochina

Das französische Militär, welches das eigene Land völlig im Stich gelassen und Frankreich der deutschen Besatzungsmacht überlassen hat, tritt auf einmal nach dem Ende des Zweiten Weltkriegs in Erscheinung und entfaltet das in ihm liegende Aggressions- und Vernichtungspotential. Es nutzt das Machtvakuum aus, das in Indochina nach der Niederlage Japans entstanden ist. Nach den Massakern, welche die französischen Truppen in Algerien, Marokko, Senegal und anderswo angerichtet haben, marschieren sie jetzt in Vietnam und andere Staaten Indochinas ein. Dabei werden sie von den USA unterstützt.

Politisch manövriert Frankreich in der Weise, daß es ein Konstrukt präsentiert, das es als „Französische Union" bezeichnet. Unter diesem Titel soll ein Besatzungsstatus als Ländergemeinschaft aus Frankreich und Indochina erscheinen.
Um des Friedens willen hat die „Demokratische Republik Vietnam (DRV)" am 06. März 1946 ein „Französisch-Vietnamesisches Abkommen" unterzeichnet, das der DRV den Status eines freien und „Unabhängigen Staates Vietnams" zuerkennt. Darin verpflichtet sich Frankreich, die DRV nicht anzugreifen.
Nach fünfjähriger Besatzung durch Deutschland war Frankreich von der Illusion, selbst ein Kolonialreich zu führen, nicht geheilt. Es bricht den

von ihm selbst garantierten Nichtangriffs-Vertrag und marschiert in Vietnam ein.

Dieser Fall wird hier stellvertretend für andere genannt. Die europäischen Staaten haben in aller Regel ihre Verträge mit dem Süden nicht eingehalten. Vielmehr ist es eine ihrer stereotypen Methoden: Verträge in der Absicht schließen, das Vertrauen und die Kooperationsbereitschaft des Partnerstaats zu gewinnen, um ihn bei nächster Gelegenheit anzugreifen.

Französische Aggression gegen Vietnam

Im Jahr 1946 stellte Frankreich eine für das kleine Vietnam gewaltige, hochgerüstete Armee auf. Für den ersten Invasionsversuch wurden 160.000 schwerbewaffnete Soldaten nach Indochina entsandt. Es fragt sich, wo dieses Riesenheer war, als Deutschland Frankreich besetzte. Diese Armee an der Seite der Résistance hätte mit einer relativ kleineren Zahl arabischer und afrikanischer Soldaten als real berufen gereicht, um Frankreich vor der deutschen Invasion zu befreien.
Vietnam wird angegriffen durch die französische Luftwaffe, Marine, Schiffsartillerie und Infanterie.
Das vietnamesische Volk wehrte sich in einem verlustreichen Widerstand. Es bildete eine geeinte Front, die alle Vietnamesen verband. Alle sozialen Schichten und Weltanschauungen von Kommunisten über Nationale bis Buddhisten schlossen sich zusammen. Sie kämpften mit Handgewehren und weißen Waffen.
Frankreich setzte schwere Waffen ein, die gegen die deutsche Besatzungsmacht schwiegen. Außerdem brachten sie deutsche Waffen mit, die für die Massenvernichtung bestimmt waren. Frankreich leitete den Massenmord gegen das Volk ein, mit dem es offiziell in einem Nichtangriffspakt stand.

Die heimgesuchten Vietnamesen riefen zur Verstärkung des Widerstands und waren entschlossenen, nicht nachzulassen, bis ihr Land befreit sei. Unter der Führung von Ho Chi Minh wurde der Befreiungskrieg gegen die französischen Aggressoren organisiert. Strategisch und logistisch waren die Vietnamesen den Franzosen weit überlegen. Mit einfachen Waffen und von Franzosen erbeuteten schweren Waffen konnten sie die Aggressoren in die Defensive treiben.

Politisch haben die Vietnamesen weltweit über die Verbrechen Frankreichs informiert. Die Legende Frankreichs als Opfer der Nazis, das auf Hilfe angewiesen sei, wurde in alle Winde verweht. Rasch. Die internationale öffentliche Meinung schlug gegen Frankreich um. Hingegen haben die Vietnamesen die Sympathie der ganzen Welt gewonnen und internationale Unterstützung erfahren.
Der weltweite Meinungsumschwung und die Verurteilung Frankreichs haben nicht gereicht, um den Aggressor zum Umdenken zu bewegen. Frankreich war von Herrschaft und Unterdrückung besessen. Es mordete rücksichtslos und zerstörte alte ehrwürdige Einrichtungen, Kulturgüter und kostbares Erbe der Menschheit.

Der Widerstandskrieg war für die Vietnamesen sehr verlustreich. Viele Menschen aller Altersgruppen starben. Der Kampf der Vietnamesen zeigt aber auch das Genie eines Volkes, das mit einfachen Mitteln eine hochgerüstete imperialistische Armee in die Defensive drängen konnte. Hauptwaffenlieferant der Vietnamesen waren die französische Rüstungsindustrie und die französischen Waffenarsenale, welche die Vietnamesen von der Invasionsarmee erbeuteten. Wenn die Untergrundkämpfer eine französische Kaserne angegriffen haben, flohen die Invasionssoldaten, so rasch sie konnten. Die Franzosen konnten nur von weiter Ferne, aus der See oder der Luft auf die Vietnamesen schießen, wenn es aber zum Nahkampf kommen sollte, sahen sie zu, so schnell wie möglich die Flucht zu ergreifen. Wer nicht rechtzeitig fliehen konnte, hat sich ergeben. Die Lager und Kasernen des Feindes standen zur Selbstbedienung der Vietnamesen zur Verfügung. Die Vietnamesen kämpften mit den Waffen, welche von fliehenden Franzosen zurückgelassen worden waren.

Die Invasionsarmee erhielt ununterbrochen Nachschub an Menschen und Material aus Frankreich. Die weiter wachsende Verstärkung an Soldaten und Ausrüstung aus Frankreich konnten den Befreiungskrieg nicht aufhalten. Die Vietnamesen wurden immer entschlossener und opferbereiter. Entscheidungsschlacht im vietnamesischen Befreiungskampf war Dien Bien Phu. Sie fand am 07. Mai 1954 statt. Das militärische Konzept der Franzosen sah eine Annihilation vor. Sie wollten die strategisch wichtige Lage erobern. Der Plan der Invasoren bestand darin, daß sie mit radikalem Massenmord an den Vietnamesen die Schlacht rasch gewonnen haben würden. Für diesen Zweck wollten sie Menschen in weitem Umfeld ausrotten.

Diesen Plan konnten die Vietnamesen antizipieren und sich darauf vorbereiten. Sie haben die Franzosen mit einem Gegenangriff überrascht, von dem sie schon wußten, daß viele dabei sterben werden. Die Vietnamesen riefen die Aggressoren zur Besonnenheit und zu freiwilligem Abzug auf. Das hat jedoch die Franzosen nicht davon abgehalten, ein Massaker an den Vietnamesen anzurichten, obwohl sie wußten, daß sie damit nicht siegen konnten. Ansonsten waren die Vietnamesen durch ein strategisch durchdachtes Konzept, Standhaftigkeit und Opferbereitschaft den Franzosen moralisch weit überlegen. Die Vietnamesen kämpften für eine gerechte Sache.
Die primitiven Taktiken der Franzosen konnten auch nicht durch kriminelle Handlungen kompensiert werden. Massenverbrechen und Genozid als Eroberungsmethode hatten sich inzwischen herumgesprochen. Die Vietnamesen gingen in die Offensive und konnten damit eine Umkehr der Situation an der Front erzwingen. Statt sich zu verteidigen, haben die Besatzungssoldaten die Flucht ergriffen. Dien Bien Phu brachte die Wende im Aggressionskrieg Frankreichs gegen Vietnam.

Der Sieg der Vietnamesen war so eindeutig und unumkehrbar, daß die französischen Medien, welche bis dahin die Wahrheit über Vietnam verschwiegen haben, die Niederlage Frankreichs eingestehen mußten. Am folgenden Tag brachte die Weltpresse den Sieg Vietnams über die Weltmacht Frankreich. Die internationale Öffentlichkeit freute sich für Vietnam und empfand seinen Sieg als den eigenen.
Dien Bien Phu ging in die Geschichte der Befreiung als Symbol für die Überlegenheit der Unterdrückten gegen gewalttätige Unterdrücker ein.

Die internationale Freude war jedoch nicht ungeteilt. Es gibt einen Ort, welcher der Menschheit keinen Frieden gönnt. Das Pentagon mit der Rükkendeckung vom Weißen Haus und dem US-Kongreß will das Scheitern Frankreichs und den Sieg Vietnams nicht untätig stehenlassen. Die USA wollen selbst in das von Frankreich zurückgelassene Gebiet eingreifen.

US-Invasion in Indochina

Nach und nach wird die Weltöffentlichkeit über die Verbrechen Frankreichs in Vietnam informiert. Wut und Empörung breiten sich aus. Man atmete auf und dachte, die Leiden des vietnamesischen Volkes seien zu Ende.

Mit Erschrecken erfahren die Menschen weltweit jedoch, daß die USA in Indochina gelandet sind. Eine gewaltige militärische Konzentration mit allen Waffengattungen soll in das – imperialistisch gesehen – Vakuum, das Frankreich hinterlassen hat, einmarschieren. Der US-Militarismus geht von der Fiktion aus, von Indochina nicht mit einer Niederlage abziehen zu müssen.

US-Aggression gegen Vietnam

Die USA erklärten der Weltöffentlichkeit, sie wollen in Vietnam den Kommunismus bekämpfen. So hat auch das angeblich freie Amerika die eigenen Soldaten indoktriniert und ihnen erklärt, was der Kommunismus seiner Meinung nach sei.
Den Sieg des koreanischen Volkes habe es dem Kommunismus zu verdanken. Für diesen Zweck stellten die USA die Domino-Theorie auf. Ein Staat sei einem Dominostein gleich. Fällt ein Staat, so folgt der nächste. Es fragt sich, wer hat das Recht, sich anzumaßen, die Staaten der Welt als eigene Dominosteine zu betrachten und zu behandeln? Die gesamte US-Außen- und Militärpolitik basiert auf der Mißachtung der Freiheit und des Selbstbestimmungsrechts der Völker.

Die Weltöffentlichkeit, die inzwischen über furchtbare Verbrechen Frankreichs in Indochina informiert wurde, hat nicht ahnen können, daß dort der Höhepunkt des Leidens noch nicht überschritten war. Die USA planten einen Krieg, der überhaupt das Leben in Vietnam unmöglich machen sollte. Flora, Fauna und Menschen sollten vernichtet werden. Selbst offiziell sprach man von „Defloration“. Vietnam besetzen hieße Vietnam entvölkern. Die USA gingen davon aus, daß sie in Vietnam nicht gegen eine Armee kämpfen wollten, die in einer Schlacht siegt oder besiegt wird. Tragende Komponente der US-Strategie war weiterhin das *Enemy People*-Konzept. Furchtbare Waffen und Massenvernichtungsmittel setzten die USA in Vietnam ohne Rücksicht darauf ein, ob sie geächtet waren oder nicht. Ihr Kriegsplan wird von ihnen selbst als „Annihilationstrategie“ bezeichnet.

Bald mußte das Pentagon Abschied von der Illusion eines rasch gewonnen Aggressionskriegs nehmen. Seit 1963 verstärkten die USA ihre Truppenkonzentration in Vietnam, die bereits unter Präsident John F. Kennedy (1961-63) ausgebaut worden war. Von zunächst einigen Tausend Militärs, die nicht offiziell als Soldaten und Offiziere deklariert wurden, sind schon 16.300 sogenannte „US-Militärberater“ (so die amtliche Bezeichnung) gegen Ende der Kennedy-Präsidentschaft. Er starb am 22.11.1963 als Opfer eines Attentats in Dallas im US-Bundesstaat Texas. Ihm folgte im Amt automatisch sein Stellvertreter Lyndon B. Johnson (1963-69) nach.

Organisierung des Widerstandes in Vietnam

Kaum haben sich die Vietnamesen von der französischen Barbarei befreit, sind sie jetzt mit der massiven US-Aggression konfrontiert. Das vietnamesische Volk vereint all seine Kräfte zur Abwehr der erbarmungslosen Aggressoren. Es bildet sich der „Vietcong“ (Abkürzung von *Việt Nam Cộng-sản*: Kommunisten von Vietnam) heraus. Die Widerstandsbewegung wird rasch auf breitester Ebene im Volke verankert. Die Bewegung entstand 1957 in Süd-Vietnam, wurde aber vom ganzen vietnamesischen Volk im Norden und Süden unterstützt.
1960 setzte sich der Vietcong für die Bildung der FLN (Front National de Libération du Vietnam Sud) ein. Sie vereinte alle politischen Kräfte und Widerstandsorganisationen unter kommunistischer Führung.
Seit Februar 1965 wurde der Krieg der USA nicht mehr allein auf Süd-Vietnam, sondern auch auf Nordvietnam ausgedehnt. Die US-Luftwaffe bombardierte auch Korea, Kambodscha, Laos und Thailand.[4]

Unter Johnson erreichte die US-Armee 1969 eine Stärke von über einer halben Million. Offiziell wurde die Zahl von 540.000 US-Soldaten angegeben. Die Stabschefs der in Vietnam eingesetzten Waffengattungen wurden einer nach dem anderen ausgewechselt. Die Nachfolger übertrafen einander im Grad an Gewalttätigkeiten, Zerstörungen und Massenmord. Immer brutaler und terroristischer wurde die Kriegsführung der USA gegen das Volk von Vietnam. Der extremistischste unter ihnen war der von Präsident Johnson und Verteidigungsminister McNamara 1968 ernannte General Westmoreland. Seit 1968 wurde das Flächenbombardement Vietnams systematisch durchgeführt. Das Land wurde nach Plan durchkämmt (so der damalige militärische Ausdruck), quadratkilometerweise in verbrannte Erde verwandelt. Nicht nur militärische, sondern auch zivile Anlagen wurden zerbombt. Wirtschaftliche und soziale Ziele wurden in den Zerstörungsplan einbezogen. Infrastruktur wurde gesprengt und funktionsuntüchtig gemacht. Wohngebiete unterliegen der *scorched earth*

[4] Cooper, Chester L., The Lost Crusade – America in Vietnam, New York 1970.

strategy. Einrichtungen zur Versorgung der Bevölkerung wurden nicht verschont.

Im Kriegsrausch dehnen die USA ihre Angriffe auf Befreiungsbewegungen in fern gelegenen Regionen, darunter den Philippinen, Neuseeland und Australien, aus. In Vietnam selbst wurden die US-Kriegsverbrechen immer furchtbarer. Napalmeinsätze, Phosphorbomben, chemische Gifte und Herbizide wurden in Massen eingesetzt. Ganze Ortschaften wurden verbrannt. Das US-Programm der chemischen Entlaubung sollte in Vietnam eine biologische Katastrophe herbeiführen.

Die weltweite Solidarität mit Vietnam war sehr groß. Aus Asien, Afrika und der arabischen Welt zogen Freiwillige nach Vietnam, um an der Seite ihrer Brüder und Schwestern zu kämpfen.
Während die ganze Welt die Aggression gegen Vietnam verurteilte, meldeten sich US-Politiker mit Sprüchen wie: Die USA wollen nichts anderes als das Wohl Vietnams. Sie seien dort, um den Vietnamesen zu helfen und sie zu befreien. Die USA müssen sogar Opfer dafür aufbringen. US-Politiker konnten darauf schwören, nichts Böses in Vietnam getan zu haben und nur das Beste für die Vietnamesen zu wollen. Die USA, sie verteidigten die Sicherheit und Freiheit Vietnams.
Proteste gegen die USA wurden immer lauter. Die Verurteilung ihrer Verbrechen gegen die Menschlichkeit wurde immer massiver.

Für Vietnam geht das grausamste Kapitel seiner ganzen Geschichte weiter. Tonnenweise werfen die USA über Vietnam das schreckliche Entlaubungsmoittel *Agent Orange* ab. Vietnam wurde damit flächendeckend übersät. Das Massensterben von Menschen und aller Lebewesen greift um sich.
Doch die Vietnamesen lassen sich nicht in die Knie zwingen. Die vietnamesische Volksbefreiungsfront beherbergte immer mehr US-Kriegsgefangene.

Die US-Kriminalität in Vietnam wirkte sich zersetzend auf die US-Truppen selbst aus. US-Soldaten flohen aus dem Kriegsgebiet, soweit sie es konnten. Nicht wenige wechselten die Barrikaden, traten zur vietnamesischen Seite über und baten den „Feind“ um Asyl. Sie konnten damit rechnen, von den vietnamesischen Befreiungskräften aufgenommen und betreut zu werden. In den Gefangenenlagern erhielten sie Aufklärung und Unterricht über die wahren Verhältnisse – gegen die US-Indoktrination.

In den USA selbst ist es immer schwerer geworden, Soldaten für Vietnam zu entsenden oder neue zu rekrutieren. Die Zahl der US-Wehrdienstflüchtigen, sogenannte Deserteure, betrug Anfang der 1970er eine Viertelmillion. Die meisten von ihnen flohen jenseits der US-Landesgrenze in das Ausland.
Am 30. April 1975 waren die USA gezwungen, ihre Niederlage in Vietnam einzugestehen. Immer mehr US-Soldaten flohen in die US-Botschaft in Saigon, die als exterritoriales Gebiet Immunität genießt. Die GIs[5] meinten, hier Aufnahme und Sicherheit zu finden, doch die Botschaft wollte die eigenen Soldaten nicht haben. Da aber der Krieg in Vietnam für die USA erkennbar aussichtslos geworden war, sind die GIs aufs Dach geschickt worden, um von da mit Hubschraubern abgeholt zu werden.

Zurückgelassen haben die USA in Vietnam verbrannte Erde, Verseuchung des Bodens und der Gewässer. Das gesamte Land sollte unbewohnbar gemacht werden. Eine toxische Schicht bedeckte das Land, unterhalb der die einst agrar nutzbare Fläche verschwand. Gifte gelangen von den Lebensmitteln in den Organismus und werden in Niere und Leber abgelagert. Die toxischen Emissionen sammeln sich in der Lunge.
Die USA warfen über Indochina und die internationalen Gewässer eine extrem hohe Menge tödlicher Gifte ab. Die Vergiftung der Luft und der Gewässer durch US-Toxine macht keinen Halt vor nationalen Grenzen. Die Gifte diffundieren mit der Zeit über den ganzen Globus. Endstation ist der Organismus oder die Biosphäre.
Wie Frankreich haben auch die USA Vietnam ausgeplündert. Neben Rohstoffen und Bodenschätzen wurden historisches Erbe und Kulturgüter geraubt.

Die von Nord- und Südvietnam neu gegründete, beide Landesteile vereinigende „Sozialistische Republik Vietnam" hat unmittelbar nach dem Vertrag von Paris 1975 damit begonnen, US-Kriegsgefangene freizulassen. Diese Soldaten konnten jedoch in ihre Heimat lange nicht zurückkehren. Die US-Behörden verhinderten die Rückreise der GIs zu ihren Familien mit der Begründung, sie schleppten Infektionskrankheiten aus Vietnam ein und müßten erst in Quarantäne.
Der reale Grund war jedoch, daß sie während der Gefangenschaft von vietnamesischer Seite Aufklärungsunterricht erhalten haben, der die Lügen der US-Indoktrination aufdeckte. Die GIs wurden in einer „Quarantä-

---

[5] GI: Government Issue war die Bezeichnung von US-Soldaten in Vietnam. Es bezeichnet Infanteristen der US-Streitkräfte.

ne", u.a. in Frankfurt am Main, Heidelberg, Ramstein und Heilbronn zurückgehalten. Während des medizinisch begründeten Hausarrests mußten sie einer Gehirnwäsche unterzogen werden. Erst wenn sie im Sinne der USA politisch steril geworden waren, eine entsprechend psychologisch gehaltene Entlassungsprüfung bestanden hatten, bekamen sie die Rückreiseerlaubnis.

Im Angesicht der großen Zahl von Deserteuren und Kriegsverweigerern mußten die USA 1976 die Wehrpflicht abschaffen. Rückblickend hat sich diese Maßnahme bisher nicht gravierend auf die Rekrutierungsquote ausgewirkt. Durch die Verschärfung der Krise in den USA und das Fehlen von sozialer Sicherung und Wohlfahrtspflege sind viele Arbeitslose und sozial Benachteiligte gezwungen, sich als Berufssoldaten bei der Armee zu verpflichten.
Trotzdem mangelt es in den USA an Rekruten. Die US-Administration unter Bush II. führte die Zwangsrekrutierung ein. Außerdem drängen die USA NATO-Mitglieder dazu, immer mehr Soldaten in die Kriegsgebiete zu entsenden.
Weitere Rekrutierungsdefizite kompensiert das US-Militär durch Söldner. Ferner werden Kriegsfirmen mit der Entsendung von Berufskillern beauftragt.
Die Medien schweigen sich über viele Teilaspekte des Vietnam-Kriegs wie überhaupt über Aggressionen der USA aus. Von den USA werden kaum verläßliche Berichte über ihre tatsächlichen Verluste und noch weniger über die vietnamesischen Opfer veröffentlicht.
Von Nichtregierungsorganisationen (NGOs) wurde ermittelt, daß über 100.000 US-Veteranen in den ersten Jahren nach ihrer Rückkehr aus Vietnam Selbstmord begangen haben. Es wird dabei betont, daß sie eine grausame Art des Selbstmordes wählen. Die Suizidanten fallen auf durch Selbstmißhandlung bis zum Tod. Sie quälen sich und sterben schmerzhaft und schreiend.

Fünftes Kapitel
Das „Vietnamsyndrom“

Infolge ihrer Niederlage in Vietnam waren die USA völlig demoralisiert. Sie haben vor keinem Kriegsverbrechen zurückgeschreckt und mußten trotzdem das stolze Vietnam fluchtartig, gesenkten Hauptes verlassen. Sie fragen sich: Was haben wir erreicht? Sie blicken dorthin in die Ferne und sehen nur Ruinenlandschaft, verbrannte Erde, Blut und Leichen. Das ist das Werk der USA! Besiegt wurden sie außerdem. In allen Sektoren der USA herrschte Demoralisierung und depressive Stimmung, bei den einen wegen dem Verlust aller Werte und der Erkenntnis, nur zum Verbrechen fähig zu sein, bei den anderen, weil sie nichts erreicht hatten. Die militärischen Stäbe und der MIK interessierten sich weder für das eine noch für das andere. Sie machten sich nur darüber Kopfzerbrechen, wie die USA trotzdem aggressions- und kriegsfähig bleiben können.
Der Ausdruck „Vietnamsyndrom“ ist der medizinischen Sprache entlehnt. Er verharmlost die Folgen der Kriegsteilnahme für die Soldaten. Sie leiden unter schwerem „Vietnamtrauma“ oder „Vietnamschock“.

Der Ausdruck „Vietnamsyndrom“ wurde von US-amerikanischen Militärpsychologen selbst entwickelt. Er umschreibt die fatalen Folgen der US-Aggression auf die US-Streitkräfte und überhaupt auf die US-Bevölkerung: Frustration und tiefgreifende Depressionen, Weigerung und panische Ängste. Kriegsveteranen haben das Vietnamtrauma nie überwinden können. Junge Menschen identifizieren sich nicht mehr mit dem US-Staat. Sie spüren den Haß und die Empörung der Welt über die USA und ihre Politik. Vor allem umschreibt der Ausdruck die Untauglichkeit von Soldaten und Rekruten für einen Invasionskrieg.

Nach alledem, was ich von US-Veteranen gehört, gelesen oder sonstwie zur Kenntnis genommen habe, befinden sich die Überlebenden in einem Zustand zwischen Leben und Tod. Die hohe Selbstmordrate – über 100.000 – unter Vietnamveteranen macht das Elend dieser Menschen deutlich. Der Selbstmord ist ja nur die Spitze autodestruktiver Handlungen.
Das „Vietnam-Syndrom“ manifestiert sich besonders an dieser außerordentlich hohen Quote der Selbstmorde unter den Veteranen und an der Art und Weise, wie sich die Veteranen den Tod herbeiholen. Suizid ist ein

selbstverschuldetes Ende eines Kriegsverbrechens, das nicht allein dem Makroimperialismus, dem politischen System der USA, sondern auch dem Mikroimperialismus, den Soldaten und allen anderen, welche den Krieg praktisch umsetzen, zuzuschreiben ist.

Wer andere zerstört, muß zu allererst sich selber zerstören. Das Vietnamsyndrom ist der letzte Abschnitt der Selbstzerstörung. Keiner, der andere unglücklich macht, kann je glücklich werden. Die Plagen fangen erst richtig an, wo die Berufskiller der USA hoffen, in Sicherheit gelandet zu sein. Wie ich aus vielen Berichten erfahren konnte, endet der Krieg für die Veteranen nach ihrer Heimkehr nicht. Sie werden bis zum Lebensende von Panik und Horrorvisionen verfolgt.

Im letzten Stadium schlägt die lebenslange Brutalität nach innen um. Destruktivität und Aggressivität gehen in Autodestruktivität und Autoaggressivität über.

Suizid ist die extreme, selbst gewählte Handlung, welche das Buch eines gescheiterten Lebens abschließt.

Veteranen haben den Krieg überlebt, um festzustellen, wie sinnlos sie gelebt haben. Umso schlimmer, denn sie haben nur Unglück und Leid über andere und schließlich über sich selbst gebracht. Selbstmord ist das Ende einer kriminellen Karriere.

US-Militärpsychologen schlagen vor, durch besondere Erziehung die Autoaggression und Autodepression nach außen zu lenken. Es werden neue Programme für Freizeit und elektronische Unterhaltung entwickelt. Die kritische Analyse dieser Maßnahmen zeigt die tiefste Krise einer Gesellschaft, die auf Mord und Raub gebaut ist. Das Therapieziel ist „Recycling of Human Power". Die Veteranen sollen sich als erfahrene Soldaten bewähren. Die USA insgesamt soll kriegsfähig bleiben. Rezept: Die soziale Krise der USA soll militärisch gelöst werden. In allen imperialistischen Staaten wird nach einem Ausweg aus den Kriegspathologien gesucht. Die einzige Konsequenz, die aus dem Vietnamsyndrom, dem Iraksyndrom und anderen Aggressionspathologien gezogen wird, sind Überlegungen, Aggression und Krieg von Militärbüros aus zu führen. Untersuchungen werden mit dem Forschungsziel in Auftrag gegeben, Methoden der Menschenvernichtung zu entwickeln, andere Völker aus der Ferne anzugreifen und zu zerstören. Dabei soll auf den Einsatz von Soldaten zwar nicht verzichtet, aber er soll auf ein Minimum beschränkt werden. Ziel ist der Ersatz des Humanmaterials für den Krieg durch Kriegstechnologien, ferngesteuerte Waffen, unbemannte Flugkörper und anderes mehr.

Wie zerstört ist denn diese aggressive Kultur, die nicht auf das Naheliegendste von allem kommt, nämlich Destruktivität und Krieg für immer zu ächten und auf Dauer in Frieden zu leben?
Dazu haben sich Führung und Militär in den USA bisher nicht klug genug erwiesen. Dafür überlegen sie sich neue Angriffstechniken und Kriegsstrategien.

Vor Jahrzehnten sprach man nur vom „Vietnamsyndrom". Inzwischen häuften sich die schweren Kriegspathologien in den USA und anderen NATO-Staaten. Man spricht auch vom „Irak-Syndrom", „Afghanistan-Syndrom", „Somalia-Syndrom" usw. Das Syndrom ist hausgemacht. Das „Vietnam-" oder „Irak-Syndrom" hat schon bestanden, bevor der erste Soldat auf das Schlachtfeld geschickt worden ist.
Die selbstgewählte Diagnose „Vietnamsyndrom" ist an sich symptomatisch. Sie zeigt an, wie wenig sich die Aggressoren Gedanken über ihre Verbrechen machen. Sie denken nur an das Trauma, das sie aus Vietnam mitgebracht haben und nicht an den Ruin, das Massensterben und all das, was sie in Vietnam und anderswo in der Welt verursachen. Der Ausdruck „Vietnamsyndrom" als Bezeichnung einer US-Krankheit macht klar, wie wenig sich die Aggressoren heute noch Gedanken über die Opfer und ihre Leiden machen.

Wieviel mehr als die Aggressoren leiden denn die Menschen in einem Land, das mit solcher Brutalität angegriffen und zerstört wird? Gesund ist der Mensch erst, wenn er anderen nicht schadet und wenn die verursachten Schäden wiedergutgemacht werden. Das sind die ersten Schritte auf dem Weg zur Therapie von dem „Vietnamtrauma", dem „Afghanistanschock" und dem „Iraksyndrom".
Für das Vietnamtrauma und alle Aggressionspathologien gibt es keine andere Behandlung als: Schluß mit Militarismus und Krieg. Die richtigen Konsequenzen aus der Diagnose „Vietnamsyndrom" müßten sein: Schluß mit Aggressionen! Laßt uns zusammen mit anderen Völkern in Frieden leben! Respektieren wir die Freiheit und das Selbstbestimmungsrecht der Nationen! Pflegen wir den Dialog und gütlichen Austausch! Für die friedliche Koexistenz der Völker gibt es keine Alternative. Schon die Alten haben gesagt: Vorbeugung ist besser als jede Medizin.

Sechstes Kapitel
Aufschwung der Befreiungsbewegungen

Entwicklungen seit 1945

Die Entwicklung auf dem Globus seit 1945 ist durch die folgenden Linien gekennzeichnet:

1. Aufschwung der Befreiungsbewegungen
2. Der Imperialismus gerät in die Defensive im Angesicht der Offensive der Befreiungsbewegungen.
3. Der Imperialismus verstärkt seine Aggressivität, um die Befreiungsbewegungen im Süden zu zerschlagen.

Auf dem afroasiatischen Doppelkontinent gehörten die arabischen Staaten, soweit sie unter imperialistischen Einfluß geraten waren, zu den ersten unabhängig gewordenen Ländern. Rasch konnten sie ihre Souveränität wieder erlangen. Als solche gehören sie auch zu den Gründerstaaten der Vereinten Nationen 1945.
Die gegenseitige Solidarität in Afrika war sehr groß. Die Befreiung hat mit Ägypten begonnen (1922), es folgte Libyen (1951), dann der Sudan (1956). Diese Staaten haben ihrerseits zur Befreiung des afrikanischen Kontinents substantiell beigetragen. Im Verlauf der beiden folgenden Jahrzehnte – bis 1976 – war der größte Teil Afrikas befreit.
Asien war in diese Entwicklung maßgeblich einbezogen. Auf dem Kongreß der afroasiatischen Staaten (Bandung, 1955) demonstrierten Asien, Afrika und die arabische Welt die Stärke ihrer Solidarität. Hier werden die Prinzipien der friedlichen Koexistenz zum ersten Mal ausformuliert und den Staaten der Welt zur Annahme unterbreitet.

Seit 1945 ist weltweit der Ruf nach Beendigung aller Kriege laut, breit und in den Massen verankert. Das Antikriegsbewußtsein äußerte sich unter anderem darin, daß die Forderung nach weltweiter Abrüstung erhoben wurde. Es wurde gerufen:

Keine Aggressionen!
Keine militärischen Auseinandersetzungen!
Konflikte auf dem Verhandlungsweg lösen!

Diese Forderungen sind in Reden und Dokumenten festgehalten.

Militanter Pazifismus war auf der Tagesordnung. Selbst in den imperialistischen Staaten bildeten sich Friedensgruppen und pazifistische Bewegungen, zum Beispiel in England geführt u.a. von Bertrand Russel.
Ein qualitativ neues Stadium des antiimperialistischen Bewußtseins stellt 1955 der bereits erwähnte Afroasiatische Kongreß von Bandung dar.

Die Entwicklung nach dem Zweiten Weltkrieg erreichte den Scheidepunkt. Es gab die Ansätze für einen bleibenden Weltfrieden, unterstützt von einer internationalen Antikriegsbewegung gegen atavistische, revanchistische Tendenzen in Nordwest.
Die einstigen imperialistischen Staaten verloren einer nach dem anderen ihre Führungsposition: Erst zerfiel Portugal, dann Spanien. Nach 1945 folgte der Niedergang des französischen Kolonialismus, dann des englischen Imperialismus.

Der Niedergang des europäischen Kolonialismus hätte eine neue Ära der internationalen Beziehungen auf der Basis von Frieden, Gerechtigkeit und Gleichstellung aller Kulturen und Staaten einleiten können.
Während im Süden der Ruf nach Freiheit, Unabhängigkeit und Achtung der nationalen Souveränität aller Völker lauter wird, findet im Nordwesten exakt die gegenläufige Entwicklung statt. Der Imperialismus holt zum Rückschlag auf. Er will das Rad der Geschichte zurückdrehen. Auf diesen Atavismus antworten die Völker mit dem Aufbau der internationalen antiimperialistischen Solidaritäts- und Widerstandsfront.

Die USA fühlten sich dazu berufen, die verlorenen Positionen Englands und Frankreichs als Erbe anzutreten. Sie bauen ihre Militärmaschinerie in der Illusion aus, die Welt unter ihre Vorherrschaft zu bringen.
Der US-Militarismus ist nicht auf Verteidigung, sondern auf Aggression und Krieg aufgebaut. Es ist nicht korrekt, daß ein Amtsinhaber der US-Administration als *Secretary of Defence* bezeichnet wird. Korrekter müßte er sich Aggressions- und Kriegsminister titulieren.
Die USA entwerfen das Konzept der Globalstrategie. Dazu zählt der Aufbau eines weltumspannenden Systems militärischer Allianzen unter US-Führung.

Deutschland spielte im Ersten und Zweiten Weltkrieg die Initialrolle. Will man zukünftig Kriege verhindern, hätte Deutschland ebenfalls eine Schlüsselrolle spielen können: Abrüstung, Entmilitarisierung, Neutralität, Abschaffung des stehenden Heeres. Das war in Deutschland nach

dem Zweiten Weltkrieg eine mehrheitliche Meinung. In diesem Fall hatte die Mehrheit recht.
Deutsche Geschichte vermittelt das Bild eines ständig aggressiv und expansiv tätigen Militarismus. Daß es nicht so sein muß, hat die „Deutsche Demokratische Republik (DDR)“ unter Einbeziehung der Vorgeschichte von 1945 bis 1990 bewiesen. Sie wurde jedoch von der Bundesrepublik Deutschland annektiert. Damit ging die Friedenspolitik eines Teil-Deutschlands zu Ende. Eine reale Utopie ist eine historische Episode geworden.
In West-Deutschland und in der heutigen Bundesrepublik Deutschland sind die Forderungen nach Neutralität, Entmilitarisierung, raus aus der NATO, verblaßt. Einst lautrufende antiimperialistische Stimmen sind still, leider viel zu still geworden, nachdem sie einst sehr populär waren. Man kann und muß sie wieder beleben, sie sind aber heute leider in Vergessenheit geraten. Man kann höchstens noch mit einem Hauch von Nostalgie in entsprechenden Museen, Ausstellungen und Dokumentationen auf sie zurückblicken.

Für die Rückschläge im weltweiten Friedensprozeß spielte die Militarisierung Deutschlands eine große Rolle. Mit dem steigenden „Engagement“ der Bundeswehr hat sich der deutsche Imperialismus über die Schranken, die ihm nach dem Ersten und Zweiten Weltkrieg auferlegt wurden, hinweg gesetzt.
Relativ rasch nach dem Ende des Zweiten Weltkriegs wird Westdeutschland militarisiert. Es stellt die Bundeswehr auf und wird in die NATO aufgenommen. Es folgt der NATO-Doppelbeschluß. Die BRD ist nach den USA die führende NATO-Macht.
Deutsches Militär interveniert an vielen Fronten. Derzeit führt die Bundeswehr Kriege gegen die Völker und eskaliert sie. Das deutsche Heer war traditionell schon immer eine der aggressivsten Armeen weltweit. Von der Reichswehr über die Deutsche Wehrmacht bis zur Bundeswehr besteht Kontinuität. Nun kommt auch die Internationalisierung der Bundeswehr durch die NATO hinzu. Mit Sorge verfolgen wir die zunehmenden Interventionen der BRD durch und ohne NATO. Die Bundesrepublik war es auch, die für die Militarisierung der EU eingetreten ist.

Die USA wählten als ihr bis dahin größtes Opfer nach dem Zweiten Weltkrieg Vietnam. Mit ihrer Invasion in Vietnam haben die USA ihre eigene Zersetzung eingeleitet. Das vietnamesische Volk erhob sich zur Verteidigung des Vaterlandes. In Vietnam war der Widerstand im Vormarsch, die

USA im Rückzug. Die FLN erklärte immer mehr Gebiete Vietnams zu befreiten Territorien. Mit der großen Offensive der FLN hat für die USA der Countdown begonnen:
Wie gern hätten Portugal, Spanien, Frankreich England, Deutschland und die NATO den USA mehr als bisher Rückendeckung gegeben, aber die US-Armee befand sich auf einem ungeordneten Rückzug. Sie standen halstief im Blut ihrer Opfer. Sie konnten weder in Vietnam bleiben noch von dort fliehen.

Während die USA in Vietnam verstrickt waren, haben sich die Befreiungsbewegungen in Afrika und Asien voll entfaltet. Eine große Zahl von Staaten konnte in dieser Zeit ihre Freiheit bis zur vollen Unabhängigkeit ausfechten. Die Zahl der UNO-Mitglieder wuchs sprunghaft. Die größte Fläche Afrikas und Asiens wurde kolonialismusfrei.

Viele Staaten des Südens haben ihre Freiheit erkämpft – synchron zur Befreiung Vietnams bzw. zum Vietnam-Schock der USA. Beispiele aus dem Unabhängigkeitsjahr Vietnams 1975:
Angola: Am 11. November 1975 proklamierte die MPLA die Staatsgründung der freien, unabhängigen und souveränen Volksrepublik Angola. 1973 hatte Angola die Autonomie bereits erkämpft. Die Wellen der Befeiung eines der flächenstärksten Länder Afrikas schlugen in die weite Welt. Unmittelbar damit verbunden war die Revolution in Portugal gegen die dort seit einem halben Jahrhundert herrschende Diktatur.
Moçambique: Ebenfalls 1975 proklamierte FRELIMO die Gründung der *Volksrepublik Moçambique*. Moçambique war seit 1973 bereits autonom.
Kap Verde: Parallel zu Angola und Moçambique verlief die Entwicklung in Kap Verde. Am 15. Juli 1975 wurde die Republik Kap Verde als unabhängiger souveräner Staat ausgerufen (seit Dezember 1974 autonom).

Die angegebenen Daten zu den Autonomieerklärungen zeigen, daß die unterjochten Völker schon lange auf dem Weg der Befreiung und nur kurz vor der Erlangung der vollen Souveränität waren.
Leider hat die stürmische Welle der Befreiung keinen therapeutischen Effekt auf das Vietnamsyndrom bewirkt. Imperialismus und Militarismus erweisen sich als extrem therapieresistent. Sie greifen immer noch ein friedfertiges Volk nach dem anderen an.

Dennoch läßt sich die Welle der Befreiung nicht aufhalten. Es hat nicht mehr lange gedauert, bis der Kolonialismus endgültig besiegt wurde. Das Jahr 1975 war nicht nur für das vietnamesische Volk ein gutes Jahr. Vietnam selbst war ein Glied in der langen Kette der Befreiung, die schon 1922 mit Ägypten als erstem vom Imperialismus unabhängig gewordenem Land begann. Seitdem bewährt sich die weltweite antiimperialistische Solidaritäts- und Kampffront. Ein Blick auf die Landkarte Afrikas vermittelt ein eindrucksvolles Bild. Die Befreiung des Kontinents hat sich graduell von Ägypten aus über den ganzen Kontinent entwickelt. Auf Ägypten folgte der angrenzende Nachbar Libyen, als nächstes der südlich angrenzende Sudan und so weiter bis zur Befreiung des ganzen Kontinents. So geschah es auch, daß die Republik Südafrika erst zum Schluß, 1993, vom Apartheidsregime frei wurde. In Kairo hatten Befreiungsbewegungen aus der ganzen Welt Büros gegründet. Von hier aus konnten sie politisch wirken, ihre Kämpfer ausbilden und ihre Stimme in Wort und Schrift an ihre Völker und die ganze Welt richten. Von Vietnam bis Chile wurde der Freiheitskampf der Völker gefördert und großzügig unterstützt. Mit dem Sieg eines jeden Landes wurde der Imperialismus schwächer, der antiimperialistische Widerstand an Erfahrung reicher.

Auf die Ausrufung unabhängiger, freier und souveräner Staaten im Süden haben leider weder die USA noch andere imperialistische Staaten eine freudige Reaktion gezeigt. Heute noch demonstriert die eurozentristische Literatur Haß und Neid über die antiimperialistischen Bewegungen. Dennoch läßt sich das Rad der Geschichte nicht mehr zurückdrehen.

Der US-Militarismus und seine angebliche Unbesiegbarkeit sind ein Mythos. Sie sind aus keinem einzigen Krieg siegreich hervorgegangen. Was USA und NATO können, sind Zerstörungen, Ruin und Völkermord anrichten. Die US-Strategie geht von der Voraussetzung aus, die Konfrontation mit einer feindlichen Armee zu vermeiden. Die US-Strategie basiert auf dem Prinzip der „Annihilation“. Das Volk ist der Feind: *Enemy people*. Wenn ein Volk vernichtet wird, wird seine Armee von selbst mit aussterben. Der US-Militarismus bekennt sich zu diesem verbrecherischen Prinzip.
Das sind aber keine Merkmale von Sieg. Real sind die den Imperialismus tragenden Kräfte im Niedergang begriffen. Den Widerstandswillen der Völker können sie nicht brechen. Der antiimperialistische Widerstand gegen die USA und ihre NATO-Verbündeten steigt täglich. Die imperialistischen Staaten sind immer barbarischer geworden. Nur im antiimperialistischen Widerstand entfalten sich Zivilisation, Humanismus und Universalismus.

Während auf der einen Seite alle Kräfte guten Willens weltweit für den Abbau der militärischen Potentiale eintreten, steigern die USA, NATO und BRD Rüstung und Kriegshandlungen. Diese Entwicklung – wird sie nicht sofort eingestellt und abgebaut – führt zum globalen Ende. Die Welt samt ihren Bewohnern stürzt insgesamt in die Katastrophe. Der Frieden, von dem die NATO spricht, ist die Friedhofsruhe.
Darum jetzt handeln!

Siebentes Kapitel
Aufstieg und Niedergang des Realsozialismus

Inhaltsübersicht

1. Einleitung
2. Zwei einander entgegengesetzte Prozesse bestimmen die internationale Entwicklung nach 1945
3. Jalta – Die Spaltung Europas in den sozialistischen Osten und den imperialistischen Westen
4. Die Spaltung der Welt in den imperialistischen Norden und den ausgebeuteten Süden
5. Die Aufrechterhaltung der Nord-Süd-Spaltung in der UdSSR
6. Zur gesellschaftspolitischen Einordnung der Sowjetunion
7. Rückbesinnung auf die Einheit und die Spaltung der Welt
8. Die Polarisierung der Welt
9. Die bipolare Welt
10. Die tripolare Welt
11. Der *Kalte Krieg*
12. Die Beziehung des *Kalten Kriegs* zum Nord-Süd-Konflikt
13. Der West-Ost-Gegensatz wird dem Nord-Süd-Konflikt untergeordnet
14. Die „bipolare Welt“ kehrt zurück
15. Der Nord-Süd-Konflikt
16. Diskussion

Einleitung

Entgegen weit verbreiteten Vorstellungen sind Sozialismus und Kommunismus keine europäischen Erfindungen. Gesellschaftliche Entwürfe zum Aufbau einer menschlichen Gemeinschaft auf der Basis der Gleichstellung, Gleichberechtigung, Gerechtigkeit, egalitären Verteilung des produktiven Vermögens sind sehr alt. Als Beispiel sei die sogenannte „Erste Übergangszeit“ genannt, welche das Alte Reich in Ägypten im dritten Jahrtausend vor Christus ablöste. Sozialistische und kommunistische Gesellschaftsentwürfe sind nicht auf abstraktem Niveau geblieben. Die Utopie wurde in die Realität umgesetzt. Eindrucksvoll ist der Qarmaṭenstaat. Er bestand vom neunten bis zum zwölften Jahrhundert n.Chr. Mit seinem zweihundertjährigem Bestehen ist er die historisch am längsten aufrechterhaltene kommunistische Gesellschaft.

Die alten sozialistischen Lebens- und Gesellschaftsformen besitzen Kontinuitäten bis in die Gegenwart hinein. Es sei die Gesellschaft der Mūsaʿsaʿin erwähnt, die vom achtzehnten bis zum zwanzigsten Jahrhundert mit Schwerpunkt im Irak und dem westlichen Iran Bestand hatte.

Arabische sozialistische und kommunistische Parteien

Insgesamt handelt es sich um genuin arabische Bewegungen, die sich auf ältere Traditionen berufen. Sie waren den europäischen Analogien lange vorausgegangen. Seit den 1920iger und 1930iger Jahren gehörten die arabischen kommunistischen Parteien zu den stärksten Mitgliedern der Kommunistischen Internationale.

Zwei einander entgegengesetzte Prozesse bestimmen die internationale Entwicklung nach 1945

Nach dem Zweiten Weltkrieg war die Menschheit für den Sozialismus sehr aufgeschlossen. Der Sozialismus wurde nicht nur als Alternative zum Kapitalismus, sondern auch zum Krieg begriffen. So wie die Sowjetunion aus den Ruinen des Ersten Weltkriegs hervorgegangen ist, ging die sozialistische Welt aus den Trümmern des Zweiten hervor.
Mit dem schrecklichen Erlebnis des Zweiten Weltkriegs vor Augen forderten die Menschen die radikale Veränderung und die Abschaffung von Waffen und Militarismus. Viele andere gingen noch weiter. Sie vertraten die Meinung, daß der Kapitalismus gescheitert und der Imperialismus Antihumanismus ist. Der Kapitalismus müsse abgelöst werden. In der Konsequenz forderten die Menschen: „Nie wieder Faschismus!“, „Nie wieder Kapitalismus!“ Denn vom Kapitalismus kommt Faschismus und vom Faschismus Krieg. Darum „Nie wieder kapitalistischer Staat!“ Sozialismus war Konsens. Kommunismus war breit verankert.

Diesem Weg des Friedens ganz entgegengesetzt war das Bestreben der USA nach Militarisierung. Sie begannen mit dem Aufbau eines Systems zur militärischen Einkreisung des Globus.

Jalta – und die Spaltung Europas in den sozialistischen Osten und den imperialistischen Westen

1944 wurde das Jalta-Abkommen geschlossen. In ihm ist die Landkarte für Europa – vorab – neu gezeichnet worden. Es wurde festgelegt, welche Staaten dem westlichen Machtbereich und welche dem sozialistischen Bereich unterliegen. Demnach wurden die Balkanstaaten sozialistisch. So wäre Jalta zu interpretieren. Es wird natürlich nicht gesagt, wer das kapitalistische bzw. das sozialistische Staatsmodell annehmen sollte. Die Kartographie von Jalta entspricht einer Entwicklung, die sich während des Zweiten Weltkriegs abzeichnete. Osteuropa mit der Sowjetunion als Hauptkraft folgt dem sozialistischen System. Damit wird aber auch präjudiziert, daß der Westen weiterhin den kapitalistischen Weg verfolgt.
Was in Westeuropa real eingetreten ist, übertrifft bei weitem die abgezeichneten Erwartungen. Mittel- und West-Europa gehen weiterhin den kapitalistisch-imperialistischen Weg. Sehr bald bauen sie eine militärische Macht auf, die die bisher bekannte Rüstungsgeschichte in den Schatten stellt. Für das Großkapital, das den Zweiten Weltkrieg inszenierte, waren die Vereinbarungen zwischen West und Ost zur Regelung der Folgen des Zweiten Weltkriegs ein Traumgewinn. Es drehte das Rad der Geschichte gegen den Uhrzeigersinn. Denn:
Die Erfahrungen des Zweiten Weltkriegs haben die Menschheit aufgeweckt. Sie sah im Sozialismus eine Alternative zu Kapitalismus, Imperialismus, Faschismus und Militarismus. Selbstverständlich blickten die Menschen auf die Sowjetunion als eine sozialistische Bastion und erwarteten von ihr revolutionären Beistand.

In der Türkei, in Griechenland, Italien und Frankreich war die kommunistische und sozialistische Bewegung vor dem Zweiten Weltkrieg in der Arbeiterschaft fest verankert. Der Beitrag der kommunistischen und sozialistischen Kräfte im Widerstand gegen den deutschen und italienischen Faschismus brachte der revolutionären Linken starken Zulauf. Die Forderung nach einer Machtübernahme durch die linken Parteien wurde gestellt und breit unterstützt.

In Westeuropa sind die USA nach dem Zweiten Weltkrieg die eigentliche Entscheidungsmacht über die Zukunft des Kontinents geworden. Dabei spielte auch der militärische und psychologische Machtzuwachs durch den Besitz der Atomwaffe, über die sie noch das Monopol hatten, eine maßgebliche Rolle.
Eigentlich war das sozialistische Bewußtsein in und außerhalb Europas ausgereift. Die Einsicht in die Zusammenhänge zwischen Kapitalismus, Imperialismus und Krieg verstärkte bei den Völkern die Entschlossenheit für die sozialistische Alternative.

Die imperialistischen Staaten unter Führung der USA waren dagegen. Leider jedoch blieb die Sowjetunion loyal zu den Vereinbarungen von Jalta und Potsdam. Mit ihrer Unterstützung sorgten die Westmächte dafür, daß mit Ausnahme des Balkans die übrigen Staaten Europas – gemäß den Vereinbarungen von Jalta – unter dem kapitalistisch-imperialistischen Einfluß verblieben. Die Sowjetunion versagte ihre Unterstützung für sozialistische und kommunistische Bewegungen, die unmittelbar vor dem Machtantritt standen, z.B. in Griechenland. Die UdSSR hat den Sieg der sozialistischen Revolution nicht gerade gefördert, sondern gehemmt, vielleicht sogar sabotiert.

Die Türkei, Italien, Frankreich und besonders Griechenland waren reif für den Sozialismus. Es war soweit, daß im Jahr 1947 die Kommunisten und Sozialisten vor der Entscheidungsrunde um die Staatsmacht standen. Die Revolution war in Griechenland voll ausgereift. Das Volk stand dahinter. Die geographische Bindung an den Balkan und die Nähe zur Sowjetunion wirkten sich bestimmend auf den Ausgang des Kampfes um die Staatsmacht aus. Die Sowjetunion hat nicht nur Abstand genommen, sondern auch den Sieg der Revolution in Griechenland verhindert. In Italien und Frankreich war die Résistance von linken Kräften geführt und aus dem Zweiten Weltkrieg politisch siegreich hervorgegangen. 1945-47 sind die Kommunisten in diesen beiden Mittelmeeranrainerstaaten sehr stark geworden. Sie haben nicht nur für die Befreiung ihrer Länder gekämpft und geopfert. Ihnen kam auch die Tatsache zugute, daß die herrschende bürgerliche Klasse und ihre Parteien nationalen Verrat begangen hatten. In Italien hatte der Faschismus nicht nur den Krieg, sondern auch seine soziale Basis verloren. In Frankreich hatten die Bourgeoisie und ihre Parteien mit dem deutschen Faschismus kollaboriert und damit Verrat begangen. Es war die Politik der Sowjetunion unter Stalin, die einen Sieg der Revolution in diesen Ländern verhinderte. Sie stand nicht nur in Negativkoalition mit dem imperialistischen Westen, sondern unterstützte ihn auch aktiv.

Die Spaltung der Welt in den imperialistischen Norden und den ausgebeuteten Süden

Entlang der asiatischen Grenze der UdSSR wurden Völker und Staaten gespalten. Der nördliche Teil dieser Staaten wurde in die UdSSR eingegliedert oder mit ihr assoziiert, der südliche bildete einen eigenen verkleinerten Staat oder schloß sich einem anderen an, z.B. Iran oder Afghanistan. Doch die Spaltungen blieben. Das Bestreben der so gespaltenen asiatischen Länder nach Einheit wurde sowohl von seiten der Sowjetunion als auch der USA sabotiert. Dieses Problem ist bis heute immer noch nicht ausgestanden. Wir sehen, welche Konfliktpotentiale nach der Auflösung der UdSSR vorliegen.

Tragisch ist vor allem die Tatsache, daß die USA die abgespaltenen Landesteile in ein System seiner globalen Strategie einbinden und mit ihnen Militärbündnisse bilden konnten, die nicht nur gegen die Befreiungsbewegungen im Süden gerichtet waren, sondern auch die Sowjetunion selbst bedrohten.

Die Aufrechterhaltung der Nord-Süd-Spaltung in der UdSSR

Die Sowjetunion wurde auf dem Territorium des Russischen Reiches gegründet. D.h. der Sowjetstaat ist zum Erben eines kolonialistischen Staates geworden. Die Aufstände der Völker in den unterdrückten und annektierten Republiken wurden ironischerweise mit der Parole zerschlagen, sie seien Konterrevolutionen. Richtig ist, daß sich die Völker im Süden der UdSSR nicht gegen den Sozialismus, sondern gegen die Unterdrükkung und Ausbeutung des Südens durch den Norden der Sowjetunion widersetzten.
Es ist eine Tatsache, daß sowjetische Völker, die Freiheit und Selbstbestimmung forderten, mit Giftgas zum Schweigen gebracht wurden. Es ist eine historische Tragödie, daß Völker ihre Emanzipation erst durch den Niedergang des Sowjetstaats erlangen.
Zur gesellschaftlichen, systempolitischen Einordnung der Sowjetunion haben sich die Geister schon zur Zeit des Bestandes der UdSSR gestritten.

Zur gesellschaftspolitischen Einordnung der Sowjetunion

Eine recht ausgewogene Einschätzung der gesellschaftspolitischen Einordnung der Sowjetunion läßt sich wie folgt formulieren:

1. Die Sowjetunion war zwar nicht mit einem kapitalistischen, imperialistischen Staat identisch, sie hat allerdings nicht den Vorstellungen und Erwartungen, die man an einen sozialistischen Staat stellt, entsprochen.
2. Sicher ist, daß die Bildung der Sowjetunion sowohl einen Fortschritt gegenüber dem Zarenreich als auch gegenüber dem kapitalistisch-imperialistischen Westen darstellt.
3. Sicher ist auch, daß es sich bei der politisch-ökonomischen Ordnung der Sowjetunion um Staatskapitalismus gehandelt hat.
4. Was 1990 in Osteuropa zusammengebrochen ist, war nicht der Sozialismus, sondern der Kapitalismus.
5. Festzustellen ist auch, daß die Zusammenbrüche einst sozialistischer Staaten ausschließlich in Europa erfolgten; die Volksrepubliken in Asien, Afrika und Kuba sind trotz großer Provokationen des Imperialismus standhaft geblieben und zwar alle, vorbehaltlich unterschiedlicher Ausprägung.
6. Nach der Wende (1989-91) haben sich die einst sozialistischen Staaten Osteuropas einer nach dem anderen in den Schoß des Imperialismus geworfen. Sie gliederten sich in seine ökonomischen und militaristischen Strukturen ein. Sie sind als Teil des Nordens in den Nord-Süd-Konflikt integriert worden.

Rückbesinnung auf die Einheit und die Spaltung der Welt

Die Menschheit ist mit einer einzigen Gruppe angetreten. Der Globus ist ein einheitlicher Körper. Mutter Erde trägt unterschiedslos all ihre Kinder und versorgt sie. Sie will, daß sie alle gleichgestellt und gleichberechtigt existieren. Die Menschen sollen zusammen leben und arbeiten ohne Diskriminierung oder Privilegierung. Das ist das universalistische Prinzip von Humanismus und Einheit.

Die Geschichte der Menschheit ist auch eine Geschichte ihrer Einheit gewesen. Entgegen der Darstellungsweise europäischer Autoren war die längste Periode der Menschheitsgeschichte eine Friedenszeit. Wäre die menschliche Geschichte ein 24-Stundentag, so würde die Kriegszeit lediglich die letzten 14 Sekunden ausmachen.

Erst durch die europäischen Aggressionen der Kreuzzüge und der Reconconquista wurde der Weltfrieden außer Kraft gesetzt und bis heute nicht wiederhergestellt. Die Europäer, die USA und die NATO sprechen zwar von Frieden, weil es ein beliebtes Wort ist, meinen aber den Krieg, die *Pax americana* und den NATO-*Frieden*.

Polarisierung der Welt

Der Imperialismus zerstörte die Einheit der Menschheit und schuf den Dualismus, die Spaltung der Welt in Nord und Süd.
Grundlage der Ideologie des Imperialismus ist der „Dualismus". Er ist der Gegensatz zur Einheit der Völker. Ausdruck des Dualismus ist die Spaltung der Welt, die sich als Nord-Süd-Konflikt manifestiert. Schärfste Form des Dualismus ist der Krieg.

Die bipolare Welt

Der Imperialismus schuf die bipolare Welt. Er etablierte den imperialistischen Norden gegen den ausgebeuteten Süden.

Die tripolare Welt

Aus den Trümmern des Ersten Weltkriegs ist die Union der Sozialistischen Sowjetrepubliken, die UdSSR, hervorgegangen. Auch das Szenario des Zweiten Weltkriegs verlief nicht in jedem einzelnen Punkt gemäß den Wünschen seiner Konstrukteure. Eine Entwicklung, vom Imperialismus sicher nicht vorgesehen, vollzog sich auf dem Balkan. Aus dem Befreiungskampf gegen den deutschen Faschismus entfalteten sich sozialistische Staaten, die sich nach der Unabhängigkeit herausgebildet haben. Sie verdanken ihre Entstehung der Tatsache, daß Kommunisten und Sozialisten im antifaschistischen Widerstand führend waren. Sie erlangten dadurch das Vertrauen der Völker. Es war klar, daß die unabhängigen Regierungen aus diesen den Widerstand tragenden Kräften gebildet werden. Zum ersten Mal in der Neuzeit entsteht eine weite Weltregion, die dem Kommunismus verpflichtet ist. Die Vertrauensbasis der balkanischen Völker für die kommunistische Führung war aus ihrer Loyalität und Opferbereitschaft im Befreiungskampf erwachsen.

Es war logisch, daß sich die kommunistischen und sozialistischen Regierungen in Osteuropa näher zusammenschließen, einen gemeinsamen Markt bilden, Formen der Kooperation auf allen Gebieten entwickeln, gemeinsame Organisationen aufbauen. Die Bildung des Bündnisses für Zusammenarbeit und gegenseitige Unterstützung hat sehr früh eine tiefe organisatorische Stärke erreicht. Am 14. Mai 1955 wurde der „Vertrag über Freundschaft, Zusammenarbeit und gegenseitigen Beistand" in Warschau (daher im Westen *Warschauer Pakt* genannt) verabschiedet. Die Unterzeichnerstaaten waren Albanien (DVRA), Bulgarien (VRB), Deutsche Demokratische Republik (DDR), Polen (VRP), Rumänien (SRR), Tschechoslowakei (CSSR), Sowjetunion (UdSSR) und Ungarn (UVR). Jugoslawien nahm als Beobachter teil.
Die Herausbildung des Osteuropäischen Blocks spaltete Europa in den kapitalistisch-imperialistischen Westen und den sozialistischen Osten. Es hat sich die Chance ergeben, daß aus der bipolaren Welt eine tripolare herausgebildet wird.
Die sozialistischen Staaten waren den Prinzipien der Solidarität, des Internationalismus und der Völkerfreundschaft verpflichtet. Man kann ihre Wirtschafts- und Außenpolitik nicht auf gleiche Ebene mit denen der kapitalistischen Staaten stellen. Doch vermochten die UdSSR und der Realsozialismus es nicht, eine konsequente, wirklich vom Imperialismus unabhängige Politik zu entwickeln und durchzuhalten. Der Aufbau des Sozialismus ist auf der Stufe des Staatskapitalismus geblieben.

Die Beziehungen der realsozialistischen Staaten zum Süden waren nicht auf den Prinzipien der Gleichstellung und Gleichberechtigung aufgebaut. Anerkennen solle man dennoch, daß sie keine aggressiven Züge entwikkelt haben. Dies muß man im Angesicht der Invasion Afghanistans 1979 durch die Sowjetunion und anderer Vorgänge freilich betont einschränken. Trotzdem kann der Realsozialismus nicht mit dem imperialistischen Westen auf gleiche Ebene gestellt werden.
Zum Zeitpunkt des Bestandes der Sowjetunion und des Realsozialismus stand Europa als Ganzes nicht mehr ausschließlich unter der Herrschaft des Imperialismus. Ein Zustand von einer „tripolaren Welt" war real eingetreten. Die Utopie, daß der globale Einfluß des Imperialismus zurückgedrängt wird, hat sich realisiert. Die Hoffnungen verstärkten sich, als sich das größte Land der Erde, China, dem historischen Fortschritt angeschlossen hat. Mit der Ausrufung der Volksrepublik China im Jahr 1950 unter dem Vorsitz Mao Tse-Tungs hat sich das Kräfteverhältnis zugunsten des Sozialismus und der tripolaren Welt verschoben. Die Bewegung

zur Entstehung vom Imperialismus unabhängiger Volksrepubliken schlug kräftige Wellen.

Im zwanzigsten Jahrhundert hat für eine kurze Zeit eine tripolare Welt bestanden. Höhepunkt dieses Dreiecks war die Zeit von 1949 bis 1956, d.h. von der Unabhängigkeit Chinas und Gründung der Chinesischen Volksrepublik bis zur Spaltung des sozialistischen Lagers im Jahr 1956. Diese von der KPdSU durch ihren XX. Parteitag geschürte Spaltung unter Chruschtschow (1894-1971) war eine große Schwächung des sozialistischen Blocks und eine erneute relative Stärkung des Imperialismus. Der Einfluß des Realsozialismus in Europa nahm ab, der des Imperialismus stetig zu.

Dennoch bestand auf dem Globus nicht eine bipolare Welt, sondern weiterhin ein Dreieck: „imperialistischer Westen", „sozialistischer Block" und „ausgebeuteter Süden". Die tripolare Welt ist geblieben.
Es hätte eine Chance für eine langlebige tripolare Welt gegeben, wenn die UdSSR nach 1917 oder nach 1945 zusammen mit den osteuropäischen realsozialistischen Staaten einen konsequenten antiimperialistischen Weg gegangen wäre. Das war leider nicht der Fall. Die Staaten des Ostblocks waren nicht homogen. Es gab nicht zu unterschätzende graduelle Unterschiede in bezug auf ihre Einstellung zum Staatskapitalismus und zum Imperialismus.
Natürlich standen die sozialistischen Staaten Osteuropas (1948-90) nicht außerhalb dieser Welt. Sie waren nicht auf sich bezogen – kein Staat ist eine Insel. Sie bildeten den „realsozialistischen Block", der – so lange er Bestand hatte – die Weltpolitik spürbar beeinflussen konnte. Die realsozialistischen Länder Osteuropas sowie die Volksrepubliken der Dreikontinente engagierten sich für andere Staaten des Südens und untersützten die Befreiungsbewegungen.

Der „Kalte Krieg"

Nach 1945, besonders nach dem Aufstieg von sozialistischen Staaten und Volksdemokratien in Osteuropa und Südostasien, mußten sich die USA mit der Entwicklung abfinden. Wie wir aus US-eigenen Dokumenten erfahren, haben sie durch den Bau der Atombombe davon geträumt, nun vermittels dieser „Wunderwaffe" (so der damalige authentische Ausdruck) die Welt unter ihre Herrschaft zu bringen. So lange sie das Mo-

nopol über das Atom hatten, konnten sie ihre Illusion pflegen. Bald hat die Sowjetunion das US-Atommonopol gebrochen und damit auch die US-Illusion.
US-Präsident Truman (1945-53) versuchte, mit seiner Politik des *Containments* die Verbreitung des Sozialismus in Asien und Europa einzudämmen. Die USA waren entschlossen, den Sozialismus zurückzudrängen. Hinter dem scheinbaren Stillsand zwischen Ost und West steckte die latente Destruktivität des Imperialismus, der seine aggressiven Pläne vertagt, aber nicht aufgegeben hat. Die scheinbare „Entspannung“ zwischen West und Ost entwickelte sich zum „Kalten Krieg“.

Der Ausdruck „Kalter Krieg“ ist Anfang der 1950er Jahre aufgekommen. Nach der Wende (1990) wurde gesagt, er sei beendet.
Der „Kalte Krieg“ ist ein Ausdruck, den der imperialistische Westen zur Charakterisierung des Verhältnisses zum sozialistischen Osten für die Zeit zwischen 1950 und 1990 geprägt hat. Zwischen den USA und den NATO-Staaten auf der einen Seite und der Sowjetunion und den Warschauer-Pakt-Staaten auf der anderen gab es keinen Krieg und auch keinen Frieden. Der Westen sprach vom „Kalten Krieg“ und verriet damit, daß der „Krieg“ weitergeht, nur sei er zur Zeit eingefroren, provisorisch kaltgestellt. Es gibt nicht den Frieden, sondern den Kalten Krieg.
Wie man auch immer den Ausdruck „Kalter Krieg“ interpretiert, deckt er die Tatsache auf, daß der Westen den „Dauerkrieg“ schlechthin für den Normalzustand hält. Das ist auch in der Tat der Fall. Der Kaltkriegsbegriff sollte von der real bestehenden militärischen Realität ablenken. Er sollte daher besser in dem Sinn verstanden werden, daß Nord-West in bezug auf den Osten den Krieg „kalt“ führte, während der wirkliche, heiße Krieg gegen den Süden weiterging. Die Fokussierung auf den „Kalten Krieg“ verschleierte den heißen Krieg und schirmte ihn ab.

Die sozialistischen Staaten in Osteuropa, die aus dem Befreiungskampf gegen den deutschen Faschismus hervorgegangen sind, haben zur Gründerzeit nach 1945 bewußt, konsequent und zielstrebig mit dem Aufbau des Sozialismus begonnen. Auch diese Versuche wurden auf dem Höhepunkt nicht weiter gefördert und vorangetrieben, sondern ebenfalls allmählich abgebaut. Im Osten Europas herrschte dann nicht der Sozialismus, sondern der Staatskapitalismus. Auch innerhalb der Sowjetunion bestand weiterhin ein Nord-Süd-Konflikt. Die Beziehungen zwischen der UdSSR und den befreundeten Staaten im Süden gestalteten sich rasch zu einem Ausbeutungsverhältnis. Extremer Ausdruck der imperialistischen

Entwicklung in der Sowjetunion war die Invasion Afghanistans. Am 27. Dezember 1979 marschierten die Sowjets mit voller militärischer Formation in Afghanistan ein.

Die Beziehung des „Kalten Kriegs“ zum Nord-Süd-Konflikt

Zwei Funktionen leistet der Ausdruck „Kalter Krieg“. Zum einen bezeichnet „Kalter Krieg“ eine Sonderform des Krieges, die vorrangig wirtschaftliche, propagandistische und psychologische Mittel einsetzt, darunter den Nerven- und Medienkrieg, den Boykott und anderes. Zum zweiten können diese Mittel unter dem Aspekt „Kalter Krieg“ gesehen werden, nicht nur, um sie vom „heißen Krieg“ zu unterscheiden, sondern auch, um vom gleichzeitig real geführten „heißen Krieg“ gegen den Süden abzulenken. Das ist die weitere Funktion. Man hat den Ausdruck „Kalter Krieg“ geprägt und darauf fokussiert, um den eigentlichen Krieg, den der Imperialismus gleichzeitig gegen den Süden führte, aus dem Bewußtsein der westlichen Öffentlichkeit zu verdrängen.

Der West-Ost-Gegensatz wird dem Nord-Süd-Konflikt untergeordnet

Es ist richtig, daß sich der imperialistische Westen durch den Bestand der Sowjetunion und des Realsozialismus gestört fühlte. Der West-Ost-Konflikt war in der Weise geregelt, daß sich eine nicht konfliktfreie Beziehung von Spannung und Koexistenz eingependelt hat. Der Austausch von Interessen konnte den Antagonismus allmählich relativieren. Den USA gelang es, die Sowjetunion in der Weise zu funktionalisieren, daß sie ihren Einfluß bei befreundeten Staaten nutzte, um die Befreiungskämpfe zu entschärfen.

Im Angesicht dieser Tatsachen wäre es inkorrekt, für die Zeit ab etwa 1970 von einer tripolaren Welt zu sprechen. Auch wenn die UdSSR und der imperialistische Westen unter US-Führung nicht auf gleiche Ebene gestellt werden dürfen, hat es sich doch nicht mehr um eine tripolare, sondern um eine bipolare Welt gehandelt.
Die Bipolarität bedeutet nicht, daß der imperialistische Westen zusammen mit der Sowjetunion und dem Realsozialismus unipolar gewesen seien. Immer noch bestanden Gegensätze zwischen West und Ost. Diese Wider-

sprüche verlieren zwar zunehmend ihren antagonistischen Charakter, sie bestehen jedoch als Konkurrenz und Rivalität weiter. Die Kooperation überwiegt, die Spannung ist entschärft. Divergenz wird durch Konvergenz verdrängt.

Spätestens seit 1990 leben wir eindeutig und unbezweifelbar in einer bipolaren Welt. Die Bipolarität kam nicht aus heiterem Himmel. Die Annäherung des Ostens an den Westen über Jahrzehnte hinweg stellte den Norden insgesamt gegen den Süden. Es gab eine öffentlich deklarierte Teilung der Welt zwischen dem imperialistischen Block im Norden und dem *sozialistischen* Norden. Doch der Norden insgesamt koordinierte intern seine Politik gegen den Süden. Der europäische Frühling des Sozialismus hat leider nicht lange gehalten. Egal ob man ihn chronologisch lang von 1917 bis 1991 oder kurz von 1917 bis 1956 definiert; in beiden Fällen war er von kurzer Dauer.

Leider war der Kalte Krieg ein Sieg für den Imperialismus. Aus den Trümmern des Realsozialismus sind kapitalistische Staatssysteme hervorgegangen. Wie auch immer, wenn eine Tripolarität bestanden hätte, so existiert sie spätestens seit 1990 nicht mehr. Aber selbst diese Tatsache, der Zerfall des einst mächtigen Realsozialismus in der Zeit 1989-91, als wäre er ein Kartenhaus, beweist an sich, daß er kein festes Fundament hatte.

Die „bipolare Welt“ kehrt zurück

Auf die Spaltung des Sozialistischen Lagers im Jahr 1956 folgte eine allmähliche Annäherung der Sowjetunion an den imperialistischen Westen. Es war eine Frage der Zeit, bis sich die realsozialistischen Staaten Osteuropas einschließlich der Sowjetunion mit dem imperialistischen Westen arrangiert haben würden.
Die Rückschläge in der Entwicklung der Sowjetunion sind nicht schlagartig eingetreten. Schon seit der Gründungszeit konkurrierte die Restauration kapitalistischer und selbst imperialistischer Verhältnisse mit dem sozialistischen Aufbau. Bereits zu Beginn der 1920er wurden anfängliche Versuche zum Aufbau des Sozialismus zugunsten der Rekapitalisierung aufgegeben. Die stufenweise Restaurierung kapitalistischer Verhältnisse wurde als „NEP“, Nowaja Ekonomitscheskaja Politika (Neue ökonomische Politik), bezeichnet, womit die Lockerung und Liberalisierung der

sozialistischen Wirtschaftspolitik durch die Sowjetregierung in den Jahren 1921 bis 1928 gemeint sind.

Daß die Welt nicht mehr tri-, sondern bipolar ist, wird dadurch bestimmt, daß in bezug auf den Hauptwiderspruch der Weltlage der Nord-Süd-Konflikt von beiden Blöcken, dem Imperialismus und dem Realsozialismus – als Norden – relativ ähnlich oder gar identisch gestaltet wurde: Ausbeutung des Südens durch den Norden. Nordwest und Nordost stören sich gegenseitig nicht. Es besteht eine stillschweigende Einteilung der Welt in Einflußsphären und Interessensgebiete.
Auch wenn die sozialistischen Staaten Ost-Europas eine mildere Linie gegenüber dem Süden verfolgten als der Westen, muß doch eingestanden werden, daß der Realsozialismus seine Politik nach und nach mit dem Westen koordiniert hat. Es gab keine grundsätzlichen Gegensätze, sondern fließende Übergänge zum Westen, wobei jede Seite selbstverständlich auf den eigenen Vorteil bedacht war.
Schließlich wurde in Osteuropa eine Politik der Selbstauflösung eingeleitet. Der Realsozialismus gibt sich selbst auf und verzichtet darauf, eine eigenständige Kraft zu sein, die imstande ist, Einfluß auf die Weltpolitik zu nehmen. Schließlich nimmt er Abschied von der „tripolaren Welt“ und unterwirft sich dem imperialistischen hegemonialen Machtanspruch.
Im Weltmaßstab betrachtet wich die Tripolarität zugunsten der bipolaren Welt zurück. Es herrscht wieder Bipolarität. Die Polarisierung der Welt in den ausbeuterischen Norden und den ausgebeuteten Süden ist nach dem Niedergang der Sowjetunion – als politisches System und Staatsordnung – deutlicher, schärfer und blutiger geworden.

Nach alldem, was ich über den Charakter des osteuropäischen sozialistischen Blocks, des Realsozialismus, sowie seine Beziehungen zum kapitalistisch-imperialistischen Westen gesagt und geschrieben habe, möchte ich zum Abschluß dieser Analyse einen Satz zitieren, der an eine Höflichkeit erinnert, aber durchaus einen Hintergrund und klaren Sinn hatte. Als die UdSSR die ersten Menschen auf dem Mond hat landen lassen, gratulierte de Gaulle der Sowjetunion mit den Worten: „Das ist ein Sieg für Europa“. Schon immer existierte ein Verhältnis, das trotz der Differenzen des Westens mit den realsozialistischen Staaten doch den gesamteuropäischen Imperialismus aufrechterhalten wollte. Europa sei in einen kapitalistischen Westen und einen sozialistischen Osten gespalten, solle jedoch insgesamt seinen hegemonialen Anspruch gegen den Süden verteidigen. Die einstigen gesellschaftspolitischen und Systemunterschiede haben nicht darüber hinwegtäuschen wollen, daß für West und Ost auf gesamteuropäischer Ebene gemeinsame Ausbeutungsinteressen bestehen, daß nämlich all diese Länder letztlich Europa seien und Europa über die Welt herrschen wolle. In diesem Sinne sind die USA ein Teil Europas. Was Deutschland betrifft, so erfolgte die Vereinnahmung der DDR 1989/90 durch die Bundesrepublik nicht zugunsten des Sozialismus, sondern des Imperialismus. Man nennt es heute „Wiedervereinigung", real war es eine Annexion. BRD und DDR waren unterschiedliche Gesellschaftssysteme. Die pauschale Beschlagnahme der DDR durch die BRD war nur ein Aspekt der Vereinnahmung ganz Osteuropas durch den Imperialismus.

Dualismus, Eurozentrismus und Rassismus sind tragende Elemente der imperialistischen Ideologie.

Selbstverständlich existieren innerhalb Europas – heute noch nach der Zerschlagung des Realsozialismus – Widersprüche. Selbstverständlich sind die Europäer als solche nicht zwingend für Militarismus und Imperialismus. Doch zur Zeit herrschen die imperialistischen Kräfte. Sie wissen auch, daß sie ihre Illusion von der Weltherrschaft, wenn überhaupt, nur vermittels militärischer Gewalttätigkeiten durchsetzen können. Dazu brauchen sie die übrigen Europäer als Kriegsfutter. Daher wird der Militarismus energisch auf- und ausgebaut. In diesem Zusammenhang sind der Aufbau der Bundeswehr sowie die NATO-Mitgliedschaft von Deutschland zu sehen. So ist auch die Erweiterung der NATO nach Osteuropa – entgegen verbrieften Vereinbarungen – zu verstehen.
Unter diesen Gesichtspunkten sehe ich die Geschichte der letzten 70 Jahre seit Beginn der Niederlagen Deutschlands im Zweiten Weltkrieg. Auch die „Feinde" Deutschlands sorgten dafür, daß Deutschland im imperialistischen Club verbleibt. Man kann die Neuzeitgeschichte nicht ohne die Berücksichtigung der vorgenannten Aspekte begreifen.

Der Nord-Süd-Konflikt

Der Nord-Süd-Konflikt ist historisch nicht alt. Seine Vorgeschichte beginnt erst 1885. Die Entwicklung bis dahin hat im neunzehnten Jahrhundert mit einer Serie von europäischen Aggressionen gegen den Süden, besonders Ägypten und den arabischen Raum, begonnen. Um die Jahrhundertwende zum 19. Jahrhundert hat Frankreich mit seiner Aggression gegen Ägypten 1798 versucht, seinen Herrschaftsanspruch durchzusetzen, ist jedoch damit gescheitert. Die europäischen Aggressionen des neunzehnten Jahrhunderts haben die Voraussetzungen für den Aufbau des Widerspruchs zwischen dem Norden und dem Süden geschaffen. Sie richteten große Zersörungen an, konnten jedoch keine europäische Hegemonie herbeiführen. Der Wiener Kongreß, die Quadrupel-Konferenz und die Berliner Kongresse waren die Orte europäischer Vorbereitungen für den totalen Krieg gegen den Süden, der 1885 startete.

Der Widerspruch Nord-Süd hat sich kontinuierlich verschärft. Man hat die Beziehungen zu den Dreikontinenten nicht aufgrund des ökonomischen Zwanges aufgebaut, wie es Marx annahm, sondern es waren ständige militärische Angriffe, die die Länder des Südens in Abhängigkeit des Nordens und des Westens bringen sollten. Das ist das Fazit der geschichtlichen Entwicklung während zweier Jahrhunderte seit 1798.

Diskussion

Frage: Wozu fand dann der Kalte Krieg statt, wenn das Ziel nicht die Vernichtung der Sowjetunion war?
Khella: Die Sowjetunion störte, oder sagen wir besser, die USA und der imperialistische Westen fühlten sich durch die Existenz der Sowjetunion gestört. Sie war eine Herausforderung. Die UdSSR zusammen mit dem Realsozialismus schufen das dritte Eck, wodurch die Welt nicht mehr bi-, sondern tripolar hätte werden und bleiben können. Die Sowjetunion – aus Eigeninteresse – unterstützte die Befreiungsbewegungen, wobei sich die Solidarität in relativem Toleranzbereich bewegte.
Die Sowjetunion war bis zu einem gewissen Grad sozialistisch; aber angenommen, sie sei selbst ein kapitalistischer Staat wie die USA oder Frankreich gewesen, so hätte sie kapitalistische Interessen wahrgenommen, die ein Konkurrenzverhältnis mit anderen kapitalistischen Staaten hervorgerufen hätten. Sie wäre also ein lästiger Rivale des Westens gewesen, den man bekämpfen müßte, wenn es z.B. um Märkte in Osteuropa oder anderswo ging. Tatsächlich haben viele arabische, afrikanische und asiatische Länder die Sowjetunion dem Westen vorgezogen. Diese Konkurrenz zweier kapitalistischer Blöcke, die sonst keinen (heißen) Krieg miteinander führten, sollte entschieden werden, indem dem Konkurrenten gezeigt wurde, daß Druck ausgeübt und eskaliert werden kann.

Sicher hat eine heftige Konkurrenz zwischen den USA und der Sowjetunion, zwischen West- und Osteuropa existiert: ideologisch, ökonomisch, politisch, sozial. Es gab die Konkurrenz um Marktanteile und Kundenkreise in der Welt.
Nicht zu unterschätzen ist der Wettbewerb der Systeme. Die Existenz einer Realutopie wird aus der rückständigen Perspektive des Kapitalismus zur Herausforderung, die beseitigt werden sollte.
Seit 1989 war der Verfall der sozialistischen Staaten Osteuropas in Sicht. Natürlich hat der imperialistische Block durch Sabotage und subversiven Krieg den Verfallsprozeß gefördert und beschleunigt. Im Jahr 1990 traten sozialistische Staaten in Osteuropa einer nach dem anderen von ihrer Verantwortung zurück. Bald geriet ganz Europa unter imperialistischen Einfluß.
Mitte des Jahres 1990 herrschte ein dumpfes Gefühl, nach dem das Gespenst erneuter Aggressionen im Kommen war. Es war eine Stimmung erhöhter Ängste. Man wußte nicht, wo ein Krieg ausbrechen wird, aber es lag doch etwas im Busch. Hintergrund ist, daß man damit rechnete, daß die USA und die NATO den Niedergang der Sowjetunion und des Realsozialismus als Machtvakuum werten werden, das ihre Aggressionen leichter, ungehemmter machen werde. Die sozialistische Staatengemeinschaft stellte ein Gegengewicht zum imperialistischen Block dar. Wenn es ein Gleichgewicht gegeben hat, war es ein sehr labiles. Im Prozeß des Niederganges der Sowjetunion und ihrer Verbündeten rechnete man jedenfalls damit, daß ihn die USA und NATO nutzen werden, um ihre Aggressionspotentiale noch mehr als bisher zu entladen.
1990 herrschte ein Zustand, in dem die Menschen weltweit Angst vor der möglichen Entwicklung hatten. Es ist auch klar, daß bei den Menschen die Tendenz vorherrschte, bloß keine weiteren Kriege aufkommen zu lassen, bestehende einzudämmen und, was noch an Schlachten aufflammte, zu beenden. Der Krieg sollte für immer geächtet werden.

Frage: Im Weltmaßstab betrachtet, hat die Auflösung der UdSSR und des sozialistischen Blocks den Friedensprozeß oder eher die Kriegführung gefördert?
Khella Mit der Erklärung der Selbstauflösung des Warschauer Paktes und der realsozialistischen Staaten hat man tatsächlich damit gerechnet, daß sich auch die NATO feierlich auflöst, denn sie begründete ihre Existenz als eine Reaktion auf den Warschauer Pakt. Das war freilich eine politische Lüge. Richtig ist das Gegenteil. Die NATO wurde vor dem Bündnis von Warschau geschaffen.

Die logische Antwort auf die Auflösung des Warschauer Paktes wäre die Auflösung der NATO. Es gibt keinen Bedarf für eine nicht nur gewaltige, sondern auch gewalttätige Militärmaschinerie. Wenn es ihn je gegeben hätte, so besteht dieser vermeintliche Bedarf seit der feierlichen Selbstauflösung des Warschauer Paktes 1989 nicht mehr.

Doch genau zu dem Zeitpunkt, als die Erwartung und Forderungen an die westlichen Staaten laut wurden, die NATO jetzt aufzulösen, haben die USA und die BRD exakt das Gegenteil angekündigt: Die NATO auszubauen und ihren Aktionsradius auszuweiten.
Dabei bestand die NATO nach eigener Selbstdarstellung als ein Verteidigungspakt, d.h. er handelt nur innerhalb der eigenen nationalen Territorien und nur, wenn ein NATO-Mitglied angegriffen wird.
Da niemand einen Angriff auf die NATO-Staaten beabsichtigt, sagt die NATO: Also greifen wir an.
Entgegen der legitimen Erwartung der Menschen wird die Auflösung des Warschauer Paktes von der NATO als ein Machtvakuum aufgefaßt, in das sie ungehindert eingreifen kann. Jetzt, wo die Friedensära beginnen könnte, verkünden die NATO-Politiker ihre neue Formel „Out of Area or out of Business“.
Die NATO provozierte die Weltöffentlichkeit und alle friedliebenden Menschen mit ihrem Beschluß: Die NATO bleibt!

1991 werden die Menschen aus der Friedenseuphorie herausgerissen. Bald kommen gehäufte Nachrichten über schreckliche Aggressionskriege der NATO. Was gekommen ist, hat jede pessimistische Erwartung übertroffen. Die Menschheit erlebt seit zwei Jahrzehnten, seit der US-NATO-Aggression gegen den Irak Anfang 1991, ihre schrecklichsten Jahre.

Literatur

Aus der umfangreichen Literatur zum Niedergang des Realsozialismus wähle ich einige Titel unter dem Aspekt, daß sie Eindrücke und Einschätzungen aus dem unmittelbaren Erlebnis der Wende bringen:

Fidel Castro, Der Imperialismus lädt die sozialistischen Länder Europas ein, an der Ausplünderung der Dritten Welt teilzunehmen, Rede des kubanischen Präsidenten in Anwesenheit des angolanischen Präsidenten Dos Santos, anläßlich der Beisetzung der in Angola gefallenen kubanischen Soldaten und Zivilhelfer, gehalten in Cacahual, Kuba, am 07. Dezember 1989.

Gisela Lindenau, Harald Neubert, Abschied von einer sozialen Vision?, erschienen in: Staatsverlag der Deutschen Demokratischen Republik, Berlin (DDR) 1990.

Reusch, Jung, Neues Denken, Realsozialismus, Moderne, (Beitrag im Sammelband: Das 500jährige Reich) in: Zeitschrift Marxistische Erneuerung, 10/1992.

Lothar Schröter,

Die NATO im Kalten Krieg, Band I, 1949-1975, Zeit- und Militärgeschichte Band 1106, Werder (Havel) 2009

Die NATO im Kalten Krieg, Band II, 1976-1991, Zeit- und Militärgeschichte Band 1107, Werder (Havel) 2009.

Achtes Kapitel
US-NATO-Angriffskrieg gegen den Irak (1991-2012)

Inhaltsübersicht

1. Einleitung
2. Erster US-NATO-Krieg gegen den Irak
3. Zweiter US-NATO-Krieg gegen den Irak
   Low Intensity War
4. Das Inspektoren-Manöver
5. UNO als größte Spionageorganisation für die USA
6. Dritter US-NATO-Krieg gegen den Irak
7. Legende vom 09. April 2003
8. Überfall auf die irakischen Museen
9. „Constructed Chaos“
10. Die Massaker von Fallūğa (Falludscha), Nağaf, Nisūr und anderswo
11. Die Selbstzerstörung der USA durch die Zerstörung des Iraks
12. Auch andere Staaten leiden unter den Folgen der
    US-NATO-Aggression gegen den Irak
13. Der imperialistische „subversive Krieg“
14. Kriegsmacher und Opfer – Eine Rollenverteilung:
    USA und Europa gegen den Rest der Welt
15. USA und NATO führen derzeit Aggressionen und
    Invasionsversuche in allen Kontinenten durch.
16. Der Libanon – Opfer der Israel-NATO-Daueraggression
17. Irak – Der Widerstand geht weiter
18. USA und NATO-Aggressoren gegen den Irak vor ein
    internationales Kriegstribunal stellen

Einleitung

Kuwait ist ein ölreiches Emirat am Arabischen Golf. Geschichtlich hat es dieses Fürstentum als einen eigenen Staat nicht gegeben. Geschaffen wurde es erst nach der Entdeckung der dort in großen Mengen aus geologischen Zeiten gelagerten Erdölvorkommen.
Das Staatsgebilde „Kuwait" ist ein Produkt der imperialistischen Grenzziehungen im arabischen Raum. Eine erdölreiche Region sollte vom armen Hinterland abgetrennt und der Herrschaft einer Oligarchie unterstellt werden, die nicht anders bestehen kann als durch den Dauerschutz des Imperialismus.
Erfinder des kuwaitischen Staates waren arabische Juwelenunternehmer, welche Perlen aus dem Golf über den Fischfang sammelten, bevor Perlen künstlich erzeugt werden konnten. Mit Hilfe des englischen Imperialismus, der Erdölunternehmen und der US-Unterstützung konnten die aṣ-Ṣabāḥ den Bezirk Kuwait vom Umland abzweigen und sich zu selbsternannten Emiren proklamieren. Die örtliche Oligarchie der aṣ-Ṣabāḥ wurde mit englischer Rückendeckung an der Macht gehalten. Die Familie Ṣab(b)āḥ gelangte über Nacht zu großem Reichtum. Sie zählt heute noch zu den Reichsten der Welt.

Traditionell war Kuwait eine Provinz des Iraks, die um einen Streifen aus der Arabischen Halbinsel erweitert wurde. Nach einem ziemlich kurzen Bestand eigener Staatlichkeit Kuwaits entschloß sich der Irak, die Provinz wieder in den Irak einzugliedern. Im August 1990 wurde die Einigung Kuwaits mit dem Irak zwar militärisch, aber *unblutig* vollzogen. Es war ganz manifest, daß dieser Schritt breiteste Zustimmung der Menschen in der arabischen Region, im Irak und in Kuwait selbst erfahren hat. Als die Nachricht von der irakisch-kuwaitischen Einigung verbreitet wurde, fand sie im Weltmaßstab Akzeptanz. Jedenfalls gäbe es kaum jemanden, der wegen der Kuwaitfrage einem Krieg hätte zustimmen wollen. Eine Ausnahme bildete die in den USA herrschende Oligarchie. Sie konnte mit der Rückendeckung anderer imperialistischer NATO-Staaten und natürlich der örtlichen Oligarchie in Kuwait rechnen.

Die USA haben nach anfänglicher Zurückhaltung damit begonnen, die Kuwait-Krise zu einem *Casus belli* zu stilisieren, obwohl eine politische Lösung und friedliche Regelung in Sicht waren.
Um die Akzeptanz eines Krieges zu bewirken, haben die USA selbst demonstriert, daß sie einer friedlichen Lösung eine Chance geben wollten.

Gegen den Irak wurden vom Sicherheitsrat Sanktionen beschlossen. Anschließend haben die USA dem Irak ein Ultimatum gestellt, das am 15. Januar 1991 endete.

In einem Konflikt wie der Irak-Kuwait-Frage fordert die Norm ein Referendum, nach dem die Einwohner Kuwaits ihre nationale Zugehörigkeit bekunden sollten. Dieses demokratische, völkerrechtlich verankerte Vorgehen war von den USA nicht einmal in Betracht gezogen worden.
Die von den USA vorgeschlagenen politischen Mittel – Sanktionen und Ultimatum – waren nur pro forma vorgenommen worden, um den von ihnen angestrebten Krieg zu rechtfertigen. Insgesamt waren es nur fünf Monate – vom Beginn der Kuwaitkrise bis zur Bombardierung des Iraks. Dem Irak sollte keine Zeit zum Verhandeln und zur Umsetzung einer politischen Lösung gelassen werden: Sanktionen gegen den Irak und dann rasch ein Ultimatum. Diese Maßnahmen verstrichen in so kurzer Zeit, daß sie sich nicht auswirken konnten.
Wer Sanktionen ernst meint, müßte Zeit einräumen, bis sie ihre Wirkung zeigen. Eigentlich waren die Sanktionen nicht als Mittel zur Lösung des Konfliktes gedacht, sondern eine reine Heuchelei. Die USA wollten der Weltöffentlichkeit zeigen, daß sie „alles“ in die Wege geleitet hätten, was in ihrer Kraft stünde, um einen militärischen Konflikt zu vermeiden. Sie hätten Sanktionen beschlossen, die keinerlei Folgen zeigten. Das Scheitern der Maßnahmen war ebenso wie die Sabotage der politischen Mittel vorprogrammiert. Es folgte ein kurzfristiges Ultimatum. Rasch haben die USA und die NATO angegriffen, bevor der Irak Zeit hatte, seinen Friedenswillen glaubhaft zu machen.

Inzwischen hat der Irak seinen legitimen Anspruch auf die Einheit und die territoriale Integrität des Landes fallengelassen. Um gerade einen Krieg zu verhindern, hat er sich dem ungerechtfertigten Ultimatum gebeugt. Selbstverständlich haben die westlichen Medien – bis zum heutigen Tag – darüber nicht berichtet, um der bevorstehenden Aggression nicht die Rechtfertigung zu nehmen. Tatsächlich hat der Irak alles eingelöst, was von ihm im Ultimatum gefordert wurde, einschließlich des Abzugs aus Kuwait. Die Menschen, vor allem die in den kriegführenden Ländern des Westens, durften diese Tatsache nicht erfahren. Auf diese Weise wurde ein Drehbuch in die Tat umgesetzt, das nachweislich lange vor der irakisch-kuwaitischen Landesvereinigung bestanden hat. Die USA nutzten die inszenierte Kuwait-Krise für den Zweck, einen Krieg zu starten, den sie unabhängig davon führen wollten. Die inszenierte Krise diente ihnen als Alibi.

Die Weltöffentlichkeit hat sich auf dieses US-Spiel nicht eingelassen. Der Protest war weltweit. Selten war ein drohender Krieg auf eine solchermaßen breite Ablehnung gestoßen, wie der von USA/NATO angekündigte Angriff auf den Irak. Die Völker im Süden wie im Norden, im Osten wie im Westen erhoben sich mit Entschlossenheit, die Aggression zu stoppen und einen Krieg zu verhindern. Man muß sich in die damalige Situation zurückversetzen, um eine Vorstellung davon zu haben, wie intensiv die internationale Bewegung „Frieden für den Irak" und wie extrem die US/NATO-Provokation waren. Darin bestand auch ein Grund, warum die Aggressoren es so eilig hatten, den Krieg zu starten und loszuschlagen, bevor der Kuwait-Konflikt politisch gelöst wurde. Es ging alles dramatisch schnell.

Wenn die Weltöffentlichkeit am 15. Januar 1991, dem Ende des Ultimatums, gefragt worden wäre, hätte sie einhellig „Nein zum Krieg" gesagt. Die internationale Öffentlichkeit brauchte nicht erst gefragt zu werden, sie war bereits auf der Straße mit Demonstrationen, Kundgebungen, Mahnwachen und Antikriegsaktionen aller Art. Es war ein ehrlicher, intensiver, machtvoller Protest. Wirklich, niemand – außer den Aggressoren selbst – wollte den Krieg.

Im Irak haben wir einen Modellfall dafür, wie US/NATO Frieden vereiteln und Kriegssituationen inszenieren. Politische Mittel werden nur zur Schau vorgetäuscht, um den Krieg als unausweichlich erscheinen zu lassen.
Krieg löst keine Probleme, sondern schafft neue. Die großen Demonstrationen, Proteste und Kundgebungen, welche im Januar 1991 eine Rekordstärke erreichten, können wir nicht vergessen.
Seit der Jahreswende 1990/91 verstärken sich die weltweiten Forderung an USA und NATO: Schluß mit Aggression und Krieg! Kein Angriff auf den Irak.
Vergessen können wir auch nicht den Zynismus von USA und NATO-Staaten, welche den Völkerwillen spöttisch verachten, um ihre blutrünstigen Absichten umzusetzen.

Die USA und die NATO-Staaten, die keinerlei Legitimation besitzen, ein fernliegendes, von ihnen unabhängiges Land anzugreifen, eröffneten am

17. Januar 1991 ihre Kriegsmaschinerie gegen den Irak. Sie haben einen der grausamsten Kriege aller Zeiten begonnen. Noch in der Nacht zum 17. Januar 1991 glaubten die Menschen, USA und NATO werden doch den Schrei der gesamten Menschheit nicht überhören und nicht ignorieren wollen.
Während im Süden und im Osten jede Art einer US-NATO-Intervention radikal abgelehnt wurde, verlor die anfänglich sehr starke Antikriegsbewegung im Westen an Kraft, Ausdauer, Durchhaltevermögen und Wirksamkeit. Der nachlassende Protest machte es den Aggressoren leichter, den Irak nicht nur anzugreifen, sondern den Annihilationskrieg zu beginnen. Die imperialistische Propagandamaschine war nicht ganz ohne Einfluß geblieben, allerdings nur in Nordwest. Im Süden hingegen haben die USA ihr bisher abscheulichstes Image in das Gedächtnis der Menschen eingraviert.

Erster US/NATO-Krieg gegen den Irak (17. Januar - 28. Februar 1991)

Seit 1990, also noch vor ihrer ersten Aggression, entfalteten die USA eine massive Propagandakampagne gegen den Irak. Die westlichen Medien haben den Kreuzzug voll mitgetragen. Obwohl der Angriffskrieg mit großem propagandistischem Aufwand betrieben wurde, stieß die Aggression vom Januar 1991 weltweit auf breiteste Ablehnung, Empörung und Protest.

Am 17. Januar 1991 haben US/NATO ihre Absicht, den Irak anzugreifen, umgesetzt. Viele internationale Institutionen und Staatsoberhäupter intervenierten, um den Krieg sofort zu stoppen. Sie konnten den Irak zu vielen Konzessionen bewegen, bei den Aggressoren, den USA allen voran, stießen sie auf taube Ohren. Es war klar, sie wollten nicht verhandeln, keine Problemlösung, vielmehr nur den Ruin des Zweistromlandes und die Vernichtung des irakischen Volkes.
Der relative Erfolg der Kriegspropaganda und die Wirkung der Manipulation beschränkten sich allerdings nur auf Nordwest. Im Februar 1991 war der Krieg im Bewußtsein der Menschen im Westen normaler Alltag geworden. Wer einen Krieg will, muß vor allem die Hürde der Antikriegseinstellung bei den Menschen überwinden. Das haben die imperialistischen Medien durch eine verlogene Berichterstattung schon immer getan. Doch die Kriegsgewöhnung ist nicht international. Im Süden bekommen die Kriegstreiber nur Verurteilung und Verdammung zu spüren.

Der erste US-NATO-Krieg gegen den Irak begann kurz nach Mitternacht. Am Morgen des 17. Januars 1991 waren die Menschen in der ganzen Welt erschrocken, als sie aufgestanden sind und erfahren haben, daß die USA mit der Bombardierung des Iraks begonnen haben. Selbst die imperialistischen Medien konnten das Ausmaß des Verbrechens nicht verschweigen. Vom äußersten Süden bis zum Norden ging ein ununterbrochener Bombenhagel über die Menschen und Einrichtungen herab. Es wurde nicht zwischen Militär und Zivilbevölkerung unterschieden. Seit dem 17. Januar 1991 gingen die Bombardierungen tags und nachts weiter. Wohnhäuser, Geschäfte, Schulen und Krankenhäuser zerfielen unter den schweren Geschossen. Nichts wurde ausgenommen. Auch Gebetsräume wurden nicht verschont. Die US/NATO-Verbrechen stellten selbst die Tausend-Bomber-Schläge über deutsche Städte 1942-43 in den Schatten.

Zuallererst haben die Angreifer die Versorgungsanlagen zerbombt und funktionsunfähig gemacht. Wasserwerke, Elektrizitätswerke, Nahrungsmittelfabriken, Babynahrungsunternehmen wurden außer Betrieb gesetzt. Alles, was für das Leben notwendig ist, war bereits in den ersten Tagen des Angriffs zerstört und funktionsunfähig. Im Angesicht der weltweiten Proteste geriet selbst die US-Administration in Washington unter Rechtfertigungszwang und verhedderte sich in Widersprüchen. Lügen zur Entschuldigung der Kriegskriminalität bisher ungekannten Ausmaßes sind aufgrund der Präzision bei der Bombardierungsarbeit rasch aufgeflogen. Freund und Feind verurteilten die unvorstellbare Zerstörungswut der US-NATO-Aggressoren.

Ein ganz besonderer Schock hat die Menschen getroffen, als die Nachricht über die Bombardierung des Hauptbunkers von Baġdād in al-ʿĀmirīya berichtet wurde. Die Menschen in der ganzen Welt waren erschüttert. Die Skrupellosigkeit und Kaltblütigkeit dieses Verbrechens sind nicht nachvollziehbar. Der Bunker war hochstabil gebaut und reichte für eine große Anzahl von Menschen. Bereits in den ersten Tagen war er durch Flüchtlinge überfüllt. Alt und jung, Frauen und Männer, Kranke und Gesunde suchten dort Zuflucht, Wasser und Nahrung. Sie fühlten sich insoweit sicher, verfolgten aber voller Panik und Sorge die Nachrichten über den Krieg. Mitten in ihrer Unterhaltung, im Schlaf oder beim Stillen sind sie unter die Trümmer geraten.

Als sich weltweit Empörung und Proteste gegen die unmenschliche Tat erhoben, erklärten die USA ebenso kaltblütig und skrupellos, es sei ein Irrtum gewesen. Dabei sind Ziel und Präzision derart exakt berechnet, daß es sich auf keinen Fall um einen Zufallstreffer handeln konnte.

Für den Anschlag gegen den Bunker von al-ʿĀmirīya haben die USA eine Sonderentwicklung von Raketen zum ersten Mal angewendet. Die eingesetzten Raketen waren auch speziell für diesen Bunker konstruiert und gefertigt worden, wobei sich Experimentierfreudigkeit, Kriegskriminalität und Nekrophilie vereint haben.

Zur Zerstörung der Zufluchtsorte für die Bevölkerung bei einer Aggression entwickelten die USA neue Spezialwaffen, die zum ersten Mal in al-ʿĀmirīya eingesetzt wurden. Die Raketen durchbohren auch hochgradig stabil erbaute Bunker. Bei ihrem Durchzug durch die Etagen von oben nach unten bleibt das Gebäude stehen. Die Raketen setzen ihre Sprengladung erst frei, wenn sie unter der Erde angekommen sind. Der Sinn dieser menschenfeindlichen Erfindung besteht darin, daß die oberen Etagen nicht zuerst stürzen, denn dadurch können Menschen in den unteren Etagen unter den Trümmern überleben. Das Gebäude soll deshalb nicht von oben nach unten, sondern erst unten einstürzen als Garantie dafür, daß wirklich alle Asylsuchenden umkommen. Der bloße Anblick des Bunkers – Jahre nach der Aggression – war an sich so fürchterlich, daß man nur mühsam einige Minuten vor der Ruine aushalten konnte. Mehrere Kolleginnen und Kollegen konnten nicht einmal hinschauen. Wer drinnen war, wünschte dieses und andere Bilder des Grauens im Gedächtnis auszulöschen. Man kann sich auch nicht der Frage entziehen, wie überhaupt Menschen – Weißes Haus, Pentagon, NATO – zu derartigen Verbrechen fähig werden.

Es gab absolut keinen Grund für die US-NATO-Aggression gegen den Irak. Selbst ungerechtfertigte Forderungen der USA hat der Irak rechtzeitig und vor dem feindlichen Angriff erfüllt – einschließlich des Rückzugs aus Kuwait (historisch eine irakische Provinz mit der Ordnungszahl 19).

Nun findet der Krieg statt. Aggressionsziel seien das Heer und die militärischen Anlagen. Diese sollten das ausschließliche Angriffsziel – auch bei einem ungerechtfertigten Krieg – sein. Das streben aber die US/NATO-Aggressoren nicht vorrangig und schon gar nicht ausschließlich an. Sie wollen Annihilation und Ruinenlandschaft. Die US-NATO-Aggression gegen den Irak verlief von Anfang an als Völkermord. Nicht allein militärische Einrichtungen, sondern auch Versorgungsanlagen, Unterkünfte der Zivilbevölkerung und die gesamte Infrastruktur wurden zerstört. Unter Mißachtung gültiger Konventionen haben die Aggressoren auch jene Räume, die bei Angriffen unter allen Umständen völkerrechtlich ge-

schützt sind, zerbombt und funktionsuntüchtig gemacht. Wasser, Boden und Luft wurden durch den Einsatz von *Depleted Uranium* verseucht. Radioaktive Mini-Bomben (wegen ihres Aussehens „Zigarren“ genannt) bestrahlen – heute noch – den ganzen Lebensraum. Die euphemische Bezeichnung Mini-Nuke („Mini“ als psychologische Verharmlosung) bezieht sich nicht auf die Wirkung, sondern auf den Umfang: Kleinstes Volumen und maximale Zerstörungskraft. Städte werden belagert und obendrein unter den Bombenhagel genommen. Den Menschen werden die Fluchtwege versperrt. Mütter mit Kindern und Babys im Säuglingsalter fliehen in Moscheen und Kirchen in der Hoffnung, daß die Gotteshäuser unter dem absoluten Heiligtumsschutz stehen. Doch auch dort werden sie verfolgt und unter der Asche der Gebetsräume begraben.
Betroffen sind Babys, Kinder, Schüler, Frauen, Männer. Die Leibesfrucht, wenn sie überhaupt lebend zur Welt kommt, trägt auf Dauer pränatale Schäden. Die Todesrate bei Säuglingen hat sich dramatisch vervielfacht. Es hat sich gezeigt, daß sich die Krebsquote nicht nur bei den Irakis, sondern in der ganzen Region extrem erhöht hat, übrigens auch bei den Aggressionssoldaten. Es sind längere Halbwertszeiten bei einzelnen von den USA gegen den Irak eingesetzten Vernichtungsstoffen ermittelt worden. Die Emissionen des *Depleted Uraniums* gehen rund um den Globus. Mit Hinblick auf ihre sehr langen Halbwertszeiten sind sie praktisch auf Dauer wirksam. Für *Depleted Uranium* reicht die Halbwertszeit in Jahrmillionenlänge.
Bei diesen extremen Werten ist jedes Vorstellungsvermögen überfordert. Wenn nämlich Generationen in unüberschaubarer Zukunft nach uns unter den Auswirkungen immer noch leiden und diese ihrerseits erst am Anfang des Zeitalters der katastrophalen Folgen stehen, kann man nur noch beten: „Möge Gott sich unser erbarmen!“ Indes sind die Urheber dieser Verbrechen nicht aus der Schuld entlassen.

Das Zweistromland war schon immer das Paradies auf Erden. Es symbolisierte das Reich der Seligen im Jenseits. So war der Irak auch bis zum 17. Januar 1991. Das blühende Kulturland wurde binnen einiger Wochen in Schutt und Asche gelegt. Der Irak, eines der fortgeschrittensten Länder des Südens, sollte in die Steinzeit zurückgebombt werden.

Trotz alledem wurde der Irak nicht besiegt. Vielmehr waren es die USA, welche ihn um den Waffenstillstand ersuchten. Wären die USA militärisch überlegen gewesen, hätten sie sich nie darauf eingelassen. Sie haben ja erklärt, daß sie die politischen Verhältnisse im Irak umkrempeln wollten.

Der Irak hatte keinen Grund zu kapitulieren. Um des Friedens willen, um Menschenleben zu schonen und im Interesse aller Beteiligten ging der Irak auf das Waffenstillstandsangebot ein. Man muß aber auch sagen, daß sich der Irak im Angesicht der Katastrophe nicht anders hätte entscheiden können. Am 28. Februar 1991 wurde der Waffenstillstand zwischen dem Irak und den USA vereinbart.

Die USA und ihre NATO-Alliierten setzten modernste Vernichtungswaffen gegen den Irak ein, denen er nicht annähernd ebenbürtige Rüstung entgegensetzen konnte. Seine Nachteile auf dem Gebiet der Rüstung wußte der Irak durch Überlegenheit im strategischen und logistischen Vorgehen zu kompensieren. Er reagierte nicht starr, sondern flexibel und konnte neu eintretenden Situationen rasch begegnen.
Während die USA als einzige Strategie den Völkermord, die Annihilation, verbrannte Erde, die Vernichtung der Lebensbedingungen und das geschürte Chaos wollen und anwenden, ließ sich der Irak von der Barbarei der Aggressoren nicht anstecken. Verletzte US-Soldaten wurden von den Irakis in ihren eigenen Krankenhäusern behandelt.
Es wird sich zeigen, daß die USA den Waffenstillstand nicht als Stufe zum Frieden brauchten, sondern um ihre Aggressivität zu regenerieren und ihre Destruktivität zu maximieren.
Der Irak hat sich an die vereinbarte Waffenruhe strikt gehalten. Er achtete peinlichst genau darauf, daß eine Entspannung um jeden Preis einkehren möge und der Waffenstillstand auf keinen Fall gebrochen werde. Er öffnete sich jedem Vorschlag, von welcher Seite auch immer, der dem Frieden zu dienen versprach.
Die US-NATO-Aggressoren haben jedoch andere Überlegungen angestellt. Es sollte kein Waffenstillstand gelten, der in einen Frieden übergeht. Real waren die USA mit einer Situation konfrontiert, in der sie die Aggression nicht weiterführen konnten. Sie schlugen einen Waffenstillstand vor, wollten jedoch nur den Krieg unterbrechen. Wie war die Lage und was hatten sie vor?

1. Die USA haben ganz offensichtlich mit der Wehrfähigkeit des Iraks und mit der Geschlossenheit und Widerstandsbereitschaft des irakischen Volkes in solchem Ausmaß nicht gerechnet.
2. Die USA haben über den Irak solche Mengen an Bomben geworfen, wie es noch nie in der bisherigen Kriegsgeschichte der Fall war, wenn man die zerstörerische Kraft auf die Zeiteinheit, die Bevölkerungsdichte und die Landfläche bezieht.

Die USA setzten in den ersten beiden Monaten 1991 ein Maximum von Waffen ein, so daß ihre Arsenale nicht genügend Munition nachliefern konnten.

3. Die USA stellten fest, daß ihre Strategie gegen den Irak untauglich ist und sie ihr militärisches Vorgehen neu konzipieren müssen. Sie zogen die Konsequenzen, weitere Vernichtungswaffen zu produzieren und neue Waffensysteme zu entwickeln. Beispiel: Die irakischen Abwehrraketen al-Ḥusain konnten Angriffe zurückschlagen, ohne selbst getroffen oder gestoppt zu werden.
4. Die Auflehnung und Meuterei innerhalb der US/NATO-Truppen nahmen sprunghaft zu. Die Gründe dafür sind:
   a) Die US-NATO-Soldaten waren über den Krieg gegen den Irak völlig falsch informiert. Ihnen wurde suggeriert, daß er in vier bis sechs Wochen abgeschlossen sein würde. Der Irak werde wie in einem „Wüstensturm“ – so bezeichneten die USA die Aggression wörtlich – eingenommen, als wäre der Krieg für die Soldaten ein Spaziergang in einem fremden Land.
   b) Den Invasionssoldaten wurde suggeriert, sie werden von den Irakis als Befreier empfangen. Um so größer war der Schock.
   c) Die US-NATO-Soldaten wurden mit einer entschlossenen und geeinten Front des irakischen Volkes konfrontiert, mit der sie ganz offensichtlich nicht gerechnet hatten.
   d) USA/NATO mußten feststellen, daß die angesetzten Kriegsziele nicht erreicht werden konnten. Ein Sieg über den Irak war nicht in Sicht.
   e) Eine wichtige Rolle spielte die Frage, ob die US-Soldaten chemische Waffen eingesetzt haben, über die sie selber nicht informiert waren. Kurz nach dem Waffenstillstand ist bekanntgeworden, daß 70.000 (!) US-Soldaten durch den Gebrauch der eigenen Waffen schwer erkrankten. Eine wirksame Heilbehandlung ist nicht bekannt. Heute wird berichtet, daß sie überhaupt nicht mehr zu heilen sind. Der Tod ereilt einen nach dem anderen.
5. Die USA waren mit Rekrutierungsproblemen im eigenen Land konfrontiert.
6. Die Allianz gegen den Irak brach zusammen.
   Hintergrund: Bei den Verhandlungen zur Allianzbildung suggerierten die USA, es handele sich nur um eine politische Manifestation, um den Irak zum Rückzug aus Kuwait zu zwingen. Die Alliierten – außer den NATO-Staaten – sind nach Beginn der Aggression aus der Allianz ausgetreten.

7. Die USA hatten weitere Kriegspläne vor, die sie nicht verschieben wollten. Die „Waffenpause" gegen den Irak nutzten sie zur Durchführung von weiteren Aggressionen. Als nächstes standen eine Reihe friedlicher Länder auf dem US-Agressionsplan.
   Diese Absichten spielten eine wichtige Rolle bei der Entscheidung der USA für einen Waffenstillstand. Sie wollten Zeit gewinnen, die neuen Fronten anzuheizen, insbesondere gegen Jugoslawien, Somalia, Kongo, Liberia, Afghanistan u.a. Außerdem marschierten US-Truppen in Äthiopien ein.
8. Bei den Invasoren verstärkten sich die Fluchttendenzen, doch relativ wenige konnten real fliehen.
9. Im Angesicht der hohen Zahl von gefallenen US-Soldaten sowie der extrem großen Zahl Erkrankter verstärkten sich die Antikriegsproteste in den USA selbst.

Für den Krieg gegen den Irak bildeten die USA eine Allianz aus 33 Staaten. Es war klar, daß die USA der Hauptaggressor sind. Ihnen lag aber daran, daß sie in der großen Allianz als ein Staat unter vielen erscheinen. Es ist ganz klar, daß die Allianzbildung nur infolge von Betrugsmanövern der USA gegenüber den Adressaten zustande kommen konnte. Außerdem waren lukrative Bestechungen an korrupte Regime getätigt worden. Indes war die Allianz als Manöver zur Täuschung der Weltöffentlichkeit gedacht, real haben nur 9 NATO-Staaten den Krieg gegen den Irak geführt. Auf die Frage der Scheinallianz wollen wir noch näher eingehen:

Allianz aus 33 Staaten gegen den Irak?

Die Allianz wurde von den USA tatsächlich gebildet, weil sie genau wußten, wie sehr die Weltöffentlichkeit die Aggression gegen den Irak verurteilt.

Den USA ist es gelungen, 33 Staaten zu einer Allianz zusammenzuraufen. Die Mitglieder der Schein-Allianz sollten jedoch nicht in der gleichen Weise als Gegner der Irakis wie die realen Aggressoren mit den USA und England an der Spitze angesehen werden. Man muß die Mitglieder der Allianz wie folgt differenzieren:

a) Der Hauptaggressor, die USA, vertritt dabei nicht nur sich selbst, sondern auch die Interessen der übrigen imperialistischen Staaten, allen voran Deutschlands, das den Krieg mit rund 23 Milliarden US-Dollars finanzierte. Es folgen England, das mit Truppen vertreten war, dann andere NATO-Staaten. Insgesamt waren es 9 NATO-Staaten, welche den aktiven Krieg gegen den Irak geführt haben.

b) In der Allianz befanden sich auch Staaten aus dem Süden, welche sich aufgrund von Repressalien und Bestechungsgeldern (Äthiopien) der Allianz mit den USA angeschlossen haben.
c) Es war klar, daß von diesen Staaten aus dem Süden rasch Proteste gegen die US-Kriegsführung laut wurden und sie sich aus der aktiven Beteiligung zurückgezogen haben.
d) Drei arabische Staaten – Ägypten, Syrien und Marokko – haben sich vor Kriegsbeginn der Allianz in der Absicht angeschlossen, daß sich der Irak auf eine politische Lösung einläßt. Man muß diesen Staaten gerecht sein, indem man ihnen einräumt, daß sie sich im guten Glauben der Allianz angeschlossen haben, um den Irak politisch unter Druck zu setzen.
   Nicht jeder der dreiunddreißig Staaten trägt gleichermaßen Verantwortung für das Kriegsverbrechen gegen den Irak. Mit anderen Worten: Als der Krieg begonnen hat, mußten sie feststellen, daß USA und NATO einen Krieg führen, den die anderen Mitglieder der Allianz verhindern wollten.
   Die US/NATO-Kriegsverbrechen waren in der Allianz nicht abgesprochen. Die Verantwortung für diese Verbrechen, die erst nach Beginn der Aggression sichtbar wurden, soll nicht den unbeteiligten Mitgliedern auferlegt werden.
   Trotzdem kann kein Mitglied der Allianz vorbehaltlos entschuldigt werden.
e) Es waren vor allem die arabischen Staaten und die Arabische Liga, die ihren Druck auf die USA geltend gemacht haben, um den Krieg gegen den Irak mit sofortiger Wirkung zu beenden. Beendigung des Kriegs wohlgemerkt, nicht Waffenstillstand. Diese Regierungen standen ihrerseits unter dem Druck ihrer Völker.
   Der Waffenstillstand, der am 28. Februar 1991 vereinbart wurde und begonnen hat, sollte in eine Friedensregelung überleiten. Die USA haben auf diese Aufforderung reagiert und sich auf einen Waffenstillstand eingelassen.
   Real haben die USA ihre eigenen Verbündeten in der Allianz der 33 Staaten hinters Licht geführt und sie in eine Kriegsfront verstrickt, die sie nicht teilen. Die USA brauchten diese Staaten, um ihre eigenen Verbrechen durch die Masse der Allianz zu relativieren.
f) Staaten, welche sich dem US-Druck zur Scheinallianz gegen den Irak gebeugt haben, erkannten den Betrug und traten einer nach dem anderen aus der Allianz aus. Andere haben ihren politischen Druck auf die USA geltend gemacht.

g) Aktive Kriegspartei gegen den Irak waren nur neun NATO-Staaten. Diese haben die Aggression gegen den Irak von Beginn an bis zum Waffenstillstand geführt. Allein die neun NATO-Staaten tragen die Verantwortung für die Kriegsverbrechen gegen den Irak.

Es hat kaum sechs Wochen – vom 17. Januar bis 28. Februar – gedauert, bis die Widersprüche in der Allianz ausgebrochen sind. Die Allianz zerfiel. Die USA mußten um den Waffenstillstand ersuchen. Das Bündnis wurde offiziell aufgelöst.
Immerhin ist es den USA nie wieder gelungen, eine vergleichbare Allianz bei ihren künftigen Kriegen zu bilden. Von nun an müssen sie sich allein auf NATO-Staaten beschränken. Der Rest der Welt verurteilt einhellig die Fortsetzung des Kriegs gegen den Irak sowie überhaupt jede aggressive Handlung.

Mit der ersten Aggression 1991 wollten die USA und die NATO den Irak in einem Blitzkrieg besetzen. Sie konnten die Lufthoheit über dem Zweistromland beherrschen. Ein Raketen- und Bombenhagel regnete unaufhörlich über das Volk und seine Einrichtungen. Tags und nachts fielen unglaubliche Mengen an Sprengstoffen. Die irakische Abwehr, gestützt auf die Rückendeckung des Volkes, bildete eine uneinnehmbare Front gegen die Angreifer. Aller Feuerkraft zum Trotz konnten die USA und die NATO keinen Fuß auf irakische Territorien setzen.
Natürlich wunderten sich Pentagon und Weißes Haus über die Wehrfähigkeit der Iraker. Ihnen fiel nichts Besseres ein, als nach Sündenböcken zu suchen und sie zu finden. Sie wunderten sich auch über das eigene Scheitern. Man muß ja daran denken, wie sehr die USA sich gegen unbekannte Abwehrmaßnahmen des Iraks absichern wollten.

Zweiter US-NATO-Krieg gegen den Irak (seit 1991) „Low Intensity War“ (1991-2003)

Der Ausdruck *Low Intensity War* steht für den lang andauernden, zermürbenden US-Krieg. Er ist ein Begriff, der aus dem Wesen des US-Militarismus entwickelt wurde. Einen langen Krieg können die USA nie bestehen. Das wissen sie auch. Sie spezialisieren sich – wie andere imperialistische Staaten – auf den Blitzkrieg *High Intensity War*: Ein Erstschlag, durch den das Enemy people handlungs- und lebensunfähig gemacht wird. Da dies nicht jedesmal im Sinne der USA läuft, wechseln sie wahlweise zu

Low Intensity War über. Den „Krieg niedriger Intensität“ darf man nicht unterschätzen. Er ist nicht weniger brutal und grausam als der Krieg höherer Intensität, denn das heimgesuchte Volk gerät unter einen Dauerzustand von Zermürbung, Not, Hunger und Leiden. Die Anschläge des Aggressors kommen plötzlich, mal tags, mal nachts. Das Volk kommt nie zur Ruhe. Ein Frieden ist nicht in Sicht. Die Zerstörung der Versorgung sowie die Abschneidung der Kommunikation unter den Menschen und mit dem Ausland machen einen regulären Alltag und normales Leben schier unmöglich. Hinzu kommen der psychologische und der Nervenkrieg. Panik, Horror und Schocks verbreiten sich. Das Volk soll verunsichert, demoralisiert, zermürbt und existentiell zerstört werden. Das sind Teilaspekte des sogenannten „Kriegs niedriger Intensität“, den die USA minutiös entwickelt haben und gegen den Irak seit 1991 führten.

Nach Vereinbarung des Waffenstillstands vom 28. Februar 1991 hat es nicht lange gedauert, bis sich US-Provokationen gegen den Irak wiederholten. Das waren nicht nur brutale Verstöße gegen das Völkerrecht, sondern bedeute auch Bruch des von ihnen selbst angebotenen Waffenstillstands.
Im *Low Intensity* Dauerkrieg überraschten die USA und England den Irak mit periodischen, aber unregelmäßigen Angriffen. Die Invasionszüge wurden von US/NATO durchgeführt und von der irakischen Abwehr zurückgeschlagen.
Diese militärischen Handlungen hat der Irak als Brüche des Waffenstillstands vor den Weltsicherheitsrat gebracht. Die Provokationen wurden häufiger, die Debatten länger und vergeblicher.
Die Durststrecke des Iraks wurd immer länger und härter.

Die USA und England marschierten sogar mit starken Truppenkontingenten in der Absicht ein, den Irak zu besetzen und die politischen Verhältnisse umzukrempeln. Wir nennen die beiden größten Angriffe und Invasionsversuche. Die Aggressionen waren massiv und hatten ein besonders großes Ausmaß: Ende August 1996 und Ende Dezember 1998. Der Irak hat beide tapfer zurückgeschlagen. Die Verteidigung war sehr verlustreich.
Periodisch wurden auch Ernten durch US-Flugkörper vernichtet. Tag für Tag konnte man neue Formen von US-Verbrechen gegen die Menschlichkeit erfahren. Bei jeder dieser Provokationen stießen die USA-NATO-Angreifer auf die geeinte Front des irakischen Volkes und wurden militärisch zurückgeschlagen.

Unterdessen führten die USA ihr Konzept von *Low Intensity War* weiter. Die US-Truppen sind zwar demoralisiert und von panischer Angst erfüllt, sie entscheiden jedoch nicht über Krieg und Frieden. Jene, welche Angriff und Krieg beschließen, stehen nicht an der Front, beteiligen sich nicht am Kampf und müssen nicht auf den Schlachtfeldern sterben.

Es ist auch zu erkennen, daß die USA nunmehr unter akutem Iraksyndrom stehen. Statt davon geheilt zu werden, das heißt, Barbarei und Aggressionen zu beenden, planen sie neue Angriffsformen, die anderen Ruin und Tod bringen, die Aggressoren aber befriedigen. Seit dem 17. Januar 1991 bis zur Redaktion dieser Zeilen zwanzig Jahre später sterben im Irak jeden Tag Menschen aller Altersstufen durch US-Aggressivität und Destruktivität – nicht vereinzelt, sondern in größerer Zahl.

Seit August 1990, also noch Monate vor der Aggression, verhängen die USA eine totale und radikale Blockade gegen den Irak. Die Umzingelung des Iraks soll ihn von innen her zerstören und zur Implosion bringen. Künstlich wird eine Lebensmittelverknappung geschürt. Versorgungsgüter werden rar. Spenden gelangen, wenn überhaupt, nur spärlich und mühsam in das Zweistromland. Der Schwarzmarkt wird toleriert.

Vor der US-Aggression herrschten im Irak eine relativ egalitäre Gesellschaft und Wohlergehen. Armut hat so gut wie nicht existiert. Die Versorgungslage war für alle zufriedenstellend. Unter den Bedingungen der Blockade entwickeln sich viele irreguläre Handelsformen. Wer Geld hat, darf konsumieren, wer kein Geld hat, ist auf Hilfe angewiesen.
Die legitime Regierung des Iraks, mehrheitlich von der Baʿṯ (Baʿth)-Partei gestellt, aber auch von vielen unabhängigen Kräften mitgetragen, bemühte sich, die Versorgungssituation sozial und human zu regeln. Diese schwierige und harte Aufgabe war ihr den Umständen entsprechend gut gelungen, wie ich selbst bei einem Solidaritätsbesuch im Irak sehen konnte. Ich war im Winter 1992/93 im Irak, etwa zwei Jahre nach der US-Aggression vom Januar 1991. Ich habe mich sehr darüber gewundert, wie schnell das irakische Volk zusammen mit seiner Regierung den Wiederaufbau des Landes in Angriff genommen hat.
Nach den barbarischen Zerstörungen durch die US und NATO waren die Brücken bereits wieder befahrbar, öffentliche Verkehrsmittel intakt und die Kommunikationsnetze mit dem In- und Ausland angeschlossen. Jeder konnte Online-Anschlüsse und Verbindungen benutzen. Das Berufsleben hatte seinen normalen Gang. Da die Aggressoren das Land mit gefälsch-

ten Dinaren überschwemmten, hatte der irakische Staat rasch eine neue Währung herausgebracht, um den Umlauf von Falschgeld zu unterbinden. Die Regierung reagierte schnell und weise.
Jedem Haushalt wurde die Grundversorgung gesichert. In mäßigen räumlichen Abständen wurden öffentliche Gasträume, das sind Volksküchen (maṭʿam schaʿbi), eingerichtet, wo jede und jeder gegen fünf Dinare (das sind wenige Cents, wobei der Tausch gegen harte Währungen nicht unproblematisch war), einem Betrag, den jeder bezahlen kann, ein vollwertiges Menü bekam.

Vor der Aggression hatte der Irak einen relativ hohen Lebensstandard, an dem nahezu das gesamte Volk teilnahm. Nur wenige Menschen lebten unterhalb des Existenzminimums. Dieser Zustand war im Weltmaßstab einzigartig. Klassengegensätze bestanden nur noch als rudimentäre Reste des *Ancien Regimes*. Soziale Unterschiede waren selbst im Vergleich zu den realsozialistischen Staaten nur noch als Ausnahmeerscheinung vorhanden. Wohnungen, schulische und gesundheitliche Versorgung waren für alle Bürgerinnen und Bürger gewährleistet.

Vor 1958 herrschten im Irak unter der Monarchie semifeudale Verhältnisse. Die Revolution 1958 und die Baʿṯ-Regierung seit 1968 haben in der Tat einen Musterstaat geschaffen.
1976 erhielt der Irak den UNESCO-Preis für die Abschaffung des Analphabetismus. Wenn man den Fortschritt einer Gesellschaft am Grad der Emanzipation und Partizipation der Frauen in allen Bereichen des Lebens messen will, so war der Irak im Weltvergleich weit voran. Der sprunghafte Fortschritt des Iraks war die entscheidende Leistung der Baʿṯ-Regierung. Auf alle Nachbarstaaten strahlte der Irak aus und forderte zur Nachahmung heraus.
Es sind diese Errungenschaften der irakischen Revolution, die nach dem Willen der Aggressoren zerstört werden sollten. Die Gesellschaft des Fortschritts sollte demontiert werden. Zum Programm der US-Aggression gehörte, den Irak auf den Stand eines mittelalterlichen Staats zurückzuwerfen.

Jeder, der den Irak vor der US/NATO-Aggression kannte, hätte sich kaum vorstellen können, daß es je möglich sein würde, die Verhältnisse dort rückläufig umzukrempeln. Das wäre auch von keiner vernunftsorientierten Politik anzustreben gewesen. Aber genau das war das Programm der US-NATO-Aggressoren.

Sie haben mit der Blockade den Ruin des Iraks auf allen Gebieten herbeiführen wollen. Die Einfuhr von Schulbüchern und Lehrwerken wurde verboten. Selbst Papier und Bleistifte für Schulanfänger durften nicht ins Land hinein. Pakistan z.B. spendete eine Schiffsladung mit Bleistiften. Es lagerte im Golf und durfte nicht gelöscht werden. Die Barbarei der USA ging so weit, daß dringend gebrauchte Medikamente nicht eingeführt werden durften. In Krankenhäusern mußten akute Operationen oft ohne Anästhetika durchgeführt werden. Die Einfuhr von Glyceriden stand ebenfalls auf der Verbotsliste. Auf Befragung durch internationale Organisationen behaupteten die USA zynisch oder ignorant, „Saddam könne daraus Sprengstoffe bauen". Da müßte dieser „Saddam" erst einmal einen Riesenberg von Glyceriden aufstapeln, um damit vielleicht einen Kiosk zu sprengen (Glyceride sind ein Bauelement zahlreicher medizinischer Präparate für unterschiedliche Krankheiten einschließlich des Herzens).
Unter die Blockade fiel vor allem der Austausch von Informationen, Presse und Literatur. Es fällt besonders auf, daß die US-Belagerer sehr darauf bedacht waren, keine wissenschaftliche Literatur und Fachzeitschriften in den Irak gelangen zu lassen. Man mußte solche Werke und Periodika in den Irak hineinschmuggeln, damit er weiterhin auf dem neuesten Stand der Forschung bleiben konnte.

Die westlichen Medien schwiegen sich über die US-Verbrechen gegen den Irak total aus. Das tun sie auch heute noch.
Wir mußten eigene Informationssysteme aufbauen, um Nachrichten aus dem Irak zu erhalten. Dazu dienten die Herstellung von Direktkontakten, sporadische Reisen, Empfang von irakischen Sendern, sofern sie von den USA nicht gestört wurden. Letztlich konnte man nur fragmentarisch Nachrichten bekommen. Über die US-Aggression habe ich drei Titel veröffentlicht mit dem Material, das mir zugänglich war:
„Golfkrieg", „Sie kommen wieder ..." und „Der Belagerungszustand".
Hinzu kommen Beiträge in anderen Organen, u.a. in: „Die unsichtbaren Mauern durchbrechen", sowie in Risāla, Nr. 5/2004.

Aus dem bisher Gesagten geht klar hervor, daß der *Low Intensity War* der USA gegen den Irak, wie wir nachträglich kombinieren müssen, einen doppelten Zweck verfolgte: 1. Zeit gewinnen, um sich selber auf die nächste Aggression gegen den Irak vorzubereiten, 2. Den Irak von innen her zermürben und durch die Blockade von der Außenwelt isolieren.
Indem wir vom *Low Intensity War* reden, benutzen wir den Ausdruck, den der US-Militarismus selbst geprägt hat. Der Begriff ist geeignet, einen

der verbrecherischsten Formen des Krieges zu verharmlosen. Nach allem, was wir vorgetragen haben, bedarf es wohl keines Kommentars, daß die furchtbaren, abscheulichen Kriegsmittel der USA jedes bisher verurteilte Kriegsverbrechen übersteigen.
Weitere Aspekte des *Low Intensity War* sind der psychologische Krieg, der Nervenkrieg und der Propagandakrieg. Seit dem Waffenstillstand vom 28. Februar 1991 haben die USA ihren Krieg gegen den Irak weiter als sogenannten *Low Intensity War* geführt. Gleichzeitig intensivierten sie den psychologischen und Propagandakrieg. Sensible *Media Watch Groups* konnten natürlich ahnen, daß die Medienkampagnen nach Maß und Intensität nur die Vorboten von ganz fürchterlichen Schlägen waren, welche von den USA und der NATO vorbereitet wurden. Tatsächlich lebten die Menschen in Angst und Panik vor den bevorstehenden Verbrechen. Alle standen unter doppeltem Würgegriff: Einmal durch die Aggression vom Januar-Februar 1991 verursacht, der hinter ihnen lag, und zum zweiten durch die täglich erzeugte Panik vor dem Schlag, der noch kommen werde. Denn es war klar, daß auf den *Low Intensity* der *High Intensity War* folgen wird.

Zermürbt werden sollten die Menschen durch den noch laufenden *Low Intensity War*, durch den täglichen Nervenkrieg, durch die Verknappung aller notwendigen Versorgungsgüter einschließlich Trinkwasser, Strom und Medikamenten und durch die Erwartung des großen Kriegs. Die Furcht vor der Gefahr übertrifft das Erleben der Gefahr selbst.
Die USA gaben täglich zu erkennen, die eigentliche Katastrophe sei erst im Kommen.
Für die psychologische Kriegsführung haben sich die USA viel Zeit gelassen. Das irakische Volk und mit ihnen verbunden alle Menschen guten Willens lebten in einer Dauerpanik, in ständiger Notlage: Tägliche Zerstörungen und die Invasion, die aber erst kommen werde. Die Menschen konnten sich nicht erholen, denn sie hatten die Katastrophe nicht hinter sich. Menschen leiden nicht erst durch den Schuß, sondern durch die Angst davor. So weit wurde der US-Nervenkrieg entwickelt. Die Panik sollte ihre lähmende Wirkung erzeugen und sich voll auswirken, bevor das Ereignis selbst eingetreten ist.

Durch Panik ein Volk zu zermürben macht klar, wohin die Wissenschaften im Imperialismus führen. Es sind Psychologen, Informations- und Kommunikationswissenschaftler, welche diese Zersetzungspläne entwickeln, aufstellen, planen und anwenden. Das waren nicht Bush I. und Bush II., sondern die Fachleute in den universitären Laboratorien des Militarismus.

Das Inspektoren-Manöver

Im Verlauf der 1990er und in den ersten Jahren nach 2000 eskalierten die USA die Propagandakampagne zu einer regelrechten Massenhysterie: Der Irak besäße Massenvernichtungswaffen. Wie wir wissen, wurde der Irak – im Gegensatz zu den USA – höchstinstanzlich von jedem Verdacht freigesprochen, je Massenvernichtungsmittel oder -waffen besessen oder angewandt zu haben. Das wußten die USA natürlich auch. Es gab nicht den geringsten objektiven Anhaltspunkt dafür. Dennoch konnten die USA durch eine rein erfundene Behauptung ihre gemeinen Ziele erreichen. Die Kampagne wurde gestartet und hat ihre Zielsetzungen nicht verfehlt.

Als nächstes forderten die USA, der Irak müsse seine Waffenarsenale, Lager, Betriebe und militärischen Einrichtungen offenlegen (!). Eine UNO-Delegation aus Fachleuten solle vor Ort die Ausrüstung, Bewaffnung und Kriegsmittel des Iraks inspizieren, untersuchen und darüber Bericht erstatten.

Auf diese Kampagne hin erklärte der Irak offiziell und verbindlich, daß er nicht im Besitz von Massenvernichtungswaffen sei. Kategorisch ächte er ABC-Waffen und halte daran fest. Kein Mittel aus dieser Gruppe befinde sich im Irak. Der Irak will den Frieden, will niemanden angreifen und von niemandem angegriffen werden.

Auf dem Höhepunkt der US-Propaganda-Kampagne gegen den Irak hat er angeboten – was er nicht hat tun müssen – daß eine internationale Delegation der UNO in den Irak kommen möge, um sich von der Wahrheit der irakischen Erklärungen zu überzeugen.

Diese Bereitschaft des Iraks ging viel zu weit, denn damit ließ er die Möglichkeit der Einmischung in die inneren Angelegenheiten eines souveränen Landes zu. Andererseits war der Irak bereit, alles um des Friedens willen und zur Schonung seiner Bürgerinnen und Bürger zu tun. Eine solche Prüfung, wie sie der Irak zu akzeptieren bereit war, wäre nur berechtigt, wenn sie bei allen Staaten der Erde in gleicher Weise durchgeführt wird. Allen voran müßten die Kontrollen mit den USA beginnen, denn gerade sie sind es, die Massenvernichtungswaffen entwickeln, horten und anwenden. Wie dem auch sei, der Irak erklärte sich bereit, daß eine internationale Delegation für diesen Zweck in den Irak komme.

Auf diese Erklärung haben die USA offensichtlich gewartet. Nun wollen sie bestimmen, wer zu dieser Delegation gehören soll. Obwohl es sich um eine Delegation im Auftrag der UNO handelte, konnten die USA durchsetzen, daß ihre Agenten in die Mission eingeschleust wurden.

Gegen diese Regelung wäre nichts einzuwenden, gäbe es wirklich eine „UNO“ und einen „Weltsicherheitsrat“, die diese Namen verdienen und die Völkergemeinschaft gerecht und gleichberechtigt vertreten. Die ganze Welt weiß jedoch, daß die USA diese Organisationen schon längst für ihre Zwecke funktionalisiert haben. Gerade die Affäre um die angeblichen Massenvernichtungswaffen beweist die traurige Realität der UNO. Eine Organisation, welche zur Wahrung des Weltfriedens gegründet wurde, ist zum Werkzeug des Imperialismus geworden.

Jetzt erst recht nehmen die USA alle Fäden in die Hand. Das Angebot für eine Untersuchung durch eine neutrale internationale Organisation ist ursprünglich eine genuin irakische Friedensinitiative. Die vom Irak vorgeschlagene internationale UNO-Delegation erhält aber den Namen „Inspekteure“; eine Umbenennung, welche die Souveränität des Iraks verletzt und auf den Mißbrauch seines Vorschlags des guten Willens hindeutet. Das Vorschlagsrecht zur Benennung der Mitglieder praktizieren faktisch allein die USA.
Sie inszenierten die Affäre der „Inspekteure“, die nichts anderes als die totale Ausspionierung des Iraks betrieben. Sie waren US-eigene Spione im Irak. Andere arbeiteten für England und Deutschland. Die sogenannten Inspekteure haben den UN-Auftrag in jeder Hinsicht verraten.

Ironischerweise hat die US-Administration nach ihrer Niederlage den Inspekteuren vorgeworfen, keine gute Arbeit geleistet zu haben. Sie hätten nicht alles gesehen oder den USA nicht alles berichtet. Die als UN-Kommission getarnten Beauftragten, die keinem Staat außer dem zuständigen Gremium der Vereinten Nationen Rechenschaft schuldig waren, konnten sich natürlich damit nicht herausreden. Sie waren ja bezahlte Agenten der USA, also müssten sie zu den Vorwürfen Stellung nehmen.
Überraschend war die Selbstverteidigung der Spionageinspekteure. Sie brauchten nur auf den 13.000 Seiten (!) starken Bericht hinzuweisen. Sie haben alles im Irak, was militärisch von Interesse war, erfaßt: jedes Rädchen, jede Schraube wurde referiert, einfach alles.
Der Vorwurf des höchsten US-Generalstabs lautete, daß die Iraker offensichtlich Waffen besitzen, von denen die USA nichts wußten.
Der Chef-Inspekteur schlug den Bericht auf und las vor: Die Waffen, welche der Irak produziert, eignen sich nicht zur Konfrontation mit einer hochgerüsteten Armee, wie es die USA und die NATO sind. Sie eignen sich nur für Guerilla und Straßenkämpfe.

Das steht tatsächlich im Bericht. Das ist auch wahr. Monate vor der US-NATO-Aggression von 2003 hat der irakische Staat seine Waffenarsenale geöffnet. Die Bevölkerung wurde aufgerufen, sich zu bedienen, beliebig Waffen zu holen und diese zu Hause aufzubewahren für den Fall, daß sie gebraucht werden. Jeder irakische Bürger konnte bedarfsdeckend heiße Munition mitnehmen.

Die „Inspekteure" werden eingesetzt. Sie fliegen nach Baġdād. Vom irakischen Staat werden ihnen alle Erleichterungen zur Durchführung ihrer Mission gewährt. Sie können im Irak reisen und kontrollieren, wo auch immer sie wollen.
Trotzdem wenden die USA ein, der Irak sei unkooperativ, er helfe den Inspekteuren nicht. Er müsse den Inspekteuren selbst seine Rüstungsindustrie und strategischen Anlagen zeigen und erläutern.
Der Irak, der nichts anderes will als seinen Frieden, beugt sich dem US-Diktat. Von offizieller Seite des Iraks werden die „Inspekteure" in alle militärischen Einrichtungen geführt. Die Irakis öffneten den Inspekteuren ihre Rüstungsbetriebe, Kasernen und Ausbildungseinrichtungen. Darüber hinaus mußten die Irakis technische Einzelheiten erläutern und mögliche Betriebsgeheimnisse offenlegen.

Sehen wir einmal von der Demütigung ab, der der souveräne, unabhängige Staat Irak ausgesetzt wird, so wird er Maßnahmen unterworfen, die von keinem anderen Staat verlangt werden. Der Irak ist selbst Opfer des Krieges. Sanktionen und Kontrollen sollten gegenüber den Aggressoren angewendet werden und nicht über das ungerecht angegriffene Opfer. Insbesondere müßten Kontrollen in den USA als dem größten Störer des Weltfriedens durchgeführt werden.
Der Irak hat sich gebeugt. Die USA sind immer noch nicht zufrieden. Sie erklären: „Der Irak ist noch nicht kooperativ genug". Er müsse die schriftlichen und digitalen Unterlagen vorlegen, in denen seine Rüstungsprogramme und Betriebstechniken dargelegt sind. Forschungsarbeiten und Entwicklungsergebnisse sollten offengelegt werden. Das geht natürlich zu weit. Der Irak beginnt, sich gegen den Versklavungsanspruch der USA und ihrer Inspekteure zu wehren.

Man würde heute dem Irak vielleicht vorwerfen wollen, er hätte sich von vornherein auf dieses fragwürdige Spiel nicht einlassen sollen. Hat sich der Irak geirrt? Er wollte ja den Frieden. Er wollte Leben und Gesundheit seiner Bürger schonen. Genau das wurde ihm von allen Seiten einschließlich der USA versprochen, wenn tatsächlich nachgewiesen wird: Der Irak besitzt keine Massenvernichtungsmittel oder -waffen. Also sagt der Irak, mehr übel als wohl: Bitte sehr! Ihr könnt alles sehen. Wir haben weder militärische noch sonstige Geheimnisse mehr. Diese Tatsache wird von den UN-Inspekteuren selbst in ihrem Bericht bestätigt.

Es ist von Freund und Feind festgestellt worden: Der Irak besitzt keine Massenvernichtungswaffen. Es kam jedoch nicht Frieden für den Irak, sondern Krieg. Es ist ganz offensichtlich, daß die USA das gesamte Manöver mit UNO, Weltsicherheitsrat und Inspekteuren für Spionagezwekke benutzten, nicht um den Frieden herzustellen, sondern um ihre Aggressionen und den Krieg führen zu können.
Der Irak hatte ganz bestimmt weltweit die Sympathie aller Menschen guten Willens auf seiner Seite. Wut und Haß der Weltöffentlichkeit richteten sich gegen die USA und ihre NATO-Verbündeten. Die USA sanken auf den Tiefstpunkt der Verurteilungsskala.
Nun sind die USA jedoch immer noch nicht zufrieden. Der Irak tut nicht genug zum Nachweis seiner Unschuld. Saddam habe nämlich die Massenvernichtungswaffen in seinen Privaträumen versteckt. Nun kam es wirklich nicht mehr darauf an, ob die Inspekteure das Schlafzimmer des irakischen Staatspräsidenten inspizieren oder nicht. Bitte sehr: „Hier ist mein Schlafzimmer – Tretet ein!“ Es wurde sogar veranlaßt, daß die Erde unterhalb des Wohnsitzes von Ṣaddām Ḥusain (Hussein) durchwühlt wird.
Tatsächlich gab es nichts mehr, was im Irak militärisch oder privat verborgen blieb. Weder die Inspekteure noch die US-Administration selbst meldeten weitere Wünsche. Noch nie hat es einen Staat gegeben, der seinen guten Willen und seine Friedensbereitschaft so gründlich unter Beweis stellte, wie der Irak es tat.

Die Inspekteure schreiben ihren Bericht über die Rüstung, die Waffensysteme und das Militärwesen des Iraks. Sie kommen einhellig zu dem Ergebnis: Der Irak besitzt keinerlei Massenvernichtungswaffen. Bei Bekanntgabe dieses Ergebnisses atmen die Menschen auf. Die Weltöffentlichkeit erwartet nun eine verbriefte Deklaration für Frieden und Sicherheit des Iraks und daß er vor allem von keiner Seite angegriffen werden soll.
Der Bericht der „UN-Inspekteure“ umfaßt 13.000 Seiten (!). Er ist an die UNO adressiert. Er darf nur UN-intern zur Kenntnis genommen werden. Der UN-Generalsekretär hat dem Sicherheitsrat das Ergebnis, nicht die

Detailinformationen, mitzuteilen. Es handelt sich ja um einen Geheimbericht, der die Sicherheit eines Landes, nämlich des Iraks, betrifft. Der Bericht ist obligatorisch als Verschlußsache unter höchster Geheimhaltung zu behandeln. Er darf keinem Benutzer zugänglich gemacht werden, der die Sicherheit des Iraks gefährden könnte.

UNO als größte Spionageorganisation für die USA

Mit Entsetzen erfährt die interessierte Öffentlichkeit, daß der Bericht zwar der UNO überreicht wurde, aber die Kopien in allen einschlägigen Institutionen der USA studiert und analysiert werden. Es blieb kein Geheimnis, daß die USA Kriegspläne gegen den Irak vorbereiteten. Den Militärbericht über den Irak einem aggressionsbereiten Land zugänglich zu machen ist der höchste Verrat, der weltgeschichtlich je stattgefunden hat. Was suchten die USA im Bericht? Doch nicht, ob der Irak wirklich Massenvernichtungswaffen hat oder nicht. Daß er keine hatte, das wußten sie schon lange. US-Präsident Bush II. hatte selbst erklärt: „*Wir haben uns geirrt, als wir den Irak beschuldigten, im Besitz von Massenvernichtungswaffen zu sein*".
Die USA wollen den Irak schon seit 1982 angreifen. Das gesamte Szenario war darauf angelegt, daß sich der Irak vollständig „auszieht", bevor die USA den ersten Schritt zum Anschlag tun.
Es ist ganz klar, daß die USA, welche sich als Supermacht titulieren, zu feige sind, das kleine Land Irak anzugreifen. Nun wissen sie alles, sei es mechanisch, elektronisch, digital, Software oder Hardware und nicht zuletzt die personellen Kapazitäten. Der Irak hat seine Friedfertigkeit unwiderlegbar unter Beweis gestellt. Daraus ziehen die USA nicht die Konsequenz, nun lassen wir den Irak in Ruhe. Vielmehr ziehen die USA die Konsequenz: Jetzt können wir den Irak angreifen!

Der UNO-Bericht über den Irak kam direkt in das Pentagon. Hier wurde er ganz klar als ein absolut objektiver, höchst verläßlicher Spionagebericht behandelt. Der Bericht wird im Pentagon als Grundlage der Aggressionsplanung genommen. Der US-Angriff gegen den Irak findet bald nach Überreichung der „Geheimsache: UN-Bericht" statt. Zwischen der Überreichung des Geheimdokuments und der US-Aggression liegt nur soviel Zeit, wie nötig ist, den Bericht zu studieren, zu analysieren und die Angriffspläne darauf abzustellen.

Daß die Inspekteure tatsächlich Spione und keine neutralen Fachleute waren, hatte der Irak selbst beanstandet. Er konnte sogar den Rückzug von wenigstens einem Inspektor durchsetzen, ein anderer beging unmittelbar nach Bekanntgabe des internationalen Skandals Selbstmord. Etliche haben nach und nach Spionagetätigkeiten zugegeben, sogar den spezifischen Auftrag ihrer Recherche näher beschrieben. Andere Inspekteure waren geschulte Geheimagenten, die über hohes technologisches und militärisches Fachwissen verfügten. All diesen „Inspekteuren“ hat der Irak seine meistgehüteten Geheimnisse offengelegt. Das wollten die USA. Die Kooperationsbereitschaft des Iraks war ihnen sehr willkommen. Würden nun die USA seinen Vertrauensvorschuß und seine Friedensbereitschaft honorieren?

Die USA kommen zum Ergebnis: Jetzt wissen wir alles über den Irak. Uns bleiben kein Objekt und kein Ziel verborgen. Jetzt kann der Angriff beginnen. Die Vorleistungen des Iraks sind für den Frieden, den eigenen und den der Welt, aufgebracht worden. Vorleistungen eines Friedensstaats für den Frieden eignen sich jedoch genauso für den Gegner. Sie verschaffen ihm die Voraussetzungen für die Aggression. Genau das haben die USA ausgenutzt.
Hat sich der Irak geirrt? Wie hätte es besser gehen können? Er mußte ja davon ausgehen, daß ihm Frieden zugesagt worden war und daß die Zusage eingehalten würde. Sind die USA schlau gewesen, Frieden zu versprechen und Krieg zu machen? Was bleibt denn an Menschlichkeit im Menschen übrig? Wenn Versprechen Schall und Rauch sind, wenn Worte nichts bedeuten, nicht zählen, warum sollen Menschen überhaupt miteinander kommunizieren? Wie wird Frieden je einkehren, wenn jedes Vertrauen zerstört, null und nichtig ist?

Die USA sind nicht nur aggressiv. Sie wollen den Krieg und sind zu feige, ihn zu beginnen. Sie inszenierten die Affäre der Inspekteure, um sicherzustellen, daß im Irak militärisch nichts mehr verborgen blieb. Dazu mußten sie die UNO für ihre Zwecke umfunktionieren. Sie nehmen es in Kauf, daß eine der wichtigsten Friedensinstitutionen nach dem Zweiten Weltkrieg endgültig diskreditiert und dysfunktional wird. Als Spionageagentur für die USA verliert die UNO jedes Vertrauen.
Die USA haben sich nicht einmal Zeit gelassen und mit der Aggression gewartet, bis von der Inspektionsaffäre ein gewisser Abstand bestand, damit die Kombination zwischen „Inspektion“ und „Krieg“ nicht hergestellt werde. Die USA standen offensichtlich unter Druck. Vielleicht wollten sie ihren politischen und moralischen Bankrott vollkommen zur Schau tragen.

Wir sprechen also korrekterweise nicht von Inspekteuren, sondern von einer Spionageaffäre, wahrscheinlich der meist beschmutzten der Geschichte. Wir fassen den Auftrag der Spione zusammen:

1. Die Angreifbarkeit des Iraks ermitteln, Angriffsflächen und -ziele bestimmen.
2. Bei der ersten Aggression der USA/NATO gegen den Irak Anfang 1991 hatte sich gezeigt, daß er fortgeschrittene Abwehrsysteme entwickelt hat, die von den USA nicht ausgeschaltet werden konnten. Als Beispiel sei die irakische Entwicklung der Rakete „al-Ḥusain " genannt. Die Inspekteure hatten einen eindeutigen Spionageauftrag. Sie sollten zum Beispiel die Technologie der hochgradig entwickelten Ballistik und den Einsatz von Halogen ermitteln.
3. Der Einsatz von Inspekteuren hatte zusätzlich zum militärischen Spionageauftrag noch eine klare psychologische und Propagandafunktion. Von der Absicht der Demütigung des Iraks einmal abgesehen, wird dieser als die gefährlichere Kriegspartei vorgeführt. Die USA erscheinen in der Position der Selbstverteidigung, obwohl es genau umgekehrt ist.

Die Objektivität spielt in der Propaganda kaum eine Rolle. Der Irak wurde täglich in den Medien in Verbindung mit Massenvernichtungswaffen genannt. Die Inspekteure haben den überzeugenden Nachweis erbracht, daß der Irak keine Massenvernichtungswaffen besitzt. Diese Expertenmeinung geht aber im Gedächtnis unter, während die Kombination „Irak und Massenvernichtungswaffen" haften bleibt. Das, obwohl das Urteil der Inspekteure, deren Parteilichkeit für die USA offenkundig ist, zugunsten des Iraks über jeden Zweifel erhaben ist.
Kommunikationstheoretisch wurde empirisch nachgewiesen, daß die Empfänger von Informationen die Reizwörter viel intensiver verinnerlichen als die präzise Ergebnisaussage. Was weißt Du vom Irak? Ja, da ging es doch um Massenvernichtungswaffen. Daß der Irak von diesem Verdacht freigesprochen wurde, ist psychologisch untergeordnet gegenüber der suggerierten Kombination mit Massenvernichtungswaffen.
Die Affäre und die Ergebnisse der Inspekteure sollten bei den Angreiferstaaten die Rekrutierung gegen den Irak erleichtern. Den Soldaten wird ein schwacher, wehrloser Gegner demonstriert, vor dem man keine Angst zu haben braucht. Der Einsatz im Zweistromland sei nur noch eine Art Militärparade.

Nicht zuletzt sei darauf aufmerksam gemacht, daß die Überlegenheit des Iraks gegenüber den Aggressoren nicht in den schlagkräftigeren Waffen, sondern ganz woanders lag. Die Kraft des Iraks lag in seiner moralischen Stärke. Wir nennen die wichtigsten Gründe für die Überlegenheit des Iraks:

1. Der Irak verteidigt Volk und Land. Er führt einen gerechten Widerstandskrieg.
   Die Aggressoren wollen Raub, Ruin und Völkermord. Sie führen einen schmutzigen Krieg.
2. Die Aggressoren führen eine rücksichtslose Annihilation gegen unschuldige Menschen. Die Invasionssoldaten sind nicht bereit, für eine ungerechte Sache ihr Leben herzugeben. Bei Gefahren fliehen sie, begehen Selbstmord oder ergeben sich.
   Der Irak wendet kompetentere Strategien an.
3. Die Aggressoren stützen sich auf stumpfsinnige Technologien, die Befehle ausführen und zu keiner Loyalität verpflichtet sind.
   Die Irakis konnten den Feind mit seinen eigenen Waffen schlagen. Sie konnten elektronische Systeme der Angreifer umfunktionieren und gegen sie einsetzen. Der Schuß ging nach hinten los. Die Irakis brauchten nur den Spieß umzudrehen.
4. Die Aggressoren sind am Ende ihrer Handlungsfähigkeit, wenn ihre Programme versagen und die elektronischen Systeme nicht in ihrem Sinne oder überhaupt nicht funktionieren.
   Die Irakis sind jederzeit zur Improvisation fähig.
5. Bei den Angreifern sieht jeder zu, mit dem eigenen Leben davonzukommen.
   Unter den Irakis herrscht Solidarität. Bei ihnen besteht die Bereitschaft, sich selbst für die Freiheit des Volkes und der eigenen Kampfgefährten zu opfern.
6. Die Aggressoren sind im Unrecht.
   Die Irakis im Recht.
7. Die Aggressoren haben nur gelogen. Rasch haben sie das Vertrauen aller und der eigenen Soldaten verloren.
   Der Irak hat nur die Wahrheit berichtet.
8. Die Aggressoren stehen unter Verurteilung und Verdammung der Menschheit.
   Der Irak hat die internationale Solidarität auf seiner Seite.

Dritter US-NATO-Krieg gegen den Irak (2003-2011)

Im Grunde hat der angebliche UNO-Bericht das Fanal zum Angriff auf den Irak gegeben. Es ist bewiesen: Der Irak hat an Rüstung nichts, was wir, USA/NATO, nicht besser haben. In einem Krieg hat er keine Chance gegen uns.
Eines der Hauptpropagandamotive der imperialistischen Medien war: Der Irak werde von einem Diktator regiert. Die USA wollen diesen festnehmen und den Irak befreien. Hätten diese Behauptungen im Ansatz gestimmt, wäre es nichts Einfacheres, als daß das jetzt bewaffnete Volk den Diktator notfalls mit Gewalt absetzt. Vielmehr war es umgekehrt. Von Widerstands- und Straßenkämpfern wurde mir berichtet, daß sie selbst es erlebten, wie Ṣaddām Ḥusain (Hussein) aus einem gerade angefahrenen Auto ausstieg und zusammen mit ihnen gegen die Invasoren kämpfte. Die Irakerinnen und Iraker waren bewaffnet. Sie haben einzeln und als Volk, als Bürger in und ohne Uniform ihr Land verteidigt.

Am 20. März 2003 findet die dritte Aggression der USA und der NATO gegen den Irak unter dem Namen: *Operation Iraqi Freedom* statt mit mehr als 270.000 US- und britischen Soldaten als Bodentruppen. Seelenruhig greifen die USA und ihre Alliierten den Irak an. Ihr Plan sieht so aus, daß sie vom Südpunkt Umm al-Qaṣr am Šaṭṭ al-ʿArab (Schatt al-Arab) einmarschieren.
Für den kleinen Irak haben die USA eine Viertelmillion Soldaten mobil gemacht. Hinzu kommen im Laufe der Jahre schätzungsweise 100.000 Söldner. Überdies stellen andere NATO-Staaten eine große, ständig variierende Zahl von Soldaten.
Der amtierende Präsident Bush II. erklärt, daß die „Intervention mit dem Sieg über den Irak in vier Wochen beendet sein wird“. Das haben er und seine Militärstäbe tatsächlich geglaubt und ernst gemeint. Sicher wollte er damit auch die aufgeregte Öffentlichkeit und das Kriegsfutter selbst, die eigenen Soldaten, beruhigen. Gleichwohl war es sein Ernst und nicht nur eine Propaganda, wenn er seinen Plan vollständig erläuterte. Wir fassen das US-Präsidentenprogramm zum Regierungsantritt im Jahr 2001 wie folgt zusammen: In vier bis maximal sechs Wochen wird die Irakaktion abgeschlossen sein. Danach werden wir Syrien, Iran, Saudi-Arabien und Ägypten unter Kontrolle haben. Der Rest der 66 Schurkenstaaten (sprich „die islamischen Staaten“) folgt.

Heute dient „Bush“ als Alibi für die US-Verbrechen, wie Hitler und die SS für die Deutschen. Ein Mann oder auch eine militärische Organisation machen alleine keinen Krieg.

An der Irakfront waren zweihunderttausend US-Soldaten im Begriff, sich auf den Weg nach Baġdād zu machen. Sie rechneten – wie ihnen suggeriert wurde – mit leichter Beute. Der Sinn des 13 Jahre lang anhaltenden sogenannten *Low Intensity War* (1991-2003) sollte ja sein, den Irak zu zermürben, das Volk zu demoralisieren und das Land sturmreif zu machen. Die Hungerblockade hat das Ziel, die Menschen handlungs- und lebensunfähig zu machen. Die Invasoren rechneten damit, daß sie es mit wehrlosen Menschen zu tun haben. Schon am ersten Tag mußten sie jedoch feststellen: Der Irak wird für sie kein Rosengarten sein.
„Die US-Expedition in den Irak hat sich den Weg in Richtung Baġdād freigekämpft“: So erfahren Medienkonsumenten in Nordwest die Nachricht über die Massaker, die die Aggressoren von der Südspitze des Iraks her über Baṣra und Fallūġa bis Baġdād angerichtet haben, um sich eine Schneise zur irakischen Hauptstadt zu schlagen.
Die US-Strategie, die nur auf Massenmord und verbrannter Erde basiert, brachte große Verluste an Leben und Material, aber der Widerstandswille der Irakis konnte nicht gebrochen werden. Demoralisiert waren die US-Soldaten, denen offensichtlich ein leichtes, rasches Gefecht versprochen wurde. Sie wissen jetzt, daß, wer in der Absicht kommt, andere zu töten, selber mit dem Tod rechnen muß. Diese Tatsache formulierte schon Bush I. so: *„Die Iraker sind nicht gastfreundlich“*.
Der Zeitplan der Invasoren kam durcheinander. Improvisieren konnten sie schlecht. Sie wollten in einigen Tagen in Baġdād sein, kamen jedoch von der Anlegestelle im Golf nicht los. Mühsam konnten sie sich schrittweise nordwärts bewegen. Ihren Weg *„schaufelten sie frei“* (so der US-Ausdruck), indem sie auf alles geschossen haben, was sich bewegt.
Aber auch die Aggressoren wurden nicht verschont. Sie liefen dem Widerstand buchstäblich in den Schoß. Ihre eigenen Waffen wurden gegen sie gewendet. Schon in den ersten Tagen der Aggression war ein Phänomen zu beobachten, das selbst die Iraker in Staunen versetzte. US-Soldaten wollten fliehen, egal wohin, dorthin, wo man sie nur aufzunehmen bereit war.

Legende vom 09. April 2003

Die Medien überraschten ihre Konsumenten mit Bildern der Eroberung Baġdāds durch die US-Invasoren. US-Soldaten seien von der Bevölkerung als Befreier mit Blumensträußen empfangen, in die Arme genommen und geküßt worden. Als willkommene Gäste werden ihnen frische warme Speisen serviert, Tee und Kaffee überreicht und überschwengliche Worte des Dankes für ihr Kommen entgegengebracht. Heulende Menschen sagen: Wir haben doch so lange auf Euch gewartet!

Die Amis sind nicht einmal in Baġdād gewesen, als die Bilder vom angeblichen Freudenempfang den Fernsehsendern freigegeben wurden. Sie wollten auf dem internationalen Flughafen der irakischen Hauptstadt landen. Dieser Wunsch ist aber nicht in Erfüllung gegangen. Die Lügen sind viel zu dick aufgetragen und schneller entlarvt worden, als sie ihre Produzenten und Auftraggeber ahnen konnten.
Es hat nicht lange gedauert, bis man festgestellt hat, daß die Amis die Bilder aus Hollywood mitgebracht hatten. Wahrscheinlich dachten die Kriegsmacher tatsächlich, daß sie in absehbarer Zeit Baġdād besetzen, dann werde der Sieger die Geschichte schreiben, und niemand mehr wird Wahrheit und Lüge unterscheiden können.
Das unmittelbare Ziel der Aggressoren in Baġdād war die Besetzung des internationalen Flughafens. Die Invasoren haben nicht den Weg über Landstraßen und Autobahnen, wie von ihnen vorgesehen, genommen, da der irakische Widerstand sich auf die uneingeladenen Gäste mit einem entsprechenden Empfang vorbereitet hat. Die Amis wählten den Luftweg. Ein Teil ihrer Maschinen konnte sich eine Luftschneise zum Flughafen verschaffen, doch landen konnten sie immer noch nicht. Die irakische Abwehr war stark genug.

Die US-Aggressoren arbeiteten nach dem vorgeschriebenen Szenario, nach militärischem Schulbuch. Erst wurden die schweren Waffen und Maschinen mit Fallschirmen abgesetzt. Ihnen folgten die Soldaten.
Die Irakis auf der Bodenstation begrüßten die Gäste. Sie holten sich die wertvollen Maschinen und Waffen, aber Soldaten wollten sie nicht haben. Auch militärische Laien wie ich lachten nicht schlecht, als uns später von Widerstandskämpfern über die angebliche Landung der US-Fallschirmjäger berichtet wurde.
Der zweite Landungsversuch folgte rasch. Er verlief wie der erste. Die Iraker konnten Waffen zum Nulltarif mehr als genug haben, Fallschirm-

jäger brauchten sie nicht. Auch die dritte Bescherung kam in Baġdād an ohne Bestellung und ohne Rechnung. Weitere Landeversuche waren nicht erfolgreicher als die ersten.
Diese Bilder hat niemand außer der irakischen Abwehr an der Front und wer von der Anwohnerschaft freiwillig für die Versorgung der Widerstandskämpfer gesorgt hat, gesehen. Die westlichen Medien zeigten immer noch Nachrichtensendungen, die in Hollywood fabriziert wurden.
Der weitere Verlauf war leider nicht mehr so lustig wie bisher. Apropos Hollywood: Eins stimmt: *Leichen pflastern seinen Weg*, aber nicht zwanzig oder dreißig wie bei *Sergio Corbucci*, sondern zu zehn- und Zwanzigtausenden.

Am 09. April 2003 geschah über Baġdād ein weiteres großes Verbrechen der Militärgeschichte. Die USA warfen über den Stadtbezirk beim Flughafen sogenannte *Mininukes* ab. Der Ausdruck täuscht. „Mini" bedeutet nicht geringe Sprengkraft. Vielmehr handelt es sich dem Umfang nach um nicht voluminöse Atombomben.
Mangelhafte Logistik und stupide Strategie versuchte der Aggressor mit mehr Kriminalität zu kompensieren.
Es wurden 2.000 irakische Elitesoldaten durch den Abwurd sofort getötet, sowie eine nicht bekannte Zahl von Zivilisten. Die Leichen der Menschen verglühten auf der Stelle. Von den Menschen war nichts mehr oder nur ein verkohltes Skelett zu sehen. Sie verbrannten bei lebendigem Leib. Verstümmelte humane Überreste wurden geborgen. Die Glut war radioaktiv. Der Brand war mit konventionellen Mitteln nicht zu löschen. Die Radioaktivität und das Feuer waren nicht zu beherrschen. Die irakische Militärführung gab der Bevölkerung die Weisung, das verseuchte Gebiet in breitem Umfang zu meiden. Die verseuchte Erde muß abgetragen und fachlich entsorgt werden.
Buchstäblich über einem Massengrab landeten die US-Invasoren im Randbezirk von Baġdād. Dabei blieb ihre Route auf die Hauptavenue beschränkt. In das Innere der Hauptstadt konnten sie sich auch Jahre nach der Aggression nicht wagen.

Durch den Abwurf von *Mininukes* und Bombardierungen haben sich die Invasoren eine Landungsfläche auf den Massen von Leichen verschafft. Mit schwerer Artillerie schossen sie auf die Überlebenden, die sich auf ihrem Weg befanden. Den US-Aggressoren gelang es, eine menschenleere Schneise durch Baġdād zu schlagen.

Überfall auf die irakischen Museen

In der Hauptstadt suchten die Aggressoren Adressen, die sie mitgebracht hatten, unter anderem von Museen mit wertvollsten Schätzen der Menschheit. Aufgrund seiner alten Geschichte und der Tatsache, eine Wiege der Menschheit zu sein, bewahrt der Irak einen wesentlichen Bestandteil des Kulturerbes der Menschheit. Die Aggressoren führten Maschinen mit, die auf das Abreißen stabiler Bauten spezialisiert sind. Die Museen wurden nicht stumpfsinnig gesprengt, denn Ziel war der Raub der Exponate und diese möglichst unversehrt zu erhalten. Erst wurden die Eisentore buchstäblich aus den Angeln gehoben, dann sämtliche Sicherungen beseitigt. So haben die Aggressoren größte Kulturgüter der Menschheit einfach geplündert. Es war ein professioneller Coup, der seinesgleichen sucht. Die Kulturgüter wurden abtransportiert. Einige Jahre konnten sie nirgends in der Welt gesehen werden. Die staatlich organisierte Mafia hatte es nicht versäumt, Facharchäologen mitzubringen. Warum sollten sie nicht mitkommen und ihrerseits über Leichen gehen? Alle Wissenschaften des Imperialismus sind doch Kriegswissenschaften.

Der Irak hat das Kulturerbe der Menschheit in bewundernswerter Weise gehütet und gepflegt.[6] Die Hinterlassenschaften Babylons und Sumers sprachen als historische Gegenwart zu den Menschen heute. Erste Erfindungen vom Rad bis zur Schrift, Tongefäße, Statuen, Rollen, Scriptura begegneten uns als wahrnehmbare Stimme der Geschlechter seit Urzeiten an jede nachfolgende Generation. In ihnen konnten Laien und Fachwelt die lebendige Geschichte, Lehre und Mahnung der Vorfahren an die Nachwelt wahrnehmen. Die irakische Archäologiebehörde hatte die Exponate in ihrem historischen Kontext zu neuem Leben erweckt. Andächtig standen Menschen aus aller Welt vor der Dokumentation. Nur mit Mühe konnte sich mensch von einem Stand zum anderen wegreißen. Das Vermächtnis der Ahnen und Vorfahren, das in diesen Kulturgütern seit Jahrtausenden überliefert, in Sicherheit aufbewahrt und unversehrt

---

6 Über den barbarischen Kulturraub der Invasoren haben der irakische Staat und die Kulturbehörden der Irakischen Republik (vor der Machtergreifung der Kollaborationsregierung des Präsidenten Ṭalabānī im Jahr 2004) umfangreiche Dokumentationen und lange, spezifizierte Listen herausgegeben. Die geraubten Exponate werden exakt benannt, ihr historischer und kultureller Wert wird genau dargelegt. In deutscher Sprache, allerdings nur über den ersten großen Kulturraub nach der ersten US-NATO-Invasion des Iraks 1991, siehe: Beate Mittmann, Peter Priskil, Kriegsverbrechen der Amerikaner und ihrer Vasallen gegen den Irak und 6000 Jahre Menschheitsgeschichte, Freiburg 1992.)

erhalten geblieben ist, hat die Jahrtausende unversehrt überlebt, bis es am 09. April 2003 einfach verschwand – durch Barbaren, die darin nichts anderes als einen Gold- und Geldwert sehen. Plötzlich verstummte die Geschichte.
Mitgenommen wurden auch Denkmäler, welche der Irak sinnvollerweise an ihrem historischen Standort und in ihrem ursprünglichen geschichtlichen Zusammenhang belassen hat. Die US-Räuber haben es nicht versäumt, die auf Arabisch und in anderen internationalen Sprachen dargelegten Erläuterungen mitzunehmen. Kulturraub aus dem Irak mußten die US-Aggressoren teilen, denn andere Invasoren wollten auch Anteil daran haben, insbesondere Deutschland, England und die US-Militärbasis Kuwait.
Mit Füßen wurden die internationalen Konventionen zum Verbot von Kulturraub und Kriegsbeute getreten. Dies ist ein Verbrechen an der Weltzivilisation – begangen von Kriegsmachern, die jedem zivilisatorischen Gedanken fremd und feindselig gegenüberstehen.

Bis zum Beginn der US-NATO-Agression konnten wir vor den Exponaten beliebig lange stehen, die Legende sorgfältig studieren und eigene Notizen machen. Seit diesem Datum ist das nicht mehr möglich. Weder die Öffentlichkeit noch die Fachwelt wird auf absehbare Zeit die geraubten Exponate zu sehen bekommen. Die Kulturgüter sind einfach verschwunden. Das *Criminal Empire* hütet sich davor, sie bald irgendwo zu zeigen, weil es sich dadurch öffentlich denunziert. Inzwischen werden aber schon erste Exponate feilgeboten. Nach dem großen Kulturraub im Irak fanden in den internationalen Institutionen Debatten über diesen Skandal statt. Rechtliche Grundlagen sind – u.a. von der UNESCO – geschaffen worden, welche dazu verpflichten, daß geraubte Kulturgüter sofort an die nationalen Urheber zurückgegeben werden. Die Imperialisten sorgten dafür, daß bei der Rezeption die von der UNESCO verabschiedeten Richtlinien und Rechtsgrundlagen soweit gelockert werden, daß Handel mit und Ankauf von geraubten Kulturgütern doch möglich sind.

Möge man dem Verfasser Nachsicht gewähren, wenn er als Historiker seiner Empfindlichkeit Ausdruck gibt. Bei alledem muß man sagen, daß die Betroffenheit in bezug auf den Irak als Gesamtopfer die Trauer um den Kulturraub bei weitem übertrifft.
Unaussprechlich ist die Betroffenheit in bezug auf die Menschen, die für immer ausgelöscht wurden, weil der Aggressor jeder Menschlichkeit bar ist. Nur Reichtümer und materielle Werte zählen für ihn, seien es eine Stele oder Erdölvorräte. Ein einzelnes Menschenleben ist weit wertvoller

als aller Reichtum auf Erden. Wer vermag es, diese Binsenwahrheit den Aggressoren klarzumachen?

„Constructed Chaos“

Zur Kriegsführung der USA zählt die Strategie des *Constructed Chaos* als unmittelbare Maßnahme nach dem Einmarsch in ein Land. Es soll handlungs- und lebensunfähig so zugerichtet werden, daß es nicht wieder erstehen kann. Die US-Strategie der totalen Destruktion und der Konstituierung des Chaos fand ihre extreme Anwendung im Irak.
Während die USA den Irak mit Bombenhagel belegten, hörten die Aggressoren nicht damit auf, über ihre Medien der Welt ohrenbetäubend zu versichern, daß sie Menschenrechte, Demokratie und Befreiung in den Irak bringen wollen. Gleichzeitig bedeckten die Bombenteppiche die irakische Erde. Die Streubomben sind eine furchtbare Waffe. Die Wirkung endet nicht mit dem Abwurf. Bomben, die nicht unmittelbar explodieren, warten, bis sie von ahnungslosen Menschen berührt werden, um ihre tödliche Sprengkraft zu entladen. Millionen Streubomben warfen die Aggressoren über den Irak. Trotzdem konnten die Invasoren nicht in das Innere der irakischen Hauptstadt eindringen. Sie wurden mit einer zähen, nicht zur Kapitulation bereiten dichten Front konfrontiert.
Vor keinem Kriegsverbrechen schreckten die Aggressoren zurück. Über unzählige Leichen der Einwohnerschaft schufen sie sich einen Weg in das Zentrum der Hauptstadt. Sie steuerten auf das Regierungsviertel der irakischen Hauptstadt zu.

Nach einem für die Irakis verlustreichen Widerstand konnten sich die Invasoren eine Schneise durch Baġdād schlagen. Am 20. April 2003 standen sie vor dem Regierungsgebäude und den Ministerien. Es laufen jetzt Szenen ab, die niemand für wahrscheinlich hätte halten wollen. Als erstes betraten die US-Invasoren die Räume der Staatsanlagen und leerten die Staatskasse. Zahlungsmittel und Goldreserven wurden ausgeraubt (Das ist leider kein Hollywoodfilm, sondern sind Berichte voneinander unabhängiger Zeugen und glaubwürdiger Berichterstatter).
Die Staatsverwaltung wurde außer Kraft gesetzt. Siebzehn Ministerien wurden geplündert und aufgelöst. Die zentralen und dezentralen Einrichtungen der Versorgung – Ministerien für Versorgung und Lebensmittel, Agrarwirtschaft, Gesundheit, Erziehung, Städteplanung, Bauwesen und Stiftungen – wurden geplündert und anschließend geschlossen. US-Trup-

pen zogen in das Verteidigungsministerium ein, besetzten es, konfiszierten die Unterlagen und verhafteten die Beamten. Die Landesverteidigung wurde aufgelöst. Soldaten und Offiziere der irakischen Armee und der Polizei wurden festgenommen oder entlassen. Fällige Gehälter wurden nicht bezahlt. Die Polizeistationen wurden zusammen mit ihrem Personal gesprengt. Sicherheitskräfte wurden physisch liquidiert, wenn sie nicht rechtzeitig in den Untergrund gegangen waren. Die Volkssicherheit war nicht mehr gewährleistet.

Die Banken des Iraks wurden von den Besatzern buchstäblich geplündert. Museen, Schatzkammern und jahrtausendealte Exponate wurden durch von den Besatzern mitgebrachte Banditen und Archäologen ausgeraubt. Bei sich führten die Invasoren Spezialgeräte für Einbrüche in stabile, hochsichere Gebäude und für den Raub der Kulturschätze. Mit Bulldozern, schweren Raupen-Fahrzeugen und Spezialpanzern wurden gut befestigte Anlagen und Portale zur Sicherung von Gebäuden mit sorgfältig gehüteten Inhalten, z.B. die Nationalbank, wörtlich aus den Angeln gehoben. Die Öffnung und das Eindringen in diese Hochsicherheitseinrichtungen waren gründlich vorbereitet und wurden fachlich ausgeführt. Die professionellen Einbrüche waren eines der Ziele der Besetzung des reichen Iraks.

In den ersten Jahren nach der Aggression galten die Reichtümer, das Vermögen und die Kulturgüter des Iraks als verschollen. Erst jetzt tauchen nach und nach Schätze aus dem Irak in den USA und in Westeuropa wieder auf. Im illegalen Handel und auf Antiquitätenmärkten werden irakische Kulturgüter zu astronomischen Preisen feilgeboten.
Der Irak sollte nicht nur um seinen einstigen Reichtum gebracht, sondern auch seines historischen Erbes und Kulturgedächtnisses beraubt werden. Er sollte ähnlich seinen Räubern ein Land ohne Geschichte sein. Der Irak, eine Wiege der Weltzivilisation, sollte in den Abgrund sinken.

Der Raub materieller Güter des Iraks war eines der Ziele der Invasoren. Ein anderes Ziel war das Auslöschen des Kulturgedächtnisses. Seinen Anteil an der Evolution von Kultur und Zivilisation sollte aus dem Bewußtsein der Menschheit getilgt werden.

Daß das irakische Volk dezimiert werden sollte, war ein drittes Programm der Invasoren.

Selbstverständlich sah der Invasionsplan vor, Zugriff auf die Ressourcen des Iraks zu haben. Knowhow, Bodenschätze, Rohstoffe und nicht zuletzt das Erdöl sollten von den USA kontrolliert und in ihren Besitz überführt werden. Anders läßt sich die außergewöhnliche Aggressivität der USA gegen den Irak, der zu jeder Konzession bereit war, nicht erklären. Kompromisse und Konzessionen waren für die USA nicht genug. Sie wollten seine Eigenständigkeit, ja sein Lebensrecht als ein souveräner Staat und das Wohlergehen des irakischen Volkes gründlich zerstören.

Binnen eines Monats nach Beginn der US-NATO-Aggression am 20. März 2003 verlor der irakische Staat seine Körperschaften und folglich seine Souveränität. Das Staatssystem wurde demontiert. Die Verwaltung brach zusammen. Dem Irak, einst einer der fortschrittlichsten Staaten weltweit, wurden die Grundlagen seiner staatlichen Existenz genommen. So konnte der Irak, eines der reichsten Länder der Erde, zum Ausplünderungsparadies der Invasoren werden.

Der Irak sollte nach ausgearbeitetem Plan zusammenbrechen, in Anarchie und Chaos versinken. Das Volk sollte seine irakische Identität verlieren und den Aggressoren schutzlos ausgeliefert sein. Die Invasoren wollten über dem Ruin des geschichtsträchtigen Iraks ihr eigenes unterdrückerisches Ausplünderungssystem bauen.

Die US-NATO-Eindringlinge setzten die irakische Verfassung außer Kraft und zwangen ein Diktat auf, das ihre imperialistischen Interessen legitimiert.

Die Massaker von Fallūğa (Falludscha), Nağaf, Nisūr und anderswo

Im März und April 2004 wurde die zweitgrößte Metropole des Iraks, Fallūğa, von der US-Luftwaffe bombardiert. Die Stadt war überfüllt, da viele Irakerinnen und Iraker mit ihren Kindern vor dem US-Massenterror dorthin fliehen mußten. Fallūğa stand unter dem Schutz des irakischen Widerstands und zählte zu den befreiten Gebieten. US-NATO-Truppen wurden vor den Stadttoren oft zurückgeschlagen. Die USA antworteten mit der Massenbombardierung aus der Luft. Tausende starben.
LeserInnen werden sich wundern, warum der Autor speziell Fallūğa herausstellt. Die Aggressoren haben doch viele Massaker angerichtet und zahlreiche Menschenleben vernichtet. Die US-Invasoren haben doch

ganze Ortschaften in Schutt und Asche gelegt und irakische Bezirke mit dem Blut ihrer Einwohner bedeckt. Der Einwand ist selbstverständlich berechtigt. Fallūğa ist nur ein Symbol für die Widerstandskraft des irakischen Volkes, das sich trotz Völkermord nicht beugt. Wir sprechen von Fallūğa und meinen den ganzen Irak. Wir sprechen von My Lai und meinen ganz Vietnam. Das südvietnamesische Dorf war im März 1968 Opfer eines Massakers der US-Aggressoren geworden. Es war ein Fall unter vielen Massakern, welche die Invasoren in Vietnam angerichtet haben. Nur ausnahmsweise hatte die westliche Presse damals „Ausschreitungen" von US-Truppen im vietnamesischen My Lai erwähnt, als wären sie eine exzeptionelle Handlung. Die längst unglaubwürdig gewordenen Medien wollten damit Vertrauen bei ihren Konsumenten wiedererlangen. Konzessionsweise wird ein Verbrechen genannt, um die vielen anderen nicht erwähnen zu müssen.

Auch im Irak haben die westlichen Medien den Fall Abū Ġurayb aufgegriffen, um eine Alibi-Information zur Wiedererlangung von Glaubwürdigkeit zu präsentieren.
Im Fall von Fallūğa wurde diese Konzession nicht einmal gewährt. Das Schweigen über die Verbrechen der US-NATO-Aggressoren durfte nicht gebrochen werden.
Tatsächlich, seit dem 17. Januar 1991 bis zur Niederschrift dieser Zeilen, hat der Völkermord der USA am irakischen Volk nie aufgehört – nicht einen Tag lang. Offensichtlich kann der Extremismus sich selbst übertreffen.

Fallūğa ist die zweitgrößte Stadt des Iraks. Sie ist eine der ältesten Kulturstädte weltweit. Als die ʿAbbāsiden die Hauptstadt des Kalifats von Damaskus in den Irak verlegten, haben sie eine neue Residenz erbaut. Bis zur Fertigstellung von Baġdād wählten sie Fallūğa als Provisorium. Erst al-Manṣūr konnte 754 feierlich in Baġdād einziehen.
Der Widerstand in Fallūğa gegen die US-NATO-Aggressoren hat seit 1991 nie aufgehört. Die USA wollten deshalb ein neues Stalingrad konstituieren. Seit 2003 verhängten sie gegen Fallūğa die totale Hungerblokkade. Die übrigen Iraker haben ihre Schwestern und Brüder in Fallūğa nicht vergessen und sie unter Einsatz des eigenen Lebens regelmäßig versorgt. In Fallūğa lieferten die Aggressoren ein Schulbeispiel davon, wie der *US-Way of War* ist.
Die USA hatten sich entschlossen, nicht so lange zu warten, bis sich die Hungerblockade um Fallūğa auswirkt. Sie ordneten die völlige Bombar-

dierung der Stadt und ihrer BewohnerInnen an. Vor Beginn der Bombardierung wurde die Stadt durchkämmt. Ausländer wurden aufgefordert, Fallūǧa zu verlassen. Die US-Truppe nahm die Journalisten mit, um sicher zu sein, daß von keiner Seite Nachrichten über das Genozid nach außen dringen.

Synchron mit Beginn der Bombardierung hielt der Oberkommandierende General der Invasionstruppen eine Pressekonferenz ab. Er trug die Nachricht vor und teilte die Verlautbarung so mit, wie sie in den Medien berichtet werden sollte: Die USA seien dabei, in Fallūǧa versteckte Terroristen festzunehmen und zu bestrafen. Der General betonte, die US-Armee habe darauf geachtet, daß vor der Aktion Frauen und Kinder die Stadt unversehrt verlassen. Diese offizielle Erklärung bekam die Öffentlichkeit zu hören.
Unerwartet sahen die Empfänger des Senders al-Ǧazīra aus dem Golfstaat Qaṭar (Katar) die Einblendung von Bildern aus Fallūǧa live. Zwei Korrespondenten des Senders hatten sich unter Lebensgefahr vor der US-Durchsuchung gut versteckt und konnten direkt übertragen, wie es in Fallūǧa wirklich aussah. Al-Ǧazīra zeigte ihren Millionen Zuschauern, wie Lastkraftwagen Menschen transportierten. Es waren ältere, behinderte und kranke Menschen, Frauen und Kinder. Sie waren zusammengepfercht in den Lastwagen, die es in Fallūǧa noch gab. Die LKWs waren zwangsläufig ohne Dach. Die US-Hubschrauber bombardierten aus unmittelbarer Nähe die ungeschützten hilflosen Menschen auf der Flucht.

Nicht nur in Fallūǧa, sondern überall im Irak verübten die US-NATO-Invasoren Massenmorde. Seit dem 20. März 2003 fließt unaufhörlich Blut. Am 04. April 2004 wurden in Naǧaf, einem Heiligtum der Šīʿiten (Schiiten), Tausende von Menschen, meist Pilger, von US-Truppen regelrecht geschlachtet. Sie waren leicht bekleidet, unbewaffnet, ohne Helm, ohne kugelsichere Weste. Sie wollten beten. Es war Wallfahrtszeit. Die Pilger kamen von weither in überfüllten Bussen. Beim Ausstieg aus dem Bus wurden die Reisenden vollständig massakriert. Da jede Gruppe der Reihe nach exekutiert wurde, gab es keine Überlebenden, welche die nachrückenden Busse hätten vorwarnen können. 48 Stunden dauerte das Massaker an. Ununterbrochen wurde der Mord fortgesetzt, bis niemand mehr zum Erschießen übriggeblieben ist. Naǧaf wurde in ein Blutmeer verwandelt.

Das Massaker in Haditha. (siehe Junge Welt vom 26.01.2012) Im November 2005 waren US-Soldaten stundenlang durch die irakische Stadt Haditha gezogen und hatten auf unbewaffnete Bewohner gefeuert. 24 Menschen, darunter Frauen und Kinder, wurden getötet. Im Januar 2012 – also über sechs Jahre danach – wurde für den letzten von insgesamt acht Angeklagten das Urteil gesprochen: Der für das Massaker verantwortliche Unteroffizier Wuterich wurde wegen „Verletzung der Dienstpflicht" zu 90 Tagen Haft verurteilt, die er aber nicht einmal absitzen muss! Die Anklage hatte auf Totschlag in neun Fällen gelautet. Von den übrigen sieben Angeklagten wurde einer freigesprochen, gegen die sechs anderen wurden die Vorwürfe gänzlich fallengelassen.
Die Bewohner von Haditha sind schockiert, fassungslos, empört und wütend. Für den Tod von 24 Menschen drei Monate Haft zu bekommen, sei ein „Angriff auf die Menschlichkeit".

Das Massaker auf dem Nissūr-Platz von Baġdād am 16. September 2007 und viele, viele andere wurden im Rahmen des Annihilationskriegs der USA am irakischen Volk verübt. Vom 20. März 2003 bis zum 31. Dezember 2007 gab es 1.300.000 Tote als Opfer der US/NATO-Aggression – nach vorsichtigen Statistiken. In dieser Zahl erfaßt sind nur die diejenigen, die unmittelbar nach dem Angriff umkamen, nicht aber jene, welche infolge ihrer Verletzungen später starben.[7]

Abū Ġurayb (Abu Graib). Im Unterschied zu Fallūǧa haben westliche Medien über Abū Ġurayb berichtet. Schon damals wurde in *Media Watch Groups* darüber gerätselt, warum auf einmal eine solche Nachricht aus dem Kriegsfeld Irak gebracht wird. Bis dahin haben die Medien insgesamt das Bild einer „humanen Intervention" der USA und ihrer Alliierten verbreitet. Über die Verbrechen von USA und NATO im Irak schweigen sich die westlichen Medien eigentlich bis heute aus. Es werden lediglich neben Ṣaddām Ḥusain (Hussein) nur Terroristen gesucht, die bestraft werden sollen.

Mit dem Bericht über Abū Ġurayb drängte sich die Frage auf: warum auf einmal eine Meldung?
Es wurde unter anderem die These vertreten, daß die Medien damit Glaubwürdigkeit wiedergewinnen wollten. Eine andere These war, daß

[7] Eine neue wissenschaftliche Studie über die Opferzahlen der Kriege gegen Irak und Afghanistan spricht von ca 1,5 Millionen Todesopfern alein durch direkte Gewalteinwirkung zwischen 2003 und 2011. (Junge Welt 19./20.05.2012, IPPNW-Report „Body Count – Opferzahlen nach 10 Jahren Kriieg gegen den Terror"))

es hinter dem Bericht eine Armeeopposition gäbe, welche den Rückzug aus dem verlorenen Krieg im Irak erreichen wollte.

Wie auch immer, wer es wissen wollte, die USA sind Kriegsverbrecher. Selbst die selektiv gemeldete Nachricht aus Abū Ġurayb hat Bilder des Grauens gezeigt, die man nicht mehr vergessen kann. Auch der Verfasser dieser Zeilen ist außerstande, geeignete Worte zu finden, um das Ausmaß der Kriegsverbrechen der Aggressoren in und außerhalb von Abū Ġurayb zu schildern. Es gibt keine Sprache, die imstande wäre, das Leiden des irakischen Volkes angemessen zu beschreiben.

Die Selbstzerstörung der USA durch die Zerstörung des Iraks

Die Irakis sind das am meisten heimgesuchte Volk. USA und NATO haben ihm einen schweren Schlag versetzt, von dem es sich nicht so bald erholen wird. Es war die Absicht der Aggressoren, den Irak zu ruinieren. Indes wirkt sich die Zermürbung eines Volkes rückwirkend zersetzend auf die Aggressoren aus. Die USA sind heute so isoliert und verhaßt wie noch nie in ihrer Geschichte. Die Zersetzung der USA ist auch im eigenen Territorium allzu augenfällig geworden: Höchste Verbrechensquote weltweit, innere Zersetzung, sozial ungelöste Probleme, Inflation und Verschärfung der Klassengegensätze. Die inneren Spaltungen sind unüberwindbar. Die USA bringen die Kraft zur Umkehr nicht auf. Sie versuchen immer noch, ihre inneren Krisen zu exportieren – vermittels weiterer Kriege.

Die USA sind ein Staat, der nur dazu da ist, um andere zu zerstören.
Aggressionen sind destruktiv und autodestruktiv.
Unmittelbar ist die innere Zersetzung im Militär und in der Invasionsarmee. Die Soldaten sind aus sozialer Not in die Berufsarmee gegangen. Rasch erkennen sie, daß sie vom Regen in die Traufe geraten sind. Alle Anliegerstaaten des Iraks registrieren eine hohe Fluchtrate von US-Soldaten und Soldatinnen. Ebenso groß ist die Zahl der Asylsuchenden. Gegen alle Aufnahmestaaten üben die USA einen starken Druck aus, damit sie den US-Soldaten und Soldatinnen kein Asyl und keinen Übergang in ein anderes Land gewähren. Gleichzeitig steigt die Selbstmordrate unter den Invasionssoldaten. In allen Reihen des US-Militärs nehmen Suizidhandlungen zu. Auffällig ist, daß die Suizidanten sich das Leben auf sehr gewaltsame Art nehmen.

Die US-Administration steckt in einer unlösbaren Krise. Das US-Militär ist außerstande, im Angesicht des heftigen Widerstands im Irak zu bleiben. Die Armee aus dem Irak abziehen wollen die USA auch nicht, da sie die Rache der irregeführten Soldaten befürchten. Immer noch haben sie nicht die Probleme der Vietnam-Veteranen bewältigen können.
Erstmalig in der Kriegsgeschichte wird eine Armee im Feindesland gefangen gehalten, und zwar vom eigenen Staat und nicht vom angegriffenen Land. Weder der Irak noch die USA wollen die US-Armee im Irak haben. Zur Kasernierung der eigenen Armee haben die USA im Irak vier schwerbewaffnete – mit dem gesamten militärishcen Equipment – sowie etliche kleinere Basen gebaut, wo die US-Armee unter Ausgangssperre gefangen gehalten wird. Ende 2011 seien allen Militärbasen im Irak bis auf den riesigen, aufgerüsteten Botschaftskomplx geräumt worden.

Auch andere Staaten leiden unter den Folgen der US-NATO-Aggression gegen den Irak

Seit 1991 sterben die Menschen an den unmittelbaren und Spätfolgen des *Depleted Uraniums*. Die Anzahl der Leukämietoten ist von Null (1989) auf inzwischen weit über 10.000 gestiegen. Hinzu kommen die Opfer der fortlaufenden Massaker der US-NATO-Invasoren. Im ersten Jahr des Angriffskriegs – 1991 – haben die Aggressoren eine Million Irakerinnen und Iraker ermordet: Durch Raketen und den Bombenhagel über Wohngebieten und Fluchträumen, über Betrieben und Schulen und selbst über Hospitälern und Gebetshäusern. Während des *Low Intensity War* – 1992-2002 – wurden jährlich 100.000 Menschen durch die Hungerblockade ermordet, wobei der Anteil der Kinder höher als ihr Anteil an der Bevölkerung war, da es Mangel an reinem Wasser, Milch und Babynahrung gab. Durch gezielte Sabotage wurden Dokumentationen in Krankenhäusern über alle Todesursachen vernichtet. In den Jahren 2004-2006 waren 500.000 Kriegsopfer unter den Irakern zu beklagen. Im Jahr 2007 starben 200.000 Menschen im Irak durch von den USA abgeworfene Cluster- und Streubomben. Das Sterben im Irak geht infolge der Vergiftung von Boden, Wasser und Luft und durch Streumunition weiter.

Alle Nachbarstaaten des Iraks registrieren einen merklichen Anstieg von Erkrankungen, die auf die von den USA gegen den Irak verwendeten Kriegsmittel, insbesondere atomare und radioaktive Waffen, zurückgeführt werden. Die Schäden erstrecken sich auf alle Körperorgane. Darunter neuartige Pathologien, für die noch keine Standardtherapie ermittelt worden ist.

Schäden und Zerstörungen blieben nicht auf den Irak beschränkt. Wegen der starken Verflechtung der Interessen der Region blieb niemand im weiten Umkreis verschont. Die US-NATO-Aggression war ein großer Schlag für die arabische Wirtschaft überhaupt. Im ersten Kriegsjahr (1991) erlitt die arabische Volkswirtschaft einen Verlust von 500 Milliarden Dollar. Bezogen auf das nationale Bruttosozialprodukt bedeutete diese Summe für viele Betriebe den Ruin.
Drei Millionen Arbeiter aus anderen arabischen Ländern, die im Irak und in den Golfstaaten eine Erwerbstätigkeit hatten, verloren ihre Arbeitsplätze. Diese Arbeiter sorgten für drei Millionen Familien in den Heimatländern. In der Folge haben die Herkunftsländer Deviseneinnahmen eingebüßt. Der Verlust an Devisen betrugt für

Jemen	30 %	Jordanien	20 %
Ägypten	7 %	Marokko	4 %.

Bei der Redaktion dieser Zeilen steht der Irak schon zwei Jahrzehnte Tag für Tag im Widerstand gegen hochgerüstete Armeen. Die Aggressoren erkennen weder Moral noch verfaßte Konventionen an. Ihre Waffen töten Menschen, vernichten Leben und Kultur. Die Iraker kämpfen mit ganz einfacher Rüstung, aber für Gerechtigkeit und Menschlichkeit. Im Unterschied zu den US-NATO-Aggressoren lügen sie nicht. Die Aggressoren haben nichts vorzuweisen, um ihre Invasion zu begründen, der Irak hingegen braucht nur die Wahrheit zu sagen, um seinen Widerstand zu rechtfertigen. Die Angreifer hingegen müssen die ganze Welt belügen, um ihre Aggression zu verschleiern und ihre Verbrechen zu rechtfertigen.
Allen Zerstörungen und der blutigen Verfolgung zum Trotz sind Iraker und Irakerinnen täglich aktiv dabei, den von den USA-NATO-Angreifern verursachten Ruin zu beseitigen, das Land lebensfähig zu halten und für Kinder, Kranke und Schwache zu sorgen.
Insgesamt mußten seit 2003 mindestens 2,7 Millionen Iraker vor dem US-Terror das Land verlassen. Der UNHCR spricht bereits 2006 von zusammen 3,4 Millionen irakischen Flüchtlingen: zu den 1,8 Millionen Auslandsflüchtlingen kommen in dem 23 Millionen-Staat Irak noch 1,6 Millionen Binnenvertriebene.
Auch kleine arabische Länder nahmen größere Zahlen von Flüchtlingen aus dem Irak auf, zum Beispiel haben die Vereinigten Arabischen Emirate

200.000, Jordanien 700.000 und Syrien über eine Million irakische Bürgerinnen und Bürger aufgenommen.

Der imperialistische „subversive Krieg“

Der „subversive Krieg“ ist eines der größten Kriegsverbrechen des Imperialismus. Er wurde erst nach Dien Bien Phu 1954 von Frankreich entwikkelt. Demnach werden die Kräfte, die die Menschen an der Basis aufklären, anleiten und führen, gesucht und exekutiert. Diese Gruppe wird weit gefaßt. Sie schließt alle Kräfte ein, die durch ihren Beruf oder ihr Wissen imstande sind, die Menschen zu informieren, ihnen eine Orientierung zu geben und Analysen zu liefern: Lehrer, Professoren, Wissenschaftler, politische Kader, Berater, Journalisten, Fachkräfte auf allen Gebieten und patriotische Journalisten. Sogar Priester, Mönche und Künstler, wenn sie ihre antiimperialistische Einstellung zu erkennen geben.
Der imperialistische subversive Krieg wird seit Dien Bien Phu geführt und zwar weltweit. Besonders betroffen sind Länder und Regionen, wo der antiimperialistische Widerstand entflammt. Großflächig und planmäßig wurde der subversive Krieg erstmalig von Frankreich in Algerien geführt. Seit Jahrzehnten führen ihn die USA systematisch durch. Sie beobachten die Entwicklung in allen Kontinenten und versuchen, die antiimperialistische Elite frühzeitig physisch zu liquidieren. Spektakuläre Fälle wurden von Süd- und Mittelamerika gemeldet, wo selbst Bischöfe Opfer des subversiven Kriegs geworden sind. Einer der ersten bekannt gewordenen Fälle von Martyrium durch den subversiven Krieg war Ernesto Che Guevara. Er wurde am 08. Oktober 1967 von einem für die CIA arbeitenden Agenten ermordet. Letzterer bekannte sich später zur Tat und bereute sie.

Der Irak ist mit Abstand das Land, das relativ zur Bevölkerungszahl vom subversiven Krieg der USA am härtesten betroffen ist. Auch vor 1991 wurden irakische Wissenschaftler gezielt exekutiert. Am stärksten gefährdet waren sie, wenn sie sich im europäischen oder US-amerikanischen Ausland aufgehalten haben. Seit 2003 werden sie durch die Besatzungsmacht und ihre Agenten in der eigenen Heimat verfolgt. Die USA plan(t) en die Intelligenzschicht des Iraks vollständig zu annihilieren.

Sie haben außerdem das Heranwachsen einer Generation im Irak, die zu intellektuellen und höheren geistigen Leistungen befähigt ist, verhindern wollen. Durch die Hungerblockade versperrten sie den Weg für Grundnahrungsmittel und selbst Medikamente. Als bekannt wurde, daß die USA auch Milch und Milchpulver nicht in den Irak kommen lassen, sind die Frauen aus allen Nachbarländern in großer Zahl dorthin gereist, um die irakischen Kinder zu stillen. Viele dieser Frauen mußten zum Teil mehrere Hundert Kilometer zurücklegen, um den zärtlichsten Ausdruck der Solidarität zu leisten. Frauen kamen auch zu Fuß und mußten Schleichwege benutzen, um in das Zweistromland zu gelangen.

Die Aggressoren setzten und setzen Sonderkommandos und Todesschwadronen für Mordanschläge an Intellektuellen, Berufswissenschaftlern, Lehrern, Professoren, Schriftstellern, Literaten und allen Schichten der patriotischen Elite ein, um eine geistige Renaissance des Iraks zu verhindern. Aus demselben Grund wurde die Einfuhr von Unterrichtsmaterialien, Lehr- und Lernmitteln, einschließlich Bleistiften und Schreibpapier, verhindert. Bestehende Depots wurden vernichtet.

Kriegsmacher und Opfer – Eine Rollenverteilung: USA und Europa gegen den Rest der Welt

Die US-NATO-Aggression gegen den Irak gehört zu den grausamsten Kriegen der Weltgeschichte. Ein blühendes Land, das zum Vorbild des Fortschritts geworden war, wurde in eine Ruinenlandschaft verwandelt.
Der US-NATO-Krieg gegen den Irak ist weltgeschichtlich das schwerste militärische Vorgehen gegen ein einzelnes Land. 1990 wurde die Hungerblockade gegen den Irak verhängt. Am 17. Januar 1991 begann die massive Bombardierung des Zweistromlands. US-NATO-Truppen sowie ihre Söldnerbanden haben das Land 20 Jahre lang zerstört.
Beim Überfall auf den Irak haben die Aggressoren das voll umgesetzt, was sie unter „Krieg“ verstehen: Dämonisierung, *Constructed Chaos*, *Enemy people*, verbrannte Erde, Annihilation, Auseinanderdividierung, „Teile und herrsche“.

USA und NATO führen derzeit Aggressionen und Invasionsversuche in allen Kontinenten durch.

Der Krieg gegen den Irak ist nicht die einzige Aggression der USA und der NATO seit 1990. Im gleichen Zeitraum heizten die USA/NATO di-

rekt oder indirekt 45 Fronten rund um die Erde auf. Extrem gelitten unter anhaltenden Aggressionen des Westens haben u.a. Somalia, Kongo, Afghanistan und Jugoslawien.
Die USA und die NATO stehen offensichtlich unter dem Dauerzwang, Kriege zu führen.

Jugoslawien: Von 1991 bis 1999 stand Jugoslawien unter den Aggressionswellen der USA und der NATO, insbesondere Deutschlands und Englands. Sie führten einen Terrorkrieg gegen die Zivilbevölkerung. Es wurden die Infrastruktur radikal zerstört, Versorgungsanlagen und die gesamte Industrie zerbombt. Der Nervenkrieg gegen die jugoslawischen Völker wurde seelisch vernichtend ausgetragen. Die Menschen erlebten Verdunkelungen am hellichten Tag, die von den US-Aggressoren künstlich erzeugt wurden. Beete verwelkten, Bäume zerfielen binnen Stunden, Felder verödeten. Landwirtschaftliche Betriebe wurden nicht verschont. Ernte wurde vernichtet. Zerbombung und Zerstörungen waren flächendeckend. Sie umfaßten alle Landesteile der jugoslawischen Föderation. Umweltvergiftung und ökologisch wirksame Zerstörungen haben Mensch, Tier und Pflanze erfaßt. Es war ein „Kollateralschaden" des einzigen Staats Osteuropas, der die Zusammenbrüche des Sozialismus überleben konnte. Der Vielvölkerstaat Bundesrepublik Jugoslawien wurde in separatistische Minirepubliken zerstückelt, die für sich allein nicht lebensfähig, darum für die Abhängigkeit von fremden Mächten anfällig sind.

Afghanistan: Seit dem 07.10.2001 führen die USA/NATO einen gnadenlosen Krieg gegen Afghanistan. Die unaufhaltsamen Bombardierungen machen ein normales Leben in Afghanistan unmöglich. Bombenteppiche bedecken den Boden. Minen, Cluster und Streubomben treffen Kinder, Jugendliche, Frauen und Männer, welche durch ahnungslose Berührung mit den Sprengsätzen eines grausamen Todes sterben. Die Atemluft wurde verseucht, Trinkwasser verunreinigt, der Boden vergiftet. Niemand im ganzen Land ist seines Lebens sicher. Der seit einem Jahrzehnt geführte Krieg hat Millionen Afghanen in die Flucht getrieben, andere obdachlos gemacht. Zehntausende wurden getötet. Hunderttausende sind verletzt, erkrankt oder behindert. Infolge der anhaltenden Aggression herrschen bei den Menschen große Unsicherheit und Existenzängste.
Die US-NATO-Aggressoren bombardieren Märkte, Schulkinder und Gotteshäuser. Selbst Trauerzüge und Hochzeitsprozessionen wurden nicht verschont. Stellvertretend seien einige Beispiele exemplarisch genannt: Anfang Juli 2008 wurde die Prozession, welche die Braut zu ihrem

Bräutigam begleitet, mit Bomben belegt. Über siebzig Hochzeitsgäste aller Altersstufen wurden in wenigen Minuten getötet, mehrere hundert Menschen verletzt. Die Braut selber wurde ermordet. Als die Nachricht über die barbarische Vernichtungsaktion die wartenden Gäste erreichte, verwandelte sich die Hochzeit in eine Trauerfeier.
Im September 2009 wurden in Kundus bei einem vom Bundeswehroberst Klein georderten NATO-Luftangriff ein Massaker verübt, in dem 142 Kinder, Frauen und Männer getötet wurden, die zusammengelaufen waren, um Treibstoff aus zwei vom Widerstand in Beschlag genommenen Tankwagen der Besatzungstruppen abzuzapfen.
Im Februar 2012 wurden bei einem NATO-Luftangriff in der Provinz Kapisa acht Kinder und Jugendliche getötet, die im Schnee Schafe und Ziegen hüteten.
Ebenfalls im Februar 2012 wurden neun Schülerinnen und der Hausmeister verletzt, als NATO-Hubschrauber eine Mädchenschule in der Provinz Nangarhar angriffen. Im März 2012 wurden durch den Amoklauf eines (vermutlich mehrerer) US-Soldaten 16, inzwischen 17 Afghanen ermordet in der Nähe des südafghanischen Kandahar, darunter neun Kinder und drei Frauen. Der sogenannten Einzeltäter, ein Unteroffizier einer Spezialeinheit, der schon im Irak stationiert war, wurde schnell in die USA ausgeflogen und soll dort angeklagt werden. Er durfte nicht einmal durch afghanische Vertreter befragt werden. Die Forderung des afghanischen Parlaments war, dass der oder die Täter auf jeden Fall vor ein afghanisches Gericht gestellt werden. Gespräche von afghanischen Abgeordneten mit überlebenden Nachbarn und Familienangehörigen hatten ergeben, dass mehrere Soldaten an dem Massaker beteiligt gewesen sein müssen. (nach: K. Mellenthin, Junge Welt vom 23.02.12, 13.03.12 und 20.03.2012).
Das sind nur einige Beispiele von US-NATO-Verbrechen. Blutbäder, Massaker und Amokläufe sind Ausdruck eines seit über zehn Jahren skrupellos geführten Aggression der NATO gegen das afghanische Volk.
Aber der mutige Widerstand der Afghanen gegen die NATO-Besatzung hält an und breitet sich über alle Regionen des Landes aus, wie u.a. im Februar 2012 anläßlich der Verbrennung von Koranbüchern durch US-Soldaten. US-Stützpunkte wurden mit Steinen beworfen und die stark bewachte US-Botschaft in Kabul stellte sogar in dieser Zeit aus Angst ihre Arbeit ein.

Die USA und NATO stützen ihre Kriegsführung auf digitale und unbemannte Systeme. Der Widerstand hat inzwischen Macht über die high-

Technologie der Aggressoren gewonnen. Ihre Waffen gehen buchstäblich nach hinten los.
2012 operieren allein 130.000 Soldaten in Afghanistan der US- und NATO-Soldaten.
Die Pläne der Nato sind, bis 2014 aus Afghanistan abzuziehen und die hohe Zahl der von ihnen ausgebildeten afghanischen Sicherheitskräfte (Polizei u.a.) und Armee die Drecksarbeit machen zu lassen. Dies ist natürlich ein Ausdruck dafür, dass die Nato gescheitert ist und zum Abzug gezwungen wird, weil sie – wie im Irak – zu viele eigene Verluste haben und der Widerstand im Laufe der Jahre gewachsen ist.
Die USA haben der jetzigen Kollaborationsregierung aber schon vorgeschlagen, eine „strategische Partnerschaft" mit ihnen eingehen zu wollen. D.h., sie wollen Militärstützpunkte und geheimdienstliche Zusammenarbeit beibehalten, ohne zu viele Verluste zu haben.

Der Libanon – Opfer der Israel-NATO-Daueraggression

Seit 1978 leidet der Libanon unter Daueraggressionen Israels, das dabei von den USA, der BRD und anderen NATO-Staaten unterstützt wird. Jede dieser Aggressionen kostete den Libanon Tausende von Menschenopfern. Höhepunkte der Aggressionen sind die Jahre 1978, 1981, 1982-84 und 2006.
Im Juli 2006 führte Israel einen völkermörderischen Luftkrieg gegen den Libanon. Als Hauptwaffe wurden Streubomben, Streumunitionen und Clusterbomben eingesetzt. Israel selbst produziert nur einen Teil der Streubomben. Den Rest erhält es von den USA, der Bundesrepublik Deutschland und der Schweiz. Israel bedeckte den Libanon mit Millionen Streubomben – mehr als eine Bombe pro Einwohnerin und Einwohner des Libanons.

Der Libanon wurde in vier Areale aufgeteilt. Jedes der vier Areale wurde mit einer Sorte der massentödlichen Waffen belegt. Der Erfolg der Bomben der vier Herstellerländer wurde gemessen an der Zahl der Toten unter der libanesisch-palästinensischen Bevölkerung. Der von Israel im Juli 2006 verübte Völkermord zählt zu den abscheulichsten Verbrechen der Weltgeschichte.
Für die Aggression 2006 belieferten die USA Israel mit Clusterbomben. Nach ihrer tödlichen Wirkung standen die USA an erster Stelle. An zweiter und dritter Stelle als Verursacher des Massenmords standen die deutschen und israelischen Streubomben. An vierter Stelle lag die Schweiz.

Die Kommentare in der Schweiz kritisierten den Rückstand und ermunterten die RUAG Holding AG zu größeren Anstrengungen. Die Militärindustrie der Schweiz versprach, den Rückstand aufzuholen.
Nach dem Umfang der Lieferungen und der tödlichen Wirksamkeit von Streubomben folgt auf die USA die BRD. Produzent in Deutschland ist u.a. Daimler-Chrysler als Hauptaktionär vom Luft-, Raumfahrt- und Rüstungskonzern EADS. Er produziert Raketenwerfer für Streumunitionen. Zu den großen menschlichen Verlusten kommt der Ruin ganzer Wohnbezirke und der Anlagen der Versorgung.
Gleichzeitig schickte die Bundesrepublik Deutschland ein atomar bestücktes Schiff in das Binnengewässer des Libanons zur Belagerung des Landes. Bundeskanzlerin Merkel erklärte dazu: Es sei Solidarität mit Israel. Das Kriegsschiff soll anteilig den Widerstand isolieren und den Libanon den israelischen Angreifern ausliefern.

Eine Welle der Empörung und Verurteilung der Aggressoren ging durch die Welt. Den Libanesen und Palästinensern ist weltweite Solidarität zuteil geworden.
Kraft großen Muts, überlegener Strategie und hervorragender Logistik gelang es dem libanesischen Widerstand einschließlich Hisbollah (Ḥizbu Allāh) mit äußerst bescheidenen Mitteln, die israelischen Angreifer zurückzuschlagen. Der israelische Ministerpräsident Olmert gestand die Niederlage ein, nicht aber die israelischen Kriegsverbrechen.

Irak – Der Widerstand geht weiter

Ohne den inneren Zusammenhalt, die Geschlossenheit, den erfinderischen Geist und die Opferbereitschaft hätte das irakische Volk den zwei Jahrzehnte anhaltenden Krieg nicht überleben können. Auch die Nachbarvölker sind dem irakischen Volk brüderlich beigestanden. Der Irak selbst unternahm ungewöhnliche und erfinderische Leistungen, um die von USA/NATO verhängte Hungerblockade zu überstehen.

Im Jahr 1991 konnten die USA eine Allianz aus 33 Staaten – meist freilich nur auf dem Papier – gegen den Irak zustande bringen. Als die „Pseudo-Alliierten“ aus dem Süden die US-NATO-Kriminalität gegen das irakische Volk sahen, stiegen sie rasch aus dem Bündnis aus, dem sie sich in der Hoffnung angeschlossen hatten, den Irak zu Konzessionen zu bewegen und den Krieg zu verhindern. Seitdem war es den USA nicht mehr

möglich, friedliebende Staaten für ein Bündnis zu gewinnen. Sie müssen sich ausschließlich auf NATO-Staaten beschränken.
Mutig und überzeugt stellte sich der Irak den Aggressoren. Diese aber wollten dem friedfertigen Volk auf keinen Fall den Frieden lassen. Der US-NATO-Angriff nahm keine Rücksicht. Waffen hatten die Invasoren genug. Menschen auf beiden Seiten der Fronten werden geopfert – Wozu? Auch wenn die USA es anfangs erzwingen konnten, immer mehr Staaten auf ihre Seite zu ziehen, hat die massive Gruppenaggression weder den Irak zur Kapitulation veranlaßt noch den Angreifern zum Siege verholfen.

Am 28. Februar 1991 baten die USA um Waffenstillstand und haben ihn bekommen. Wie wir nachträglich haben erfahren müssen, war es die Fortsetzung des Krieges mit anderen Mitteln. Dem Irak wird die Hungerblockade weiterhin auferlegt. Damit nicht genug, leiteten die USA den Zermürbungskrieg, *Low Intensity War*, ein. Seitdem hat die Geschichte bewiesen, daß es nicht nur unmenschliche Verbrecher gibt, sondern auch Menschen, die zu außerordentlichen Formen der Solidarität bereit sind. Dem Irak sind Sympathien, Liebe und praktische Unterstützung zuteil geworden. Frauen aus Afrika und Asien mußten weite Strecken zurücklegen, um irakische Kinder zu stillen. Wir alle beugen den Kopf vor ihnen. Das nur als Beispiel.
Auch militante Solidarität hat es gegeben. Insbesondere aus den arabischen Ländern zogen Menschen in den Irak, um seinen bewaffneten Widerstand zu unterstützen.
Selbst Regime, die zur Kollaboration mit dem Imperialismus bereit gewesen wären, würden im Angesicht der Solidarisierung im Volke eine Allianz mit den USA nicht überleben können. Der Irak gewinnt weltweit mehr Sympathie, Beistand und Unterstützung. In dem Maße wächst Haß, Empörung und Protest gegen die USA. Sie isolieren sich jetzt wie noch nie in ihrer Geschichte, die stets völkerfeindlich und blutig war und ist.

Als die USA und die NATO 2003 ihren dritten Krieg gegen den Irak eröffneten, wurden sie erneut deprimiert und desillusioniert. Sie sind nicht auf ein gebrochenes Volk gestoßen, wie sie gehofft hatten. Kraft seiner Überzeugung, seines Freiheitsbewußtseins und seiner Solidarität intensivierte das irakische Volk seinen Widerstand.
Bereits in den ersten Tagen der dritten Aggression bildeten die Iraker eine nationale Einheitsfront aus dreizehn Organisationen, die alle Volksgruppen und -gemeinschaften vertreten. Nicht kraft überlegener Waffensyste-

me, die die Iraker nicht besitzen, sondern dank ihrer Werte und Überzeugungen haben sie die Aggressoren in die Defensive gejagt.
Im Jahr 2008 haben sich die kleineren Widerstandsgruppen zu größeren Bündnissen zusammengeschlossen. Diese wiederum bildeten eine gemeinsame nationale Volksfront.

Die tunesische Aufstand vom Dezember 2010 und die ägyptische Revolution vom 25. Januar 2011 schlagen Wellen nach Westen, Osten, Süden und Norden bis Griechenland und haben auch den Irak erreicht. Seine Bevölkerung faßt Mut und erhebt sich zum Volksaufstand. Die gegenwärtige Widerstandsfront des Iraks besteht aus 120 Einzelorganisationen. Frauen sind im Befreiungskampf ebenso integriert wie Männer. Die US-NATO-Barbaren schonen niemanden: Weder Mann noch Frau, weder Alte noch Kinder. Nach dem „Abzug" der USA muß sich nun zeigen, ob der Widerstand die über zwanzig Jahre andauernden Zerstörungen, die versuchten Spaltungen und die politischen Kollaborateure überwinden wird.

Nach Beginn der dritten Aggression 2003 gingen die Nachrichten über die schreckliche atomare Bombardierung der irakischen Hauptstadt und der angebliche Sieg der USA um die Welt. Andere Staaten, die selbst den USA trotzten, haben damit begonnen, leiser zu treten und sich vor der gewalttätigen Macht zu beugen. Im Angesicht der Standhaftigkeit und des Widerstandes des irakischen Volkes zerbrach der militärische Mythos der USA. Jetzt sagen dieselben Staaten, die sich gebeugt haben: „Jetzt können die USA kommen". Der Irak hat für die Freiheit gekämpft, die eigene, die unserige und die der ganzen Welt.
Ein Novum der Militärgeschichte: Schon im Jahr 2007 haben die USA ihre Niederlage im Irak eingestanden. Gleichzeitig versprachen sie den Abzug aus dem Zweistromland. Zwar haben sie die Invasionsarmee schrittweise reduziert, konnten jedoch den Rest nicht sogleich abziehen. Dafür gab es verschiedene Gründe. Offiziell sprechen die USA von „logistischen Problemen". Diese Begründung ist nicht nachvollziehbar, denn die Irakis selber sind der transportunfähigen Supermacht beim Abzug der Soldaten gerne behilflich. Ausserdem spielte die Frage eine Rolle, dass die USA Panik vor einer Konfrontation mit dem Widerstand noch während des Rückzugs hatten.
Die US-Administration wollte amerikanische Truppen im Irak belassen, um die arabischen Nachbarländer und den Iran im Schussfeld zu behalten. Doch dieser Wunsch scheiterte am irakischen Widerstand, so dass selbst die Kollaborationsregierung von Talabani und Maliki den US-Sol-

daten keine Straffreiheit für von ihnen begangene Verbrechen garantieren konnte.
Der Hauptgrund, der sich hinter den „logistischen Problemen“ verbirgt, dürfte wohl darin zu suchen sein, daß die US-Administration die Rückkehr der Soldaten als eine große Gefährdung für den Bestand ihres Systems betrachtet. Bis 2007 waren es noch knapp 200.000 US-Soldaten. Nach dem 2008 geschlossenen Abkommen zwischen der irakischen Regierung und den USA über den Abzug der Besatzungsmacht sind 2009 noch rund 130.000 Soldaten und eine unbekannte Anzahl von Söldnern über US-Kriegsfirmen im Einsatz gegen das irakische Volk.
Am 30.06.2009 erlangt der Irak seine „Souveränität“ zurück, eine Souveränität unter Besatzung. Die US- Kampftruppen mussten ihre Stützpunkte nach ausserhalb der Städte verlegen.
Soldaten wie Söldner drängten auf eine Rückreiseerlaubnis – doch das militärische Novum besteht darin, dass die US-Soldaten zwangsweise im Land des Feindes festgehalten werden – als Gefangene ihres eigenen Staates, eingesperrt in den vielen US-Militärbastionen.
Bis Mitte 2010 erfolgte der Abzug der US-Kampftruppen aus dem Irak. 120 Stützpunkte und Einrichtungen wurden geschlossen, weitere sollten folgen. Ein Teil der Stützpunkte wurde an den Irak übergeben. Ende 2011 waren (fast) alle Soldaten abgezogen; aber sie kamen nur teilweise zurück in die USA. Geblieben hinter Mauern und Stacheldraht ist die riesige US-Botschaft in Bagdad mit militärisch-zivilem Personal von mindestens 4.000 Personen.
Viele Soldaten wurden nach Kuwait, Deutschland und in weitere Länder geschickt (zwischen-stationiert) bzw. nach Afghanistan in das andere Kriegsgebiet.
Die militärische Zusammenarbeit zwischen den USA und der derzeitigen Regierung wird weiter verhandelt. Gepanzerte Fahrzeuge, Drohnen und anderes Militärgerät sind geblieben.
Die Kosten des Irakkrieges betragen bis heute mindestens 823 Mrd. Dollar (d.h. fast eine Billion Dollar!), nicht mitgerechnet die menschlichen Verluste und Verletzungen.
Krieg und die massenhaft praktizierte Folter hinterlassen für das ganze irakische Volk ein Trauma. Auf den Friedhöfen der Märtyrer sind Tausende unbekannt begraben. Das Leben für das irakische Volk hat sich extrem verschlechtert: teure Lebensmittel, Unsicherheit des Lebens, nur teilweise elektrische und Wasserversorgung, große Mängel im Bildungswesen, korrupte Politiker, Polizei und Soldaten.

Mit ihrer Niederlage im Irak haben die USA die entscheidende Phase ihres langen Abstiegs angetreten, eines Abstiegs, der bereits mit ihrer Gründung vor etwas mehr als 200 Jahren begonnen hat. Erbaut wurde der US-Staat über dem Ruin anderer Völker. Seine Geschichte ist eine Kette von Aggressionen, Völkermord und Raub. Der Menschheit hat er nichts beschert als Destruktivität und Nekropolen. Es ist unvorstellbar, daß diese kriminelle Karriere, erst recht jetzt im Stadium der Entmenschlichung, Bestand haben kann.
Spätestens bei dieser Station besteht eine letzte Chance zur Umkehr und Wiedergutmachung. Die Erfahrung zeigt, daß die imperialistischen Staaten dazu nicht fähig sind. Sie bringen die Kraft zur Selbsterneuerung nicht auf. Weitere Konsequenzen drohen.
Die Wirtschaftskrise bedingt eine Kettenreaktion bis hin zur gesamtgesellschaftlichen und menschlichen Krise. Sämtliche humanen Werte brechen zusammen. Verloren ist jeder innere Halt. In diesem Zustand befindet sich der Kriegstreiber im Norden.

Gegenwärtig herrscht im gesamten Süden die Auffassung, der Irak verteidigt seine Freiheit, die unserige und die aller Völker. Der Imperialismus ist keines Volkes Freund. Er bedroht die ganze Menschheit. Seit dem 17. Januar 1991 bis heute, zwei Jahrzehnte später, steht der Irak im Mittelpunkt der internationalen Solidarität. Viele Internationalisten sind unter Todesgefahr in das Zweistromland gezogen, um den Irakern beizustehen.

Über zehntausend Jahre hat der Irak es verstanden, das Zweistromland urbar, fruchtbar und reproduktionsfähig zu machen. Grund und Boden wurden so verwaltet, daß die Generationen über Jahrtausende sich und ihre Nachkommen gut versorgen, Wohlergehen und Gesundheit genießen konnten. In wenigen Jahren verwandelten die US/NATO-Aggressoren das blühende Land in eine Öde, machten aus dem grünenden Paradies eine Hölle und hinterließen Ruin und verbrannte Erde.
Es ist das Volk an der Seite seiner politischen und militärischen Vertreter, welches die Aggressoren zurückschlägt. Militärisch mächtig, moralisch bankrott konnten USA/NATO den Irak in ein Blutbad und in eine Ruinenlandschaft verwandeln, aber nicht besiegen.
Jetzt steht der Irak vor den großen Aufgaben von Wiederaufbau, Wiederherstellung seiner Autarkie, Reorganisierung von Staat und Produktion, Sicherung der Versorgung auf den Gebieten der Gesundheit und Bildung. Boden und Wasser müssen gereinigt und viele andere Probleme gelöst werden.

Die Opfer der US-NATO-Kriegsverbrechen harren eines Kriegstribunals zur Untersuchung und Verurteilung der Verursacher.

USA und NATO-Aggressoren gegen den Irak vor ein internationales Kriegstribunal stellen

Zu Abū Ġurayb muß ergänzt werden, was die bürgerlichen Medien nicht gebracht haben. Es gibt im Irak nicht ein Gefängnis, sondern rund 100 (hundert) von den USA direkt oder von ihren Söldner-Truppen unterhaltene Folterknäste, das heißt hundert Abū Ġuraybs. Ich habe mit Ex-Gefangenen, welche in von der US-Armee direkt geführten Folterhäusern gequält wurden, gesprochen. Sie gehören zu den großen Ausnahmen, die lebend freikommen konnten. Die Folter ist unbeschreiblich. Die Betroffenen fingen an zu heulen, als sie durch ihren Bericht die Haftverhältnisse aktualisierten. Nicht jeder war in der Lage zu reden. Sie berichteten, daß, wenn ein Kriegsgefangener den geringsten Ungehorsam zeigte, nicht nur er, sondern alle Gefangenen bestraft wurden. Die Gefangenen trugen ein Band um den Arm gewickelt, das Dauerschmerz verursachte und auch nicht zu entfernen war. Das Band war elektronisch geladen. Wenn der Gefangene zu fliehen versuchte, konnte er sofort gefunden und tot oder lebend zurückgeholt werden. Dann landete er in der gefängniseigenen Hölle, wo seine Mitgefangenen seine Qualen miterleben mussten. Ein junger Mann, mit dem ich gesprochen habe, studierte noch. Unter Folter wurde er schwerhörig und auf einem Ohr taub.

Die USA haben das widerrechtlich besetzte kubanische Guantánamo in ein internationales KZ verwandelt, über das kaum authentisch oder umfassend berichtet werden konnte. Sicher ist, daß dahin Widerstandskämpfer u.a. aus dem Irak und aus Afghanistan gebracht werden, die selten wieder in die Freiheit gelangen. Es ist kein Geheimnis, daß dort die Folter alle bisher bekannt gewordenen Nachrichten übertrifft. Für die USA gelten offensichtlich weder Völkerrecht noch Kriegskonventionen.

Die westlichen Medien suggerieren, daß Ruhe in den Irak eingekehrt ist und der Frieden wiederhergestellt wurde. Real sind die USA zum *Low Intensity War* zurückgekehrt. Sie führen ihn noch intensiver als beim zweiten Krieg gegen den Irak 1991-2003.
Im Irak haben die USA-NATO-Aggressoren Wasser, Luft und Boden verseucht. Die Lebensbedingungen wurden zerstört. Die städtische Bevöl-

kerung ist belagert. Trinkwasser, Nahrung und medizinische Behandlung sind für die Bevölkerung kaum erschwinglich.

Die Menge an Streubomben, mit denen die USA den Irak seit 2003 belegen, wurde Jahr für Jahr aufgestockt. Sie wurde verdoppelt, dann verdreifacht, dann vervierfacht. Im Vergleich zu 2003 haben die USA 2007 die fünffache Menge an Streubomben über den Irak geworfen. Die Bombenteppiche töten sofort sowie mittel- und langfristig, bis auch die letzte Bombe explodiert ist.
Die abgeworfenen Bomben, Minen, Cluster- und Streubomben bedecken die Lebensräume der Zivilbevölkerung, so daß sie von der Versorgung abgeschnitten und – nach dem Willen der Aggressoren – ausgehungert werden sollen.
Während der Jahre des Dritten Kriegs gegen den Irak – 2003-2011 – haben die USA 12 Militärbasen errichtet, von denen aus sie das gesamte Zweistromland kontrollieren.

Die USA und England, die Erst- und Hauptangreifer, haben vom ersten Tag der Aggression an erkannt, daß der Irak entschlossen ist, seine Freiheit zu verteidigen. Sie erkannten auch, daß sie außerstande sind, ihn zu unterwerfen. Ihn ruinieren, Massenmord anrichten – das werden sie schon können und auch tun. Aber damit ist der Irak nicht besiegt worden. Statt sich mit dem friedwilligen Land zu einigen, versuchten sie, immer mehr Staaten in dieses Verbrechen hineinzuziehen. Während Völker auf dem Globus „Nein“ zur US-NATO-Aggression sagen, konnten die USA andere NATO-Staaten an ihre Seite gegen den Irak und sein Volk zwingen (sogenanntes *Bündnis der Willigen*), um vor der Weltöffentlichkeit nicht als einsame Kriegsverbrecher zu erscheinen. Nun stecken sie alle halstief im Blut eines unschuldigen Volkes. Zum einen brauchten die Aggressoren die militärische Hilfe, besonders Soldaten aus anderen Staaten, zum anderen wollten sie die Verantwortung für das Verbrechen streuen. Es wundert, daß ihnen dies gelingen konnte.

Ausgerechnet Staaten, die bisher vom Mythos leben, selbst Opfer des Faschismus gewesen zu sein, stellen Truppen an die Seite der USA und Englands. Es sind ausschließlich europäische Staaten, die Berufskiller nach Asien und Afrika schicken. Soldaten sind Mörder. Mörder sind Soldaten. Polen gegen Irak, Bulgarien gegen Irak, Dänemark gegen Afghanistan, Spanien zwar aus dem Irak abgezogen, dennoch in Afghanistan noch verstrickt. Schande für diese Staaten. Polen, Dänemark, Bulgarien, Spanien

und wer auch immer andere Völker angreift. Sie schicken Besatzungstruppen und begehen Mord an friedfertigen Völkern. Noch 2009 beteiligen sich Bulgarien, Polen, Rumänien und Ukraine an der militärischen Besetzung des Iraks. Zwar waren sie mit einer kleineren Zahl von Soldaten daran beteiligt, aber damit auch an Aggression, Invasion, Kriegsverbrechen, Völkermord am irakischen Volk und an dem Raub seiner Reichtümer. Der Irak hat keinem dieser Staaten je etwas Böses angetan.
Im Gegenteil, der Irak und die Völker des Südens haben gerade jene Opferstaaten des Faschismus als eigene Brüder und Schwestern angesehen, sie in Ehren gehalten und freundschaftliche Beziehungen zu ihnen gepflegt. Polen, Dänemark und Bulgarien verwandeln sich über Nacht von Friedenstauben zu Invasoren. Außer diesen Ländern stehen die anderen NATO-Staaten, die schon lange tief im Blut ihrer Opfer stecken, in einer Front gegen friedfertige Völker in der Absicht, sie zu unterwerfen und auszuplündern.
Von 2003 bis 2008 haben die US/NATO-Aggressoren über eine Million Iraker und Irakerinnen aller Altersstufen durch direkte Bombardierungen und Kämpfe ermordet. Diese Statistik erfaßt nur die unmitelbar Toten. Hinzu kommt die vielfache Zahl der Verletzten und Schwerbehinderten.

Neuntes Kapitel

„World's Highest Standard of Living"
„There's no way like the American Way"
„US Way of life"
„War is our Lifestyle"

US Way of War

„It was indispensable to annihilate armies and resources, to place every rebel force where it had no alternative but destruction or submission, and every store or supply of arms or munitions or food or clothes where it would be reached by no rebel army." Adam Badeau[8]

Inhaltsübersicht

1. Die Quellen dieser Untersuchung
2. Die längste Schlacht
3. Wie hat es begonnen? Wie ist es ausgegangen?

Elemente des US-Militarismus (I)

4. *Strategy of Deterrence* – „Abschreckung"

Die Quellen dieser Untersuchung sind folgende:

a) Berichte des US-Kongresses und des US-Verteidigungsministeriums,
b) *Pentagon Papers*, Dokumentation, veröffentlicht von Daniel Ellsberg, in: New York Times, Dossier und Serie 1971,
c) Lehrwerke der militärischen Akademien der USA,
d) Militärische Fachzeitschriften,
e) Gespräche mit mehreren Angehörigen des US-Militärs unterschiedlicher Funktionen und Dienstgrade,
f) Gespräche mit Widerstandskämpfern gegen US/NATO-Aggressionen,
g) Gespräche mit Freiheitskämpfern, die in US-Gefangenschaft geraten sind,

---

[8] Adam Badeau, Military History of U. S. Grant, 3 Vols., New York Appleton 1882, Vol. III, P. 644.

h) Interviews mit Menschen aus von US/NATO angegriffenen Ländern,
i) Medien des Widerstands gegen US-Aggressionen,
j) eigene langjährige, sorgfältige Beobachtung von US-Aggressionen,
k) eigene Situations- und Kriegsanalysen.

Die Ergebnisse dieser Studien fließen in die nachstehende Analyse mit ein.

Die längste Schlacht

Seit einem halben Jahrtausend führen die europäischen Siedler den Krieg gegen die Völker des Doppelkontinents.

Mit der barbarischen Besetzung durch europäische Staaten und Siedler seit dem sechzehnten Jahrhundert beginnt die blutige Geschichte Amerikas. Die verstärkte Kolonisierung Amerikas wurde zunächst durch Portugal und Spanien eingeleitet. Zwei Dinge haben sie sich in der neuen Welt vorgenommen: Radikale Vernichtung der authentischen Völker und schonungslosen Raub ihrer Reichtümer. In dem Maß, wie Portugal und Spanien reich wurden, verarmten die überlebenden Völker Amerikas. Da Portugal und Spanien ihre Herrschaft weltweit ausdehnen wollten, mußten sie in der Konsequenz durch den Widerstand der angegriffenen Völker unausweichlich untergehen. Abgelöst wurden sie durch den französischen und englischen Imperialismus. Ihrerseits wurden England und Frankreich infolge ihres Herrschaftsanspruchs und ihrer Unterdrückungspolitik zunächst enorm reich, dann wiederum – eben durch Abwehr der Völker in den Kolonien – zermürbt. Ihnen folgten die USA.

Fünfhundert Jahre lang dauerte die Vernichtung der authentischen Völker Amerikas, der Indigenas. Die Ausrufung der Vereinigten Staaten von Amerika leitete einen neuen Abschnitt dieses langen Genozids ein, das im offiziellen Programm der USA ausdrücklich als „Annihilation" bezeichnet wurde.
Die USA wurden über dem Ruin der Völkergemeinschaft Amerikas, bestehend aus hundert Millionen Menschen, aufgebaut. Die Indigenen wurden zusammen mit ihrer Zivilisation und ihren Kulturen nahezu vollständig vernichtet. Sie sind Opfer eines vorsätzlich geplanten, radikal durchgeführten Völkermordes geworden.
Es gibt keinen Konsens über das Gründungsdatum der USA. Die Entstehung der von europäischen Siedlern beherrschten USA ist identisch mit

der „Annihilation“, das heißt dem Auslöschen eines Großteils der Völker Amerikas. Man kann die Machtergreifung George Washingtons (1787-1797), dem ersten US-Präsidenten – nicht ohne Willkür – als Gründungsdatum der USA wählen. Seine Leitparole, die er bei Befehlserteilungen wiederholte, lautete wörtlich: „Annihilation“. Stets betonte er, daß diese Annihilation als Ziel radikal durchgeführt werden müßte.

Wie hat es begonnen? Wie ist es ausgegangen?

Generationen von europäischen Siedlerkolonialisten setzten die Annihilationspolitik und die Unterdrückung der überlebenden Indigenen Amerikas fort. Jene europäischen Siedler waren von den Indigenen Amerikas herzlich aufgenommen und mit allen Ehren der Gastfreundschaft überhäuft worden. Das war aber für die Siedler nicht genug. Sie organisierten den Völkermord an den amerikanischen Völkern. Durch Blutbäder sind die Staaten, die heute in Süd-, Mittel- und Nordamerika bestehen, entstanden. In keinem einzigen Fall wurde den Indigenas eine Chance gegeben, ihre gesellschaftlichen Organisationsformen zu bewahren oder neu aufzubauen.
Bei der neueren politischen Renaissance gelangen indigene Politiker in die Organe der Regierung. In Ausnahmefällen steigen sie bis an die Staatsspitze empor. Sie bemühen sich, einen anderen als den von Europa importierten Weg zu gehen.

Auf dem Gebiet der heutigen USA haben die Indigenen teilweise erfolgreich die europäischen Siedler in ihre Schranken verweisen können. Es war aber nicht die Absicht der Indigenen, sie aus Amerika zu vertreiben. Es war auch keine indigene Politik, analog den Europäern ein durchmilitarisiertes politisches System zu schaffen. Damit entstand ein Ungleichgewicht der Machtverhältnisse. Eine Negativkoalition von Indigenen und Siedlerkolonialisten führte schließlich zur Vertreibung der von Frankreich und England beauftragten Kolonialtruppen.
Bei den in Nord-Amerika seßhaft gewordenen Europäern herrschten Siedler – zumeist englischer und französischer Herkunft – vor. Nach Vertreibung der französischen und englischen Kolonialherren wurde der Weg frei für den Aufstieg der weißen Oligarchie, welche die Gründung der USA ausrief. Diese setzte das politische Programm, Vernichtung der Autochthonen, fort. Über ihrem Ruin begann ein neues Stadium des Siedlerkolonialismus. Dieser begreift sich nicht mehr als kolonialistischer

Vertreter eines europäischen Staates, sondern als nationale amerikanische Macht. Nach staatlichen Übergangsstrukturen konstituieren die Siedler die USA, unter Ausschluß der ursprünglichen Völker des Kontinents.

So ist die gefährlichste Macht der heutigen Welt, die USA, entstanden. Sie setzen die Politik der ersten Siedlerkolonialisten als Militarismus und Imperialismus neuen Typs fort. Seit dem ersten Präsidenten der USA, George Washington, bis heute hat es nicht einen einzigen US-Präsidenten gegeben, der nicht mindestens einen Krieg erklärte und folglich ein Kriegstreiber war.

Ein Stillstand dieser ungeheuren Aggressivität und Destruktivität ist nicht in Sicht. Es gibt keine wichtigere Aufgabe für die Wissenschaft und Praxis, als dieses weltzerstörerische Phänomen zu untersuchen und Überlegungen anzustellen, wie die Aggressoren gestoppt werden können. Das vorliegende Werk versteht sich als ein Beitrag in dieser Richtung.

Elemente des US-Militarismus (I)

Strategy of Deterrence – „Abschreckung"

Einschüchterung: – Was heißt das? Vorab sei davor gewarnt, den Fehler zu machen, dem ich früher verfiel. Ich dachte „Abschreckung" ist eine nicht bewaffnete Einschüchterung. Die Politik benutze die Waffen als ein Mittel der psychologischen Einschüchterung, ohne sie wirklich einsetzen zu müssen. Selbstverständlich hat der bloße Waffenbesitz eine abschrekkende Wirkung. Die Erfahrung zeigt jedoch, daß die USA die Waffen auch dort einsetzen, wo sie nicht notwendig sind, oder dort, wo andere unblutige Mittel, z.B. politische oder wirtschaftliche, ausreichen würden. Die Erfahrung beweist ferner, daß die USA gerade Felder suchen, wo sie ihre Waffen einsetzen und verschrotten können. Um Kriegsgründe sind sie noch nie verlegen gewesen.

Abschreckungsstrategie: Die *Strategy of Deterrence* wird von den USA für Erpressungszwecke angewendet. Ein Land, das sich im Aufbau, auf dem Weg des Fortschritts befindet und über ein relativ stabiles System

verfügt, wehrt sich gegen ungerechtfertigte Forderungen der USA. Das Mittel der Verhandlung, des kollegialen Umgangs und des gütlichen Ausgleichs wird von den USA verachtet und verworfen. Dafür reagieren sie mit gezielten Schlägen, womit sie zu erkennen geben, daß sie auch zu größeren Untaten bis zum massiven Kahlschlag bereit sind.
Abschreckung ist in der Militärlexik der USA zum magischen Wort geworden. Es dient der Einschüchterung, dem Nervenkrieg und der psychologischen Kriegsführung. Der betroffene Staat wird zu Gehorsam gebracht und gefügig gehalten, oder er wird vernichtet.
Henry Kissinger, der während eines Zeitraumes von über fünfzig Jahren die sogenannte „Sicherheitspolitik" der USA mitbestimmte, ist einer der Begründer des Abschreckungsarguments. In seinem Werk *Nuclear Weapons and Foreign Policy* (1957) will er jeden Staat in der Welt vor die Wahl stellen, sich dem Willen der USA zu unterwerfen oder – gegebenenfalls nuklear – vernichtet zu werden. Das Prinzip war leider nicht nur eine graue Theorie oder verbale Abschreckung. Wie wir während eines halben Jahrhunderts haben feststellen müssen, praktizieren die USA exakt dieses Prinzip. Sie kennen keine andere Sprache als die der Gewalt. Mit seinen erpresserischen Auffassungen setzte sich Henry Kissinger der weltweiten Kritik aus. Ihm wurde vorgehalten, seine Politik lasse dem Partner keine Wahlmöglichkeit. Für Kissinger war es nicht leicht, sein radikales Prinzip zu legitimieren. Konzessionsweise meldete er sich mit einer Relativierung seiner Auffassung: „*Wir müssen doch unseren Verhandlungspartnern eine Wahlmöglichkeit offenlassen*" (Also doch keine Wahl! K.K.).

Gegenüber der eigenen Öffentlichkeit in den USA hat Kissinger mit „Abschreckung" argumentiert, um die grenzenlose Rüstungseskalation weiterzutreiben. Immer mehr und noch schlagfähigere Waffen seien zur Abschreckung von Feinden notwendig. Die US-Administration und das Pentagon selbst rühmen sich, im Besitz der Waffen zu sein, welche die breiteste Vernichtungskraft haben, die je erzielt wurde.
Es wird suggeriert, daß die USA in die Defensive geraten würden, wenn sie nicht in der Lage wären, abzuschrecken. Die Projektionsmentalität ist nicht zu übersehen. Die USA kennen keine andere Sprache als die der Waffen, sie argumentieren aber damit, daß (nicht sie, sondern) die Menschheit keine andere Sprache verstünde als die der Waffen.

An der Spitze der Abschreckungsmittel stehen Atombomben. Nicht erst der Einsatz von Kernwaffen, sondern ihre bloße Existenz verursacht irreversible Schäden an Mensch, Natur und überhaupt dem Bestand des

Lebens. Auch die US-eigene Bevölkerung, deren Schutz die US-Politik wahrzunehmen behauptet, bleibt davon nicht verschont.

Die mögliche Zerstörung des Globus ist keine apokalyptische Vision, sondern schon im Gang. Die Opfer einer US-Aggression, z.B. das irakische Volk, leiden – u.a. durch *Depleted Uranium* – ungleich massiver als andere Menschen, die nicht direkt bombardiert werden. Niemand solle sich deshalb erfreuen: „Gott sei Dank, ich lebe ja nicht im Irak".
Es ist zur Realität geworden, daß durch die täglichen Emissionen und radioaktiven Strahlen jeder einzelne Punkt auf dem Globus betroffen ist. Jeder lang-, mittel- oder kurzwellige radioaktive Strahl beschleunigt den Zerfall organischer Stoffe. Kein Organismus bleibt verschont. Radioaktivität macht vor keiner Grenze halt. Auch die besten erbauten Schutzbunker halten radioaktive Strahlen nicht auf. Blei absorbiert Radioaktivität, doch nie absolut, sondern nur relativ. Der in diesem Zusammenhang benutzte Ausdruck „Filtern von Atomstrahlen" ist euphemisch und eignet sich nur zur Betäubung der beunruhigten Öffentlichkeit. Die atomare Destruktivität greift selbst den Aggressor an. Das sind u.a. die USA als Planer und Hauptproduzent von Kernwaffen. Sie bringen nicht nur der Menschheit den Tod, sondern schaufeln sich auch ihr eigenes Grab, indem sie andere erst abschrecken oder gar angreifen.
Die „Abschreckung" als Argument ist ein Geständnis der USA über den eigenen politischen und moralischen Bankrott. Menschen und Staaten wollen verhandeln, Interessen austauschen und gütlich miteinander auskommen. Davon halten die USA nichts. Sie fordern Gehorsam und Unterwerfung vor ihr Diktat, sonst drohen Ruin und Massenmord. Wer mit Abschreckung droht, will vorsätzlich den Krieg. Abschreckung ist unvereinbar mit Gerechtigkeit.

Zehntes Kapitel
»Jederzeit, überall, mit allen Waffen«

Der US-Krieg

Inhaltsübersicht

1. Der Kriegstreiber
2. Daueraggressionen der USA
3. Unberechenbarkeit der USA
4. Wahl des Opfers
5. Festlegung, Lokalisierung und Timing der Aggression
6. Konflikterzeugung
7. Der Medienkrieg
8. Demonization
9. Destabilization
10. Psychologischer- und Nervenkrieg
11. Allianzbildung
12. *Casus belli* – Die große Provokation

Das Vorhandensein einer Armee ist, wenn überhaupt, nur zur Selbstverteidigung gerechtfertigt. Das heißt, kein Soldat und kein militärisches Gerät dürfen die eigenen nationalen Territorien überschreiten. Die USA werden von niemandem bedroht außer von sich selbst. Sie behaupten auch nicht, daß sie ihre riesige Kriegsmaschinerie deshalb unterhalten, weil sie mit einer Invasion rechnen. Sie entwickeln und besitzen Waffen nur für Aggressionszwecke, für den Zweck der Zerstörung anderer Länder.

Der Kriegstreiber

Die USA stehen unter dem Dauerzwang, Kriege zu führen. Von ihrer Entstehung an bis heute bestimmen Militarismus und Aggression ihre Beziehung zu anderen Völkern. Die Technik, einen Krieg künstlich auszulösen, ist in den USA, aber auch in anderen imperialistischen Staaten, ein weit entwickelter Forschungszweig. Er läuft unter der Bezeichnung „Konfliktforschung“. Angriffsflächen werden gesucht und festgestellt. Als nächstes folgt das Drehbuch, das mit diplomatischen Kontakten beginnt und mit militärischer Aggression fortgesetzt wird.

Daueraggressionen der USA

Klare Regeln zu der Frage, wann und wie die USA wen angreifen, lassen sich nicht aufstellen. Jedes Land der Erde ist potentielles Ziel eines US-Kriegs. Selbstverständlich setzen die USA Prioritäten und überlegen sich Bedingungen der Machbarkeit. Aspekte der Durchführbarkeit, Zweckmäßigkeit, Mobilmachung, Rekrutierung, Kostendeckung und anderes werden erörtert. Das sind jedoch rein pragmatische Überlegungen unabhängig der Frage der Kausalität. Gründe für den Angriff können konstruiert, inszeniert oder auch rein propagandistisch erfunden werden. Es gibt Staaten, welche die USA am liebsten zuallererst zerstören würden, wenn sie es könnten. Diese Staaten haben die USA nie angegriffen oder ihnen in irgendeiner Weise Übel angetan. Bei aller Aggressivitätsbereitschaft der USA müssen sie sich genau überlegen, andere Staatsmächte anzugreifen, wenn diese imstande sind, den Aggressor rasch zurückzuschlagen.
Im Umkehrschluß haben sich gewisse Regime als genügend gehorsam und fügsam erwiesen und sind trotzdem militärisch massiv und vernichtend angegriffen worden. Vor diesem Hintergrund ist die Frage nach der Wahl des Opfers alles andere als leicht zu beantworten. Die Erklärungen, welche die USA selbst hochoffiziell für einen Krieg nennen, sind am wenigstens brauchbar. Sie dienen ausschließlich der öffentlichen Rechtfertigung des aggressiven Verhaltens.
Die militärische Fachliteratur nennt freilich Gründe für die Entstehung eines beliebigen US-Krieges gegen einen beliebigen Staat. Diese Gründe orientieren sich in der Regel an den amtlichen Verlautbarungen, den Selbstdarstellungen oder an Analysen, die ihrerseits dem etablierten Denken verhaftet sind. Sie helfen kaum. Selten geht die Literatur auf die systemimmanenten Strukturen, welche die Daueraggressivität der USA bestimmen, ein.

Wir sagten, jedes Land der Erde kann das Opfer einer US-Aggression werden. Dieser Spruch ist so zu verstehen, daß aus US-Sicht und -Praxis keine prinzipiellen Vorbehalte gegen die Kriegsführung bestehen. Es gibt keine verbriefte Immunität für irgendein Land auf der Erde vor einem US-Krieg. Kein Staat kann davon ausgehen, daß er vor einem US-Angriff sicher ist. Das heißt nicht, daß die USA wahllos angreifen. Es heißt nur,

daß der Krieg nicht eine Notlösung ist, sondern geradezu die Aktion der Wahl, ja die Wunschhandlung.
Aus dem Gesagten geht hervor, daß der Krieg nicht rational zu erklären ist. Jeder Krieg ist Wahnsinn, Militarismus ist irrational.
Selbstverständlich werden die Administration, das Außenministerium und das Pentagon genau überlegen, bevor es hart auf hart geht. Damit wird der Krieg nicht rational; es ist die Rationalität in der Irrationalität.

Unberechenbarkeit der USA

Verschiedene Staaten der heutigen Welt erkennen den US-Kriegswahn und betreiben mit relativem Erfolg eine Kriegsverhinderungspolitik. Dieser Erfolg, der hoffentlich bestehen bleibt, wird von jenen vorsichtigen Staaten oft viel zu teuer bezahlt. Trotzdem ist diese Stillhaltetaktik keine Garantie dafür, daß sie auf Dauer nicht angegriffen werden.
Oberste Doktrin für die USA ist das Prinzip: Krieg muß sein, das Opfer wird sich schon ergeben.

Wir blicken auf 220 Jahre US-Geschichte zurück. Das sind 220 Jahre Kriegsgeschichte. In den USA hat sich die Irrationalität, Kriege auf Dauer und ohne Ende zu führen, festgesetzt. Kein Krieg ist der letzte Krieg.
Die „Unberechenbarkeit" ist selbst eine Strategie der USA. Diese berechnete Unberechenbarkeit richtet sich gegen die ganze Menschheit. Sie schafft in der gegenwärtigen Welt einen Dauerzustand von Unsicherheit und Panik. Sie macht selbst souveräne Staaten gehorsam und gefügig. Im speziellen Fall wirkt sich die Unberechenbarkeit dort aus, wo der psychologische und Nervenkrieg gegen einen bestimmten Staat eingeleitet wird.

Die Menschheit fragt, wie es weitergeht. Soll sich ein Staat auf Dauer dem NATO-US-Diktat unterwerfen? Soll jedes Land darauf warten, bis es irgendwann drangenommen, bis es Ziel einer US-Aggression wird?
Es hilft niemandem, solange zu warten, bis die USA selbst an eine natürliche Grenze stoßen, denn wahrscheinlich wird die Welt vorher schon lange untergegangen sein. Wenig wahrscheinlich ist die Möglichkeit, daß die USA selbst die Kraft aufbringen und mit Aggressionen aufhören. Sie drehen sich im Kreis des Militarismus und wollen oder können nicht heraus. Indes soll die Möglichkeit einer radikalen Umwälzung der Machtverhältnisse und politischen Strukturen in den USA wie in den anderen NATO-Staaten nicht prinzipiell ausgeschlossen werden. Das bleibt die einzige Hoffnung für die USA und für die gesamte Menschheit.

Ein US-Krieg muß ihr letzter Krieg sein. Wie kann es dazu kommen, wenn die USA selbst die Kraft nicht aufbringen? Wenn die Völker der Welt die USA nicht daran hindern, Kriege zu führen, werden die USA mit den Völkern zusammen untergehen.

Wahl des Opfers

Die Kriegssucht ist ein Phänomen, das die USA seit ihrer Entstehung begleitet. In immer kürzeren Abständen werden die USA von einem Aggressionsfieber befallen.
Hinter den sichtbaren organisatorischen Strukturen der US-Administration besteht eine andere, unsichtbare. Zu diesen invisiblen Institutionen zählt ein ganzer Bereich, mit einzelnen Abteilungen. Hier werden die verschiedenen Staaten der Erde erfaßt. Jeder Staat wird von einer für ihn bestimmten Abteilung auf Dauer beobachtet, seine Entwicklung verfolgt. Bewegungen gemäß der ermittelten Erkenntnisse werden registriert. In diesem Bereich ist eine große Zahl von spezialisierten Agenten tätig, die interdisziplinär arbeiten, die einen im Innendienst, die anderen im Außendienst.
Dieser Bereich liefert die Informationen und Situationsanalysen, also die Infrastruktur für die Kriegsführung. Jedes dieser Länder ist ein potentielles Ziel einer US-Aggression. Die Wahl des Zeitpunktes eines Kriegs hängt von vielen innen- und außenpolitischen Faktoren und anderen Konstellationen ab. Haben die USA Gier auf einen Krieg, so muß natürlich das Opfer bestimmt werden. Andererseits ergeben sich über den Globus verteilt dauernd Situationen, welche für die USA als geeignete Kriegsgründe erscheinen und auf die sie gern militärisch reagieren wollen, wenn eine Aggression machbar ist und das Land angreifbar erscheint.

In den USA beginnt der Entschließungsprozeß. Die Entscheidungsträger gehen nach Plan vor. Das gewählte Opferland wird besprochen. Zuallererst diskutieren sie die Frage seiner

Angreifbarkeit
Diese Frage wird unter verschiedenen Aspekten erörtert: Militärisch, strategisch, logistisch, außenpolitisch und politisch. Es werden Kosten-Nutzen-Analysen und Gewinn-Verlust-Berechnungen erstellt. Das Ergebnis dieser Recherchen kann in bezug auf die Beschlußfassung entscheidend sein oder auch nicht. Wenn die USA einen „Heißhunger“ auf das Land

haben, wird die Indikation so erstellt, daß der Krieg durchführbar ist. Es ist bekannt, daß die verschiedenen Fraktionen der Herrschenden nicht in jedem Einzelfall einer Meinung sind. In der Konkurrenz um die Entscheidungsfällung versucht jede Fraktion, ihre Eigeninteressen mit den Mitteln durchzusetzen, die ihr zur Verfügung stehen.

Einige Hinweise sollen zum Verständnis der Kriegspolitik der USA beachtet werden:

1. Die Entscheidungsstrukturen in den USA sind nicht einheitlich, nicht koordiniert und nicht harmonisch. Politisch kann ein Krieg den USA durchaus schaden, wie wir an vielen Beispielen aufgezeigt haben. Trotzdem kann sich der MIK (Militärisch-industrieller Komplex), der von jedem Krieg profitiert, durchsetzen.
2. Die Lobbys in den USA konkurrieren und rivalisieren miteinander, so daß die Machtstellung der einzelnen Lobbys eine Rolle spielt.
3. Die USA sind sich ihrer strategischen Schwäche durchaus bewußt. Sie bemühen sich schon, Selbstmordaktionen zu vermeiden. Gleichwohl können sie solche auch begehen.
4. Die Situation hat sich für die USA erheblich geändert, seitdem sie nicht mehr über das Monopol an Atomwaffen verfügen.
5. Andererseits brauchen sie keine Rücksicht auf das militärische Gleichgewicht zu nehmen, seitdem die UdSSR nicht mehr besteht.

Im Angesicht dieser Überlegungen lassen sich einige Erfahrungen der Kriegsgeschichte verstehen. Die USA haben peinlichst genau darauf geachtet, die Sowjetunion weder anzugreifen noch durch Angriffe auf realsozialistische Staaten (die bis 1991 existierten) zu provozieren.

Unter diesen Gesichtspunkten versteht sich, warum die USA es immer vermeiden, sich auf einen lang anhaltenden Krieg mit süd- und mittelamerikanischen Staaten einzulassen. So selbstverständlich ist diese Beobachtung nicht, wenn man bedenkt, daß die USA skrupellos Kriege in allen Kontinenten führen. US-Überfälle auf amerikanische Staaten sind nicht selten. Ein lang andauernder Krieg gegen einen mittel- oder südamerikanischen Staat dürfe aber nicht sein. Ein solcher Krieg würde rasch auf die USA übergreifen. Die inneren Widersprüche der US-Gesellschaft würden explodieren, Aufstände ausbrechen.
Tendenzen zu militärischen Abenteuern und Amokläufen haben in den USA extrem zugenommen. Sie sind an vielen Fronten verstrickt. Sie können sich auf dem heißen Boden eines fremden Staates nicht aufhalten, sich aber auch nicht einfach zurückziehen. Trotzdem können sie ihre Aggressivität nicht bremsen. Diese Dynamik kann natürlich nicht endlos

dauern. Es gibt die Gegenkräfte, die von den USA unterschätzt oder ignoriert werden. Ein Krieg wird ihr letzter Krieg sein.

Festlegung, Lokalisierung und Timing der Aggression

Gerade diese Tatsache – die innere, strategische Schwäche – erklärt es, warum die USA ihre Kriege weit weg, jenseits des Ozeans, führen. Die in den USA herrschende Oligarchie fühlt sich im eigenen Land höchst unsicher. Es sind immer kleinere Staaten, die angegriffen werden. Aber selbst bei diesem solchermaßen großen Mißverhältnis in bezug auf Rüstung und Waffengattungen verlieren die USA jeden Krieg. Zwar hinterlassen sie Ruin und Massentod, den Krieg jedoch gewinnen sie nicht. Oder vielleicht doch? Wenn bei einer Aggression der MIK Hauptkriegstreiber ist und sich durchsetzt, hat er selbstverständlich gewonnen. Nächster Kriegsgewinnler ist das Wiederaufbaugeschäft in dem Fall, daß Aufträge an die USA vergeben werden.
Die USA verlieren jeden Krieg, nicht aber die Kriegsgewinnler. Dennoch können sich Kurzzeitgewinne durchaus mit dem mittelfristigen Verfall der USA synchronisieren.
Steht das Kriegsziel fest, wird die US-Spionage beauftragt, konzentriert Informationen über die militärische Lage des Ziellands zu sammeln.
Die Erfahrungen seit 1945 zeigen, daß die USA nie in Verlegenheit geraten sind, einen Krieg gegen einen ausgesuchten Opferstaat zu einem beliebigen Zeitpunkt anzuzetteln. Dieser Zeitpunkt des Angriffes wird primär nach internen Berechnungen der USA festgelegt. Ein Angriffsgrund, *Casus belli*, wird routinemäßig inszeniert: *Pearl Harbour*, *9/11*, *Massenvernichtungswaffenlüge* gegen den Irak, u.a.
Die Aggression beginnt mit einer Provokation, welche die USA inszenieren, aber dem Gegner in die Schuhe schieben (Beispiel „Brotschlangenmassaker" in Sarajevo 1992, 1994, 1995).

Konfliktерzeugung

Nachdem nun das potentiell nächste Opfer der US-Aggression feststeht, beginnt die öffentliche Darstellung eines Konflikts – erfunden oder real. Die USA bieten Verhandlungen an, die natürlich scheitern werden. Der Krieg wird propagandistisch vorweggenommen. Die Medien werden eingeschaltet. Dramaturgisch steigern sie die Konfliktdarstellung und zielen auf das Resultat ab, Krieg sei unausweichlich, um den (vermeintlichen) Konflikt zu lösen. Die Medien eskalieren eine militärische Situation, lange bevor sie wirklich eingetreten ist.

Der Medienkrieg

Der Medienkrieg nimmt im Gesamtszenario einen zentralen Stellenwert ein. Es kommt nicht darauf an zu informieren, sondern bei den Medienkonsumenten die gewünschten Reaktionen hervorzurufen. Die Medien dienen vielfältigen Zielsetzungen. Sie schaffen die Kriegsstimmung. Institutionen werden auf ihre Rolle während des Krieges eingestimmt. Die Medien betreiben die psychologische Kampfführung gegen das Land, das von den USA bald heimgesucht wird. Der Nervenkrieg ist nicht weniger brutal als Feuerwaffen.
Der Medienkrieg dient auch der Vorbereitung der öffentlichen Meinung zur Akzeptanz einer bevorstehenden US-NATO-Aggression. Oft sind die Betroffenen ohnmächtig gegenüber diesem Medienkrieg. Denn der Imperialismus führt den Krieg in doppelter Richtung: Er verbreitet seine Lügen, gleichzeitig verhängt er eine Blockade gegen die Verbreitung der Informationen des betroffenen Staates.
Der Imperialismus beherrscht die Medienlandschaft. Gegendarstellungen sind absolut schwierig oder gar unmöglich. Presse und elektronische Medien sind gleichgeschaltet. Eine Vorverurteilung des Opfers sitzt in den Köpfen der Medienbenutzer derart fest, daß sie kaum für eine Gegenöffentlichkeit empfänglich sind.

Demonization

Den englischen Ausdruck habe ich nicht erfunden. Er stammt vom militärischen Diskurs der USA selbst. Wörtlich bedeutet er „Verteufelung“. Er bezeichnet ein stereotypes Motiv der imperialistischen Propaganda gegen ein Land, das Ziel einer US-Nato-Agression geworden ist. Diese Propaganda macht aus den Opfern Täter, die es zu bestrafen gelte. Oft fokussiert der Nervenkrieg auf eine Person oder eine Gruppe von Personen, die militärisch beseitigt werden sollen. Real wird ein ganzes Volk angegriffen und ein Land ruiniert. Die wahren Täter, die Aggressoren, sollen nicht als Kriminelle erscheinen. Die propagandistische Kriminalisierung richtet sich nicht mehr gegen das ganze Volk eines Landes, wie es die

Nazis gemacht haben (z.B. die Sowjetunion: „bolschewistische Untermenschen"). Die Menschen haben normalerweise Sympathien mit einem Volk, das von einem Angriffskrieg heimgesucht wird. In der jetzt entwikkelten militärischen Werbespychologie wird die Aggression geradezu als Hilfe und Errettung des Volkes, das von den US-Nato-Aggressoren bald unter den Raketen- und Bombenbeschuß genommen wird (Irak, Jugoslawien, Somalia, Afghanistan u.a.), propagiert.

Also richtet sich die „Demonization" gegen eine konkrete, faßbare Gestalt, z.B. den Staatspräsidenten des Ziellandes. Das funktioniert leider problemlos – weniger bei den Opfern, vielmehr bei dem westlichen Publikum. Offensichtlich hat man Bedarf, das Böse als Mensch verkörpert zu sehen. Man hat es dann leicht, sich selber nicht als Täter, sondern als Opfer dieses „personifizierten Übels" zu betrachten. Die Massenpsychologie und die Medien besorgen den Rest. Eine Person wird dämonisiert und ein Volk vernichtet.
Feindbilder sind meist Einzelpersonen, die an der Spitze des konstruierten Feindbildes stehen, z.B. die Präsidenten Ugandas, Libyens, Iraks, Irans oder Jugoslawiens. Es sind Phantombilder real existierender Personen. Opfer der US-NATO-Aggression sind schließlich die Völker der heimgesuchten Staaten, deren Schutz – vor dem konstruierten Übel – die Aggressoren zu gewähren behaupten.

Als Gamāl ʿAbd an-Nāṣir in den westlichen Medien dämonisiert wurde, folgte 1956 die Dreieraggression – England, Frankreich und Israel – gegen Ägypten.
Die mediale Dämonisierung Gaddafis wurde eingeleitet, um Libyen im April 1986 und erneut im März 2011 anzugreifen.
Die Dämonisierung von Ṣaddām Ḥusain (Hussein) war damals gerade eben angelaufen, als *the Ruin of Iraq* am 17. Januar 1991 begann.

Die Dämonisierung der Ṭālibān gab das Fanal zur Aggression gegen Afghanistan am 07. Oktober 2001. Der US-NATO-Krieg gegen Afghanistan ist zur Zeit im zehnten Jahr. Er soll nach offizillen Verlautbarungen 2014 beendet werden, aber die Zerstörung Afghanistans und der Massenmord am afghanischen Volk gehen weiter.

Destabilization

Die USA verwenden verschiedene Mittel, um ein Land und seinen Staat zu destabilisieren. Es beginnt mit der staatsfeindlichen Propaganda. Die Medien im Westen sind praktisch gleichgeschaltet und berichten relativ homogen über das Zielland. Die Destabilisierungspolitik der USA und ihrer europäischen Verbündeten wird verschleiert. Lang anhaltende Destabilisierungstätigkeit macht das Land sturmreif.
Eine weitere Eskalation sind der psychologische und der Nervenkrieg. Als nächste Etappe folgen die Mittel des Embargos, des Boykotts, als weitere Eskalationsstufen die Blockade und die Hungerblockade.
Die USA versuchen, innere Spannungen und Unruhen zu schüren. Sie werben Kollaborateure und Kompradoren gegen den bestehenden Staat an. Volksgemeinschaften werden gegeneinander ausgespielt.

Inzwischen gibt es in den imperialistischen Staaten einen Berufsstand von Intriganten, die für diesen Zweck eine Spezialausbildung erhalten. Ihr Erfolg konnte vordemonstriert werden, als die inneren Spannungen in Jugoslawien in den 1990ern in Erscheinung getreten sind. Es folgten die US-NATO-Aggression und die Auflösung des Bundesstaats.

Es ist nicht gesagt, daß die USA in jedem Fall das gesamte Programm gegen ein Land anwenden. Schwache Regime beugen sich den imperialistischen Forderungen rasch. Andere können sich eine Konfrontation leisten und trotzen weiterhin.
Wie bei allen Kriegsmitteln kann auch die Destabilisierungspolitik auf die USA selber zurückschlagen. Bei Boykott verstärken sich Süd-Süd-Kooperation sowie Auf- und Ausbau der Autarkie des betroffenen Landes. Die internationale Solidarität mit dem betroffenen Land wächst.

Psychologischer- und Nervenkrieg

Der scheinbar unblutige Nervenkrieg darf nicht unterschätzt werden. In diesem Bereich kooperieren zahlreiche Vertreter unterschiedlicher Disziplinen. Informations- und Kommunikationstheoretiker, Linguisten, Psychologen, Psychopathologen, Anthropologen, Ethnologen, Orientalisten, Afrikanisten, Historiker, Soziologen, Katastrophenforscher und andere Militärwissenschaftler arbeiten interdisziplinär zusammen mit dem Forschungsziel, ein Volk moralisch zu zermürben und sozial zu zersetzen.

Sie entwickeln Techniken der Panikerzeugung, der Angst vor dem angeblich unbesiegbaren Feind, dem US-Militarismus. Der psychologische und Nervenkrieg soll insgesamt eine Desorientierung und Resignation bewirken. Nicht nur bei den gegnerischen Streitkräften, sondern überhaupt beim angegriffenen Volk soll sich eine allgemeine Demoralisierung breitmachen. Man weiß nicht mehr, ob der Krieg verhütet werden oder lieber kommen soll, um endlich die gefürchtete Katastrophe hinter sich zu bringen und die Panik vor ihr loszuwerden.

Allianzbildung

Die USA wissen schon, daß sie nur schmutzige, ungerechtfertigte Kriege führen, sind sich aber auch der eigenen moralischen Schwäche bewußt. Deshalb bemühen sie sich, Bündnisse zu bilden, welche formal und real die Lasten für den Krieg mittragen. Damit versprechen sich die USA eine Chance, die Verantwortung für ihre Kriminalität zu anonymisieren und auf andere abzuwälzen, indem sie der „Allianz" zugeschrieben wird. Jeder Staat, der sich an einem Angriffskrieg in irgendeiner Weise beteiligt, trägt die volle Schuld für das Kriegsverbrechen mit.

Casus belli – Die große Provokation

Vor jedem seiner großen Kriege inszeniert der Imperialismus eine schokkierende Provokation, welche dem künftigen Opfer in die Schuhe geschoben wird (Wir erinnern z.B. an die Brotschlangenmassaker von Sarajevo in den 1990er Jahren). Die Medien tun den Rest. Die Provokation wird sensationell aufbereitet und spektakulär berichtet. Die Meldungen suggerieren eine ständige Verschärfung, eine Zuspitzung der Lage und betonen die Notwendigkeit einer militärischen Lösung. Ein Krieg auslösendes Ereignis sei eingetreten. Stets wird dem Opfer die Schuld gegeben. Es habe den Kriegsfall herbeigeführt. Damit ist der Kriegsfall *Casus belli* geschaffen. Er wird von der NATO so ausgelegt, daß mit der (vermeintlichen) Gefährdung eines Mitgliedsstaats die Bündnispflicht ausgelöst sei (*Casus foederis*). Inzwischen wird auch dieses nicht mehr behauptet, siehe die Agrerssionen gegen Irak und Libyen. Hier liegt eine *Lex americana* vor.
Der *Casus belli* kann auch erfunden werden. Der Irak wurde trotz UNO-offiziellen Freispruchs wegen angeblichen Besitzes von Massenvernich-

tungswaffen angegriffen. Später behaupteten die USA, sie hätten sich bei diesem Verdacht geirrt. Real haben die US-Aggressoren selbst die Massenvernichtungswaffen gegen das irakische Volk eingesetzt.
Mit der Behauptung des *Casus belli* eskaliert der Nervenkrieg gegen das prädestinierte Opfer. Die psychologische Kriegsführung kann lange andauern, der Krieg hingegen plötzlich ausbrechen. Die Medien halten die Weltöffentlichkeit Jahre in Atem, dann schockieren sie mit plötzlichem Beginn des Krieges.

Die veröffentlichte Ursache ist selten der reale Kriegsgrund. Es wundert aber auch, daß die oft extrem primitive Kriegspropaganda im Westen so leicht hingenommen wird, wodurch die Aggression Akzeptanz erfährt. So konnten die Medien der westlichen Öffentlichkeit weismachen, die USA und die NATO greifen den Irak wegen Saddam an. Er wollte – nach Busch II. – dessen Vater (Bush I.) töten („*He wanted to kill my Daddy*", G. Bush II.).

US-Aggressionen werden vorab als Terrorkriege geplant und durchgeführt.

Elemente des US-Militarismus (II)

Inhaltsübersicht

1. Blitzkrieg
2. Der US-Krieg ist stets Terrorkrieg – „Licht aus und Wasserhahn abdrehen“
3. Der US-Terror als Unterhaltungsprogramm
4. Die Lebensader des angegriffenen Volkes zerschneiden – Die Kriegsära der Luftwaffe
5. Low Intensity War
6. Strategy of Attrition
7. Constructed Chaos
8. Klotzen, nicht kleckern
9. Scorched Earth Principle
10. US Strategy of Annihilation, *Enemy people* Strategy
11. Die Ausbildung des Personals für den US-Krieg
12. „Das Volk ist der Feind“, lautet die Leitlinie der US-Aggression.
13. Wer einen Krieg beginnt, hat ihn schon verloren.

Nachstehend listen wir einzelne Basiselemente der US-Strategien auf. Benutzte Hauptquellen hierzu sind US-eigene militärische Grundlagenwerke, Lehrbücher der Militärakademien und amtliche Verlautbarungen. Das ermittelte Bild wird von mir durch die Beobachtung und Analyse von Kriegen der USA kritisch reflektiert und ergänzt. Demnach wird die Systematik eines militärischen Überfalls der USA rekonstruiert und dargelegt.

„Blitzkrieg“

Der Blitzkrieg wurde zuerst von Deutschland konzipiert und durchgeführt, erstmalig als Überraschungsangriff gegen Polen am 01. September 1939. Seitdem ist er als Idealbild und Musterangriff der imperialistischen Kriegsführung nachgeahmt und beibehalten worden. Die Technik wurde zusammen mit dem Begriff von anderen imperialistischen Staaten kopiert. Seitdem wurde der Ausdruck „Blitzkrieg“ in der Militärliteratur anderer Sprachen – in seiner Deutschschreibung – unverändert übernommen.

„Blitzkrieg“ ist ein furchtbarer Angriff. Der ausgesuchte Gegner wird durch eine massive Aggression mit flächendeckender Bombardierung überrascht. Überall soll es brennen, so daß das Opfer nicht mehr weiß, wo es zuerst löschen soll. Bekannte Blitzkriege der Militärgeschichte sind neben der deutschen Aggression auf Polen am 01. September 1939 der Israel-NATO-US-Blitzkrieg gegen Ägypten, Jordanien, Palästina und Syrien vom 05.-09. Juni 1967.

Der Blitzkrieg ist die bevorzugte Methode des Imperialismus, denn er kann in einem lang anhaltenden Krieg nicht bestehen. Die Soldaten des imperialistischen Staates ziehen meist aus materiellen Gründen in den Krieg und sind nicht bereit, ihr Leben für einen Krieg zu riskieren.
Der Blitzkrieg verursacht in einem Minimum der Zeit das Maximum an Ruin. Das Opfer soll rasch in die Kapitulation gezwungen werden.
Der Aggressor beeilt sich, bevor sich Auflösungserscheinungen in der eigenen Armee breitmachen.
Das angegriffene Volk hingegen steht für eine gerechte Sache und ist bereit, dafür auch sein eigenes Leben zu opfern. Während die Aggressoren rasch aus dem Land abziehen wollen, bringt das Opfervolk die Kraft zur Ausdauer und zum Durchhalten auf.
Ziel des Blitzkriegs ist es, in kürzester Zeit einen „Kollateralschaden“ zu verursachen, der das Land lebensunfähig macht. Nach dem Kahlschlag und der Massenbombardierung hinterläßt der „Blitzkrieg“ katastrophale Zustände, Chaos und Ruin.
Scheitert die Blitzaggression im Sinne der USA, d.h. gelingt ihnen die Besetzung des Landes nicht, so lassen sie sich trotzdem kaum auf einen Frieden ein. Sie zerstören weiter.
Als nächstes wählen die USA die Strategie des *Low Intensity War* und die *Strategy of Attrition.*

Der US-Krieg ist stets Terrorkrieg – „Licht aus und Wasserhahn abdrehen“

US-Aggressionen werden vorab als Terrorkriege geplant und rücksichtslos durchgeführt. Es war ein hoher US-Militär, der mir während der Zeit meiner Tätigkeit in Genf, als bei einer zufälligen Unterhaltung das Gespräch auf das Thema Krieg kam, wörtlich sagte:

„Um eine Stadt zu besetzen, geht man wie folgt vor:

Zuallererst werden Wasserwerke gesprengt und Elektrizitätswerke außer Betrieb gesetzt. Die Folge ist Chaos. Die Menschen sind handlungsunfähig. Alles ist durcheinander. Dann fällt uns die Stadt in die Hände."

Ich war erschrocken. Insgesamt handelte es sich um eine Unterhaltung. Daraus entwickelte sich aber eine sachliche Einführung in den US-Militarismus aus dem Munde eines gelernten US-Offiziers.

Ein anderer Gesprächsteilnehmer war selbst als US-Militär in Vietnam in den 1960er Jahren eingesetzt und nach Beendigung der vorgesehenen Zeit zurückgekehrt. Auf die Frage, was er dort getan habe, erzählte er – ohne irgendwelche Betroffenheit – daß er durch das ganze Land flog, nicht als Pilot, sondern um in Vietnam Objekte zu sichten und zu orten, die von Militärfliegern bombardiert werden sollten. Nach rund dreißig Flügen war seine Zeit in Vietnam zu Ende. Auf die Frage, was das für Objekte waren, sagte er: „Alles, was irgendwie gearbeitet oder produziert hat." Frage: „Militärisch?" Antwort: „Nicht nur."

Die beiden Personen am Tisch wollten mich in keiner Weise stören, sondern unterhalten, so wie es üblich ist, wenn Menschen am Eßtisch zufällig zusammenkommen.

Diese „Unterhaltung" hat mich in Wut und Panik versetzt. Immer wieder muß ich an dieses Gespräch mit Schrecken zurückdenken.

Noch erschrockener war ich, als ich selber damit angefangen habe, die Kriegsführung der USA zu beobachten, ihre Schritte zu registrieren und zu analysieren. Ich blickte auf die US-Aggression gegen Korea zurück. Der US-Krieg gegen Vietnam lief noch. Die täglichen Nachrichten empfand ich als Krieg – direkt gegen mich. So habe ich damit begonnen, das Phänomen „Krieg" mit großer Sorge zu verfolgen, ohne dabei die Absicht zu haben, es zur Vorlesungsthematik zu erheben. Dazu wurde ich gezwungen – durch den US-NATO-Terror.

Der US-Terror als Unterhaltungsprogramm

Krieg und Mord sind grausame, furchtbare Ereignisse. Die Nachricht über den Tod eines einzigen Menschen erschüttert. Die imperialistische Kriegspropaganda und die reale Kriegsführung haben einen Gewöhnungseffekt bewirkt. Manchmal werden Zahlen von Opfern angegeben. Die Nachricht erschüttert. Der Gewöhnungseffekt normalisiert die Wirkung. Die Zahlen der Toten sind nackte Zahlen geworden – wie die Lot-

tozahlen. Nachrichten über den Krieg kommen in den Medien neben Fußball und Wettervorhersage vor. Sie erschüttern nicht mehr. Sie bewegen nichts, höchstens ein Kopfschütteln.
Als die USA den Irak am 17. Januar 1991 angegriffen haben, waren die Elektrizitäts- und Wasserwerke die ersten Objekte, die in den Städten zerbombt wurden. Gleichzeitig sprengten die Aggressoren Zufluchtsorte, Bunker und Schutzräume. Anders als die Darstellung des genannten Militärs fielen die Städte – auch nach 20jähriger Bombardierung – dem Aggressor nicht in die Hände. Gleichwohl hat das irakische Volk unter den US-Verbrechen maßlos gelitten und leidet noch.
Was für NATO und USA ein militärisches Abenteuer ist, ist für die Völker Dauerterror.

Die Lebensader des angegriffenen Volkes zerschneiden – Die Kriegsära der Luftwaffe

„*The advent of the air power, which can go straight to the vital centers and either neutralize or destroy them, has put a completely new complexion on the old system of making war.* It is now realized that the hostile main army in the field is a false objective, and the real objectives are the vital centers." (William Mitchell)[9]
Beachtet bitte, daß der zitierte Satz nicht etwa als eine persönliche Äußerung zu verstehen ist. Vielmehr handelt es sich um einen Ausbildungsinhalt, zitiert aus einem Lehrwerk des US-Militärs.
Die Luftwaffe ist wie die Kriegsmarine eine offensive Waffe. Ihre Aufgabe besteht u.a. darin, in das Landesinnere einzudringen, die Anlagen der Versorgung, die Infrastruktur und die Lebensbedingungen zielgenau zu zerstören. Der Autor betont: Die feindliche Armee ist die falsche Adresse. Eigentliches Ziel sind die Lebensgrundlagen des Volkes.

Low Intensity War

Low Intensity War ist nicht eine Art Führung eines Kleinkriegs. Der „Krieg niederer Intensität" ist nicht weniger furchtbar als der Blitzkrieg. Der *Low Intensity* War setzt ein Volk unter einen Dauerzustand des Krie-

[9] William Mitchell, Skyways – A Book on Modern Aeronautics, Philadelphia 1930, P. 255 f.; quoted by: R. F. Weigley, The American Way of War – A History of United States Military Strategy and Policy, New York & London 1973, P. 223.

ges. Es darf keinen Frieden haben. Das angegriffene Land soll nie zur Ruhe kommen. *Low Intensity War* hat das Ziel, die Kräfte und Potentiale eines wehrfähigen, mutigen Volkes abzunutzen und zu erschöpfen.

„Krieg niedriger Intensität": Ziel ist das Volk, Kinder, Jugendliche, Erwachsene, Frauen, Männer. Zerstört werden die Lebensgrundlagen und die Einrichtungen der Versorgung. *Low Intensity War* ist nicht primär gegen die Armee gerichtet, sondern gegen das Volk. Selbstverständlich soll dabei die Wehrfähigkeit des angegriffenen Staats zersetzt werden. Der Aggressor startet in kürzeren Abständen Blitzschläge gegen die militärischen Anlagen und zivilen Einrichtungen des heimgesuchten Landes.
Low Intensity War lähmt das heimgesuchte Land nachhaltig. Vollbrachte Leistungen werden zerstört. Unvollendete Projekte bleiben liegen oder werden gründlich sabotiert. Neue können nicht entstehen. Täglich schlägt den Menschen der Ruin ins Gesicht. Der Krieg niederer Intensität ist Kriminalität übelsten Grades, ist Krieg gegen das Volk.
Die Zentren des Widerstandes werden am härtesten getroffen. Insgesamt führt der Aggressor einen Völkermord durch.
Der Krieg niedriger Intensität wird durch Boykott, Belagerung und Hungerblockaden so weit verstärkt, daß das betroffene Volk planmäßig vernichtet wird. Insofern ist *Low Intensity* keineswegs als eine leichtere Form im Vergleich zum großen Krieg zu verstehen. *Low Intensity War* ist eine mittelfristig wirkende Kriegstechnik der Vernichtung.
Low Intensity War wurde in den USA nach ihrer Niederlage in Vietnam entwickelt. Er stammt aus der Zeit der Reagan-Administration (1981-89). Dramatisches Beispiel ist der *Low Intensity War* gegen den Irak von 1991 bis 2003. Er wurde eingeleitet mit dem US-NATO-Blitzkrieg vom 17. Januar bis zum 28. Februar 1991. Nach dreizehnjährigem *Low Intensity War* trauten sich die US-NATO-Armeen eine Bodeninvasion des Iraks zu. Trotzdem sind sie durch den irakischen Widerstand besiegt worden.

Strategy of Attrition

Die *Strategy of Attrition* ist der Zermürbungs- und Abnützungskrieg. Es handelt sich nicht um einen Konfrontationskrieg, den der Imperialismus selten wagt. Vielmehr überrascht der Aggressor in Intervallen mit Bombardierungen und Schlägen, welche das Volk empfindlich treffen und seine Lebensfähigkeit existentiell zerstören.

Natürlich richtet sich der Zermürbungskrieg in härterem Maß gegen die Wehrfähigkeit des Volkes, ganz besonders gegen den Widerstand des heimgesuchten Landes. Die Abwehr und die Kräfte zur Selbstbefreiung sollen durch einen mittelfristigen Zerstörungsplan zersetzt werden.

Constructed Chaos

Der Ausdruck *Constructed Chaos* ist von der US War Administration selbst geprägt worden. Der Plan der Schaffung von Chaos wird als eine der Hauptaktionen des US-NATO-Angriffs methodisch durchgeführt. Über das hergestellte Chaos und die Ruinenlandschaft, so meinen die Invasoren, falle das Land von selbst in ihre Hand.
Die bestehende Ordnung des angegriffenen Landes soll aus den Angeln gehoben werden. Genau das hat die US-NATO-Invasion im Irak in schonungslosem Extremismus praktiziert. Unmittelbar nach Beginn der versuchten Invasion in die Hauptstadt Baġdād am 09. April 2003 wurden

- die zentrale Administration zerschlagen,
- siebzehn Ministerien zerstört, ausgeraubt, funktionsunfähig gemacht,
- das Finanzministerium und die Staatskasse geplündert,
- Beamten und Angestellten des gesamten öffentlichen Dienstes keine Gehälter mehr gezahlt und der Zugang zu ihren Amts- und Büroräumen versperrt,
- die Ordnungskräfte der Polizei ohne Gehaltszahlung verjagt,
- die Armee aufgelöst.

Wir wissen aber auch, daß sich ein Großteil der aufgelösten Sicherheits- und Verteidigungskräfte im Untergrund zur Abwehr gegen die Aggressoren organisiert hat, ohne dafür ein Gehalt zu erwarten. Trotzdem gelang es den USA, die öffentliche Ordnung so weit zu zersetzen, daß eine zentrale Administration arbeitsunfähig gemacht wurde.
Gleichzeitig tolerierten die US-NATO-Invasoren die Entstehung privater Milizen, um das Gewaltmonopol des Staates als Garant für die öffentliche Ordnung zu zerschlagen. Die Aggressoren selbst haben neben der US-Armee US-private Kriegsfirmen beauftragt (170 an der Zahl), eigene bewaffnete Banden in den Irak zu schicken und im Zweistromland zu verstreuen.
Im Angesicht der Verbreitung des Bandenwesens bei gleichzeitigem Fehlen zentraler Ordnungskräfte mußten die Stadtteile, aber auch einzelne

Interessensgruppen, nicht zuletzt Großfamilien und Stämme, Milizen zum eigenen Schutz aufstellen.
Wäre der Irak nach der US-NATO-Invasion im Jahr 2003 sich selbst überlassen worden, hätte er sich längst neu organisiert und den inneren Frieden wiederhergestellt. Gerade das wollten die Aggressoren aber verhindern. Ruhe und Ordnung durften nicht in den Irak einkehren. Die US-NATO-Invasoren sabotierten jeden Versuch, die Verhältnisse des Iraks neu zu organisieren.
Der Irak sollte unregierbar gemacht und zum offenen Paradies für Ausplünderer werden, wo die US-NATO-Invasoren sich beliebig bedienen können.

Hauptelemente des *Constructed Chaos* nach dem US-Aggressionsszenario sind:
1. Zerschlagung der Zentralverwaltung,
2. Beseitigung intakter Ordnungskräfte,
3. Zersetzung des Sicherheitssystems,
4. Zerstörung der Versorgungsstrukturen.

Die Lehrbücher des US-militärischen Systems betonen, daß sich die Aggression nicht auf die regulären Streitkräfte des angegriffenen Landes, sondern auf das *Enemy people* konzentrieren soll.

Der militärische Sinn dieser Strategie leitet sich daraus ab, daß die US-NATO-Aggressoren sich der eigenen Schwäche bewußt sind. Sie werden einen Kampf mit ausgebildeten Soldaten nicht bestehen. Die Strategie stammt von George Washington selbst. Nicht die Kämpfer angreifen, sondern die Lebensstrukturen des Volkes. Stirbt das Volk aus, so sind auch die Kämpfer lebensunfähig.
Die Aggressoren sind zu feige für eine direkte Konfrontation. Ihre Taktik stützt sich auf die Kriegstechnologie, die aus weiter Ferne zerstört und tötet: Luftwaffe, Marineartillerie, Raketen, Bombardements, unbemannte Flugkörper und elektronische Systeme.
Erst im fortgeschrittenen Stadium des *Constructed Chaos* soll ein Versuch unternommen werden, erreichbare Positionen der Streitkräfte des angegriffenen Staates von der Ferne aus zu attackieren.

Klotzen, nicht kleckern

Der Spruch stammt aus dem Zweiten Weltkrieg. Er wurde den deutschen Panzerdivisionen als Leitlinie für ihr zerstörerisches Vorgehen vorgegeben.
Die USA haben im Vietnamkrieg gelernt, den Bodenkrieg möglichst zu vermeiden. Inzwischen ist die Luftwaffe so weit fortgeschritten, daß das „Klotzen" von der Luft aus umso radikaler durchgeführt wird. Es trifft die Zielobjekte von der Wurzel her nach oben, von der Basis zur Spitze.

Scorched Earth Principle (Das Prinzip „Verbrannte Erde")

Die USA sind nicht Erfinder dieses Prinzips. Die Kolonialisten haben es in Amerika, Afrika und Asien angewendet. Am extremsten wurde es angewandt von Frankreich in Algerien, von England in Indien, von Spanien in Marokko, von Portugal in Westafrika, von Rußland in Tschetschenien. Diese Opfer seien stellvertretend für andere genannt. Deutschland hat es im Ersten und Zweiten Weltkrieg radikal angewandt. Die USA erhoben das *Scorched Earth Principle* zur obersten Strategie.
Bei dem Prinzip der verbrannten Erde handelt es sich um ein ausschließlich europäisches Vorgehen. Vergleichbare Analogien lassen sich in der Geschichte der Menschheit nicht nachweisen. Eroberer haben sonst Menschen, Lebensgrundlagen und Natur geschont, die Fruchtbarkeit des Bodens nicht angetastet und Mutter Erde verehrt. Für das „Prinzip der verbrannten Erde" haben Europa und die USA das Monopol. Kriegsgeschichtlich stehen sie mit ihren Methoden von Aggressivität und Destruktivität bis hin zur *Scorched Earth* einzigartig da. Die grausamste Anwendung des Prinzips der verbrannten Erde erfahren derzeit Irak, Afghanistan und Somalia. Der gesamte Lebensraum des Iraks wurde mit *Depleted Uranium* verseucht. Methoden zu seiner Beseitigung oder Neutralisierung sind nach meinem Wissen nicht bekannt. Der Boden des Iraks müßte auf großer Tiefe abgetragen werden, damit überhaupt wieder Leben unter erträglichen Bedingungen möglich wäre. Die extrem lange Haltbarkeit und Wirkung von *Depleted Uranium* machen die Angabe von Halbwertszeiten unerheblich. Kalkulationen geben Zehnerpotenzen an, die umgerechnet auf Millionen Jahre hinauslaufen. Die Emission des *Depleted Uraniums* macht vor keiner Grenze auf dem Globus halt. Krebserkrankungen in der Region und selbst bei den Soldaten der Aggressoren sind binnen weniger Jahre sprunghaft angestiegen.

Verbrannte Erde ist keine vorübergehende Plage. Auch in ferner Zukunft werden Generationen unter der jetzt militärisch verursachten Verseuchung von Boden, Gewässern, Luft und Biosphäre leiden. Es sei darauf hingewiesen, daß Toxine den Lebensraum nicht verlassen. Ihre Enddeponie ist der lebende Organismus oder die Biosphäre, das heißt, sie schlagen auf den Menschen zurück. Sie diffundieren, bis sie ihr Gleichgewicht erreichen, d.h. gleichmäßige Verteilung im Raum.
Uran (*undepleted*) hat eine Halbwertszeit von 47.000, Plutonium von 48.000 Jahren. Andere Schadstoffe haben kürzere oder längere Halbwertszeiten. Bei *Depleted Uranium* nehmen diese Werte um Zehnerpotenzen zu.
Jedenfalls gibt es auf Dauer keine schadstofffreie Zone mehr für den Menschen. Sollte das Verbrechen Krieg sofort eingestellt werden, müssen astronomische Zeiten verstreichen, bis wieder ein intaktes Lebensmilieu hergestellt wird.

Der Irak ist ein Land, in dem der US Way of War lehrwerkmäßig angewandt wurde. Andere Opfer seien nicht zu vergessen: Afghanistan, Somalia, Tschetschenien, Libyen und viele weitere Staaten, die während der Schreibung dieser Zeilen weiter unter US-NATO-Kriegsverbrechen leiden.
Es ist daran zu denken, daß die Folgen eines Krieges nie wirklich bereinigt werden können. Klinisch durchgeführte Studien weisen nach, daß heute noch Menschen an den Folgen des Dreißigjährigen Kriegs (1618-1648) leiden. Gemessen an den jetzt von USA, NATO und Israel eingesetzten Waffen war die Rüstung zur Zeit des Dreißigjährigen Kriegs relativ „bescheiden". Medizinische Forschungsergebnisse über die Folgen der französischen Aggressionen unter Napoleon oder des Ersten und Zweiten Weltkriegs werden, wenn überhaupt, nur selektiv publiziert. Fakten über gesundheitliche Kriegsfolgen stehen unter Verschluß, um nicht Antikriegsbewegungen auf den Plan zu rufen. Jeder Mensch auf der Erde trägt militärische Pathologien mit sich. Niemand ist frei davon.

Japan, Korea, Vietnam oder Ägypten sind auch heute noch Opfer der Kriege des zwanzigsten Jahrhunderts. Der Zweite Weltkrieg endete in Europa, wirkt aber in Afrika und Asien nach. Die europäischen und US-Aggressoren haben Kriegsstoffe zurückgelassen, die immer noch tödlich sind. Wer nicht stirbt, wird von Krankheiten heimgesucht. In der ägyptischen Region Nordwest sterben die Menschen heute noch an den Minen und Streumunitionen, mit denen Deutschland 1941-44 den Boden übersät

hat. Die Bundesrepublik, welche kriegsrechtlich die Verantwortung für ihre Beseitigung trägt, weigert sich, diese tödlichen Zeitbomben zu räumen. Sie besitzt sowohl die Verteilungskarten der Minen und Streubomben als auch die Technologie, darunter Minenräumungspanzer, zu ihrer Räumung.
Als weiteres Beispiel sei Marokko genannt. Auch heute sterben Menschen an der Wirkung von Giftgas, das in den 1920er Jahren von Spanien, Frankreich und Deutschland über den Maghreb abgeworfen wurde.

Genannt werden müssen auch die Folgen durch die bloße Produktion der Schadstoffe. Betroffen sind besonders die Arbeiter und Angestellten der Rüstungsindustrie und die Anwohnerschaft, aber auch die übrige Menschheit auf Hunderte und Tausende von Kilometern Entfernung. Die Emissionen gehen um den Globus und schonen keinen Organismus.
Eben war die Rede von gegenwärtigen Folgen lange beendeter Kriege. Nun kann man ahnen, wie es dort aussieht, wo die Völker immer noch unter dem Bombenhagel aggressiver Staaten leiden. Gegenwärtig am härtesten betroffen sind: Irak, Somalia, Jugoslawien, Kongo, Afghanistan, Libyen als Opfer von US-NATO-Aggressionen, Libanon, Palästina als Opfer Israels, Tschetschenien als Opfer Rußlands. Unbestreitbar aggressivste Macht sind USA und NATO. Betroffen sind neben den eben genannten Staaten weitere vierzig Länder, die keine Schlagzeilen machen; umso härter ist ihre Lage. Es sage niemand, er sei nicht betroffen.

US Strategy of Annihilation, Enemy people Strategy[10]

„*I want you to be bold, enterprising, and at all times full of energy, when you begin, let it be a campaign of annihilation, obliteration and complete destruction*", lautete die Weisung des US-Generalstabschefs.[11]
Der Ausdruck „Annihilation" wird nicht erst von mir eingeführt. Er ist der offizielle Befehl des Oberkommandos an die US-Armee. Den Begriff habe ich der militärischen Literatur, die zur regulären Ausbildung von Offizieren in den USA benutzt wird und studienpflichtig ist, entnommen. Die Militärakademien lehren, wie Annihilation radikal durchgeführt wird,

---

[10] der Begriff „*enemy people*" meint „Krieg gegen das Volk" und wurde von den USA zum strategischen Prinzip erhoben.

[11] Philip H. Sheridan, zit. nach: R. F. Weigley, The American Way of War – A History of United States Military Strategy and Policy, New York & London 1973, P. 153.

welche wirksamen Waffen dazu benötigt und wie sie eingesetzt werden, sowie die Logistik der Annihilation.

Mit den europäischen Siedlern kam das Annihilationskonzept nach Amerika. In Amerika wollten sie nicht mit den authentischen Völkern zusammenleben. Sie wollten ein Imperium ohne Indigenas gründen. Über ihrem Blut und ihren Leichen entstand die sogenannte neue Welt. In radikalster Form wurde die Annihilation durch die *Conquista* an den amerikanischen Völkern vollzogen. Als nächstes großes Opfer folgten die afrikanischen Völker. Die afrikanischen Menschen wurden zum Zweck ihrer Versklavung von Afrika über Europa nach Amerika verschleppt.

Bezeichnenderweise geht die Annihilation von Völkern mit dem Auslöschen ihrer Spuren aus der europäischen Literatur einher, als hätte es sie nie gegeben. Schüler erfahren nichts davon. Die Annihilation der Wahrheit ist die Folge. Medien schweigen sich darüber aus. Lüge herrscht vor.

Die Annihilation beschränkt sich nicht mehr nur auf militärische Handlungen. Annihilation von Völkern setzt die Annihilation des eigenen Bewußtseins und Gewissens voraus. In dieser Strategie findet die extreme Nekrophilie der USA ihren militärischen Ausdruck. Seit der Konstituierung der USA vor über 200 Jahren bis zum heutigen Tag führen sie die Annihilationsstrategie durch, soweit sie von den überfallenen Völkern nicht daran gehindert werden. Vernichtung von Völkern üben die USA immer dort aus, wo sie möglich und machbar ist. Rückblickend gesehen wurde die Annihilation von den europäischen Mächten und von den USA in allen Kontinenten praktiziert, aber keiner der Annihilationsanwenderstaaten bekennt sich zu seinen Verbrechen und der Bereitschaft ihrer Wiedergutmachung. Der Völkermord geht weiter.

Die Auslöschung eines Volkes ist das absolute Extrem des Verbrechens. Es ist nicht weiter eskalierbar. Die Kriegsgeschichte der USA ist die Geschichte der Ausrottung menschlichen Lebens. Opfer der radikalen Zerstörung von Lebensbedingungen und der physischen Liquidierung sind die Populationen des Südens überhaupt.

Die Annihilation war auch schon die Strategie des Bürgerkriegs, aus dem die USA in ihrer jetzigen Form hervorgegangen sind. Bis dahin und seitdem wird „Annihilation“ konsequent und schonungslos bei jeder Aggression gegen andere Völker durchgeführt. Das Volk wird nicht versehentlich, unbeabsichtigt getroffen – wie die Medien oft behaupten – sondern vorsätzlich, nach Plan und ausgearbeiteter Logistik. Die US-Aggression ist nach eigenen Angaben nicht, oder nicht vorrangig, gegen die feindliche Armee gerichtet. Garnisonen und militärische Einrichtungen sollen

schon samt den sich dort befindlichen Menschen vernichtet werden. Ziel aber sind das Volk und seine Lebensgrundlagen.
„Keine Überlebenschance!“, lautet der Befehl, es sei denn, die Menschen werden für taktische Absichten und Zwecke der Aggressoren gebraucht.

Durch die Auswertung des Krieges gegen Vietnam kam das US-Militär zu dem Ergebnis, daß ein Bodenkrieg für die USA aussichtslos ist. Daraus schlossen US-Strategen, diesem auszuweichen. Aus welchen Gründen auch immer konnten die USA und die NATO diesen Vorsatz nicht einhalten. Sie haben dem irakischen Volk und sich selbst die Katastrophe eingebracht. Das dramatische Ergebnis machte den USA klar, daß eine Bodeninvasion nicht nur für das Opfer, sondern auch für sie selbst zerstörerisch ist.
Auffällig ist, daß der US-Militarismus die Aggression zunehmend oder gar ausschließlich als Luftkrieg führt. Beispiele: Afghanistan, Somalia, Jugoslawien und Libyen.
Die einzig sinnvollen Lehre wäre die radikale Umkehr von Aggression und Krieg und der Weg des gütlichen Zusammenlebens und der friedlichen Koexistenz. Dazu erweisen sich USA und NATO als unfähig.
Ihre Konsequenzen sind weitere Rüstung, Ausbau der Luftwaffe und Kriegsmarine, vermehrter Einsatz von ferngesteuerten Systemen und unbemannten Flugkörpern sowie die Weiterentwicklung digitaler Angriffswaffen und SDI (*Strategic Defense Initiative*).

Die Annihilationsstrategie wurde von den Vereinigten Staaten weiterentwickelt und durch die militärische Forschung verfeinert. Sie ist nicht nur eine anerkannte Kriegsmethode, sondern das militärische Prinzip der US-Kriegsführung überhaupt.
„Annihilation“ im Sinne der Annihilationsstrategie bedeutet „Vernichtung“, „Auslöschen“, „Null und nichtig machen“. Die „Annihilation“ im US-Militarismus kennt keine Toleranz, keine Koexistenz, kein Lebensrecht der Völker. Was der US-Aggressor nicht gebraucht oder mitnimmt, vernichtet er, soweit er es kann, total. Schauen wir uns die Anwendung jetzt an! Blicken wir auf den Irak oder Afghanistan!
„Annihilation“ als Inhalt der Kriegsführung ist eine genuine Erfindung der Europäer. Bis vor tausend Jahren hat es zwar Kriege gegeben, diese waren jedoch reguläre Entscheidungsschlachten, die sich ausschließlich unter Armeen abgespielt haben. Die Völker außerhalb des unmittelbaren Kriegsgeschehens wurden nicht in Mitleidenschaft gezogen. Mord war auch im Krieg vorgesehen – als notwendiges Übel, niemals nur um zu töten analog dem US-europäischen Annihilationsprinzip. Auch der Feind

hatte ein Lebensrecht. Mord, der nicht notwendig ist, war, weil Kriegsverbrechen, geächtet.

Krieg als eine militärische Handlung wurde nach Möglichkeit vermieden oder höchstens in Ausnahmefällen als notwendiges Übel erachtet. Sollte er – als eine unausweichliche Ausnahme – geführt werden, so war er an strenge Moral und Ethik gebunden. Ein Katalog von Geboten zur Menschlichkeit und das Verbot der Mißachtung des Lebens hat den Handlungsspielraum der Soldaten eingeschränkt. Alle Beteiligten waren gebunden an das Prinzip der Achtung vor dem Leben – des Feindes und des eigenen. Die Zivilbevölkerung ist grundsätzlich zu schonen. Der Sieg entscheidet sich durch die überlegenere Strategie, bessere Logistik, wobei natürlich die Qualität der Waffen, die Ausbildung der Soldaten, ihre Courage und Moral die maßgebliche Rolle spielen. Die Überzeugung vom eigenen Standpunkt und vom Recht begründet die Opferbereitschaft der Kämpfer. Jede Möglichkeit von Friedensschluß muß genutzt werden. Keine Chance für einen Frieden darf ausgeschlagen werden.
Gerade die letztgenannten Aspekte fehlen bei den USA vollständig. Wenn sie sehen, daß es eine Angriffsfläche gibt und sie die Waffen besitzen, die in der Lage sind, den Gegner zu vernichten, machen sie keine Konzessionen.
Waffenstillstand fordern die USA nur, wenn sie sehen, daß sie in die Defensive geraten sind und keine Chance auf einen militärischen Sieg haben. Die Waffenruhe nutzen sie aber auch zur Aufrüstung und massiveren Aggression. Sie brechen den vereinbarten Frieden, wenn sie meinen, den Feind schlagen zu können.
Es ist durch die gesamte Militärgeschichte hindurch immer wieder bewiesen worden, daß die Soldaten der Aggressoren eine unmittelbare Konfrontation mit den Widerstandskämpfern nicht bestehen. Die Aggressoren fliehen oder kapitulieren, weil sie nicht aus Überzeugung kämpfen, und sie wollen auch nicht sterben, sondern Beute suchen und Geld verdienen. Die Annihilation ist eine Strategie der Feigheit.

Historisch haben die Europäer die „Annihilation“ eingeführt: Der europäische Krieg war schon immer ein Massaker gegen Völker in ihrem eigenen Lebensraum; so seit der *Reconquista* und den Kreuzzügen bis heute. Zunächst wurde die Annihilation durch die Kreuzfahrer im arabischen Osten, dann durch die sogenannte *Reconquista* in Andalus praktiziert. Die Kreuzzüge gegen den arabischen Osten und den arabischen Westen waren nichts anderes als Massaker an der Einwohnerschaft Anatoliens,

Syriens, Palästinas und in besonderem Ausmaß an den Völkern von Andalus.
Dann wurde die Annihilationsstrategie bei der Invasion Amerikas in radikalster Form angewendet. Ihr erstes Opfer waren die authentischen Völker Amerikas. Das Vernichtungsprogramm trug ganz offiziell den Titel *Annihilation of Native People* und wurde als uneingeschränkter Befehl an die Truppen erteilt und von diesen praktiziert. Das Militär sprach zum Teil von „Annihilation of Indian Fighters", aber auch dann galt der Genozid allen Indigenas.
Nach ihrem berüchtigten Erfolg in Amerika haben die Europäer den Aktionsradius der Annihilationskriege weiter ausgedehnt. Es folgten Afrika, Australien, Neuseeland, zahlreiche Inselstaaten und Völker in Asien. Im Dritten Reich wurde unter anderem die Annihilation gegen die muslimischen Völker in Osteuropa befohlen und praktiziert; von diesen spricht heute kaum jemand.
Größte Opfer der Annihilationsstrategie in der Neuzeit sind Vietnam 1946-75, der Irak seit 1991, Afghanistan wieder seit 2001 und Tschetschenien seit einem Jahrhundert.

In ihrer militärischen Fachliteratur geben die USA offen zu, den *Krieg direkt gegen das Volk*, gegen die Zivilbevölkerung, die als *Enemy people* bezeichnet wird, zu führen. Die US-Lehrbücher betonen, daß ein Krieg „Armee gegen Armee" zu vermeiden ist. Ziel ist das Volk. Dazu diene primär die Luftwaffe, weil sie in der Lage ist, in das Herz des Landes einzudringen und das Volk an all seinen Aufenthaltsorten zu erreichen. So wird das US-Militär ausgebildet von den höheren Stäben bis hinunter zu den Soldaten und Rekruten. Propagandistisch konstruieren die USA zwar ein beliebiges Feindbild, das nur auf eine umschriebene Gruppe, oft auch nur eine Einzelperson (z.B. den Präsidenten Jugoslawiens, Slobodan Milošević, des Iraks, Ṣaddām Ḥusain oder Libyens, Muʿammar al-Qaḏḏāfī) fokussiert, real führen sie einen Vernichtungskrieg gegen das Volk in seiner Gesamtheit. Völkermord geschieht direkt mit Massenvernichtungsmitteln, z.B. Uranium und anderen atomaren, radioaktiven Waffen, aber auch durch die Zerstörung der Versorgungsanlagen und Lebensbedingungen.

Es sei darauf hingewiesen, daß nach der US-Aggression gegen Vietnam und der Katastrophe durch die von den USA eingesetzten Massenvernichtungswaffen, z.B. TNT, Proteste gegen die US-Kriegsverbrechen laut wurden, auch innerhalb der USA. Aus dem weltweiten Protest haben die

USA nicht die Konsequenz gezogen, den Krieg als das absolute Verbrechen prinzipiell zu ächten, dafür sind sie dazu übergegangen, die Darstellung des Krieges anders zu gestalten. Der Krieg wird euphemisch präsentiert. Generationen von Journalisten, Redakteuren und Medienmitarbeitern werden so ausgebildet, daß sie den „schönen, akzeptablen Krieg" zeigen. Das Publikum hat es lieber, einen Film über einen echten Krieg, einen „Dokumentarfilm", zu sehen als einen rein erfundenen. Man erkennt, wie sehr der Krieg alle Lebensbereiche prägt, fälscht und entstellt.

Die Ausbildung des Personals für den US-Krieg

Die Ausbildung hat das Ziel, bei Offizieren und Soldaten moralische Empfindungen abzubauen und humanistische Einstellungen auszulöschen.
Ihr beruflicher Auftrag fordert die Zerstörung von Menschen und Nationen. Dazu müssen die Soldaten erst selbst zerstört werden, um andere zerstören zu können. Der so aufgebaute Unterricht findet natürlich bei den Auszubildenden nicht einfach ungeteilte Akzeptanz. Diskussionen zwischen Lernenden und Lehrenden finden statt. Ethische Bedenken werden geäußert. Die Ausbildungsbeauftragten antworten etwa: „Du sollst die Angelegenheit nicht moralisch betrachten. Du mußt auf die höheren Ziele schauen. Wir müssen weiter denken und in die Ferne sehen (...)". Mit diesen und anderen leeren Phrasen wird die Notwendigkeit des Krieges und des Angriffskriegs begründet. Eine vermeintliche Mission der USA wird suggeriert. Die Pax Americana, wie das Militär sie versteht, werde alle Weltprobleme lösen.

Wenn man mit Absolventen dieser Ausbildung ein Gespräch führt, erfährt man einiges vom Curriculum und seiner Vermittlung. Den Erfolg dieser Ausbildung sieht man daran, daß man bei den Absolventen kaum mehr etwas Menschliches feststellen kann.
Die militärische Fachliteratur für Ausbildungszwecke vervollständigt dieses Bild. Ich empfehle daher, US-militärische Lehrwerke anzusehen.
Der Annihilationsbefehl lautet stets auf restlose Vernichtung des gesamten angegriffenen Volkes, auf daß es keine Zeugen des Verbrechens mehr gibt. Daß heute in Amerika noch Indigenas leben, verdanken sie ausschließlich ihrem Widerstand. Andere waren für die europäischen Siedler unerreichbar, oder sie lebten im Verborgenen, so daß die Europäer von ihrer Existenz keine Kunde hatten.

Die „Annihilation“ blickt in den USA auf eine Geschichte von fast 250 Jahren zurück. Aber der US-Militarismus ist noch nicht gesättigt. Sie töten weiter. Der Annihilationskrieg ist inzwischen zu einem vollständigen, bis ins letzte Detail ausgebauten Angriffssystem ausgearbeitet und perfektioniert worden.

„Das Volk ist der Feind“, lautet die Leitlinie der US-Aggression.

Seit den frühen Anfängen warnt die Ausbildung des US-Militärs mit deutlicher Betonung vor der Führung eines Krieges gegen die feindliche Armee. Die Weisung an die Generäle und die Befehlsvermittlung von den Generalstäben bis zu den untersten Fußsoldaten lautet: Feind ist das Volk. Die Anwendung des Annihilationsprinzips setzt voraus, daß entsprechende Aufträge an die Forschungslabors, an die Atom-Arbeitsgruppen und an die Rüstungsindustrie erteilt werden.
US-Strategien betrachten den Krieg nicht als eine Entscheidungsschlacht zwischen zwei Armeen, wie er es schon immer gewesen war, sondern als „kollektive Annihilation“. Dieser Zielsetzung dienen die Herstellung und Anwendung der Waffen. Wird das Volk vernichtet, verschwindet seine Armee automatisch mit. Das Prinzip wird als *Enemy People Strategy* bezeichnet und ausgeübt. In den ersten Tagen der Aggression werden die Versorgungsanlagen des Opferlandes außer Betrieb gesetzt, Wasser- und Elektrizitätswerke gesprengt, die Nahrungsmittelproduktion und andere lebenswichtige Einrichtungen zerstört. Es folgt die Verseuchung von Boden, Luft und Gewässern. Infolge der Verseuchung treten Epidemien auf. Als die USA 1998 den Sudan angegriffen haben, zerstörten sie zuallererst treffsicher die wichtigste und einzige Medikamentenfabrik des Landes „Maṣnaʿ aš-Šchifāʾ, die Pharmaproduktion ‚Heilung’“.
Die *Strategy of Annihilation* bildet den Grundstein des US-Militarismus seit den Anfängen und wurde seitdem nie revidiert.

> „ *'The Founding of American Strategic Studies' is in principle as follows: 'It was indispensable to annihilate armies and resources, to place every rebel force where it had no alternative but destruction or submission, and every store or supply of arms or munitions or food or clothes where it could be reached by not rebel army'.* “[12]

[12] Adam Badeau, Military History of U. S. Grant, 3 Vol., New York (Appleton) 1882, III, P. 644; R. F. Weigley, The American Way of War – A History of United States Military Strategy and Policy, New York & London 1973, P. 128.

Zur radikalen Anwendung des Annihilationsprinzips gehört die Vorab-Zerstörung der Fluchtwege, Bunker und anderer Asylmöglichkeiten. Diese Logistik haben die USA modellhaft seit 1991 in ihrer Aggression gegen den Irak (Beispiel al-ʿĀmirīya) praktiziert. Vervollständigt wird die Annihilation durch die Zerstörung der existenzsichernden Infrastruktur.
Die USA haben alle Wissenschaften in den Dienst der militärischen Forschung gestellt. Dazu gehört die Ermittlung neuerer subtilerer Methoden der Annihilation: Arbeitsgruppen werden eingerichtet für den Zweck der Entwicklung neuerer Atomwaffen, welche die klassischen Typen ersetzen sollen, aber dennoch nicht weniger wirksam sind.
Eine Horrorvision bereitet den Menschen auch die Gentechnologie in militärischen Labors in den USA und Europa. Der Imperialismus sieht darin einen Vorteil, daß das Produkt unsichtbar und unauffällig eingesetzt werden kann, riskiert aber auch die unüberschaubaren Folgen.
Das Annihilationsprinzip bleibt und wird weiter perfektioniert. Dennoch ist ein militärischer Sinn des US-Krieges gegen das Volk nicht rational abzuleiten. Das Volk ist für den US-Militarismus offensichtlich gefährlicher als die Armee. Der militärische Sinn der *Strategie des Enemy People* ist mit den Begriffen „Sieg und Niederlage“ nicht zu erfassen. Ein nicht vorhandenes Volk kann nicht besiegt werden.
Die historische Erfahrung beweist jedoch, daß sich die angegriffenen Völker nicht ergeben, sondern ihre Freiheit bis in den Tod verteidigen. Vieles haben USA-NATO nicht begriffen: Keine „Wunderwaffe“, so zerstörerisch sie auch sein mag, wird den Freiheitswillen brechen können.

Wer einen Krieg beginnt, hat ihn schon verloren.

Aggressionen sind barbarische, irrationale Handlungen, die keinen Raum für Vernunft und Politik lassen. Wer einen Krieg beginnt, hat ihn auf jeden Fall politisch und moralisch schon verloren. Hinzu kommen die Vernichtung ungeheurer Werte, der irreversible Verlust wertvoller Stoffe und Materialien, die Verschwendung des kostbaren Erbes der Menschheit an Ressourcen, Energie und Rohstoffen, die Verseuchung des Bodens, der Gewässer, der Luft und der Biosphäre. Zuallererst anzuführen und allergrößte Katastrophe ist die Ausrottung des Lebens.
Nicht genannt haben wir die Selbstzerstörung. Wer andere zerstört, muß zuallererst sich selber zerstören. Krieg ist nicht destruktiv und autodestruktiv. Krieg ist autodestruktiv, folglich destruktiv.
Für die USA ist die Vernichtung des Lebens kein *side-effect*, sondern Programm. Krieg gegen das Volk ist ethischer Kollaps, ist der totale Konkurs

auf allen Ebenen menschlichen Seins. Wer den Angriffskrieg führt, hat ihn moralisch und ethisch schon verloren und ist zur ewigen Verdammung verurteilt.
Die ***US Strategy of Enemy People*** – Krieg gegen das Volk – ist das Extrem aller Verbrechen, die Menschen je begehen können. Er ist absoluter menschlicher Bankrott. Völkermord ist der Endpunkt einer jeden menschlichen Kriminalität. Er ist nicht steigerungsfähig. Die USA führen den Krieg gegen das Volk methodisch, nach Plan, radikal, rücksichtslos, nicht taktisch, sondern strategisch. Im Krieg gegen das Volk konzentrieren sich Unmoral und Menschenverachtung zum unvorstellbaren Exzeß. Nur Menschen, die sich selbst total zerstören, sind in der Lage, andere zu zerstören.

Elftes Kapitel
Der subversive Krieg der USA

Neben dem sichtbaren Krieg führen die USA und andere imperialistische Staaten einen unsichtbaren. Die Opfer sind sowohl Einzelpersonen als auch ganze Gruppen. Dieser nicht erklärte, von der Presse nicht registrierte, von den Medien bewußt ignorierte Krieg hat jene Kräfte im Visier, die in einem Land Erneuerung, Fortschritt und Aufstieg versprechen und dabei die Notwendigkeit der Befreiung von imperialistischer Bevormundung erkennen. Meist handelt es sich um formal selbständige, souveräne Staaten, die jedoch durch strukturelle, Abhängigkeit schaffende Beziehungen politisch, ökonomisch und monetär an den Imperialismus gebunden sind. Durch diese Kräfte, welche die grundsätzliche Befreiung als Voraussetzung einer echten Unabhängigkeit und eigenständigen Entwicklung anstreben, fühlen sich die USA höchst bedroht. Darauf antworten sie nur mit Staatsterrorismus, um die Existenz dieser humanen Leuchttürme auszulöschen. Dafür haben sie ein Rezept, das sie als „chirurgische Operation" bezeichnen, d.h. so früh und so radikal wie möglich den Keim des Antiimperialismus vernichten.
Ein besonderer Wirkungsbereich imperialistischer Agenten richtet sich gegen Protagonisten. Diese sind Pioniere, die einen neuen Weg einschlagen wollen mit Aussicht, Popularität zu gewinnen. Ihr Konzept sieht eine grundsätzliche Veränderung, umfassende Erneuerung, innere und äußere Befreiung vor. Eben darum trachten ihnen imperialistische Agenten nach dem Leben.
Ein beliebiges Land der Welt verändert sich nicht schlagartig, nicht in einem Augenblick. Es braucht Zeit und die Leader, die über genügend Weisheit, Weitsicht und Klarheit verfügen, um das Volk zu führen und den Staat zu erneuern. Mit großer Aufmerksamkeit verfolgen die USA diese Personen, um sie zu erkennen und zu beseitigen. Gerade dieser Personenkreis bildet die Spitze jener Gruppen, welche im Schußfeld des Imperialismus stehen. Die USA wollen, daß der Süden rückständig bleibt, in politischer Finsternis verharrt, von außen gesteuert wird und nur noch nach imperialistischer Weisung handelt.

Zu den Aufträgen der Sonderkommandos zählt die Beseitigung von den USA unerwünschten Staatsoberhäuptern, Regierungschefs und anderen Politikern, die eine antiimperialistische Linie verfolgen. Die Sonderkom-

mandos liquidieren ganze Kabinette oder einzelne Vertreter. Spezialagenten wenden unterschiedliche Methoden an. Diese reichen von der Vergiftung einzelner Personen über die Inszenierung von Unfällen bis zur Sprengung von Sitzungs- und Versammlungsräumen.
Wenn über staatlich organisierte politische Attentate überhaupt berichtet wird, heißt es „rätselhafter Mord", „Fall ungeklärt", „Motiv unbekannt" u.ä. Im Todesfall einzelner prominenter Persönlichkeiten bringen die Medien eine Notiz von der Art: „Verkehrsunfall", „großes Unglück", „Tod auf der Straße", „zuhause tot aufgefunden", „unter ungeklärten Umständen ermordet" usw. Nicht selten ist der Badewannentod; politische Vergiftung, Laserwaffen kommen oft vor.
Der plötzliche Tod von Persönlichkeiten, die bereits in der Führung standen, hat schon immer weltweite Bewegtheit ausgelöst. Die Finger zeigen stets auf die Agenturen des Imperialismus, die zur Verübung solcher Verbrechen eingerichtet sind.

Die Opfer imperialistischer Exekutionen sind unzählbar. Stellvertretend seien einige Persönlichkeiten genannt, deren Tod den Autor zutiefst bewegt hat. Wir nennen einige Opfer von heimtückischem Mord:
- Graf Bernadotte, ermordet während einer Reise im Auftrag der UNO am 17. September 1948,
- Patrice Lumumba, Präsident des Kongos, ermordet am 17. Januar 1961,
- Che Guevara, ermordet am 09. Oktober 1967,
- Martin Luther King, exekutiert am 04. April 1968,
- Präsident Gamāl ʿAbd an-Nāṣir, ermordet am 28. September 1970,
- Salvadore Allende, Präsident der Republik Chile, ermordet am 11. September 1973 durch von den USA gesteuerte Putschisten,
- Präsident Houari Bou-Medienne, ermordet am 27.12.1978,
- Hawwārī bū-Midian Qayyūm Rahbar, ermordet am 27. Januar 1990;
- Rahbar war Präsident der SAMA, des Bündnisses der afghanischen Organisationen gegen Besatzung, und ein persönlicher Freund des Verfassers.
- Yāsir ʿArafāt, langjähriger Präsident der PLO und erster Staatspräsident der Arabischen Republik Palästina. Er starb infolge eines Gift-Attentats am 11. November 2004.

Das sind wenige Namen, symbolisch genannt, stellvertretend für viele berühmte und weniger berühmte Politiker. Hunderttausende von Freiheitskämpfern wurden durch den subversiven Krieg des Imperialismus physisch liquidiert. Sie wollten nichts anderes als die Freiheit ihrer Völker. Hierbei handelt es sich nur um Opfer des *subversiven Kriegs*, jene also, die im Amtssitz, bei öffentlichen Reden, auf dem Weg, im Schlafzimmer, bei Speisung durch Vergiftung oder bei anderen Anlässen heimtückisch ermordet wurden.

Gegenstand des subversiven Kriegs ist nicht der andere Krieg des Imperialismus, der offen geführt wird und dem Völker und Befreiungsbewegungen ausgesetzt sind. Die Zahl der Opfer der *Counterinsurgency* sind ungezählt.

In diesem Kapitel behandeln wir hingegen nur den subversiven Krieg, der gezielte Anschläge gegen Führungskräfte, fortschrittliche Leader und antiimperialistische Persönlichkeiten verübt, die imstande sind, dem Volk eine Orientierung zu geben und die Befreiungskämpfe anzuleiten und zu führen.
Prominente Personen, deren Fälle bekannt geworden sind, so tragisch ihr Tod auch ist und so unentbehrlich sie waren, stellen indes prozentual nur einen sehr kleinen Teil des tatsächlich betroffenen Spektrums politischer Märtyrer dar. Die große Mehrheit der Opfer macht keine Schlagzeilen. Diese werden still und heimlich beseitigt, bevor sie große Bekanntheit erfahren und in den Volksmassen verankert werden können. Aber schon dann intervenieren die USA, um den weiteren Emanzipationsweg der Völker zu sabotieren. Sie wollen den Menschen jede Hoffnung auf echte Freiheit und Gerechtigkeit zerstören.
Ehrenhaft starben unzählige Freiheitskämpfer mit der Waffe in der Hand im Widerstand gegen Imperialismus und seine Lakaien, um sich und ihre Völker vom Joch der Fremdherrschaft, Unterdrückung und Ausbeutung zu befreien.
Die Annahme, die USA und mit ihnen der imperialistische Block zielten nur auf die Elite ab, ist falsch. Die Zielgruppen der physischen Liquidierung werden sehr weit gefaßt. Sie sind nicht nach Alter oder eng definierten Kriterien begrenzt. Beseitigt werden sollen – würde es allein nach dem imperialistischen Willen gehen – möglichst alle, die einen spürbaren Beitrag zur Unabhängigkeit und Souveränität ihrer Völker leisten können.
Die politischen Morde beschränken sich nicht auf Einzelpersonen, sondern umfassen auch ganze Gruppen, die eine Aufgabe im antiimperialistischen Kampf haben.

Die klassischen Bilder – die reguläre Armee schreitet gegen die Aufständischen ein oder uniformierte Soldaten zerschlagen die Revolution – haben sich inzwischen ausgeweitet. Vermutlich war Frankreich der erste imperialistische Staat, der seinen kriminellen Krieg gegen widerständische Bewegungen nicht nur durch das Auslöschen ganzer Ortschaften samt ihren Bewohnern führte, sondern auch durch den Versuch, die Gemeinschaften zu unterwandern, um die den Befreiungskampf tragenden Kräfte bis weit in ihre Schlafräume zu verfolgen, sie physisch zu liquidieren und der antiimperialistischen Abwehr die Spitze zu brechen. In Algerien versuchte Frankreich, seinen Krieg gegen die FLN und das Volk von den Wurzeln her zu führen. Seine Agenten infiltrierten die algerische Hauptstadt, um ihre Befreiung „von unten her“ zu sabotieren. Frankreich scheiterte, hat dennoch Schule für andere imperialistische Staaten gemacht. Allen gemeinsam ist, daß sie dem Emanzipationsprozeß der Völker keinen freien Lauf lassen wollen.
Als weiteres Beispiel nennen wir das vom CIA eingerichtete Sonderkommando *Operation Condor*. Es wurde im Jahr 1975 in Zusammenarbeit mit dem französischen Geheimdienst und der damaligen Militärjunta in Chile unter General Pinochet (durch einen von der CIA gesteuerten Putsch an die Macht gekommen) aufgestellt. Wirkungsbereich von *Operation Condor* und Parallelorganisationen ist ganz Südamerika. Es arbeiten auch andere Geheimorganisationen der USA in faktisch jedem Staat des amerikanischen Doppelkontinentes. Analog bilden die USA Agenten und Sonderkommandos für andere Kontinente und einzelne Länder aus. Die Bekämpfung antiimperialistischer Tendenzen und deren organisatorischer Träger gehörte schon immer zu den absoluten Prioritäten des Weißen Hauses.

Die wichtigsten von den USA ausgebildeten und gesteuerten Banden sind die zahlreichen „Todesschwadronen“. Es wird unterschätzt, wie viele Hunderttausende Pioniere und antiimperialistische Widerstandskämpfer Jahr für Jahr in allen Kontinenten durch von den USA und anderen NATO-Staaten finanzierte, bewaffnete und eingesetzte Todesschwadronen physisch liquidiert werden.

Für jeden Kontinent richten die USA Sonderkommandos ein, deren Aufgabe die Verfolgung und Beseitigung antiimperialistischer Strömungen ist. Der Begriff „antiimperialistisch“ wird aber von den USA sehr weit gefaßt, so daß selbst Wissenschaftler, Erfinder und Theoretiker auf der Todesliste stehen. Dramatischstes Beispiel dafür ist der Irak seit 1991, wo

Wissenschaftler, Schriftsteller, Künstler und Lehrer von US-Sonderkommandos gezielt verfolgt und ermordet wurden, um den Irak kulturell und bildungsmäßig in das Mittelalter zurückzuwerfen.
Alle imperialistischen Staaten bilden Todesschwadronen aus und entsenden sie besonders in Gebiete, wo Guerillas und Freiheitskämpfer aktiv sein können. Todesschwadronen ist es gelungen, durch heimtückische Anschläge die Völkerbefreiung um Jahre zurückzuwerfen.
Den Befreiungskampf subversiv und planmäßig zerschlagen zu wollen, hat zuallererst Frankreich in Algerien versucht. Die gemeinen Anschläge der französischen Unterdrücker waren für die FLN und das algerische Volk sehr verlustreich. Dennoch ist es Frankreich nicht gelungen, das Rad der Geschichte zurückzudrehen. Die französischen Invasoren wurden vertrieben, Algerien 1961 vollständig befreit.
Von den USA und den übrigen imperialistischen Staaten angeheuerte und ausgebildete Todesschwadronen haben große mörderische Aktionen in Brasilien, Argentinien, Mexiko, Guatemala, Chile, Nicaragua, El Salvador, Puerto Rico, Peru, Honduras und anderen Ländern durchgeführt. Die Anschläge kosteten unzähligen Menschen das Leben und warfen die Revolution weit zurück.

Außer den Todesschwadronen existieren Spezialtrupps und Sonderkommandos für spezifische Aufgaben. Counterarmeen werden für besondere Regionen eigens ausgebildet (z.B. die UÇK zum Einsatz im Kosovo). Ausgebildete Agenten unterwandern das widerständische Gefüge und infiltrieren politische und soziale Zusammenhänge. Die imperialistische Widerstandsbekämpfung ging sogar soweit, Sondertrupps zu tarnen, als wären sie eine Fraktion im Befreiungskampf. Auftrag der Countertrupps kann auch die Liquidierung einer ganzen Befreiungsbewegung sein.

In allen sechs Kontinenten beobachten US-Agenten die Entwicklung des antiimperialistischen Bewußtseins. Personen, die für den Auf- und Ausbau der antiimperialistischen Kampf- und Solidaritätsfront bedeutsam sein können, werden möglichst im Vorfelde ihres öffentlichen Bekanntwerdens exekutiert. Je mehr sie Massenbasis gewinnen, um so gefährdeter sind sie. Die USA sehen ihren hegemonialen Anspruch auch dann als bedroht an, wenn ein Journalist auf ihre Rolle hinweist und vor ihrer Gefahr warnt.
Der Aktionsradius der Exekutionen durch imperialistische Agenten und Todesschwadronen wurde weiter ausgedehnt. Auch Personen, die nicht im engeren Sinn den politischen Kampf führen, sondern nur als Wissenschaftler maßgeblich zum Fortschritt ihrer Länder beitragen können,

leben gefährlich. Sie gehören zu den potentiellen Opfern des heimtückischen subversiven Kriegs des Imperialismus.

Was können wir tun?

Gerade die Flucht des imperialistischen Staats in die Institutionalisierung des Verbrechens als Alternative zur Freiheit manifestiert seinen Verfall. Der antiimperialistische Kampf wächst unaufhaltsam weiter.
Alle imperialistischen Staaten führen den subversiven Krieg gegen Antiimperialistinnen und Antiimperialisten durch. Jenseits der Gerichte, der Strafverfolgung und des Strafvollzugs jagen Spezialagenten Oppositionelle, Dissidenten, Kader, Funktionäre und potentielle Leader und Teamer. Sie werden beobachtet und physisch liquidiert. Auch dort, wo Gruppen sich nach außen abschirmen, werden sie mit Hilfe subversiver Mittel und Spitzel ausfindig gemacht und gezielt beobachtet.
Aber allein das Wissen über diese Tatsachen gewährt den ersten Schritt zu Schutz und Selbstschutz.
Dem mörderischen Krieg des Imperialismus gegen Völker, Gruppen und Individuen, die seinen Weg nicht gehen, sind wir nicht hilflos ausgeliefert. Sehr wichtig ist es, die heimliche Politik imperialistischer Staaten öffentlich anzuprangern. Die Repression in jeder Form soll öffentlich gemacht werden.

Inzwischen sind die Menschen in der ganzen Welt des schmutzigen Kriegs des Imperialismus gewahr. Staaten, welche vor keinem Verbrechen zurückschrecken, geraten zunehmend in die Isolation, denn mit diesen gemeinen Handlungen erklären sie offen ihren eigenen politischen und moralischen Bankrott.
Überall, wo Freiheitskämpfer und -führer Opfer imperialistischer Attentate werden, erkennen die Menschen sofort die Handschrift der Feinde der Menschheit. Diese Fälle müssen breit bekannt gemacht werden. Die Menschen müssen über den Imperialismus und seine schmutzigen Kriege informiert werden. Die Namen der Opfer von Anschlägen müssen laut gerufen, die Umstände aufgeklärt werden.
Überall in der Welt wird die Parole laut: *Ami go home!*

Folter und illegale Hinrichtungen müssen an den Pranger gestellt, Staatsterrorismus und *Criminal Empires* muß das Handwerk gelegt werden.

Im Angesicht der anhaltenden europäischen Aggressionen sah sich die Menschheit – aus Ohnmacht heraus – veranlaßt, Regeln aufzustellen, welche unter allen Umständen beachtet werden müssen. Hierzu zählen die Genfer und die Menschenrechtskonventionen der Vereinten Nationen. Die Würde des Menschen ist unantastbar, sagt die UNO-Charta. Völker müssen verschont werden und unversehrt bleiben. Die Sicherheit eines jeden Volkes ist von Freund und Feind zu garantieren. Leben ist heilig.

Diese Grundsätze der Moral werden von USA und NATO verachtet. Die US-Aggressoren führen keine Kriege, sondern Völkervernichtung durch. Die Zerstörung des Opferstaats wird von ihnen gründlich und radikal vollzogen, auf daß er nicht so schnell wieder aufsteht.
Die überwältigende Mehrheit der Weltbevölkerung sagt Nein zu Imperialismus und Krieg. Jede Bewegung baut auf Leader und Multiplikatoren auf. Der Imperialismus wirkt dem Fortschritt entgegen. Er ist bestrebt, die Hoffnungen der Menschen auf Befreiung und Gerechtigkeit an den Wurzeln zu ersticken.
Den subversiven Krieg führen USA und NATO international.
International ist auch der antiimperialistische Widerstand.
Größte Waffe gegen den Imperialismus sind die Bildung und der Aufbau der weltweiten Solidaritäts- und Kampffront.

Zwölftes Kapitel
Völkervernichtung

Inhaltsübersicht

1. Seit ihrer Gründung begehen die USA Völkermord
2. *Cluster Bombs*, Streubomben, Streumunition und Minen sind Krieg gegen das Volk
3. Völkervernichtung mit anderen Waffen

Die Tatsache, daß ein Krieg geführt wird, ist Ausdruck des Zusammenbruchs menschlichen Verstandes. Anstelle der Vernunft handelt die Irrationalität. Vor Beginn der europäischen Aggressionen im Jahr 1054 war es der Menschheit gelungen, Kriege zu ächten, den Militarismus zu beenden, Weltfrieden und Gerechtigkeit zu verkünden und zu verwirklichen.

Seit ihrer Gründung begehen die USA Völkermord

Westliche Lehrwerke und Schulbücher präsentieren den Krieg als ein Phänomen, das die Menschheitsgeschichte schon immer begleitet hat. Diese Darstellungsweise ist unwahr. Wenn ein Krieg in der Vergangenheit stattgefunden hatte, so war er in keiner Weise mit dem gegenwärtigen Imperialismus vergleichbar. Er war umzirkelt, umzingelt und limitiert, auf die beteiligten Armeen beschränkt. Die Zivilbevölkerung wurde geschont.

Seit ihrer Gründung vor über 220 Jahren führen die USA Kriege. Es sind Kriege gegen friedfertige Völker, welche den USA nichts angetan haben, es sei denn Gutes zum Wohl der amerikanischen Mitmenschen. Bei keinem ihrer Kriege achten die USA auf Konventionen oder gar minimale Regeln der Moral. Sie führen keinen Krieg „Militär gegen Militär". Es sind stets Menschenvernichtungskriege. Die US-Aggressionen waren in keinem einzigen Fall legitim oder moralisch gerechtfertigt. Zudem handelte es sich stets um irrationale Kriege. Bei allen Kriegen gaben und geben die USA den friedlichen Alternativen keine Chance.
Aggressionen sind an sich ein Verbrechen, das größte, das Menschen je begehen können. Die USA und die NATO führen Aggressionen, die in

keinem Fall berechtigt sind, verwenden dabei schreckliche Waffen und schrecken vor keinem Kriegsverbrechen zurück.

Cluster Bombs, Streubomben, Streumunition und Minen sind Krieg gegen das Volk

Minen und Streubomben wurden in Deutschland entwickelt. Zum ersten Mal sind sie 1941 vom „Deutschen Afrikakorps“ gegen Ägypten eingesetzt worden. Das Deutsche Afrikakorps verminte die gesamte Region Nordwest-Ägyptens. Von dort westwärts wurde ganz Nordafrika vermint. Auf diese Weise fanden Hunderttausende von Menschen den Tod.
In keinem einzigen Fall hat die Bundesrepublik als Rechtsnachfolger des Dritten Reichs Wiedergutmachung an die betroffenen afrikanischen Völker geleistet, sondern nur an zwölf europäische Länder und an Israel.
Bis heute sterben Menschen in Nordafrika durch von Deutschland und Frankreich abgeworfene Streumunition.
Die meisten Opfer von Streumunition sind Menschen aus der Zivilbevölkerung. Sie werden auf dem Weg zu ihrer Arbeit oder bei ihren alltäglichen Aktivitäten getroffen. Bei der Tätigkeit auf den Feldern oder unterwegs zur Fabrik, auf der Straße zur Schule oder zum Einkaufen, beim Hüten von Herden oder beim Holzsammeln, beim Wasserholen, Spielen oder auf dem Heimweg sterben die Menschen durch die Berührung einer Mine, die unterhalb der Erdoberfläche liegt.

Minen sind die älteste Gattung der Streuwaffen. Das Deutsche Afrikakorps verstreute zwischen 1941 und 1944 schätzungsweise zehn Millionen Minen in der ägyptischen Westlichen Wüste. Für das übrige Nordafrika waren es mehrere weitere Millionen. Die Minen sind leicht, dünn, vergraben sich unterhalb der Erdoberfläche und können mit Sanddünen wandern. Sie liegen dort unauffällig und warten still auf das ahnungslose Opfer. Gegenwärtig beobachten wir, daß sie auch mehrere Jahrzehnte später immer noch aktiv und explosionsbereit sind. Sie explodieren erst, wenn sie berührt werden.
Die deutschen Einsätze von Minen und Streumunition, zuallererst gegen Ägypten, dann auf dem Boden der Sowjetunion, treffen nicht allein Soldaten, sondern ebenso und in stärkerem Maß die Zivilbevölkerung. Seit ihrer Erfindung scheinen die Streumunitionen auf die imperialistischen Staaten großen Eindruck gemacht zu haben. Sie werden als eine Erfolgswaffe betrachtet und weiterentwickelt. Seitdem sind viele Varian-

ten produziert worden, welche die erste Generation an mörderischer Kraft übertreffen. Um die Streumunition wirkungsvoller zu machen, das heißt ihre tödliche Wirkung zu steigern und sie vor Abräumung von seiten des heimgesuchten Volkes zu sichern, werden sie kleiner, feiner, gleichwohl massiver konstruiert.
Die USA stehen jetzt mit Abstand an der Spitze aller Staaten, welche Streumunition produzieren und einsetzen.

Streumunitionen sind dazu bestimmt, einen großen Umkreis zu entvölkern. Sie verteilen sich über breite Räume und explodieren sukzessive über längere Zeit – bis auch die letzte Munition freigesetzt wird. Sie sind also nicht nur, oder nicht hauptsächlich, für die Sofortwirkung entwickelt wie andere Waffen, die beim Angriff eingesetzt werden, sondern für den kontinuierlichen Mord an der Zivilbevölkerung vorgesehen.

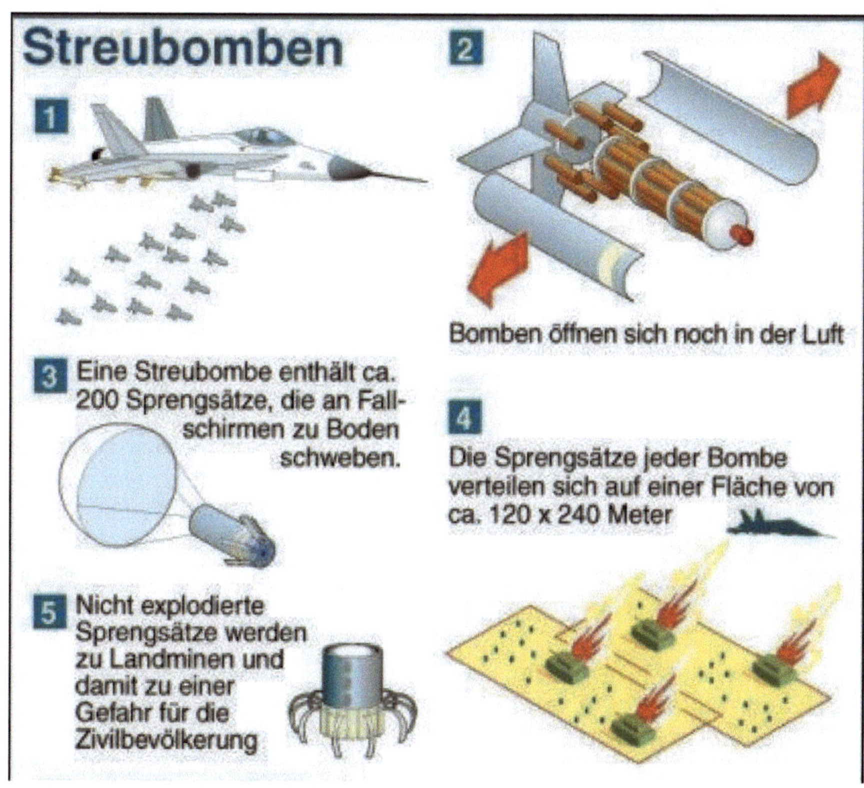

Streubomben sind Bomben, die mit kleiner Streumunition gefüllt sind. Diese Bomben enthalten Hunderte bis Tausende winzig kleine Streumunitionen. Die enthaltene Munition wird auch als „Submunition“ oder *Bomblets* bezeichnet. Die Streubomben können mit Minen oder mit Streumunition und Minen bestückt werden.
Der Zweck von Streubomben ist, breiteste Flächen mit der Mordwaffe zu bedecken. In Minuten kann ein mehrere Millionen Bürger zählendes Gebiet mit den tödlichen Streubomben bedeckt werden. Die Streubomben machen keinen Unterschied zwischen Militär und Zivilbevölkerung. Der Streubombeneinsatz ist Staatsterror.
Gegenwärtig setzen USA und NATO Streumunitionen gegen Völker in Asien und Afrika ein. Tschetschenien wurde von Rußland mit Streumunitionen übersät.

Hauptopfer des Streumunitionenkriegs von USA und NATO sind Irak, Afghanistan, Libanon und Somalia. Die Streubomben mit ihren vielen kleinen explosiven Munitionsteilen werden über weite Flächen gestreut. Sie decken große Lebensräume ab. Bei Berührung explodieren sie. Wer durch Streumunition nicht stirbt, wird schwer verletzt oder lebt für immer behindert. Wer nicht verunglückt, muß auf Dauer mit der Angst leben, es könnte irgendwann, irgendwo explodieren. Streumunition dient dem Zweck, Territorien in einen großen Friedhof zu verwandeln. Überlebende sind umgeben von mörderischen Partikelchen. Menschen, die sich dort bewegen, werden vom Tod verfolgt. Übrig bleiben nur organische Spuren. Die Lebenden müssen mit dem Horror fertig werden.

Blindgänger nennt man im militärischen Jargon jene Streubomben, die nicht sofort explodieren. Diese warten nur auf den nächsten Passanten, um ihre tödliche Ladung freizusetzen. Die Bomben bleiben so lange aktiv, bis sie explodieren. Eine Streumunition tötet immer, wenn nicht sofort, dann später. Eine liegengebliebene Bombe kann auch Jahre oder Jahrzehnte nach ihrem Abwurf ihre Opfer treffen. Wie wir in Ägypten sehen, töten die ruhenden Streumunitionen immer noch im siebten Jahrzehnt, nachdem sie vom Deutschen Afrikakorps gestreut wurden.

Das Anwendungsprinzip von Streubomben und Streumunitionen ist ebenso einfach wie skrupellos. Enorme Mengen werden über dem Zielgebiet abgesetzt. Ein Container wird mit *Bomblets* gefüllt. Er öffnet sich, verteilt die Submunition und bildet so einen explosiven Teppich, der eine mehrere Hundert Quadratmeter große Region abdeckt.

Streubomben werden über große Flächen verstreut, von Flugzeugen abgeworfen, von Raketen verschossen oder von Haubitzen abgefeuert. Ein Land kann in wenigen Minuten durch Flugkörper mit einem Teppich von Streumunition bedeckt werden.
Die von Flugzeugen abgeworfenen Streubomben öffnen sich in einer vorprogrammierten Höhe. Sie setzen ihre tödliche Fracht während des Abflugs frei. Wenn die Maschine die vorgesehene Strecke zurückgelegt hat, ist im Einzugsgebiet niemand mehr sicher. In Sekunden verwandelt sich eine Wohngegend oder ein Erholungsparadies in eine Hölle. Plötzlich sind Schreie von überall zu hören.
Beispiel: Eine Salve des Raketenwerfers MLRS – deutsches Produkt – verstreut innerhalb weniger Minuten 8.000 Stück Streumunition über ein Gebiet von einem Quadratkilometer (entspricht 150 Fußballfeldern). Ein Territorium wird nicht nur einmal, sondern mehrere Male bestreut, auf daß keiner überleben soll. Die kartographierten Regionen überschneiden sich, um keine Lücken oder Freiräume offenzulassen. Die Region wird wiederholt bombardiert, die Landfläche unbewohnbar gemacht.

Nicht zu unterschätzen ist die psychologische Wirkung der Streumunition. Bei den Überlebenden besteht eine Todesfurcht und Dauerpanik vor einer tödlichen Überraschung. Streubomben explodieren nach einem eingebauten Zeitplan: Zwei Drittel beim Anschlag, bis zu einem Drittel später. Dieser Anteil wartet auf Menschen, die sich nähern oder die Munition berühren. Das Opfer wird getötet oder verstümmelt. Auch wenn eine Wohnsiedlung oder einzelne Wohnhäuser nicht betroffen sind, werden die Überlebenden trotzdem isoliert. Sie leben wie im Gefängnis auf einer Insel mitten im Meer. Sie sind umzingelt von explosiver Munition. Ein Gang zur Schule, zum Arbeitsplatz, zum Feld, zur Wasserquelle, zum Einkaufen, zur Bäckerei oder sonstwohin kann tödlich enden. Kinder und Jugendliche unter 18 Jahren machen 40 Prozent (!) aller Opfer aus und sind anteilig stärker betroffen als ältere Jahrgänge. Landwirtschaft, Einfahren der Ernte, Weiden- und Herdeführung sind unmöglich.

Cluster Bombs: Cluster ist eine große Menge von Bomben, die entsprechend breitflächig gestreut werden. Sie entzünden sich simultan, dann aber unaufhaltsam in Serien. Es brennt wie in der Hölle. Sie explodieren teilweise beim Anschlag, der Rest erst, wenn auf sie getreten wird.
Cluster sind eine furchtbare Waffe. Sie sind gegen die Zivilbevölkerung gerichtet. Sie lösen die „Tausend-Bomber-Schläge" ab, die England über deutsche Städte 1943 abgeworfen hat. Ein Cluster übertrifft bei weitem

das englische Millennium, denn die Streubomben werden flächendeckend abgeworfen und brennen vom Augenblick des Anschlags an. Menschen im betroffenen Gebiet haben eine sehr geringe Überlebenschance. Viele sterben sofort. Wer seine Verletzungen überlebt, bleibt auf der Stelle gefangen, denn es brennt überall. Ein Fluchtversuch kann tödlich sein, denn der gesamte Bezirk ist bestreut und steht in Flammen. Blindgänger explodieren nicht beim Anschlag, sondern bei einem beliebigen Kontakt später. Cluster sind ein reales Inferno. Der Bombenteppich bleibt so lange wirksam, bis auch die letzte latente Bombe explodiert. Hauptproduzent und -anwender von Clusterbomben sind die USA.
2006 belieferten die USA Israel mit Cluster zur Durchführung seiner Aggression gegen den Libanon. Es war Massenmord und der Ruin ganzer Wohnbezirke. Eine Welle der Empörung und Verurteilung der Aggressoren ging durch die Welt. Israel warf sechs Millionen Streubomben über dem Libanon ab – mehr als eine Bombe pro Einwohnerin und Einwohner des Landes. Hauptlieferanten von Streumunition an Israel sind die USA, die Bundesrepublik Deutschland und die Schweiz. Dabei ist Israel selbst ein Großproduzent von Streumunitionen aller Art. Israel bombardierte den Libanon auch aus Eigenproduktion. Die eigene israelische Produktion an Streubomben wird sowohl von ihm selbst gegen arabische Völker eingesetzt als auch in den Handel gebracht.
Der Libanon wurde in vier Areale eingeteilt. Jedes Areal wurde mit der Streumunition eines der vier Herstellerländer übersät. Die Ergebnisse sind miteinander verglichen worden. Der Erfolg wurde an der Zahl der Toten gemessen. Der Sieger konnte seine tödliche Ware teurer verkaufen. Begehrter Großkunde ist die NATO.

Beachte bitte, daß Minen, Streubomben, Cluster und überhaupt Streumunitionen ausschließlich als Aggressionswaffen dienen. Niemand setzt Streubomben gegen sich selbst oder das eigene Volk ein. Wer Streumunitionen produziert, plant vorsätzlich Genozid und Völkermord. Produktion und Lagerung von Streuwaffen ist an sich ein Kriegsverbrechen. Sie werden in Nordwest produziert und sind für Afrika und Asien bestimmt. Die zur Zeit vorhandene Menge in den NATO-Staaten reicht aus, um die gesamte Weltbevölkerung mehrfach auszurotten.
Die größten Produzenten von Cluster-Bomben und Streumunition sind die USA. Ihnen folgen Deutschland, Frankreich, England, Schweiz und Israel. Produzent in Deutschland ist u.a. Daimler-Chrysler als Hauptaktionär vom Luft-, Raumfahrt- und Rüstungskonzern EADS. Er produziert Raketenwerfer für Streumunitionen. Zu nennen ist auch die Lenkwaf-

fe AFDS, die ausschließlich dem Abwurf von Streumunition dient und ebenfalls in Deutschland hergestellt wird.
Streumunitionen werden in der Militärproduktion zu immer grausamerer Wirkung weiter verfeinert. Es handelt sich um furchterregende Waffen, da sie die Menschen in jeder Lebenslage treffen: Bei der Fahrt oder Wanderung, bei einer Prozession oder bei einem Spaziergang, bei einer Klassenexkursion oder bei einem Familienausflug, bei einer Beerdigung oder bei einer Hochzeitsfeier, auf dem Arbeitsplatz, in der Schule und in der Freizeit.

Der Einsatz von Streubomben und Streumunition gehört zu den größten Kriegsverbrechen. Der Massenmord beschränkt sich nicht allein auf Kriegshandlungen. Streumunitionen greifen ebenso die Menschen jenseits der brennenden Fronten an.

Die USA setzen seit 1964 massiv Streumunitionen als Waffe gegen die Völker ein. Am härtesten betroffen sind Korea, Vietnam, Laos, der Irak (seit 1991), Somalia (seit 1992), Jugoslawien (ab 1992), Tschetschenien (seit 1992), Kosovo (ab 1999), Albanien (seit 1999), Afghanistan (seit 2001). Allein im Jahr 2003 haben die USA flächendeckend Streubomben über dem ganzen Irak abgeworfen. Seitdem wird der Irak jährlich mit Streubomben übersät. 2006 und 2007 steigerten die USA die abgeworfene Menge.
Weltweite Empörung wurde entfesselt, als Israel in der zweiten Julihälfte 2006 den gesamten Libanon mit einem Teppich von Streubomben und Streumunitionen belegte. Die 3,5 Millionen zählende Bevölkerung des Libanons wurde von Israel mit über 6 Millionen Streubomben heimgesucht.
Die Menge der in den US-Arsenalen gelagerten Streumunition wird auf mehreren Milliarden beziffert. Es sind zum einen rund Zehnmilliarden Submunitionen als Bauteile größerer Streuwaffen. Hinzu kommen fertige, einsatzbereite Minen, Streubomben, Cluster und andere Streumunitionen. Die Menge an Streubomben in US-Besitz ist viel größer als eine Bombe pro Mensch bezogen auf die gesamte Erdbevölkerung. Wenn eine Milliarde Submunition aus den Lagern – sie wird ja für den Gebrauch aufbewahrt – aus Raketenwerfern verschossen oder von Flugzeugen über dem Globus abgeworfen würde, dann würde die Erde unbewohnbar gemacht. Es würde Überlebende geben, aber keiner von ihnen käme zum Arbeitsplatz, kein Schüler in die Schule und kein Kind ohne Lebensgefahr in den Kindergarten.

Leider ist diese Möglichkeit weder Science Fiction noch eine unrealistische Apokalypse.

Die Hersteller von Streumunition erneuern ständig das Produkt. Alte Generationen werden durch neuere, tüchtigere ersetzt. Was passiert aber mit den vorhandenen Mengen? Man braucht die Lager für das neue Produkt. Die älteren Streumunitionen werden nicht einfach verschrottet. Diese werden über irgendein Volk abgeworfen, das sich dazu eignet. Die über dem Irak oder Afghanistan abgeworfenen Millionen Streubomben sind rein militärisch nicht notwendig gewesen. Jährlich werfen die USA mehrere Millionen Streumunitionen über irgendeine Weltgegend ab, töten Menschen in Massen, erneuern ihre Lager und bauen weitere dazu. Die Munition in den US-Lagern ruht nicht. Sie wartet auf ein beliebig zum Feind erklärtes Volk der Erde. Die USA verkaufen oder verschenken auch Streubomben und Cluster an befreundete Staaten wie Israel oder Rußland (für seinen Völkermord gegen das tschetschenische Volk).
Streubomben und Streumunitionen sind unbestreitbar aggressive, destruktive und massentödliche Waffen. Sie sind nicht zur Verteidigung da, sondern um andere zu vernichten, die Menschen zu töten, zu verletzen oder zu verstümmeln.

Man muß auch bedenken, daß die Militärindustrie weiterhin Streumunitionen produziert. Wenn der Aggressor mehr davon haben will, braucht er nur den Auftrag zu erteilen. Die USA können binnen kürzester Zeit soviel davon produzieren, daß sie jeden Menschen auf der Erde mehrfach töten können. Die Technologie dazu ist fertigungsbereit. Lang- und Mittelstrecken-Raketenwerfer sowie Flugzeuge, die den Globus umkreisen, stehen auf den Flughäfen der USA in Startposition. US-Politiker sagen offen: Wir können jedes beliebige Land auslöschen.

Völkervernichtung mit anderen Waffen

Außer Streubomben, Streumunitionen und Minen halten die USA mehrere Tausend Atombomben zum jederzeitigen Angriff einsatzbereit. Hinzu kommen die radioaktiven Waffen Uranium und *Depleted Uranium* für den Massentod.
Bei diesen Verhältnissen ist die Annihilation der Menschheit keine Unmöglichkeit mehr. Wir sehen ja seit dem 06. August 1945 bis heute, wie die USA mit Völkern und dem Leben überhaupt umgehen. Sie haben

weder der Menschheit einen Stillstand angeboten noch einen solchen in Aussicht gestellt.
Die USA schrecken vor keiner Waffe zurück, je tödlicher, je massiver, je vernichtender, umso besser. Geächtete Waffen kommen in neuer Version wenig verändert heraus und werden eingesetzt. Dabei sind sie noch gefährlicher als die Geächteten (Beispiel: *Mininukes* statt Atombomben des Hiroschima- und Nagasaki-Typs).
Gegen den Süden führen sie auch den biologischen Krieg. Sie inszenieren Hungersnöte und Wassermangel. Gentechnologische Waffen werden von den USA entwickelt, gelagert und auch gegen die Menschheit eingesetzt. ABC-Waffen sind geächtet, daß sie aber in den USA hergestellt und gelagert werden, wird nicht dementiert. Zumindest sind sie einsatzbereit. ABC-Waffen verbreiten ihre irreversiblen Schäden – auch ohne Kriegseinsatz. Bereits bei der Produktion entweichen Stoffe mit kurz-, mittel- und langfristigen Halbwertzeiten bis zu Jahrzehntausenden und Jahrmillionen, z.B. Plutonium mit einer Halbwertzeit von 48.000 Jahren.

Zu beachten ist, daß nicht nur das Endprodukt, sondern auch die Zwischenprodukte, die entweichen oder gefällt werden, ihre gefährliche Wirkung hinterlassen. Beispiel: Das Strontium-Isotop, das wegen seiner chemischen Ähnlichkeit mit Calcium vom Körper aufgenommen wird, dringt in die Knochen und zerstört sie.
Die USA rechtfertigen die von ihnen inszenierte bedrohliche Lage damit, daß sie abschrecken wollen. Die Abschreckungsideologie ist unhaltbar und verlogen. Die USA sind stets die Angreifer. Sie üben zusammen mit der NATO ein Aggressionsmonopol aus. In allen Kontinenten sterben Menschen in Massen durch US-Waffen, selbst US-Soldaten durch die Anwendung ihrer eigenen Waffen.

Der Aggressionskrieg ist insgesamt ein Verbrechen. Seit ihrer Gründung führen die USA ohne Unterbrechung Aggressionskriege. Die USA haben nirgends zu erkennen gegeben, daß sie mit Aggression und Krieg aufhören wollen. Der *Bodycount* der US-NATO-Mörder steigt von Jahr zu Jahr. Von einem Krieg zum anderen werden sie immer brutaler, gewalttätiger und krimineller. Das Kriegsverbrechen kommt offensichtlich nicht zu einem Endpunkt, sondern ist stets noch steigerungsfähig. Die Kriegsverbrechen werden nur durch internationalen antiimperialistischen Widerstand zu stoppen sein.

Dreizehntes Kapitel
Der Überfall

USA und NATO greifen an

Inhaltsübersicht

1. Vermeidung des regulären Kriegs
2. Der Terrorkrieg
3. Mythos US Army
4. Söldnerwesen
5. Kriegsfirmen
6. Die technologische und Hightech-Kriegsführung
   Der ferngesteuerte Krieg
7. Die Überlegenheit von Befreiungsbewegungen gegenüber den USA
8. Nachrichtenübertragung
9. Befreiungsbewegungen sind moralisch stärker als imperialistische Armeen

Wenn wir die Geschichte zurückverfolgen, oder umgekehrt, an irgendeinem Punkt der Geschichte ansetzen und von dort bis in die Gegenwart fortfahren, stellen wir fest, daß die USA und die besonders aggressiven NATO-Staaten England, Deutschland, und Frankreich nie aufgehört haben, Kriege zu führen. Die Opfer lösen einander ab. Die Kriege gehen weiter. Ein geeignetes Land wird ausgesucht. Gründe ergeben sich. Die Medien leiten den Krieg ein und begleiten ihn. Ein Volk wird angegriffen. Ein Staat wird zerstört. Die Aggressoren ziehen ab. Blutbad und Leichen bleiben zurück. Der nächste Krieg hat schon begonnen. Die Medien sind weiter im Einsatz.

Ein Schlachtfeld läßt sich immer finden.

Was läuft da eigentlich ab?
Vermeidung des regulären Kriegs

Die Literatur warnt eindringlich vor dem „regulären Krieg", vor der Konfrontation der US-Armee mit den Streitkräften des angegriffenen Landes. Es ist auch offensichtlich, daß die US-Offiziere hauptsächlich für den Krieg gegen das Volk als *Enemy people* ausgebildet werden. Freilich läßt sich die Konfrontation mit der feindlichen Armee nicht gänzlich umgehen, sollte jedoch möglichst vermieden werden. Der reguläre Krieg ist für die USA aus verschiedenen Gründen nicht zu bestehen, weil

a) verlustreich, da die nationale Armee die Rückendeckung des eigenen Volkes hat und überhaupt über die strategische Überlegenheit im eigenen Land verfügt.
b) die US-Kriege auf Kurzfristigkeit angelegt sind. Sie sollen möglichst als Blitzkriege durchgeführt werden.
c) die US-Soldaten fliehen so schnell sie können, sobald ihnen Gegenwehr droht. Der reguläre Krieg wird länger dauern, als die US-Armee es durchstehen kann.
d) auch die US-Offiziere und Generäle nicht mutiger sind als ihre Soldaten.

Der Terrorkrieg

Lange vor den schriftlichen Konventionen haben Staaten, welche in der Geschichte einen Krieg hatten führen müssen, ihn als eine ausschließlich militärische Auseinandersetzung zwischen zwei Armeen begriffen. Krieg wurde schon immer als eine Notlösung betrachtet, die möglichst zu vermeiden ist. Moralkodices und militärische Ethik waren streng geachtet. Es galt u.a. das Prinzip, das Leben – des Feindes – ist heilig.

Im Anschluß an das historische Kriegsrecht haben die im zwanzigsten Jahrhundert geschlossenen Konventionen und das von allen Staaten anerkannte Kriegsrecht festgelegt, den Krieg als ein umzirkeltes Geschehen der Streitkräfte zu begrenzen. Die Einbeziehung unbeteiligter Zivilisten muß unter allen Umständen ausgeschlossen werden. Diese Rechtsgrundlagen legitimieren zwar den Krieg nicht, setzen jedoch Regeln für seine Führung, insbesondere in bezug darauf, Menschenleben zu schützen, die Zivilbevölkerung zu schonen und die Bürgerversorgung nicht zu gefährden.

Die USA ignorieren das Kriegsrecht insgesamt und im Detail. Noch mehr, die Weisungen befehlen direkt und vorbehaltlos, die Lebensgrundlagen

der Menschen zu zerstören und das angegriffene Land in den totalen Ruin zu stürzen. Es wird ausdrücklich befohlen: Das Ziel des Angriffs ist nicht die feindliche Armee, sondern das Volk, *Enemy people*.
Veröffentlichte Quellen für diese Informationen sind militärgeschichtliche Lehrwerke. Sie beginnen mit den ersten Kriegen der USA und reichen bis in die Gegenwart. In diese lange Geschichte der Aggressionen reiht sich der heutige US-Militarismus bruchlos ein.
Wenn die USA zur Rechenschaft über nachgewiesene Kriegsverbrechen gezogen werden, behaupten sie, es sei ein Versehen gewesen. Das ist mit Hinblick auf die Systematik und die Kontinuität ein Hohn. Sie spotten der Weltöffentlichkeit.
In der Literatur finden sich hingegen schwarz auf weiß Weisungen, nach denen der Krieg im Sinne des hier geschilderten US Way of War zu führen sei. Eine US-Aggression ist ein Vernichtungs- und Annihilationskrieg.
Ich stelle allerdings fest, daß seit dem US-Krieg gegen Vietnam und der weltweiten Erstarkung der Antikriegsbewegung die Zensur der US-militärischen Literatur immer schärfer wurde. Es ist gleichgültig, ob diese Zensur oben, in den Instanzen der Administration und des US-Kriegsministeriums, durchgeführt oder ob sie von den Autoren selbst vorgenommen wird.

Mythos US Army

Die interne Kriegsforschung, die im engeren Kreis der Militärführung diskutiert wird, läßt Einblick in den Mythos des US-Militarismus gewinnen.
Sie gibt zu verstehen, daß die Soldaten nicht aus Überzeugung, sondern aus materiellen Zwängen in den Krieg ziehen. Folglich wählen sie den Weg des geringsten Widerstands, im Ernstfall die Desertierung, Flucht oder gar den Selbstmord. Die Zahlen von Suizidanten sind enorm.
Diese empirisch feststellbaren Tatsachen sind inzwischen kein Geheimnis mehr. Die Flucht aus der US Army erreichte im Irak unerwartete Rekorde. Überhaupt sind die Verluste der US-NATO-Invasoren weit, weit höher als offiziell veröffentlicht. Die Kriegsmitteilungen geben nur symbolische Zahlen als Konzession an. Wenn es nach dem Willen der Aggressoren ginge, sollte die Öffentlichkeit weder von den Toten noch von den Verbrechen von USA und NATO etwas erfahren.
Die USA unterhalten eine der zahlenmäßig stärksten Armeen der Welt. Sie ist am schwersten und destruktivsten ausgerüstet. Trotzdem vermoch-

te diese gewaltige, schwerbewaffnete Armee keinen einzigen militärischen Sieg gegen kleinste Armeen zu gewinnen. Siehe dazu Korea, Vietnam, Irak, Afghanistan. Die NATO-Osterweiterung ist auch unter dem Aspekt zu sehen, daß die USA für ihre militärischen Abenteuer immer mehr Soldaten brauchen.
Den Mangel an Soldaten versuchen die USA durch die Anwerbung von Söldnern zu kompensieren. Doch diese sind noch weniger bereit, für die USA zu sterben. Söldner sind deshalb nicht harmloser als Berufs- und Pflicht-Soldaten. Im Gegenteil, alle strengen sich bei dem Massenmord am Enemy people an, um Kopfprämien zu erhalten. Wenn sich aber das „Kriegsglück" gegen die Aggressoren wendet, sind die Söldner die ersten, die fliehen.
Die USA selbst sind diejenigen, die am wenigsten an die Überlegenheit der eigenen Streitkräfte glauben. Unter anderem ist ihre Rüstung darauf angelegt, Zerstörungen des Opferlandes und Demoralisierung des angegriffenen Volkes zu verursachen. Die Anwender der Kriegswaffen, Soldaten und Offiziere, halten sich versteckt. Aus möglichst weiter Ferne zielen sie auf Menschenmassen und jubeln, wenn diese getroffen und vernichtet werden.

Söldnerwesen

Bei ihrer Friedensunfähigkeit auf der einen Seite und dem Fehlen von Soldaten aus Überzeugung andererseits versuchen USA und NATO, das Defizit an Soldaten durch Ausschöpfung des Rekrutenpotentials und durch Söldner zu ersetzen.

Kriegsfirmen

Kriegsfirmen, welche die USA mit Menschenmaterial für den Krieg beliefern und diese auch ausbilden, sind für die US-Administration zur großen innenpolitischen Gefahr geworden, denn der Staat hat dadurch auf sein Gewaltmonopol verzichten müssen. Die schwergerüsteten Kriegsfirmen und die bewaffneten Söldner stellen für die Sicherheit der USA eine hochgradige innere Bedrohung dar.

Die technologische und Hightech-Kriegsführung
Der ferngesteuerte Krieg

Bereits 1945 erkannten die USA, daß sie nicht genügend Soldaten haben, die einen Krieg aus Überzeugung führen. Seitdem versuchen sie wie die NATO, Soldaten durch Maschinen zu ersetzen. Entwickelt werden elektronische, ferngesteuerte Waffen und unbemannte Flugkörper.
Die US-eigene Forschung kommt zu dem Ergebnis, daß der Schaden der technologischen Kriegsführung für die USA selbst sehr erheblich ist. Gerade die Technik kennt keine Loyalität. Sie gehorcht dem, der sie lenkt und steuert. Tatsächlich konnten sich Widerstandsbewegungen der technologischen Waffen des Feindes bemächtigen und sie umkehren. Sie erwiesen sich für die USA und die NATO als Bumerang. Befreiungsbewegungen haben den Aggressor mit seinen eigenen Waffen verjagt. Der Schuß ging nach hinten los, als produzierten die USA den eigenen Selbstmord.

Die Überlegenheit von Befreiungsbewegungen gegenüber den USA

Diese macht sich auf vielen Gebieten bemerkbar. Während die regulären Offiziere des Aggressors nach festgelegten Programmen arbeiten, erweisen sich die Widerstandskämpfer als Meister der Improvisation. Sie reagieren viel schneller als der Feind.
Die Kriegsführung der US-NATO-Aggressoren basiert auf Taktik und Logistik. Die Widerstandsbewegungen erweisen sich stets als strategisch überlegener.

Nachrichtenübertragung

Mit ganz einfachen Mitteln, wenn auch mit großen Opfern, können die gewaltigen Armeen der USA und der NATO zurückgeworfen werden. Widerstandsbewegungen beziehen ihre Waffen beim Feind selbst. Hierbei hilft auch die Nutzung der elektronischen Nachrichtenübertragung des Aggressors. Seine Pläne und Schritte können vom Widerstand eher abgefangen werden als die des Widerstands vom Feind. Die Résistance besitzt zwar ein Befreiungskonzept, die einzelnen Schritte werden jedoch kurzfristig beschlossen und umgesetzt. Eher überrascht der Widerstand den Feind als umgekehrt.

Befreiungsbewegungen sind moralisch stärker als imperialistische Armeen

Wir stellen fest, daß die USA/NATO Maschinen gegen Menschen einsetzen. Die Kriegsmaschinen sind so gebaut, daß sie vernichten, töten, ruinieren, verbrannte Erde schaffen, Chaos und Annihilation verursachen. Die eingesetzten Soldaten haben nur die Aufgabe, diese Maschinen zu bedienen. Wenn die Soldaten merken, daß ihnen der Boden zu heiß ist und es für sie gefährlich wird, sehen sie zu, daß sie fliehen und ihren Standort so schnell wie möglich verlassen.
Befreiungsbewegungen hingegen kämpfen mit Überzeugung, Konzept, Idealen und Strategie. Sie lassen sich von den Verbrechen des Imperialismus nicht anstecken. In Gefahrenlagen bleiben sie standhaft, scheuen die Konfrontation mit dem Aggressor nicht. Widerstandskämpfer zeichnen sich durch Moral, Ausdauer, Standhaftigkeit und Durchhaltevermögen aus.

Eine US-Aggression ist stets ein Annihilationskrieg. Das wollen die USA und das können sie auch; zu etwas anderem scheinen sie nicht fähig zu sein. Aber das, was sie wollen und können, muß auch curricular vermittelt werden. Aggressionen werden durch Menschen umgesetzt: Generäle, Offiziere und Soldaten. Diese müssen für diesen Zweck vorbereitet und ausgebildet werden. Blättern Sie bitte zum nächsten Kapitel um!

Vierzehntes Kapitel
Militärische Ausbildung in den USA

Inhaltsübersicht:

1. Lehrwerksanalyse
2. Ausbildungs- und Lernziele
3. Ausbildung der Generäle und höheren Offiziere
4. Ausbildung der Rekruten und Soldaten
5. Computer assisted War

Lehrwerksanalyse

Eine Lehrwerksanalyse der US-militärischen Ausbildungsliteratur ist dadurch erschwert, daß der eigentliche Gegenstand unserer Untersuchung als strategisches Geheimnis streng unter Verschluß gehalten wird. Es ist auch bekannt, daß höheres Militär über dieses *professional secret* bis zum Tode schweigt und es mit ins Grab nimmt.
Gleichwohl ist deshalb eine kritische Forschung auf diesem Gebiet nicht unmöglich. Wir sind herausgefordert, Methoden zu entwickeln, die uns in die Lage versetzen, auch das Verborgene zu erschließen. Dafür soll das Material, soweit veröffentlicht, z.B. die Pentagon-Papers oder die Berichte von Kongreß und „Verteidigungsministerium", ausgeschöpft werden. Ferner berichte ich von Gesprächen, die sehr informativ waren. Eine unbezweifelbare Erkenntnisquelle ist das sichtbare Handeln des US-NATO-Militarismus. Die Tatsachen des aggressiven Geschehens sind den Texten überlegen. Aus der Praxis schließen wir auf die Theorie. Die Basisliteratur ist zwar nicht öffentlich, aber die Praxis – sofern wir sie erfahren – erlaubt Rückschlüsse. Dabei soll man sich vor Illusionen hüten, die volle Wahrheit uneingeschränkt zu ermitteln, denn vieles vom Kriegsgeschehen der Vergangenheit und der Gegenwart bleibt geheim.

Was die Literaturanalyse betrifft, müssen wir uns notgedrungen an veröffentlichten Titeln orientieren. Die publizierte Militärliteratur der USA, die unser Erkenntnisinteresse zufriedenstellt, ist zwar begrenzt und doch recht aufschlußreich.

Umfangreiche öffentliche und fachöffentliche Werke liegen über die Militärgeschichte der US-Kriege vor. Hier finden sich Analysen von Aggressionen, Schlachten und Invasionen. Auch strategische Überlegungen, deren Umsetzung und Auswertung werden besprochen. Diese kriegshistorischen Publikationen erlauben Rückschlüsse auf das Wesen des US-Militarismus, was sehr wahrscheinlich nicht in der Absicht der Autoren lag. Diese wollten vielmehr den US-Militarismus durch Forschungsbeiträge weiterentwickeln.
Jene Gattung, die der Öffentlichkeit ebenfalls nur begrenzt zugänglich ist, doch für uns sehr aufschlußreich sein kann, sind die Dokumente von US-Kriegsadministration, Pentagon, Kongreß sowie Fachzeitschriften. Ferner liefern die veröffentlichten Auszüge der Haushaltsdebatten indirekt Informationen zur Erforschung des US-Militarismus.
Weiterhin machen die Berichte und Jahresbilanzen der Rüstungsindustrie und des MIK vieles über den US-Militarismus deutlich.

Nachstehend fassen wir die Ergebnisse der Lehrwerksanalyse und die tragenden Aspekte der militärischen Ausbildung von höheren Offizieren und Generälen in den USA zusammen. Die Ausbildungsinhalte decken sich mit den Methoden der US-Kriegsführung und dem tatsächlichen Geschehen auf dem Kriegsschauplatz. Das Personal erwirbt seine militärische Kompetenz bezogen auf die vorgesehenen Schlachtfelder. Die Methoden der Aggression bestimmen das Curriculum, das Lehr- und Lernprogramm. Da aber die US-Aggressionen Annihilationskriege sind, lernen die Offiziere und Soldaten exakt die Methoden der Annihilation und die Bedienung der Maschinen zu ihrer Umsetzung. Kriegsmethoden und Ausbildungsinhalte sind identisch – sowohl theoretisch als auch praktisch.

Wir erinnern an die im vorausgegangenen Kapitel ausgeführten Aspekte.

Ausbildungs- und Lernziele

1. Vermeidung des regulären Kriegs
2. Methodische und technische Durchführung des Terrorkriegs
   Beispiel: Auftrag an die Truppe ist die Durchführung einer örtlichen Annihilation, d.h. eines Massakers. Wenn die Bevölkerung, die ohnehin auf der Lauer ist, den Ansatz dazu beobachtet, wird es einen Alarm geben, das Massaker wird verhindert. Die Angreifer werden zurückgeschlagen oder gar selber getötet.

Die imperialistischen Staaten und die Zionisten haben deshalb Techniken und Spezialmethoden zur Durchführung von Massakern entwikkelt. Oft werden die Täter des Massenverbrechens erst Jahre oder Jahrzehnte später erkannt.

3. Strategisches Geheimnis: Mythos US-Army: Nicht nur die Opfer, sondern auch die eigenen Soldaten und Offiziere sollen an die Übermacht und Unbesiegbarkeit von USA und NATO glauben.
4. Führung des technologischen und Hightech-Kriegs
5. Bedienung des ferngesteuerten Kriegs
6. Kriegsfirmen und Söldnerwesen
   Die Generäle übernehmen die Regelung der Arbeitsteilung von regulärer Armee und Söldnern.
7. Die Überlegenheit von Befreiungsbewegungen gegenüber den USA. Das Wissen über diese Tatsache bleibt dem Generalstab als strategisches Geheimnis vorbehalten. Offiziere und Soldaten führen den Krieg in der Illusion, sie seien überlegen und unbesiegbar. Sie sollen den Strategen und ihren Waffen vertrauen.
   Befreiungsbewegungen sind moralisch stärker als imperialistische Armeen. Offiziere und Soldaten entdecken ihre eigentliche moralische Unterlegenheit und strategische Schwäche erst auf dem Schlachtfeld. Bis dahin sollen sie mit den internalisierten Lebenslügen schießen und töten.
8. Nachrichtenübertragung gehört zu den wichtigen Inhalten der militärischen Ausbildung. Dabei verlassen sich die Offiziere auf die Techniken, sind aber bei ihrem Versagen völlig ratlos.
9. Befehlsstruktur und militärische Koordinationslehre.
10. Strategie und Taktik.
11. Logistik.
12. Militär- und Aggressionspsychologie.
13. Armee- und Truppendisziplin.

Es folgt eine Reihe von Nebenfächern wie Geschichte des Kriegs und des US-Militärs, der Marine, Luftwaffe usw.
Für die einzelnen Militärgattungen folgt eine Fachausbildung. Außerdem besteht ein programmmäßiges Angebot zum Aufbaustudium, zur Weiter- und Fortbildung.

Ausbildung der Generäle und höheren Offiziere

Diese umfaßt die Beherrschung aller oben ausgeführten Elemente des *US-Way of War*. Sie verbindet Theorie und Praxis. In den Manöverübungen setzen Generäle und Offiziere die Theorie in Praxis um, die gegen das potentielle Opfer, das Enemy people, gerichtet ist. Sie werden zur Annihilation von Völkern ausgebildet.

Im weiteren werden die Stäbe und Offiziere in Technik, Bedienung von Geräten, Handhabung von elektronischen Systemen und ferngesteuerten Waffen ausgebildet.

Ausbildung der Rekruten und Soldaten

Das Programm der Rekrutenausbildung ist militärwissenschaftlich, fachlich, inhaltlich, psychologisch und didaktisch vollständig ausgearbeitet. Die jungen Menschen lernen vom ersten Tag an, den Krieg so zu führen, daß die einleitend genannten Elemente des US Way of War voll umgesetzt werden. Es ist gleichgültig, welche Einstellung sie zu den Menschen und zum Leben vor der Rekrutierung hatten. Die Ausbildung sorgt dafür, daß sich der Rekrut mit dem Eintritt in die US-Army in einen vollständigen Berufskiller verwandelt; es sei denn, er steigt vorher aus.

Die Ausbildung ist körperlich, seelisch und geistig so beanspruchend, daß viele sie nicht bestehen. Die Selbstmordrate unter den Rekruten und überhaupt unter den US-Soldaten ist so hoch, daß das Pentagon nicht alle seine Kriegsziele realisieren kann.

Zunächst üben die Rekruten die „Annihilation“ an Pappfiguren und potjemkinschen Dörfern. Das Lehr- und Übungsprogramm wird für diesen Zweck von extra komponierter Kriegsmusik begleitet. Die Rekruten werden nicht nur mit Lebensmitteln, sondern auch mit reichlich Alkohol, „Medikamenten“ und „Tabletten“ versorgt, welche die Aggressivität steigern. Die Lernziele „Skrupellosigkeit“, „Rücksichtslosigkeit“ und „Klotzen, nicht kleckern“ sind ebenso didaktisch aufbereitet wie die Züchtung von Feindbildern.
Die Rekruten erhalten „politische Bildung“. Die Unterrichtseinheiten behandeln die Themen: Berechtigung des US-Militarismus, der Kriegspolitik und die Notwendigkeit der militärischen Gewalt als Mittel zur

Realisierung der US-Weltordnung und der Pax americana. Ein Lernziel lautet: „Die Welt muß von Washington aus regiert werden". Die Soldaten internalisieren die Einstellung, den Krieg gegen jeden, jederzeit, überall und mit allen Mitteln zu führen. Die Auszubildenden werden mit Slogans gespeist wie: „Der Feind da draußen ist gefährlich, und wir machen dich fit, damit du Amerika retten kannst" (authentische Zitate).
Die anfänglich zögerlichen Rekruten sind nach einigen Monaten so weit, daß sie Spaß am simulierten Mord und Massenmord empfinden. Nach dem Unterricht feiern sie und simulieren dabei Blutorgien.
Die jungen Soldaten, die anfänglich zurückhaltend und skeptisch übten, empfinden jetzt Lust an der Ausbildung und demonstrieren synchron ihren Spaß daran. Auch diese Wende ist in der Ausbildung vorprogrammiert und wird nach Lehrplan didaktisch vorbereitet. Jetzt wetteifern die jungen Soldaten miteinander, wer die größten Treffer macht.
In der Freizeit wird die Ausbildung durch entsprechend aufbereitete Unterhaltungsprogramme und lockere Killerspiele fortgesetzt. „Mord" wird sowohl an Automaten als auch in vivo mit Genuß gespielt.
Ein System von Belohnung und Bestrafung vervollständigt den Lerneffekt.

In der Kriminologie ist es längst bekannt, daß Video- und Fernsehzuschauer Attentate und Anschläge in exakter Nachahmung eines Filmprogramms umsetzen. Jugendliche, die von Kindheit an mit TV und Video aufwachsen, setzen die digital erlebte Tat ohne das Gefühl um, ein großes Verbrechen begangen zu haben.
Aus dieser Erfahrung werden Konsequenzen für die Gestaltung der Ausbildung gezogen. Mordmentalität, Mordpraxis und Mordlust schleichen unbewußt in die psychische Struktur des Soldaten ein. Unterhalb der Bewußtseinsschwelle wird der perfekte notorische Überzeugungsmörder herangezüchtet.

Man muß daran denken, daß die jungen Menschen lange vor ihrer Rekrutierung zur Armee in einer Aggressionskultur sozialisiert werden. Schule und Freizeit bereiten sie auf den Krieg ebenso vor wie die täglichen Medien und das politisch-soziale Klima, in dem sie leben. Auf dieses Potential greift die Armee zurück. Eine radikale Umerziehung ist nicht erforderlich. Die Rekruten bringen dem militärischen Lehrangebot keinen Widerstand entgegen. Die Armee sorgt für die aggressive Stimmung. Den Hauptinhalt des praktischen Unterrichtes macht die Ausbildung an den Waffen aus. Man muß sich klarmachen, welche grundlegende Veränderung der Persönlichkeitsstruktur subkutan abläuft, wenn ein Zwanzigjähriger mit einer Waffe übt, die in atemberaubender Geschwindigkeit Geschosse entlädt und sich automatisch auflädt. Der Soldat braucht sie nur zu tragen, zu zielen, abzudrücken und sie in einer Kurve zu bewegen. Der Soldat hat Macht und Mittel in der Hand, Hunderte von Menschen in Bruchteilen einer Minute in das Nichts zu jagen. Dabei soll er weder schlechtes Gewissen noch Skrupel empfinden, sondern Spaß an der Tat und Freude am Erfolgserlebnis haben. Erreicht er das Lernziel, wird er gelobt und belohnt, im anderen Fall bestraft.

Insgesamt bringt der praktische Unterricht den Rekruten die Techniken des Völkermordes bei.
Es liegen leider keine ausreichenden Detailinformationen vor, besonders in bezug auf die Spezialausbildung der Rekruten, wenn sie den einzelnen Gattungen zugewiesen werden. Jedenfalls müssen wir uns an der Kriegsrealität orientieren, wo die Ausbildung praktisch umgesetzt wird. Dort sehen wir, wozu die Berufskiller fähig sind.
Informationsbedarf besteht auch in bezug auf die Ausbildung der Ausbildner.
Sicher machen sich viele junge Menschen ein anderes Bild vom US-Militär und reagieren auf dieses Bildungs- und Kriegssystem mit Verweigerung. Ihnen bleiben nur die Möglichkeiten der Desertierung oder des Suizids als Ausweg offen. Formal aus der Armee auszutreten scheint nur mit größten Schwierigkeiten möglich zu sein.
Andere passen sich aus wirtschaftlichen, finanziellen oder sozialen Gründen an. Dann bekommen sie irgendwann den Marschbefehl. An der Front und auf den Schlachtfeldern müssen sie aber erkennen, daß sie ein zu großes Risiko eingegangen sind. Für die einen ist es zu spät. Die Suizidalquote ist zu hoch, als daß sie vollständig verschwiegen werden kann. Für die anderen ist es nicht zu spät. Die Fluchtzahlen sind extrem höher als die Zahl von Suizidanten. Die Aufnahmeländer von Deserteuren werden US-Repressionen ausgesetzt.
Es bleiben leider genug Soldaten in der Armee übrig, so daß die USA aggressions- und kriegsfähig bleiben.
Seit 1968 wird der Computer in der Ausbildung von Rekruten und Offizieren eingesetzt.

Computer assisted War

Der US-Krieg wird stets Computergestützt geführt. *Computer assisted* sind auch die militärische Ausbildung und die Übungen der Offiziere. Diese Software ist dem Arbeitsprinzip nach identisch mit der, die zur Reproduktion von Hollywoodfilmen benutzt wird.
Während der Krieg auf dem realen Schlachtfeld geführt, als Manöver oder in der militärischen Ausbildung geübt oder bei den Dreharbeiten in Hollywood simuliert wird, sitzt das Begleit- und Kontrollpersonal vor den Monitoren. Die Aufnahmen werden ausgewertet, Konsequenzen gezogen. Darauf stützen sich die Regieanweisungen. Das Personal ist austauschbar und wandert vom Pentagon nach Hollywood und umgekehrt.

Der Übergang vom Krieg am Bildschirm zum realen Massaker ist fließend. Die Szenarien ähneln sich. Die Unterschiede zwischen einem Spielfilm und einem wirklichen Schlachtfeld verwischen. Zu bedenken ist auch, daß die Offiziere und Soldaten auf dem realen Schlachtfeld den Krieg weiterhin elektronisch, digital und durch Monitore führen. Für die Krieger war es nur ein Ortswechsel. Die Agenten am Monitor verhalten sich an den vier unterschiedlichen Schauplätzen – Ausbildung, Spielszenarien, Manöver, Schlachtfeld – gleich. Hoffentlich nehmen sie einen Hollywoodfilm nicht ernster als ein reales Massaker irgendwo weit hinter dem Ozean.

Literatur

Ein Lehrwerk des höheren US-Militärs behandelt die US-Kriegsstrategie unter dem Titel: „The American Way of War".[13]
Beachte bitte insgesamt die militärgeschichtliche Lehrwerksreihe: The Wars of the United States, ed. by: Louis Morton (General Editor). Die Reihe behandelt Geschichte und Strategien der US-Kriegsführung und ist geeignet, den US-Militarismus nach eigenem Selbstverständnis kennenzulernen. In dieser Reihe ist auch das Buch erschienen: Weigley, The American Way of War.

[13] Russell F. Weigley, The American Way of War – A History of United States Military Strategy and Policy, New York and London 1973.

Fünfzehntes Kapitel
Pathologien

Inhaltsübersicht

Weiter oben haben wir über militärische Forschung und Ausbildung gesprochen. Das jetzige Kapitel stellt sich die Aufgabe, die Einflüsse der militärischen Ausbildung, Übungen, Manöver, schließlich des Abmarsches in den Krieg und der Ausübung der Mordtätigkeit auf die Entwicklung der Persönlichkeit, des Individuums, das die geforderten Tätigkeiten erlernt und ausübt, zu betrachten.

Allgemeine Pathologie

Ätiologie bezeichnet die Entstehungsbedingungen und Ursachen, die zur Krankheit führen.

Der Militarismus entspricht nicht menschlichen Bedürfnissen. Er liefert die Ätiologie aller militärisch bedingten Pathologien: Depressionen, Destruktivität, Aggressivität und Suizidalität.

Die anerzogene Pathologie – Lernziele der militärischen Ausbildung: Töten, Leben auslöschen, ein Land ruinieren, eine Kultur zerstören sind programmierte Lehr- und Lernziele. Die Fächer Allgemeine Didaktik, Fachdidaktik, Allgemeine Pädagogik und spezielle Pädagogik sind voll im Einsatz, um die militärischen Lehr- und Klassenziele mit dem geforderten Erfolg zu realisieren. Die Fächer Geschichte, Sprache, Geographie, Landeskunde, Regionalkunde, Kulturgeschichte und Ethnologie stehen in der militärischen Ausbildung voll im Dienste von Ruin, Genozid und Völkermord.

Die Fächer Humanismus, Ethik, Moral sind ebensowenig Lehr- und Lerninhalte wie die Werte Solidarität, Völkerfreundschaft und Fürsorge.

Die militärische Ausbildung zielt darauf ab, die ursprüngliche Bejahung des Lebens und der Schöpfung radikal zu zerstören.
Der Soldat lernt nicht aufzubauen, sondern zu zerstören.
Er lernt nicht konstruktiv zu sein, sondern zu demolieren.
Er lernt nicht Beistand zu leisten, sondern zu ruinieren.
Er übt nicht Hilfestellung und Heilung, sondern verletzen, schädigen und zerschlagen.
Im praktischen Teil lernt der Soldat nicht zu retten, sondern zu töten.
Er übt nicht die Schöpfung zu wahren, sondern sie zu verseuchen.
Bald kommt die Zeit, wo sich die Ausbildung bewährt.
Der Soldat praktiziert das Gelernte:
Zerstören, vernichten, Leben auslöschen.
Der Lernerfolg ist sichtbar.
Dafür wird er in dem Maß seiner Zerstörungskraft belohnt, gefördert und dekoriert.

Die Armeelehre ist Erziehung zur Destruktivität und Aggressivität. Somit ist sie gleichzeitig Erziehung zur Autodestruktivität und Autoaggressivität.
Diese Tatsache erklärt die extrem hohe Verbreitung von Psychopathologien in den imperialistischen Staaten. Im transkulturellen Vergleich sind die Psychopathologien in den militaristischen Staaten ungleich höher als bei friedfertigen Völkern.
Für diese rein empirische Feststellung gibt es eine logische Erklärung. Der Mensch ist von Natur aus nicht aggressiv, wie Konrad Lorenz behauptete und dafür mit dem Nobelpreis gekrönt wurde. Der Mensch ist ein friedfertiges Wesen. Aggressivität und Destruktivität sind nicht angeboren, sondern erworben.

Der Imperialismus bietet seinen Bürgern gut ausgestattete Institutionen der Gesundheit. Hier befindet sich ein Höchstanteil von Ärzten relativ zur Bevölkerungszahl, gleichwohl die höchste Rate an Psychokrankheiten. Im internationalen Vergleich kommen die höchsten Selbstmordraten nicht in den armen Ländern, sondern in den imperialistischen Staaten vor. In vielen friedfertigen Ländern tendiert die Suizidrate gegen Null.

Autodestruktivismus
Der so ausgebildete Soldat ist darum so erfolgreich, weil er zuallererst sich selber zerstört hat, als Voraussetzung dafür, andere zerstören zu können. Ohne den Lernerfolg an sich selber bleibt der zweite Lernerfolg – auf dem Schlachtfeld – aus. Er kann zerstören, töten und vernichten.
Die Selbstzerstörung ist so gründlich wie die zweite – im Einsatzgebiet.

Existenz zu zerstören und Leben zu vernichten sind keine natürlichen Eigenschaften des Menschen. Natürlich ist die Liebe zum anderen und die Achtung vor dem Leben – des anderen und des eigenen. Alles Lebende ruft in uns Menschen eine spontane, echte Freude hervor. Der Blick zum Toten ist nie erfreulich. Der Mensch will weder morden noch ermordet werden. Er steht immer auf der Seite des Lebens.
Die militärische Ausbildung zerstört diese genuine Einstellung zum Leben. Der Destruktivismus setzt den Autodestruktivismus voraus und umgekehrt. Zuerst zerstört man sich selbst, bevor man andere zerstört. Ihrerseits schlägt jede destruktive Leistung auf das Selbst als Autodestruktivismus zurück. Es ist ein *circulus vitiosus.*

Das Klassenziel des Ausbildungsprogramms ist der radikale Abbau der Hemmschwelle vor dem Mord. Gleichzeitig wird eine mordfreudige Person anstelle des gesunden, lebensfreudigen Menschen geschaffen. Der Erfolg der militärischen Ausbildung wird gemessen an der Bereitschaft zum Töten und Vernichten.
Es gibt keine angemessene Sprache zur Beschreibung des Lernprozesses und der Umwandlungsschritte, die aus einem normalen Menschen eine Mordmaschine machen. Soldaten sind Mörder. Mörder sind Soldaten.
In allen Kulturen werden Aggressivität und Destruktivität und ihr extremer Ausdruck, der Mord, als die übelsten Krankheiten gewertet. Wer davon befallen ist, wird als extrem gefährlich behandelt.
Im Militarismus lernt der junge Mensch das Gegenteil: Aggressivität und Destruktivität und ihr extremer Ausdruck, der Mord, sind die Merkmale des Erfolgs.

Spezielle Pathologie: Nekrophilie[14] oder die Sucht, andere zu töten

Der Mensch ist von Geburt an biophil. Er liebt das Leben. Die militärische Ausbildung zertrümmert die angeborene Biophilie und schafft einen nekrophilen Menschen. Die erworbene Nekrophilie liebt den Tod. Der Nekrophile haßt den Frieden. Er fühlt sich unwohl, wenn andere fröhlich sind. Er freut sich, wenn er ihre Freude zerstört.
Der biophile Mensch sammelt, führt zusammen, baut Gemeinschaften auf, wehrt sich gegen Spaltungsversuche, stellt Zusammenhänge, die auseinandergerissen wurden, wieder her. Er vereint, liebt und fördert die Stabilität von Strukturen. Er trauert mit den Trauernden, weint mit den Weinenden und freut sich, wenn andere fröhlich sind.

Der nekrophile Mensch spaltet bestehende Strukturen, sprengt Gemeinschaften und freut sich, wenn er es tut. Er versinkt in Depression, wenn er bei seinem Bemühen, andere unglücklich zu machen, scheitert.

Die Nekrophilie ist das unmittelbare Produkt des Militarismus. Er bildet seine Rekruten in der Weise aus, daß sie die Freude am Töten voll internalisieren. Sie brauchen dazu nicht ermuntert zu werden. In der Nekrophilie steigern sich die Soldaten unaufhörlich. Sie töten hemmungslos. Beim Anblick ihrer Opfer fühlen sie sich wohl. Sie kippen Schnapsflaschen und setzen sie erst ab, wenn sie leer sind.
Der Erfolg der militärischen Ausbildung besteht erkennbar darin, daß der ursprüngliche Mensch samt seiner Menschlichkeit und Mitmenschlichkeit zerstört wird. An seiner Stelle entsteht der Mörder, der Soldat, der abdrückt und tötet.
Auf dem Schlachtfeld herrscht Mordstimmung. Die Mordmaschinen aus Menschen bedienen Mordmaschinen aus Metall. Der Soldat ist nur noch ein Zubehör zu seinem Mordgerät. Um dieses Gerät betätigen zu können, muß er eins mit ihm sein.
Der Auftrag zu töten wird verinnerlicht. Bald tötet der Soldat mit oder ohne Auftrag. In beiden Fällen findet er Freude daran. Er ist lustig beim Töten. Das Lustempfinden entwickelt sich zur Sucht. Die Soldaten sitzen, warten und lauern auf einen Einsatzbefehl, wo sie frei schießen können; umso mehr, als sie dafür belohnt und befördert werden.

---

[14] Im militarismuskritischen Diskurs wird der Ausdruck „Nekrophilie“ nicht mehr wie bis dahin eng gefaßt. Nunmehr bedeutet „Nekrophilie“ die „Sucht zu töten“; anlog bedeutet „Biophilie“ die „Liebe zum Leben“ (siehe dazu ausführlich: Khella, Es ist Krieg … Theorien und Theoreme über den Krieg, in: Risāla 7, 2010).

Spontane, interne Schießereien in der Truppe sind keine Seltenheit. Diese Scharmützel werden oft erst durch ein von oben befohlenes Blutbad gestoppt. Es kommt auch vor, daß eine Gruppe Soldaten sich gegenseitig vernichtet.
Denkbar ist auch die Überlegung, daß die Autodestruktivität konstruktiv umgeschlagen ist. Die Suizidanten haben zuvor viele unschuldige Menschen getötet. Blitzartig erkennen sie das Verbrechen und die potentiellen Mordhandlungen, die von ihren Kameraden ausgehen werden. Diese Gewalttätigkeiten wollen sie verhindern. Die einzige Möglichkeit sei, die Attentäter zu liquidieren, bevor sie gegen das angegriffene Volk losschlagen.
Die Suizidanten haben sich damit einen sinnvollen Befreiungsakt überlegt. Kurz vor ihrem Tod haben sie sich dem heimgesuchten Volk ideell angeschlossen. Möge diese Einsicht, die sie in den letzten Stunden oder Minuten ihres Lebens gewonnen haben, Gott gereichen, ihnen die denkbar größte Sünde, Krieg gegen ein anderes Volk geführt zu haben, zu vergeben!
Die Häufigkeit der Suizidalität nach einem Massenblutbad hat dazu geführt, daß Spezialtruppen ausgebildet und eingesetzt werden, um die Amokläufer zu überwältigen, in Ketten zu legen und unschädlich zu machen.

Der Einsatz an der Front endet. Die Sucht bleibt. Die überlebenden Soldaten kehren in ihre Heimat zurück. Die Sucht zu töten kommt mit. Sie können nicht ohne Mordauftrag leben. Sie töten weiter – beliebig, kontrolliert, unkontrolliert, öffentlich oder heimlich.
Über dieses Phänomen besteht eine Nachrichtensperre. Man erfährt etwas davon zufällig oder durch persönliche Kontakte. Vor Gericht in den USA wurde der Fall eines Ex-Soldaten verhandelt, der seine eigene siebenköpfige Familie exekutiert hat. Auf die Frage der Richter, wie es zur Tat kam, sagte er aus, daß er im Militär gelernt hat, alles zu töten, was er nicht kontrollieren kann. Er hatte den Eindruck, er habe seine Familie nicht mehr unter Kontrolle.
Die geschlossenen Psychiatrien der USA sind ebenso wie die Knäste voll von mordsüchtigen Ex-Militärs.

Der Mikroimperialismus schlägt in Makroimperialismus um und umgekehrt

Die Analyse von Psychoepidemien in den imperialistischen Staaten ergibt deckungsgleiche Analogien zwischen Psychopathologien des Individuums und Pathologien des Systems.

Nekrophilie ist nicht nur eine individuelle Krankheit.

Nekrophilie ist in allen Details die Eigenschaft des imperialistischen Systems.[15]

Der Makroimperialismus schlägt in Mikroimperialismus um. Die Beziehung zwischen Makromilitarismus (System) und dem Mikromilitarismus (dem imperialistischen Bürger) ist analog der zwischen Henne und Ei. Die Wechselbeziehung ist kontinuierlich. Mikroimperialisten sind Träger des Makroimperialismus. *En revanche* reproduziert letzterer Mikroimperialisten. Diese steigen im Makroimperialismus empor. Relativ zu ihren imperialistischen und militaristischen Fähigkeiten werden sie bis in die höchsten Ämtern hinaufkatapultiert. Makro- und Mikroimperialisten sind in allem analog. Morden tun sie beide. Süchtig sind alle beide. Die Nekrophilie, die Mordsucht, bildet die Bande, die Mikro- und Makroimperialismus zusammenhält.

Die Pathologie des Individuums und die Pathologie des Systems sind identisch. Das System geht durch die Welt, schießt und tötet immer dort, wo es möglich ist. Das tut der Soldat auch.

Was ist das imperialistische System – in den USA oder in Europa – anderes als eine Oligarchie von Ausbeutern, die über die Masse herrscht und sie für ihre Zwecke gegen die Interessen der Volker instrumentalisiert?

Die Opfer eines Soldaten haben diesem nichts angetan.

Die Opfer des US-NATO-Militarismus haben diesem auch nichts angetan, es sei denn nur Gutes.

Das Veteranensyndrom

Soldaten und Söldner bleiben auch nach dem Ende des Einsatzes und der Rückkehr in ihre Heimat gefährlich. Die Militärverwaltung ordnet grundsätzlich einen Quarantäneaufenthalt für die Soldaten an, bevor sie die Heimreise antreten. Die Quarantäne dauert Monate oder Jahre, kann auch lebenslänglich sein.

---

[15] Weiterführung: Karam Khella, Psychopathologie und Imperialismus, in Risāla – Zeitschrift für Theoriebildung, Geschichtsrevision und Eurozentrismuskritik, 3, 1997, SS. 61-72, ISSN 1431-6293.

Selbst nach einer langen Behandlung bleiben die Veteranen gefährlich. Sie haben sich so sehr an Gewalttätigkeiten und Mord gewöhnt, daß sie damit nicht mehr aufhören können. Amokläufe finden täglich statt, auch wenn über sie kaum und nie aufklärerisch berichtet wird.
In den USA gibt es über 200 Richtungen für die Psychotherapie allgemein. Ein nicht geringer Teil davon befaßt sich mit der Therapie von Veteranen. Psychiater und Psychotherapeuten geben offen zu, daß keine einzige Richtung davon kausale Erfolge verzeichnen kann. Die Therapeuten behandeln, heilen aber nicht.

Suizidalität

Die Pathologie: Hohe Selbstmordrate unter US-Soldaten
Tatsachenmaterial: Fakt ist die sehr hohe Zahl von Selbstmorden unter den Aggressionssoldaten. Bei der US-Aggression gegen den Irak (1991 bis 2011) müssen die Zahlen der Selbstmorde unter dem Militär extrem hoch gewesen sein. Leider sind der Generalstab und das Oberkommando zu unkooperativ, so daß amtliche Zahlen nicht veröffentlicht worden sind. Unterrichtete Kreise gehen von mehreren Zehntausenden aus (allein 2005 begingen 6250 Ex-Soldaten Selbstmord[16]).
Ermittelt ist der Umfang von Selbstmorden unter den US-Soldaten im Einsatz gegen Vietnam. Allein im ersten Jahrzehnt nach Beendigung der US-Aggression gegen Vietnam haben 100.000 Veteranen ihr Leben durch Selbstmord beendet. In allen erfaßten Fällen verliefen die Selbstmorde in äußerst brutaler Weise. Nicht selten kam es vor, daß die Suizidanten vor ihrem Tod die eigene Familie mit Frau und Kindern umgebracht haben. Hunderttausend Selbstmörder sind eine extrem hohe Quote. Sie bezieht sich ausschließlich auf die Gruppe von Soldaten, die lebend aus Vietnam zurückgekommen sind. Nicht einbezogen sind mehrere Zehntausende, die sich während des Kriegs das Leben genommen haben. Die Zahl von 100.000 Suizidanten erfaßt nur jene Rückkehrer, die von 1976 bis 1986 durch eine suizidale Handlung gestorben sind. Die Selbstmorde hielten in der Folgezeit an. Statistiken darüber werden nicht mehr veröffentlicht. Indes ist die Extrapolation aus der genannten Zahl zulässig.

---

[16] unter anderem: http://www.welt.de/politik/article1365389/Taeglich_begehen_17_Ex_Soldaten_Selbstmord.html

Sicher ist, daß die katastrophalen Folgen der US-NATO-Kriege seit 1990 eine deutliche Steigerung gegenüber Vietnam, so sehr es gelitten hat, darstellen.
Die bekannt gewordenen Suizidzahlen unter den Aggressoren vermitteln ein Bild davon, wie exzesshaft sich die Pathologien des Militarismus auswirken.

Wir müssen aber im besonderen daran denken, welches Leid die Soldaten des Imperialismus bei anderen Völkern verursachen. Wichtig ist die Feststellung, daß die Folgen der US-NATO-Aggressionen gegen Korea, Vietnam, Libyen, Irak, Somalia, Jugoslawien, Afghanistan und viele andere Staaten, sei es in bezug auf den Schaden während des Kriegs, sei es durch Kriegsfolgen, für die betroffenen Völker ungleich unerhörter sind als für die Verursacher.

Ätiologie

Die Suche nach Ätiologie und Genese für das Phänomen der außerordentlich hohen Suizidrate unter Soldaten und Soldatinnen ist nicht einfach.
Sicher ist: Das kriminelle Verhalten dieser Soldaten ist eine Folge der militärischen Ausbildung und ihrer Kriegserfahrungen. Möglich ist, daß ihnen der suizidale Schlußakt als einziger Ausweg aus der Unfähigkeit, mit dem Morden aufzuhören, erschien.
Ist der gewaltsame Selbstmord eine Selbstbestrafung?
Diese Pathologie wird wahrscheinlich nie restlos geklärt werden können, da die Amokläufer sich am Schluß selber töten. Aus ihrem Munde werden wir nie mehr erfahren können, wie es zu diesem Mordausbruch kam.
Sicher ist auch, daß jedes destruktive Verhalten gleichzeitig autodestruktiv ist. Man kann andere nicht zerstören, ohne selbst zerstört zu werden. Die Soldaten werden in ihrer militärischen Ausbildung so abgerichtet, daß sie zu allem fähig sind. In einem Augenblick erkennen sie die Sinnlosigkeit ihrer Handlungen und überhaupt ihrer Existenz. Nur der Selbstmord bleibt ihnen als Ausweg offen. Zu dieser Handlung sehen sie keine Alternative. Die Aggressivität endet mit Autoaggressivität.

Grausames Leben – Grausames Ende

Soldaten und Veteranen erfahren selten einen natürlichen Tod. Die Überlebenden des Kriegs haben am Frieden keine Freude. Sie werden durch ihre Erlebnisse und Traumata Tag und Nacht gequält. Sie leben in Dauerangst und Panik. Die Ruhe stört sie noch mehr als Lärm, Krach und Schreie.
Besonders auffällig ist die extrem hohe Rate an Selbstmorden. Die suizidale Handlung wird von Soldaten und Ex-Soldaten selten still und störungsfrei vollzogen, sondern schmerzhaft und selbstquälend. Sie peinigen sich zu Tode. Es kommt auch vor, daß sie in ihrer Umgebung ein Blutbad anrichten, in dem sie selbst versinken.
Trotzdem tut uns das grausame Ende eines grausamen Lebens leid.
Das destruktive Leben endet in Autodestruktivität. Endstation der Autodestruktivität und Autoaggressivität ist der Selbstmord.
Auch darin sind die Pathologien des Individuums und die des Systems identisch. Der Imperialismus schaufelt sein eigenes Grab. Er darf uns aber nicht mit hineinreißen. Dies zu verhindern, liegt an uns.

Suizid ist die Spitze eines Berges aus Pathologien

In der Pathologieskala ist der Selbstmord die Spitze des Berges. Danach kommt nichts mehr. Aus dem solchermaßen hohen Anteil von Suizidanten läßt sich eine Vorstellung davon machen, wie breit das Spektrum von Psychopathologien in der Armee und überhaupt bei allen Menschen im militärischen Sektor ist.

Imperialismus und Militarismus – Die Ursache für das Leiden der ganzen Welt

Ein aggressiver Staat muß die gesamte Gesellschaft auf Aggression einstellen. Bildung, Ausbildung, Beruf, Freizeit, Unterhaltung, kurz die gesamte Kultur, orientieren auf die Normalität von Aggression und Krieg. Anders sind Kriege nicht durchführbar. Auch Menschen, die nicht unmittelbar an der Front stehen, leisten ihren eigenen Beitrag für den Krieg. Auch sie sind von Destruktivität und Aggressivität nicht frei.
Der aggressive Staat und seine aggressive Kultur führen den Krieg gegen die Menschheit. Niemand in der Welt ist vom Krieg unbeeinflußt: Die einen als Täter, die anderen als Opfer. Kein Mensch ist frei von Kriegsfolgen an Körper und Seele.
Nicht alle Soldaten laufen Amok. Sind sie deshalb weniger pathologisch?

Sind die Psychotherapeuten, welche die Truppe begleiten, um „Pathologien“ aller Art vorzubeugen, weniger krank? Sind die Betreuer der Soldaten, die ihnen beim Durchhalten helfen, gesünder? Ist das Therapieziel, nicht die eigenen, sondern nur die anderen Leute zu töten, gesund?

Die Pathologien des Individuums und die Pathologien des Systems sind identisch

a) Nekrophilie
b) Mordsucht
c) Helfersyndrom
d) Overkill-Syndrom

Nekrophilie

Für Freud ist die Nekrophilie wie die Biophilie angeboren, kann deshalb nicht als Krankheit angesehen werden.
Ich hingegen sehe die Nekrophilie als den Prototyp der erworbenen Pathologie an. Nekrophilie wird angeeignet. Man kann sie erstreben und selbst züchten. Man kann sie aber auch verwerfen, ächten, sich und andere davor hüten.
Die Pathologie des Individuums und die des Systems sind nicht voneinander abzukoppeln. Sie begründen und reproduzieren sich gegenseitig. Bei allem besteht Willensfreiheit.
Der unzerstörte Mensch ist nicht aggressiv, sondern biophil. Destruktivität und Aggressivität sind erworben. Sie werden anerzogen.
Wir konstatieren: Die USA und die aggressiven NATO-Staaten waren schon lange vor der NATO-Gründung destruktiv, angriffslustig und blutrünstig. Diese Feststellung haben wir bereits in den „Vorlesungen über den Krieg“ in genügender Ausführlichkeit historisch nachgewiesen.

Die Annihilation, der Völkermord und das Genozid werden durch Individuen umgesetzt. Diese Personen können andere nicht zerstören, ohne zuvor zerstört zu werden.
Es ist offensichtlich, daß die USA und die übrigen NATO-Staaten nicht friedensfähig sind. Sie sind aber herzlich eingeladen, uns vom Gegenteil zu überzeugen.

Mordsucht

Weiter oben haben wir gesehen, daß die militärische Erziehung so aufgebaut ist, daß aus dem Individuum eine aggressive Person herangezüchtet wird. Wir haben auch gesehen, wie die ursprüngliche Liebe zum Leben zerstört und die Hemmschwelle vor dem Mord abgebaut wird, so daß jemand, der anfänglich nicht ohne weiteres getötet hätte, sehr bald Lust an Mord und Massenmord empfindet.
Diese Eigenschaft ist ein auffälliges Merkmal aggressiver Staaten. Sie zeigt sich am deutlichsten in der Annihilationspolitik. Die Überlegung hinter der Strategie des *Enemy people* ist ebenso kurzsichtig wie kriminell. Wenn das Volk ausgerottet wird, stirbt seine Armee als Konsequenz von selbst ab. Zum Wohlergehen der Kolonialisten und Imperialisten ist sie überhaupt nicht notwendig, ganz im Gegenteil. Sie führen den Völkermord auch dort durch, wo er für einen militärischen Sieg nicht nötig ist. Offensichtlich besteht eine Mordsucht, deren Befriedigung als Lust empfunden wird.

Seit *Reconquista* und Kreuzzügen, über die Annihilation der Völker Amerikas und die verbrannte Erde in anderen Kontinenten, haben die aggressiven Staaten nie aufgehört, den Völkermord zu betreiben. Sie empfinden Freude daran und errichten dafür Siegessäulen. In allen imperialistischen Staaten werden Massenmörder in Ehren gehalten. Nach ihnen werden Straßen und Plätze, sogar Schulen benannt. Sie werden als stolze Reiter und fähige Führer gezeigt. Ihre Büsten schmücken die Einrichtungen und Museen. Dem Nachwuchs dienen sie als Vorbilder.

Helfersyndrom

Der Ausdruck „Helfersyndrom“ wird oft mißverstanden und fälschlich verwendet. Er bezeichnet nicht die Bereitschaft zu helfen, auch nicht die übertriebene Hilfestellung.
Das „Helfersyndrom“ umschreibt den Vorgang, andere zu schädigen, dieses aber als Hilfe zu präsentieren und zu rechtfertigen.
Das Helfersyndrom ist eine ausgeprägte Eigenschaft der Aggressoren. Sie geben ihre Kriege, destruktiven Handlungen, Raub und Mord als Hilfe für die Betroffenen aus. Sie behaupten z.B: Sie bringen Frieden, Menschenrechte und Demokratie. Selbst die Hiroschima- und Nagasaki-Katastrophe wird als gute Tat bezeichnet.

Das Helfersyndrom ist sowohl dem Makro- als auch dem Mikroimperialisten zu eigen. Die imperialistischen Bürger profitieren materiell von der Zerstörung anderer Staaten und Völker, stellen sich aber als Entwicklungshelfer und Sanitäter dar. Gerne fahren sie in von ihrem Staat zerstörte Gebiete als Ärzte und Pastoren. Wenn sie über das heimgesuchte Land sprechen, betonen sie ihre Hilfsleistungen, nicht aber die Katastrophe, die sie als Staat dort herbeigeführt haben. Die Hilfe wäre überhaupt überflüssig, wenn dem Land sein Frieden gelassen worden wäre.
Offensichtlich braucht der Bürger im Imperialismus, der weiß, daß er von Blut und Leichen anderer Völker in Wohlstand lebt, das Helfersyndrom als Kompensation.

Therapie

Zur Therapie der Pathologien von Mikro- und Makroimperialismus hilft weder eine symptomatische noch palliative Medizin, sondern nur eine kausale Behandlung.

Für das *Individuum* lautet der ehrliche therapeutische Rat folgendermaßen: Die Pathologien infolge von Militarismus, Destruktivität und Aggressivität haben in den imperialistischen Staaten einen Umfang angenommen, der durch keine therapeutischen Institutionen oder Medizin in den Griff zu bekommen ist. In den USA sind Zehntausende von Psychotherapeuten, Psychiatern und Neurologen im Bereich der Behandlung von Veteranen beschäftigt. In den USA existieren über 200 unterschiedliche Therapiesysteme, methodische Vorgehensweisen und Schulrichtungen, die sich ausschließlich mit den Psychopathologien von Armee- und Exarmeeangehörigen befassen. Keine Klinik, keine Praxis und keine Schule meldet reale Erfolge, allenfalls eine vorübergehende Ruhigstellung und palliative Medizin. Aber sie bringen den Mut nicht auf, ihr Scheitern zu gestehen.
Auch ich bin nicht in der Lage, etwas Besseres anzubieten als das, was sie ohnehin tun.

Was die Pathologie des Staatssystems, das seinerseits die Pathologien der Individuen verursacht und sie wiederum für seine Zwecke verwendet, betrifft, dafür habe ich ein Rezept.
Die einzige kausale Therapie, die ich dringend empfehle, lautet: *Stopp mit Aggression und Krieg – Jetzt! Sofort! Es ist fast schon zu spät!*
Ein anderes Rezept habe ich nicht.

Unternehmen Völkermord

Es gibt tatsächlich Unternehmen, die nichts anderes tun als töten. Das ist unvorstellbar, aber wahr. Es handelt sich nicht um Unterweltbanden, sondern um ganz legale Firmen. Sie sind staatlich anerkannt. Es sind Körperschaften des öffentlichen Rechts. Es sind juristische Personen. Sie arbeiten nicht im Geheimen. Sie wachsen und gedeihen dank ihres großzügigen, zahlungskräftigen Auftraggebers, der Administration und des Verteidigungsministeriums der Vereinigten Staaten von Amerika.
Amtlich werden sie als „Kriegsfirmen" geführt. Sie sind also nicht nur staatlich anerkannt, sondern stehen auch im Dienst des US-Staates und werden mit astronomischen Summen finanziert. Gewerbemäßig und beschäftigungspolitisch gelten die Todesfirmen als „Dienstleistungssektor". Als militärischer Dienstleistungssektor verraten sie ihren engen Zusammenhang zur US-Army. Kriegsfirmen sind ein Todeskommando zur Ergänzung und Vestärkung der US-Armee.
Das Geschäft mit dem Mord im Auftrag der Vereinigten Staaten von Amerika blüht. Unvorstellbar! Der Autor gesteht die eigene Unfähigkeit ein, das Phänomen „Völkermord als staatlicher Geschäftsauftrag" angemessen zu beschreiben.

Was tun Kriegsfirmen? Sie erhalten die staatliche Weisung, die Menschen in einer umschriebenen Region der Welt physisch zu liquidieren. Mehr brauchen sie nicht zu tun. Gefangene sollen nicht mehr als notwendig gemacht werden. Die Weisung zum menschlichen Kahlschlag wird vom kommandierenden US-General erteilt, der für die Aggression gegen jenes heimgesuchte Land zuständig ist.
Die Kriegsfirmen sind beschäftigungsintensiv. Grund dafür ist die Tatsache, daß die tödlichen und nicht tödlichen „Betriebsunfälle" sehr hoch sind.
Zur Ausführung ihres Auftrages erhalten die Beschäftigten eine kurze Ausbildung. Es handelt sich hierbei um rasche Lehrgänge. Viel zu lernen gibt es nicht. Sie greifen Völker an, über die sie absolut nichts wissen. Sie wissen nicht, warum der Krieg geführt wird. Sprachunterricht zur Verständigung im Einsatzgebiet erhalten sie nicht.
Das Klassenziel lautet: „Abdrücken!" Weitere Details ergänzen die Lernziele und vervollkommnen den Unterricht: Tragen einer kugelsicheren Weste, gegebenenfalls Overall-Schutzkleidung, in Deckung gehen, Entsichern, Abschießen, Fliehen.

Das „Nicht-Wissen" ist an sich Teil des Qualifikationsprogramms. Den Söldnern wird weisgemacht, daß sie unter dem Schutz der USA ihren Auftrag sicher ausführen können. Irgendwann erfahren die Schwadroneure die Wahrheit, dann ist es aber zu spät.
Zur Anwerbung des Personals wenden sich die Kriegsfirmen u.a. an Kriminelle, Straffällige, Desperados, Deklassierte, aus verschiedenen Gründen erpreßbare Menschen, Illegale, Arbeitslose. Die Mehrheit der Berufskiller sind mordsüchtige Männer, die vom raschen Reichtum träumen. Die Kriegsfirma *Blackwater* verspricht ein Monatsgehalt von 17.000 US-Dollar (Stand 2007/08 lt. Der Spiegel).
Söldner von anderen Kriegsfirmen, z.B. Triple Canopy, zahlen einem US-Söldner bis zu 14.000 Dollar im Monat, einem Söldner aus Peru dagegen nur etwa 1.000 Dollar. Triple Canopy ist einer der wichtigsten Vertragsfirmen der US-Regierung. Der Boom der privaten Militärindustrie, die die Söldner stellen, wurde in der Bush-Ära ausgelöst. Die Vorstände der Söldnerfirmen bestehen fast ausschließlich aus Exmilitärs, oft aus den Sonderkommandos der Green Berets oder Delta Force mit zusätzlichen Management-Schulungen. Sie rekrutieren ihre Söldner besonders in Lateinamerika. Die boomende Kriegsfirmenindustrie hat den Krieg privatisiert und besonders schmutzig gemacht, da von vornherein die Bestrafung der Verbrechen wegfällt. (Die Zeit, Nr. 16 vom 10.04.2008)
Mag sein, daß sich die Söldner den Einsatz als ein spannendes Abenteuer vorstellen. Wenn sie mit der Realität konfrontiert sind, erfolgen die ersten Nachrichten von Flucht, Mord und Selbstmord. Die Arbeitsplatzbedingungen sind nicht gerade einladend, da die Invasoren in keinem Land der Welt beliebt sind und willkommen geheißen werden. Die Todesschwadroneure leben sehr gefährlich.
Mühsam konnten die USA/NATO im Irak ein schwerbewaffnetes Areal aufbauen, in dem die Soldaten und Söldner auf engstem Raum leben. Sie wohnen in übereinander gelagerten Containern, wo sie tagelang fast bewegungslos hocken. Wenn sie ausgehen, dann nur mit einem Mordauftrag. Daß sie davon lebend zurückkehren, ist der seltenere Fall. Je weniger Männer die Todesmission überleben, desto erfreulicher für die Kriegsfirma, die sich nicht mehr zur Zahlung verpflichtet fühlt.
Den Beschäftigten werden hohe Löhne versprochen. Die lukrativen Angebote sind attraktiv genug, so daß die Kriegsfirmen nicht über Personalmangel klagen. Man mag sich wundern, wie die Firmen trotz hoher Personalkosten maximale Profite abwerfen. Die Kosten-Nutzen-Analysen der Mordunternehmen gehen von der Tatsache aus, daß sie zwar eine große Zahl Menschen beschäftigen, jedoch nur eine viel kleinere besolden

müssen. Viele der Todeskommandos kommen von ihrer Mission nicht zurück. Aus den Erfahrungen im Irak und in Afghanistan wissen wir, daß Schwadroneure, die einen Gegenangriff des Widerstandes – vielleicht mit schweren Verletzungen – überlebt haben, von Hubschraubern des Auftraggebers, des US-Kommandos, getötet wurden. Auch Überlebende, die nicht mehr eingesetzt werden sollen, bekommen selten die versprochenen Gehälter.
Den Söldnern, sofern sie überleben, Lohn zu zahlen ist auch kein großes Problem. Die Notenpresse wird einfach hochgefahren. Indes häufen sich die Nachrichten, daß die Familien der gefallenen Söldner sich betrogen fühlen. US-Gerichte sind überschüttet mit Klagen von Witwen und Hinterbliebenen, die Rentenzahlungen zu erstreiten versuchen. Die Aussicht auf Erfolg ist gering.
Wie auch immer, aus der gigantischen Höhe der versprochenen und zumindest teilweise ausgezahlten Besoldung läßt sich auf das Ausmaß des Verbrechens, das die Schwadronen auszuführen haben, schließen. Bei den Schwadronen handelt es sich nicht um einzelne, sondern um zahlreiche Truppen, die jeweils stark besetzt sind (Im Irak allein sind im Auftrag der USA 170 Kriegsfirmen im Einsatz). Die großen Zahlen von Schwadronen und ihren Einsätzen lassen keinen anderen Schluß zu, als daß die USA einen Plan der Annihilation umsetzen. Sie lassen aber auch erkennen, wie hoch der Profit ist, den die USA aus einem Überfall erwarten. Es leuchtet ohne weiteres ein, wenn die USA darauf astronomische Summen setzen, die als Ergebnis einer Kosten-Nutzen-Analyse ermittelt werden.

Ganz ungeniert rufen die USA und andere imperialistische Staaten über alle Medien und Kanäle dazu auf, sich für eine Tätigkeit zu melden, die sie zwar nicht ausdrücklich als Berufsmörder bezeichnen, bei der die Adressaten jedoch wissen, was gemeint ist. Werbeslogans lauten zum Beispiel: „Die Luxuskrieger", „nach wenigen Wochen Militärdienst eine Villa bauen", „Cabriolet oder Limousine – bitte sehr!" Die Firmen des Todes blühen in den USA – staatlich abgesichert, steuerfrei und mit Rieseneinnahmen. Der US-Aggressionsminister Donald Rumsfeld sagte: „Militärische Einsätze an Privatfirmen auszulagern ist billiger und effektiver". Rumsfeld weiter: *„Seit 2003 rücken rund 170 Firmen in den Irak ein*". Ein Beispiel von Todesfirmen ist *Blackwater*. Ihr Startkapital betrug im Jahr 2001 20.000 US-Dollar, im Jahr 2007 verdiente sie Milliarden. Sie verschickt 200.000 Söldner. Sie töten u.a. in Afrika, Afghanistan und im Irak. Die USA unterhalten zahlreiche Todesschwadronen, die über Asien, Mittel- und Südamerika verteilt sind. Von 2003 bis 2007 hatte allein *Blackwater* 16.000 Mordeinsätze im Irak durchgeführt. Sie ist nur eine Kriegsfirma unter vielen in den USA, welche gegen den Irak eingesetzt werden und neben den „regulären" US-NATO-Truppen den Völkermord durchführen.

Das offensichtliche Scheitern der US/NATO-Aggression zwang Donald Rumsfeld am 8.11.2006 zum Rücktritt. Sein Nachfolger, bis dahin CIA-Direktor, Robert Gates, eskalierte die Kriegsführung an allen Fronten und verschärfte damit die US-Krise.
Die hohen Gewinne der Kriegsfirmen erklären sich u.a. daraus, daß die Todesschwadronen an Fronten geschickt werden, wo der Widerstand besonders stark ist und die Aggressoren lieber Söldner als reguläre Soldaten schicken. Die Todesfirma ihrerseits spekuliert darauf, daß viele Söldner den Angriff nicht überleben und sie um die Zahlung der versprochenen Gehälter (17.000 US-Dollar pro Monat und Person (!), Stand 2007) herumkommen wird. So schlägt die Kosten-Nutzen-Analyse zu Buche.
Die astronomischen Gewinne der Kriegsfirmen, die ja insgesamt nur einen kleinen Teil der Kriegskosten des Staates ausmachen, lassen ahnen, wie hoch die Beute der USA ist, die sie z.B. aus dem Irak erwarten.
Mit der Zulassung und Förderung der Kriegsfirmen hat sich der US-Staat einen Pfahl ins eigene Fleisch geschlagen. Eine Kriegsfirma ist eine bewaffnete Macht. Der Staat gibt damit sein Gewaltmonopol auf. Die Zentralisierung der Macht als tragende Säule des politischen Systems ist damit brüchig geworden. Der US-Staat gefährdet seinen eigenen Bestand. Kriegsfirmen besitzen die modernsten Waffen. Sie existieren legal. Sie üben öffentlich und sind zu keinerlei Prinzipien der Moral verpflichtet. Schon jetzt bilden die bewaffneten Banden in den USA einen Staat im Staate. Wenn sie ihre Macht und ihre Waffen für andere als die staatlich vorgesehenen Zwecke ausnutzen, wird das herrschende System nicht ohne weiteres in der Lage sein, sie zu neutralisieren. Sie sind unkontrollierbar und können ihre Gewehre in jede beliebige Richtung nach außen und nach innen drehen.

Die Hierarchie der Berufskiller

Die Phänomene „Todesschwadronen", „Private Kriegsfirmen", „Fremdenlegionäre" und „Söldner" sind symptomatisch für den Verfall und Niedergang einer Gesellschaft, die nur auf Krieg und Plünderung baut. Vom Präsidenten bis zum letzten Rekruten entsteht eine Hierarchie der

Mörder als staatliche Organisation, die den Völkermord organisiert und vom Raub profitiert.
Unter diesem Aspekt muß die Gesellschaftsanalyse einer radikalen Revision unterzogen werden. Während die Soziologie bisher den Verteidigungssektor als ein Department neben anderen – den zivilen – Bereichen betrachtet hat, zeigt sich, daß es in bezug auf die kriegführenden Staaten falsch ist, den „zivilen" und den „Verteidigungsbereich" grundsätzlich zu trennen.
Die Finanzen und die Haushaltspläne z.B. sind von der Kriegspolitik nicht abzukoppeln, sei es in bezug auf die Einnahmen oder die Ausgaben. Die Reduzierung der Kriegskompetenz auf „Verteidigung" und „Auswärtiges" ist eine Illusion. Die Administration insgesamt ist eine militärische. Die Regierung besteht aus einem Kriegskabinett. Schulen, Erziehung, Bildung und Ausbildung sind ebenso in das militärische Geschehen einbezogen wie Forschung, Wissenschaft, Gesundheit, Soziales, Beschäftigungspolitik, Information und Medien. Noch wichtiger ist die US-Produktion. Auch hier ist die Unterscheidung zwischen einem zivilen und einem militärischen Produktionssektor unerheblich. Jedes Unternehmen hängt mit Krieg direkt oder indirekt zusammen. An jedem US-Dollar und jedem Euro klebt Blut.

Die USA sind als ein Aggressorstaat organisiert. Nach dem Willen und den Wünschen der USA hätten sie am liebsten ihre Kriege allein geführt, um so mit niemandem die Beute teilen zu müssen. So habe ich den US-Militarismus anhand seiner eigenen Dokumente in den beiden ersten Auflagen von „Imperialismus heute" (1985, 1987) dargestellt.

Inzwischen hat sich für die USA etwas Wesentliches verändert: Ihnen ist das Personal für den Krieg ausgegangen. Die realen Verluste übersteigen um ein Vielfaches die veröffentlichten. Sie können nicht mehr allein Kriege führen. Noch vor zwanzig Jahren erklärten sie offiziell, daß sie lieber auf die NATO verzichten wollen. Nun bedrängen sie andere Staaten und setzen sie unter Druck, um mit ihnen in den Krieg zu ziehen. Jetzt fühlen sich die USA viel zu schwach, um ohne die NATO Kriege führen zu können. Die NATO-Staaten ihrerseits nehmen die Einladung der USA zum Mord begierig auf. Zudem können die USA ihre Verbrechen einer anonymen Allianz (NATO) zuschreiben, als wären die NATO und ihre Mitglieder nicht identisch.

Was wir anhand der gesellschaftlichen Organisation des kriegführenden Staates am Beispiel der USA dargelegt haben, trifft auf jeden NATO-Mitgliedsstaat zu. Letzterer versteckt sich gern hinter den USA, denen eine Art militärische Narrenfreiheit zugeschrieben wird. Die USA greifen »Jederzeit, überall, mit allen Waffen« an. Die Öffentlichkeit hat sich leider daran gewöhnt. Ihre Empörung und ihr Protest reichen nicht aus, um den US-Kriegswahn und die US-Verbrechen zu verhindern. Diese bittere Realität nutzen andere NATO-Staaten schamlos aus. Sie steigen in die US-Mobilmachung mit ein, ohne als Aggressoren aus eigenem Willen erscheinen zu wollen. Die Wahrheit muß aufgedeckt werden. Ohne die NATO-Mitglieder, ohne den NATO-Doppelbeschluß, ohne die Aufstokkung der Invasionstruppen um multinationale Soldaten, ohne die Nutzung der militärischen Infrastruktur von NATO-Mitgliedsstaaten und ohne das Schweigen der Öffentlichkeit in den NATO-Staaten wären US-Kriege undurchführbar.

Forschung auf dem Gebiet: US Way of War

Selbstverständlich gibt es keine öffentliche Literatur über die methodische Anwendung der *Strategie des Enemy people* und der Annihilation. Millionen Menschen in kürzester Zeit zu töten bringt auch für den Aggressor schwere logistische Probleme, die er fachlich zu lösen versucht. Unter anderem will er dafür sorgen, daß die angestrebten Massaker durch den Widerstand der Opfer nicht vereitelt werden.

Nun ist unsere eigene Generation leider Zeitzeuge vieler Massaker geworden, die nach einer Erklärung verlangen. Ich persönlich gelangte zu diesen Schreckenserkenntnissen zunächst durch die systematische Beobachtung und Analyse von US-NATO-Kriegen. Der US-Überfall unter General MacArthur (1880-1964) auf Korea war der erste, der von mir aus zeitgenössischer Perspektive bewußt und täglich beobachtet wurde. Es folgte die US-NATO-Aggression gegen Vietnam. Seitdem haben die USA und die NATO nie aufgehört, Kriege gegen friedliebende Völker zu führen. Extreme Beispiele sind die US-NATO-Kriege gegen Libyen, Jugoslawien, Irak, Afghanistan, Somalia und die Stellvertreterkriege Israels: 1947/48, 1956, 1967, 1973, 1982, 2006, 2008/2009, Kaperung der Flotte mit den Solidaritätsspenden für die palästinensische Bevölkerung im von Israel belagerten Gaza (Ġazza) im Mai 2010.

Ich persönlich bin unverhofft mit US-Militärexperten in Gespräche geraten. Ihr Bedürfnis nach Kommunikation war für mich sehr aufschlußreich. Hohe Offiziere und Generäle der US-Army erzählten von Aspekten der strategischen Ausbildung in den USA. Was ich dabei erfahren habe, war erschütternd. Schrecklich war auch das Erlebnis, wie sie erzählen, berichten und dazu stehen. Es war die gleiche Einstellung, egal ob sie über Fußball, Krieg oder Kinoprogramme reden.
Was man bei einer US-Aggression lieber als Entgleisung im Kriegsszenario deuten möchte, ist in Wirklichkeit geplant, vorsätzlich. Das Vorgehen im Krieg mit all seinen unvorstellbaren Verbrechen ist gelernt, Ausbildungsinhalt und gewollt. Annihilation von Völkern und Ruin ihrer Kulturen sind die Kriterien für die Beförderung und Dekorierung von Offizieren und Soldaten.
In der Folgezeit habe ich damit begonnen, den Militarismus und Imperialismus systematisch zu studieren. Ich besorgte Selbstdarstellungen sowie kritische Fachliteratur.
Von da an war es mir möglich, die theoretische US-Kriegsstrategie zusammen mit ihrer praktischen Anwendung bei jeder Aggression genauer zu beobachten und zu analysieren.
Vor diesem Hintergrund ist es freilich aufschlußreich, US-amerikanische Militärliteratur, soweit zugänglich, gründlich zu bearbeiten. Aus dem publizierten Bestand heraus muß auf die unveröffentlichten Aspekte geschlossen werden. Die militärischen Praktiken, soweit wir sie erfahren, bilden die Grundlage der Analyse.

Eine zugängliche Informationsquelle über den US-Militarismus ist die *militärgeschichtliche* Literatur.
Aus dieser Reihe sei – wie schon weiter oben – auf ein Lehrwerk aufmerksam gemacht, das für das Studium in den US-Militärakademien bestimmt ist. Aus diesem Werk geht klar hervor, daß der US-Staatsterrorismus und die Völkerannihilation planmäßig durchgeführt werden. Sie sind Lehrinhalte der militärischen Ausbildung und werden als Kriegspraktiken angewandt.

> *Weigley, Russell F., The American Way of War – A History of United States Military, Strategy and Policy, New York and London 1973.*
> *The Wars of the United States, Series ed. by Louis Morton (General Editor).*

Der Autor Russell F. Weigley beansprucht einen kritischeren Ansatz, vielleicht unter dem Aspekt, dadurch glaubwürdiger zu werden. Er behan-

delt Kriege der USA seit 1775 bis einschließlich des US-Kriegs gegen Vietnam, also einen Zeitraum von rund zweihundert Jahren. Er schildert erstens, wie die USA diese Kriege geführt haben; zweitens Methoden, unter anderem die Annihilation; drittens, welche strategischen Ansätze geherrscht haben; viertens, was Politik und Militär dabei vertraten. Fünftens berichtet Weigley über die Evaluation eines jeden Krieges und welche Konsequenzen daraus zur Durchführung des nächsten gezogen werden. Insgesamt steht für den US-Militarismus fest, daß kein Krieg der letzte sein soll. Jeder Krieg ist ein Krieg nach dem letzten und vor dem nächsten.
Weigley schreibt ohne ethische Wertung, ohne eine politische Beurteilung oder moralische Verurteilung anzustellen, ohne Fragen der Verhältnismäßigkeit und Zulässigkeit zu berühren, ohne über gerechten oder ungerechten Krieg Zeit oder Druckfläche zu verschwenden. Andererseits gewinnen die militärstrategischen und -logistischen Ursachen von Sieg und Niederlage eine besondere Gewichtung.
Man könnte sagen, der Autor ist objektiv. Das ist er jedoch nicht. Denn bei diesen Kriegen sterben Millionen von Menschen. Die Schlachten hinterlassen auf Dauer wirkende Katastrophen. Der Autor stellt den Standpunkt der USA als alleingültig dar. Daß zum Krieg nicht nur die Täter, sondern auch die Opfer gehören, interessiert Weigley nicht. Die Leiden der Opfer werden so gut wie nirgends zur Kenntnis genommen. Die heimgesuchten Völker interessieren nur als Objekt des US-Militarismus. Sie werden erwähnt als der „Feind" oder der „Gegner", anonym, als würden die US-Kriege gegen empfindungslose Menschen, gegen Statuen, Attrappen und unbemannte Windmühlen geführt.

Gerade dieses Stillschweigen über die andere Seite, welche das Opfer der Aggression ist und die Lasten des Krieges trägt, verrät den eigentlichen Standort des Autors, überhaupt den des US-Militarismus. Weigley – als Beispiel – schreibt ohne das Minimum an Mitgefühl für die heimgesuchten Völker. Er präsentiert sich als Militärwissenschaftler, der die Moral nicht als Teil der Wissenschaft betrachtet. Dabei bleibt er nicht konsequent, denn er zeigt sich sehr wohl parteilich, ist einseitig. Gerne demonstriert er, daß er als neutraler Beobachter schreibt und den Krieg als neutrales „Spiel" behandelt. Ohne jede Emotion schildert er die Annihilation. Insofern ist die militärgeschichtliche Literatur der USA in doppelter Hinsicht sehr informativ: a) in bezug auf die Abläufe der Kriege, und b) hinsichtlich der Einstellungen von Militärtheoretikern und Praktikern. Sie demonstriert, daß die ethische Dimension völlig verlorengegangen ist.

Wenn die intellektuelle Elite des US-Militarismus so eingestellt ist, wie sieht es denn bei den Fußsoldaten aus?
Das Werk von Weigley gewinnt nachträglich eine besondere Bedeutung. Seit der US-Aggression gegen Vietnam und der Erstarkung der internationalen und der nationalen Antikriegsbewegung müssen die USA darauf achten, keine Literatur staatlich zu fördern, die geeignet ist, Stoff für Kritikpunkte gegen den US-Militarismus zu liefern. Insofern kann ältere US-Militärliteratur ergiebiger sein als neuere.
Weigley, *The American Way of War – A History of United States Military, Strategy and Policy* (von mir benutzte Auflage:1973) haben wir als exemplarisches Werk gewählt, das für viele andere repräsentativ ist. Es handelt sich um ein militärisches Fachbuch. Der Autor ist selbst ein Professor an einer militärischen Akademie. Aus diesen Werken ist zu schließen, wie Lehrkräfte, militärischer Nachwuchs und Absolventen in den USA denken und auf den Schlachtfeldern handeln.

Sechszehntes Kapitel
„Kausalität" ist eine Falle

Es gibt keinen Grund, der so gut ist, daß er einen Angriffskrieg rechtfertigt. Die ersten, die Kriegsgründe liefern, sind die Aggressoren selber. Diese werden von den Medien aufgegriffen, sensationell berichtet und spektakulär aufbereitet. Als nächste greifen Theoretiker und Militärwissenschaftler in die Debatte ein. Das Thema „Kriegsgründe" kommt an die Universitäten und Hochschulen. Akademische und öffentliche Seminare kündigen Lehr- und Diskussionsveranstaltungen zu den Kriegsgründen an. Politikinstitute und Konfliktforschung greifen den aktuellen Gegenstand auf, der für interessante Diskussionen sorgt. Die Debatten werden kontrovers und leidenschaftlich ausgetragen.
Sehr bald verdrängt die Diskussion über die Kriegsgründe den Krieg selbst. Das tatsächliche Verbrechen gegen ein Volk tritt in den Hintergrund. Während die Menschenschlachtung abläuft, wird die Diskussion, die zunächst sehr heftig ausgetragen worden ist, von Tag zu Tag routinemäßiger geführt. Inzwischen stellt sich eine Gewöhnung an den Krieg ein. Er wird nicht verhindert, sondern diskutiert.
Wir sehen, wie sich die Kriegstreiber bei jedem Krieg so leicht eine öffentliche Akzeptanz für ihre Kriege verschaffen. Der Kanal dazu sind Kriegsgründe, meist fadenscheinige oder gar erfundene, aber sie eröffnen die Diskussion über den Krieg. Die Medien haben endlich ein heißes Thema, das die Verkaufsziffern und Auflagenstärke in die Höhe treiben. Akademische Seminare bieten begehrte Lehrangebote an. Theoretiker und Linke greifen in die Diskussion ein, liefern schärfere Analysen und decken die „wahren" Gründe auf. Die Debatten werden heißer, leider auch der Krieg. Die Menschen sterben. Die Bürger der Kriegstreiberstaaten diskutieren. Sie sind für oder gegen die offiziell deklarierten Gründe.

Wenn man zufällig irgendwo der Zeuge eines furchtbaren Verbrechens wird, fängt man nicht damit an, über die Motive des Täters zu diskutieren, sondern setzt alles in Bewegung, um dieses Verbrechen zu verhindern.

Die Aggression ist das furchtbarste Verbrechen, das Menschen je begehen können. Geschieht ein solches Verbrechen, dann steht seine Verhinderung an oberster Stelle aller Prioritäten. So interessant die Kausalitätsforschung sein mag, kann sie leicht zum Verrat gegen das betroffene Volk verleiten.

Wenn die USA und die NATO einen Krieg gegen ein beliebiges Land vorbereiten, sind der *Casus belli* und der *Casus foederis* das erste, was sie beschaffen. Die staatlichen Informationsabteilungen beliefern die Medien mit dem Material, das für die Einstimmung der öffentlichen Meinung bestimmt ist. Multiplikatoren gehen durchs Land und referieren über die *Ursachen* des Kriegs. Es macht oft keinen großen Unterschied, wenn Kriegsgegner die offiziell behaupteten Gründe widerlegen und andere schärfer gedachte Hintergründe präsentieren. In beiden Fällen hat der Krieg Gründe. Die Gründe, die behaupteten und die wahren, werden diskutiert. Am Podium sitzen die Kontrahenten und debattieren aus reiner Freude an der akademischen Disputation. Unterdessen gehen Krieg und Gemetzel weiter. Dort der Völkermord, hier in den Hörsälen die Vorträge und die Diskussionsbeiträge. Am Ende des Programms geht der Moderator zum Mikro und lobt die Diskutanten über die großartige, zivilisierte Streitkultur, die sie in den letzten Stunden bewiesen haben.

Im Verlauf der Debatten kristallisieren sich einige Gründe als besonders einsichtige heraus. Man sagt z.B.: Die USA greifen den Irak wegen seines Erdöls an. Das Kausalitätsproblem ist somit für das Publikum gelöst. Der Krieg ist also nicht grundlos. Er hat eine Ursache.
Die Kausalität bewirkt eine Befriedigung. Der Krieg ist nicht mehr irrational, sondern begründet. Von der Begründung zur Rechtfertigung besteht ein fließender Übergang. Was der Mensch sucht, ist eine Rationalisierung. Die „Kausalität" befriedigt das Bedürfnis nach Rationalität.
Wenn ich eine Großmacht wäre, Interesse am irakischen Erdöl und außerdem die militärische Macht, den Irak zu besetzen, hätte, würde ich es trotzdem – aus rein vernunftsmäßigen Gründen – nicht tun. Ich würde mit dem Irak verhandeln und einen Konsens über den Interessensaustausch erreichen. Für diesen – friedlichen – Weg sprechen alle Gründe. Für den Krieg spräche aus meiner eigenen Interessenslage kein einziger Grund. Frieden, Gerechtigkeit, Freiheit und Selbstbestimmungsrecht aller Völker haben keine Alternative.

„Kausalität" ist beliebig. Für jedes erdenkliche Verhalten findet man schon immer ein Motiv, das durchaus plausibel erscheint; für den Krieg auch. Man findet ebenso plausible Gründe *für* wie *gegen* den Krieg. Die Hierarchie der Ursachen ist praktisch unendlich und ebenso beliebig. Kausalität ist eine Falle.
Wir leben im Krieg. Der Krieg nach dem letzten und vor dem nächsten Krieg findet statt.

Er bestimmt alles in der Welt: Armut, Elend, Krankheiten, Umweltzerstörung, Verkrüppelungen, Sterben. Niemand will ihn. Er findet statt. Die Kriegsmacher werden von sich aus die Kraft nicht aufbringen, um aufzuhören. Sie werden weiterhin Kriege führen und sie werden weiterhin Gründe nennen.
Die besorgte Öffentlichkeit fragt: „Warum?“ und weiß nicht „Warum“, Es gibt eben kein „Darum“.
Die Diskussion über die Gründe geht weiter. Der Krieg auch.

Hat das Kausalitätsproblem überhaupt eine Lösung?

Ja! Die Universalistische Erkenntnispyramide[17] erhebt den Anspruch, dieses Problem zu lösen.
In der Universalistischen Erkenntnispyramide, die aus acht Stufen besteht, bildet das Menschenbild die Basis aller Stadien der Erkenntnis.
Jeder Erkenntnis und jedem Handeln liegt das Menschenbild zugrunde. Ein *dualistisches* Menschenbild erklärt das Prinzip „Kampf“ zur Grundlage der Beziehungen unter Menschen und Völkern. Das universalistische Menschenbild baut auf Humanismus und Einheit des Menschlichen wie des Lebens überhaupt auf. Das universalistische (= humanistische) Menschenbild ist ***biophil***.
Einheit ist ursprünglich. Die Menschheit ist mit einer einzigen Gruppe angetreten. Die Erde ist ein einheitlicher Körper. Das Universum ist nicht eine Sammlung von Einzelteilen, sondern ein einheitliches Ganzes. Vor allem ist das Leben ein *Hapax* („einmalig“, „einzigartig“, „eins“, „ein für alle mal“). Es ist nur einmal vorhanden – für alle Lebewesen und für alle Generationen. Es pflanzt sich fort, gliedert sich und bleibt doch *hapax*.
Nur in der Einheit realisieren sich Emanzipation und Selbstverwirklichung.

Dualismus ist aufgezwungen. Er ist der Gegensatz zur Einheit. Er negiert die Zusammengehörigkeit und Einheit der Menschheit. „Dualismus“ ist Gewalt. „Dualismus“ und „Einheit“ schließen einander aus. Träger des Dualismus ist der Imperialismus. Er schuf die gespaltene Welt. Er spielt die Völker gegeneinander aus. Er haßt die Einheit. Er segmentiert und fragmentiert die Menschheit.

---

[17] Dargestellt in: Khella, Universalistische Erkenntnis- und Geschichtstheorie, Hamburg 2008, S. 29-43.

Krieg ist der extreme Ausdruck des Dualismus. Er ist die totale Verneinung des Humanismus. Er ist unvereinbar mit dem Menschsein. Er negiert das Leben. Dualismus ist nekrophil. Kriegsmacher lieben den Tod. Sie sind mordsüchtig. Sie zerstören und löschen Leben aus.
Ich kann nicht behaupten, eine Kausalität von Krieg und Kriegsverbrechen rational nachvollziehen zu können. Versuchen wir, uns einmal vorzustellen, wie in den politischen und militärischen Entscheidungsstäben gedacht wird. Ich bin sicher, daß Leserinnen und Leser dieses Buches zusammen mit seinem Autor ganz gewiß explodieren würden, wenn wir in den militärpolitischen Entscheidungsgremien mitsäßen.
Die US-NATO-Kriege stellen uns vor ein schier unlösbares Problem. Warum zerstören diese Staaten die Welt? Kommentatoren nennen Ursachen und erzielen damit direkt oder indirekt eine Legitimation für den Krieg. Es gäbe ja einen Kriegsgrund! Man findet eine ursächliche Erklärung und empfindet dabei eine innere Befriedigung: Es ist ja erklärlich. Es läuft ja nach dem Gesetz von Ursache und Wirkung ab.

Kausalität ist eine Falle! Im Prinzip kann man für alles einen Grund finden. Der Mythos Kausalität ist selbst Krieg. Man muß den Irak nicht zerstören, um von seinem Erdöl zu profitieren. Kausalitätsfindung ist eine Art Selbsttäuschung. Sie befriedigt den Sucher intellektuell. Hat man einen „Grund" gefunden, verspürt man eine spontane Euphorie.
Die einzige Erklärung für den Krieg ist die prinzipielle Bereitschaft, andere Gesellschaften zu zerstören, Lebensbedingungen zu vernichten und Menschen auszulöschen. Niemand kann andere zerstören, bevor er sich selbst zerstört. Ist man soweit, zerstört man nur.
Wir gehen in einem eigenen Beitrag[18] auf die Kriegstheorien und -theoreme näher ein.
Was uns betrifft: Wir stellen den Tatbestand Krieg als Verbrechen fest. Die Motive für einen Krieg der Art, wie die USA und die NATO-Staaten ihn führen, können mit rationalen Mitteln nicht erfaßt werden.
Wir beobachten und registrieren Kriege. Wir beschreiben, was wir sehen, hören, was Täter, Betroffene und Augenzeugen uns berichten. Diese Informationen analysieren wir. Wir präsentieren die Ergebnisse, geben sie sachlich wieder. Wir verdeutlichen, wie Zerstörungen, Ruin und Völkermord zustande kommen. Daraus leiten wir die Verpflichtung ab, Krieg und Kriegsverbrechen zu verhindern.

---

[18] In: Risāla – Jahrbuch für Theoriebildung, Geschichtsrevision, Eurozentrismuskritik und antiimperialistische Solidarität, Hamburg Jahrgang 2010.

Auf die Praxis kommt es an. Wenn eine Kausalitätsdiskussion den Widerstand gegen Krieg verstärkt, ist sie willkommen. Wenn sie ihn hemmt, dann steht sie in Negativkoalition mit den Kriegstreibern.
Es gibt absolut keinen Grund, der imstande wäre, uns davon zu überzeugen, daß Massenmord, Genozid, Annihilation notwendig, geschweige denn gerechtfertigt wären. Ebensowenig gibt es keine Ursache dafür, warum kein Gebrauch von einer politischen Alternative und friedlichen Lösung gemacht wird.
Noch weniger können wir begreifen, wie diese Aggressionskriege einmal, ein zweites Mal passieren, warum sie bis heute noch geschehen und immer noch kein Ende abzusehen ist.

Die Grundfrage – Das Ursachenproblem: Warum wird getötet?

Notiert man alle in der Literatur angegebenen Gründe für den Krieg, so entsteht eine Sammlung von rund hundert verschiedenen Antworten. Viele dieser Antwortmöglichkeiten erscheinen für sich genommen jeweils als plausibel und abgeleitet. Die Autoren erheben den Anspruch auf Rationalität. Andererseits lassen sich diese Antworten nicht zu einer Einheit zusammenfassen. Sie heben sich gegenseitig auf. Jede Antwort steht nur für sich und gilt nur innerhalb ihres eigenen Denksystems (z.B. des Ökonomismus).
Warum? Noch einmal die Ausgangsfrage: Warum werden Menschen getötet?
Nicht eine Person, sondern millionenfach? Nicht einmal, sondern kontinuierlich?
Wenn ein Krieg endet, warum starten die Killer den nächsten?
Antwort: Die Ursache für den Krieg und das Töten sollen wir nicht bei den Opfern, sondern bei den Tätern suchen. Die Ursache findet sich nicht im Gegenstand, im behaupteten Grund für einen Krieg, sondern bei den Mördern selbst. Sie sind zerstört, darum zerstören sie andere. Sie werden von sich aus nicht aufhören können. Sie müssen daran gehindert werden, andere zu töten.

Siebzehntes Kapitel
Kriege der USA und der NATO – Die eigentliche Ursache für die ökologische Katastrophe

Inhaltsübersicht
Stadien der Umweltkatastrophe:

Das erste Stadium – Der europäische Dauerkrieg gegen die Völker

Zweites Stadium
Erster Weltkrieg – Der große Krieg: Kriegsmaschinen, Fahrzeuge, Luftwaffe, Bomben und Massentod

Drittes Stadium
Der Giftgaskrieg und die Vergiftung der Umwelt
Die chemische Aggression und der toxische Krieg – Die Umweltvergiftung

Viertes Stadium
Die Ära der Luftwaffe

Fünftes Stadium
Der wörtliche Wärmetod – Brennende Städte
Der Europäisch-europäische Krieg 1939-45 (Zweiter Weltkrieg)

Sechstes Stadium
Die atomare Aggression

Siebtes Stadium
Desertifikation – Die regionale Verwüstung von Völkern, Natur und Kultur

Achtes Stadium
Die Mininukes

Der Dauerprozeß der Zerstörung von Umwelt und Lebensbedingungen geht weiter

Zersetzung und Abbau der Ozonschicht

Krieg gegen die Menschen – Krieg gegen die Tiere, die Vögel, die Fische, die Makro- und die Mikroorganismen

NATO-Mitglieder waren auch vor der NATO-Gründung kriegführende Staaten. Und haben durch ihre Politik die Umweltkatastrophe von Beginn an zu verantworten. In diesem Sinne nennen wir sie NATO-Staaten, auch wenn die Organisationsform „NATO“ noch nicht bestanden hat.

Stationen der Umweltvergiftung
Das erste Stadium – Der europäische Dauerkrieg gegen die Völker

Ökologisch stehen Welt und Umwelt gegenwärtig auf der Kippe. Die Zerstörung des ökologischen Kreislaufes erfolgte nicht schlagartig, sondern in Etappen. Bis zum Beginn des Dreißigjährigen Kriegs (1618-48) kann man eigentlich nicht von einer Umweltkatastrophe sprechen, wohl aber von Zerstörungen. Erst durch den Dreißigjährigen Krieg sind tiefgreifende, bleibende Auswirkungen der Schlachten auf Mensch, Natur und Umwelt in Erscheinung getreten. Ihre anhaltenden Wirkungen sind heute noch nachweisbar. Auch gegenwärtig erkranken Menschen, besonders im Umfeld der Schlachtfelder, an den hinterlassenen Spuren des Kriegs.

Der Dreißigjährige Krieg war nicht das Ende der Kriegszeit. Seine ökologischen Folgen werden nicht abgebaut; sie akkumulieren.
Die nächste groß angelegte Zerstörung von Umwelt, Natur und Lebensbedingungen erfolgte durch die französischen Aggressionen unter Napoleon (1798-1815). Die Katastrophe war unmittelbar zu erkennen u.a. durch Epidemien, die sich in ganz Europa verbreitet haben und bis zum Ende des 19. Jahrhunderts nicht zu beseitigen waren. Von der Kanonade von Valmy (1792) bis Waterloo (1815) wurde in einer Kette von Schlachten soviel Umwelt zerstört wie noch nie zuvor. Der Ausdruck „Umweltkatastrophe“ erhält spätestens seit den napoleonischen Kriegen eine bleibende, konkrete Aktualität.
Es folgte der deutsch-französische Krieg 1870/71 mit seinen schweren Folgen für die Natur und für die europäische Gesellschaft. Zerstört wurde die *Pariser Commune*, die eine politische Umkehr und eine echte Erneuerung des Kontinents versprochen hätte. Die Chance des Neubeginns und ein Europa des Friedens ins Leben zu rufen wurde vertan.
Wir nennen diese drei Kriege stellvertretend für den tausendjährigen Krieg, den Europa seit 1054 gegen die Welt führt und der immer noch zu keinem Stillstand gekommen ist. Mit dem Ersten Weltkrieg beginnt eine neue Qualität der Kriegsgeschichte.

Bis zum Ende des 18. Jahrhunderts hat eine *relative* Bilanz zwischen der Produktion von CO_2 durch Menschen und Tiere und der O_2-Produktion durch die grüne Natur bestanden. Der eigentliche ökologische Bruch trat erst durch die chaotische Industrialisierung im 19. Jahrhundert ein. Die extremen Schadstoffemissionen konnten nicht mehr durch Antagonisten neutralisiert werden. Erstmalig in ihrer Geschichte war die Natur einer ständigen Zufuhr von giftigen Abfällen, die sie nicht mehr kanalisieren konnte, ausgesetzt. Wie noch nie dagewesen, häuften sich die Giftstoffe in der Atmosphäre, ohne sich abzubauen. Bevor ein Teil der Gifte katalysiert wurde, folgte der nächste Stoß. Ein Stillstand trat seitdem nicht ein. Die Belastung wuchs ständig an.

Als nächste schwere Belastung folgten die Abgase motorisierter Fahrzeuge. Diese häuften sich in verantwortungsloser Weise. Die Zufuhr von Schadstoffen beschränkte sich nicht auf wenige Elemente und Moleküle, sondern umfaßte viel mehr Stoffe und Schwermetalle.
Nicht nur die Pkws, sondern überhaupt die Autoindustrie, Groß- und Schwerindustrie sowie die Rüstungsindustrie produzierten Schadstoffe, in deren Folge die Umweltvergiftung nicht mehr graduell, sondern sprunghaft anstieg.
Ein schwerer Schlag gegen die Natur kam mit der chemischen Industrie hinzu. Es sind nicht nur die Endprodukte, sondern die Zwischenprodukte, z.B. Dioxine, welche sowohl den Boden wie auch die Atmosphäre verseuchen. Das Verschwinden vieler Organismen und Arten wird von allen festgestellt und beobachtet. Alarmsignale konnten nicht mehr überhört werden.

Zweites Stadium der Umweltkatastrophe
Erster Weltkrieg – Der große Krieg: Kriegsmaschinen, Fahrzeuge, Luftwaffe, Bomben und Massentod

Der Erste Weltkrieg setzte in großem Umfang mechanische und technische Maschinen als Rüstungsfahrzeuge auf den Schlachtfeldern und gegen die Zivilbevölkerung ein.

Man spricht von Mobilmachung und deutet damit nicht nur auf die Massen von Jugendlichen hin, die für den Krieg in Marsch gesetzt werden, sondern auch auf die Rolle der Fahrzeuge im Krieg. Zum Ausstoß von Kohlendioxid und anderen Schadstoffen kommen die explosiven Waffen

hinzu, die ihrerseits tödliche Stoffe freisetzen, aber auch die Erwärmung der Erde und der Biosphäre beschleunigen.
Die Belastung der Umwelt erreicht den kritischen Punkt, wo der ökologische Ausgleich nicht mehr wiederhergestellt werden kann.

Drittes Stadium der Umweltkatastrophe – Der Giftgaskrieg und die Vergiftung der Umwelt Die chemische Aggression und der toxische Krieg

Die bisherige Belastung der Umwelt wurde bald durch den Giftgaskrieg (ab 1914) in den Schatten gestellt. Er bedeutete eine unvertretbar schwere Belastung der Biosphäre. Mit dem Ersten Weltkrieg trat eine neue Qualität der Umweltvergiftung ein. Durch den Gaskrieg starben mehr Menschen als jemals zuvor in vergleichbarer zeitlicher Dauer. Das war das Verdienst Deutschlands und anderer Giftgaswerfer. Mit dem Tod von Massen war aber die Wirkung der Giftgasbomben nicht zu Ende. Die Toxine sind mit ihren langen Halbwertszeiten in und auf dem Boden, in den Gewässern und in der Luft geblieben. Wenn ein Teil der Gifte abgebaut wurde, folgte der nächste Stoß, noch massiver, noch effektiver, das heißt tödlicher. Seitdem ist es sinnlos, den Ablauf von Halbwertszeiten abzuwarten.
Bezeichnenderweise beginnt der massivste Einsatz von Giftgas erst nach dem Ende des Ersten Weltkriegs. Das grausamste Kapitel des Giftgaskriegs startet nach 1918. Die im Ersten Weltkrieg verfeindeten europäischen Staaten einigen sich plötzlich gegen den Maghreb.
Haupt- und lange Zeit einziger Produzent von Giftgasbomben war Deutschland. Es verfügte nicht nur über die Technik, sondern auch über die Methoden des Einsatzes von Giftgas. Deutschland führte selbst den chemischen Krieg und belieferte andere Staaten mit Toxinen, insbesondere Spanien, Frankreich, Italien und die UdSSR für ihren Krieg gegen die muslimischen Völker im Süden und Osten der Sowjetunion.

Italien führte den Giftgaskrieg gegen Äthiopien (damals Abessinien genannt) und tötete in und um Äthiopien, Eritrea und Somalia eine Million Menschen. Im italienischen Krieg gegen das libysche Volk starben jeder zweite Libyer und jede zweite Libyerin.
In extremer Art und Weise betroffen war das marokkanische Volk, insbesondere im Rif. Es war einem Genozid durch Spanien, Frankreich und Deutschland ausgesetzt. Trotz Jahrzehnte anhaltender grausamster Aggression haben die Völker des Maghreb nie kapituliert. Deutschland, Spa-

nien und Frankreich wollten das Volk im Rif mit Giftgas ersticken. Doch wurden sie aus dem Maghreb vertrieben, bevor sie ihr Ziel erreichten.

Die Biosphäre wurde chemisch und synthetisch vergiftet. Eine Ersatzatmosphäre gibt es nicht. Mit jedem weiteren Krieg steigt der Anteil der Toxine in der Atemluft, in den Gewässern und im Boden.
Sprengwaffen einerseits und toxische Moleküle andererseits akkumulieren die ökologisch zerstörerischen Faktoren. Verseuchter Atemluft kann man nicht entrinnen. Wer nicht stirbt, erkrankt. Die Sprengungen erhöhen unverhältnismäßig die Temperatur und steigern die Erderwärmung.

Viertes Stadium der Umweltkatastrophe
Die Ära der Luftwaffe

Erstmalig wurden im letzten Stadium des Ersten Weltkriegs Flugzeuge militärisch eingesetzt, zunächst nur gegen die Befreiungsbewegungen. In die weltweite antikolonialistische und antiimperialistische Solidaritäts- und Kampffront reihten sich arabische Freiheitskämpfer ein. Sie haben Hunderte von Kilometern durch die Wüste zurückgelegt, um sich über Schleichwege dem Kampf der heimgesuchten Völker gegen die europäischen Aggressoren anzuschließen. Letztere waren entschlossen, ihren Vernichtungskrieg gegen die Völker fortzusetzen. Die Europäer fühlten sich durch den unerwarteten Beistand der arabischen Freiwilligen gestört.

Mit der Luftfahrt hatten die europäischen Kriegstreiber bisher noch keine militärischen Erfahrungen gesammelt. Erst dann sahen sie darin eine Möglichkeit, die Freiheitskämpfer, welche ihre Märsche durch die Wüste zu Fuß zurücklegten, einzuholen und aus der Luft zu exekutieren.
Mit diesem traurigen Erfolg erkannten die Imperialisten die militärische Bedeutung der Luftfahrt. Durch die Herrschaft im Luftraum gewinnt die Luftwaffe ungleich größere Überlegenheit gegenüber anderen Waffengattungen. Seitdem steigt der Einsatz der Luftwaffe in allen imperialistischen Kriegen. In der US-NATO-Aggression 1991-1999 gelang es den Imperialisten, Jugoslawien allein durch die Luftwaffe zu besiegen. Den Einmarsch in Jugoslawien und die Führung eines Bodenkriegs trauten sich die Imperialisten nicht zu.
Die Luftwaffe bietet den Aggressoren viele Vorteile, besonders wenn sie die Herrschaft über den Luftraum erlangen. Die Piloten und ihre Begleiter, welche auf die Objekte zeigen, fühlen sich – im Unterschied zur

Infanterie – sicherer. Außerdem entfällt die Hemmschwelle zum Mord gänzlich, da die Luftwaffe aus weiter Ferne bombardiert.

Mit der Luftwaffe kommt eine neue Qualität der Umweltkatastrophe zur Geltung. Die massenmörderische Waffe kommt zurück. Sie hat nicht nur Leichen und Blut zurückgelassen, sondern zerstört auch die Biosphäre und die Ozonschicht. Sie hinterläßt Risse. Die Luft wird schwerer und bleibt in der Lunge stehen. Durch die Löcher der Ozonschicht dringen Ultraviolettstrahlen, gegen die der Mensch nicht geschützt ist. Je nach der Menge, der das Individuum ausgesetzt ist, verletzen sie, wirken sich dann tödlich aus. Krebsarten und Hautkrankheiten sind die häufigsten Folgen.
Die Luftfahrt ist der größte Verbraucher von Treibstoff. Millionen Tonnen Erdöl werden täglich vergeudet. Was die Natur sinnvoll in Milliarden Jahren angebaut und gehütet hat, will der Mensch in einigen Jahrzehnten verschwenden. Durch verantwortungslosen Umgang mit Erdgas und Erdöl sollen die Generationen nach uns unter Energiemangel leiden.
Mit der Erdöl- und Erdgasverbrennung steigt auch der CO_2-Ausstoß und mit ihm die Erderwärmung. CO_2 ist giftige Atemluft.
Jeder Flug hinterläßt Risse in der Ozonschicht, wobei die zivile Luftfahrt und der Tourismus anteilig mitverantwortlich sind.

Fünftes Stadium der Umweltkatastrophe
Der wörtliche Wärmetod – Brennende Städte –
Der Europäisch-europäische Krieg 1939-45 (Zweiter Weltkrieg)

Im Zweiten Weltkrieg kamen die massiven Bombardements hinzu. Noch nie zuvor wurde eine solche Masse von Bomben in so kurzer Zeit über die Erde geworfen. Ballistik ist eine der größten Quellen, welche die Erwärmung der Erde und der Biosphäre zu verantworten haben.
Der Tod von 56 Millionen Menschen war die bis dahin größte Katastrophe, welche die Menschheit heimgesucht hat und die nicht wiedergutzumachen ist.
Luftwaffe, Artillerie, motorisierte Fahrzeuge, z.B. durch die sogenannte Infanterie, und Militärtransporte aller Art übersättigen die Biosphäre mit Kohlendioxid. Die Folge ist der Schwund von Atemluft.
Mit dem offiziellen Schluß des Krieges war die Katastrophe nicht zu Ende. Die europäischen Armeen zogen in den Süden und setzten Mord und Umweltzerstörung fort. Zum Verlust von Menschen kam das Aussterben der Arten hinzu.

Sechstes Stadium der Umweltkatastrophe
Die atomare Aggression

Vor dem Einsatz von Atombomben war – wie ausgeführt – die Umwelt bereits stark belastet, und zwar nicht unerheblich.
Nun bringt die atomare Aggression eine neue Dimension der Umweltkatastrophe. Man kann und darf nicht von einem „friedlichen Untergang" sprechen. Seit dem Atombombenangriff der USA auf Japan im August 1945 hat sich die Biosphäre quantitativ und qualitativ verändert. Die Halbwertszeiten des Atomstaubs und seine zerstörerischen Wirkungen reichen für eine Gruppe der Teilchen in Jahrzehntausende und Jahrhunderttausende.
Die Atomwaffen bringen weitere Probleme, die nach Art und Belastung neuartig sind. Zum einen werden radioaktive Strahlen frei. Sie kreisen um die Erde und werden durch keine Sperre aufgehalten. Sie verändern alle Gleichgewichte der Natur. Prozesse werden entbalanciert. Der organische Zerfall wird beschleunigt.

Der Atombombenabwurf über Hiroschima und Nagasaki brachte der Menschheit noch nie dagewesene Krankheiten. Diese werden von Generation zu Generation weitervererbt. Wer nicht krank zur Welt gekommen ist, erkrankt durch den Verzehr von infiziertem Fisch, Fleisch und Vegetarischem.
Zum anderen setzen Atombomben ungeheure Mengen an Wärmeenergie frei. Durch die Atombombenabwürfe tritt das Problem der Erderwärmung in ihr bedrohliches, akutes Stadium. Die neue Qualität der Umweltkatastrophe und der Erwärmung der Biosphäre veranlaßte die Ökologen zu Attributen wie „Weltuntergang", „Wärmetod" etc. In bezug auf die Eindringlichkeit ist eine Übertreibung kaum möglich.
Dieses Problem hat nicht erst mit Hiroschima begonnen; dort jedoch sind die neue Quantität und Qualität der Übererwärmung in Erscheinung getreten. Eine Erderwärmung um Bruchteile eines Grades führt schon zum Absterben von Arten. Die atomare Bombardierung vernichtet eine Vielzahl von Arten.

Die C_{14}-Methode, die zur Datierung von archäologischen Funden angewandt wird, verlor an Aussagekraft, ohne jedoch eine relative Gültigkeit zu verlieren. Zu dem Atombombenabwurf über die japanischen Städte kommen die Atomversuche hinzu. Organische Strukturen sind so fragil, daß geringgradige Strahlen, kurze Wellen und selbst Röntgenaufnahmen

den Zerfall beschleunigen. Sie sind für Leukämie und den Anstieg der Säuglingssterblichkeit verantwortlich.
Infolge aller Arten der Emission von radioaktiven Strahlen steigt die Erwärmungskurve unaufhaltsam an.
Die USA haben mit Hiroschima und Nagasaki keinen Schlußstrich unter den Gebrauch von Atombomben gezogen. Die Katastrophe über die japanischen Städte war erst der Anfang. Seitdem haben sie nie aufgehört, Atombombenversuche mit all ihren Folgen durchzuführen. Ihnen folgten andere Atomstaaten.
Die Produktion von atomaren Sprengsätzen vom Experiment über die Zwischenstadien bis zur Fertigung und Sprengung basiert auf der Herstellung von „Brennstäben". In jedem Stadium ihrer Entwicklung tragen sie einen Hauptanteil an der Verantwortung für die Erwärmung der Biosphäre und der Erde. Sie beschleunigen den Wärmetod und das Auslöschen des Lebens.

Siebtes Stadium der Umweltkatastrophe
Desertifikation – Die regionale Verwüstung von Völkern, Natur und Kultur
Beispiele: Korea, Vietnam, Irak, Somalia, Jugoslawien, Afghanistan, Afrika

Fall Vietnam: Die USA haben in ihrem Krieg gegen Vietnam die Entlaubung des Landes offiziell als Kriegswaffe eingesetzt. Die Defloration ist für Vietnam eine von den USA gewollte und kaltblütig durchgeführte Katastrophe.
Die Überschüttung des Landes mit Tonnen TNT wird auch in Jahrzehnten nicht saniert werden können. Das furchtbare Gift dringt tief in die Erde und die Untergrundgewässer ein. Vietnam ist am härtesten betroffen. Gleichzeitig ist die US-Aggression gegen Vietnam ebenso eine Katastrophe für das Leben und die Existenz auf dem Globus überhaupt. USA und NATO tragen einen Hauptanteil an dem Rückgang des Süßwasserreservoirs weltweit.

Achtes Stadium der Umweltkatastrophe
Die Mininukes

Im US-Krieg gegen den Irak wurden *Mininukes* abgeworfen, deren Sprengkraft die Bomben von Hiroschima und Nagasaki um ein Vielfaches übersteigen.
Der Atomkrieg gegen den Irak wurde bezeichnenderweise in den westlichen Medien verschwiegen. Es war der bisher massivste Einsatz von atomaren Körpern. Der Einsatz von atomaren Waffen, u.a. *Depleted Uranium*, belastet die Umwelt durch mit dem Leben unvereinbare radioaktive Strahlen.
Der Irak ist in jeder Hinsicht am härtesten betroffen. Indes bleibt die umweltzerstörerische Wirkung nie örtlich oder regional begrenzt.
Bombardements, Raketen töten nicht nur mit sofortiger Wirkung, sondern auch mittelfristig durch den Wärmetod.
Atomwaffen und Toxine zersetzen die Umwelt in mehrfacher Hinsicht:

a) Menschen und Arten sterben.
b) Die Radioaktivität belastet die Umwelt.
c) Sie verursachen den Tod des Baumbestandes. Fruchtbare Auen werden verwüstet. Als Folge verbreitet sich die Wüste über einst grünende Landschaft. Die Desertifikation löst eine Kette von Folgeschäden aus. Die Existenzbasis vieler Menschen wird zerstört. Mit dem Verlust der grünen Pflanzen geht die Produktion von Sauerstoff durch die Photosynthese zurück. Die O_2-CO_2-Bilanz verschiebt sich zugunsten des giftigen Kohlendioxids.

Der Dauerprozeß der Zerstörung von Umwelt und Lebensbedingungen geht weiter

Waffen haben eine kurzfristige, mittelfristige und langfristige Wirkung, die, jede Phase für sich, ihren spezifischen Tod über die Menschheit und ihren eigenen Beitrag zur Umweltzerstörung mitbringt. Abgase und Gifte entweichen in die Biosphäre und kommen auf die Menschen als saurer oder gar giftiger Regen zurück. Ihre Endstation ist stets der Organismus. Wir fokussieren zwar mit Recht auf Aggression und Krieg, weil sie den Tiefstpunkt des menschlichen Zerfalls darstellen. Wir sollten indes die alltäglich laufende Katastrophe nicht aus den Augen verlieren, soll die Menschheit überleben. Der imperialistische Krieg findet täglich statt als Rüstungsindustrie, militärische Ausbildung, Manöverübungen u.a.m.

Im Zivilbereich sind gewisse Industrien verstrickt, obwohl sie nicht direkt als militärische Produktion erkennbar sind, z.B. die Stahl-, Auto- und Schwerindustrie. Die zivile Infrastruktur wird unter militärischen Überlegungen angelegt.
Auch der zivile Bereich trägt seinen Anteil an der Umweltkatastrophe. Der Autoverkehr ist nicht unerheblich verantwortlich für die Störung der O_2/CO_2-Bilanz. Die ungerechtfertigte Zunahme des Flugverkehrs trägt zusammen mit dem Militarismus die Verantwortung für die Zerstörung der Biosphäre und der Ozonschicht.

Imperialismus und Militarismus zerstören den Lebenskreislauf in mehrfacher Hinsicht:

a) ***CO_2-****Freisetzung:* Millionen Fahrzeuge der Luftwaffe, Marine, Artillerie und Infanterie kreisen täglich auf dem Boden, auf und in den Weltmeeren. Millionen Fahrzeuge aller Art schütten ungeheure Mengen von Kohlendioxid aus. Diese verpesten und vergiften anhaltend die Atmosphäre.

b) ***Wärme***-Produktion: Millionen Maschinen und Kriegsgeräte belasten die Erde, die Luft und die Gewässer. Zu allen anderen Toxinen und CO_2 produzieren sie *Wärme.*
Die ungeheuren Verbrennungsprozesse werden von der Natur nicht mehr verkraftet. Der Bestand ganzer Landstriche ist nicht mehr gesichert.

c) ***O_2-Mangel****:* Die Ausrottung des Baumbestandes und der grünen Flächen infolge von Aggressionen stört die O_2/CO_2-Bilanz.

Die Zunahme des CO_2-Anteils erfolgt nicht nur durch seine Freisetzung, sondern auch relativ durch den Wegfall der CO_2-verbrauchenden Pflanzen und Bäume.
Die extreme Zunahme des CO_2-Anteils absolut und relativ zum O_2-Anteil erfolgt auf mehreren Wegen: Unverantwortliche Freisetzung von CO_2 durch militärischen Energie-Verbrauch und durch die Zerstörung von Wäldern und grünen Flächen im Rahmen von Kriegen und Manövern. Das Auseinanderklaffen der CO_2-Produktion und des CO_2-Verbauches ist eine akute Bedrohung des Lebens.

Es ist klar, daß die Umweltzerstörung nicht ausschließlich durch die Militarisierung verursacht wird. Gleichwohl muß festgehalten werden, daß der Anteil der kriegerisch begründeten Schäden ungleich höher als andere Anteile ist. Zum Krieg gehören ja auch seine Industrie, die Ausbildung der Armee und die Manöverübungen. Die wichtigsten Ursachen für die Störung der O_2/CO_2-Bilanz und die Zunahme der Erderwärmung sind:

a) Die ungeheure Menge von militärischen Fahrzeugen und Maschinen zu Land, See und Luft;
b) Das Verschwinden von Pflanzen und Baumbestand infolge militärisch verursachter Brände;
c) Desertifikation;
d) Abholzung;
e) Die Ballistik produziert Wärmeenergie. Ein Großteil der Waffen funktioniert durch Sprengung;
f) Die Bombardements zerstören in vielfacher Hinsicht. Sie verursachen Brände. Diese addieren sich mit der Sprengkraft. Es sind diese Vorgänge, die freigesetzten ungeheuren Mengen an Wärmeenergie, welche die Erwärmung von Erde, Gewässer und Biosphäre zu verantworten haben;
g) Hinzu kommt der Wegfall ausgleichender Funktionen, u.a. das Absterben von Arten und Organismen;
h) Die Erwärmung der Erde und der Atmosphäre bringt den Wärmetod und das Ende des Lebens überhaupt mit sich.

Der Wärmetod: Da die Summe aller Energien im System konstant ist, kann man sich ohne großes Kopfzerbrechen vorstellen, wie hoch die Zunahme der Erderwärmung durch die Umwandlung der Ballistik und fossiler oder nichtfossiler Energie in Wärmeenergie ist. Vor den imperialistischen Kriegen hat es eigentlich kein ernstes Problem der Erderwärmung gegeben.

Zersetzung und Abbau der Ozonschicht

Schon seit langem sind die Folgen der Zerstörung der Lebenswelt nicht mehr auf die Erde beschränkt geblieben. Sie expandieren in die Biosphäre und schlagen von dort auf die Menschen zurück. Spürbar ist die Reaktion am Zerfall der Ozonschicht. Zunächst handelte es sich um Risse im Ozonmantel. Warnungen vor der weiteren Entwicklung wurden ignoriert. Aus den Rissen sind Löcher geworden, die immer breiter werden. Nun sind wir in das Stadium des Abbaues und Zerfalls der Ozonsphäre getreten. Strahlen der Sonne werden nicht mehr ausreichend gefiltert. Auch vom fernen Kosmos erreichen uns Strahlungen in einem für den Körper physiologisch schädlichen Zustand. Folgen ungefilterter Sonnenstrahlen

sind Hautkrankheiten, -krebs sowie pathologisch wirksame Infra- und Ultrastrahlen.
Die Ursachen sind freilich nicht ausschließlich militärisch. Autoverkehr, zivile Luftfahrt, Industrie und Emissionen wirken mit. Indes tragen die ballistischen, chemischen und atomaren Waffen bereits im Stadium ihrer Entwicklung und Produktion die Hauptverantwortung.

Krieg gegen die Menschen – Krieg gegen die Tiere, die Vögel, die Fische, die Makro- und die Mikroorganismen

Durch die NATO- und US-Kriege sterben jährlich 200.000 Arten. Viele schon beim Schock durch die Explosion der ersten Bombe über einer angegriffenen Gegend. Die Reproduktion der toten Organismen wird durch die Zerstörung der für ihre Existenz benötigten Infrastruktur für immer verhindert.
Aggression und Krieg sind proportional die stärksten Todesursachen bei allen organischen Strukturen. Eine Katastrophe für ein Land, das die USA und NATO als Aggressionsziel drannehmen, ist eine Katastrophe für die ganze Menschheit und das Leben überhaupt.
Niemand macht sich soviel Sorge um die Unbewohnbarkeit der Erde und den Weltuntergang wie die Imperialisten. Zerstören sie doch selber die Welt und wissen daher am besten, warum die Erde unbewohnbar gemacht wird. Sie bemühen sich schon jetzt um Ersatzplaneten. Gott sei Dank, daß sie keinen erreichen und daß sich mit ihnen die Katastrophe nicht weiter ausdehnt.

USA und NATO! Hört sofort mit Aggression und Krieg auf! Zieht euch mit euren Truppen sofort in eure Heimatterritorien zurück!

Achtzehntes Kapitel
Criminal Empires

Criminal Empires und Annihilation

Den Annihilationsbegriff habe ich weder erfunden noch geprägt. Ich habe ihn ohne Zutun erhalten. Entnommen habe ich ihn den Lehrwerken der regierungseigenen Militärakademien der USA und der systemimmanenten Literatur. „Annihilation“ ist der offizielle Befehl an die Truppe, der wörtlich gemeint und umzusetzen ist.
Annihilation heißt Auslöschen, Vernichtung, Völkermord. Der Ausdruck ist von seinen Urhebern wörtlich gemeint und wird praktisch umgesetzt. Die Annihilation blickt auf eine lange Aggressionsgeschichte der europäischen Staaten zurück. Bereits das deutsche Wort für eine Konfrontation auf dem Kriegsfeld lautet „Schlacht“. Es ist wörtlich zu nehmen. Mit Krieg haben die Europäer das „Gemetzel“ gemeint. So sind auch die Schlachten durchgeführt worden. Wer den Gegner zuerst *schlachtet,* hat gewonnen.
Vom ersten Marschbefehl an die Armeen der *Reconquista* (1054) und der Kreuzzüge an lautete der päpstliche Befehl: „*Tötet alle!*“
Seit der offiziellen Gründung der USA unter George Washington wurde den Truppen gegen die letzten überlebenden Gemeinschaften der Indigenas „Annihilation“ befohlen. „Annihilation“ ist seitdem die Kriegsstrategie der USA.

In der Prägung des Ausdruckes *Enemy people* als Ziel der US-Strategie ist definiert, den Krieg als ein Massaker an einem Volk, das zum Feind erklärt wird, durchzuführen. Ziel ist das Schlachten des Enemy people. Wie wir an mehreren Stellen dieses Buches dargestellt haben, wird in der strategischen Literatur der USA offen gesagt, daß der reguläre Krieg nicht im Sinn der US-Militärstrategie sei. Feind ist das Volk. Es soll eliminiert, vernichtet werden.
Die Weisungen des US-Militärs, soweit sie veröffentlicht sind, befehligen die Armee zur Annihilation eines von ihnen zum *Enemy people* deklarierten Volkes. Der Auftrag an die Generäle, Offiziere und Soldaten ist die Durchführung der Annihilation des Gegners. Wer ist denn dieser Gegner? Er ist ein Volk oder eine Volksgemeinschaft, von deren Territorien die

USA Besitz ergreifen wollen. Der „Feind“ ist ein Staat, dessen Ressourcen die USA für sich in Beschlag nehmen wollen. Feind in diesem Sinn ist nicht die feindliche Armee, sondern das angegriffene Volk. Das Gefecht mit der Armee ist für den Angreifer risikoreich. Die Befehle lauten direkt, wörtlich und unzweideutig: „Feind ist das Volk – Vernichtet das Volk!“ Die Konfrontation mit der feindlichen Armee ist aus der Sicht der US-Aggressoren zu vermeiden. Eine reguläre Kriegsführung sei unerwünscht und möglichst zu umgehen. Die feindliche Armee ist im Ernstfall eine untergeordnete Stoßrichtung des Angriffs, die hauptsächliche ist das Volk.

Natürlich ist es nicht die Absicht der US-militärischen Führung, die gegnerische Armee zu schonen. Die Strategie des *Enemy people* geht davon aus, daß ein Krieg der Heere für die USA nachteilig ist. Einen Krieg gegen das Volk würden sie problemlos durchführen können. Werde es ausgerottet, hat die Armee keine Basis und keine Überlebenschance mehr. Wenn das Volk vernichtet wird, zerfällt die Armee und geht unter.
Der US-Kriegsminister McNamara (1961-68) hatte die Annihilation als Aufgabe der US-Streitkräfte offen ausgesprochen, definiert und wie folgt begründet: Es bestehe „Überbevölkerung“. Um diese auszurotten, schlägt er ein System aus drei Methoden, die sich gegenseitig ergänzen, vor: Hunger, Seuchen und die von den USA geführten Kriege.

Als weiteres Beispiel nennen wir den US-Präsidenten Bush II. (2001-2008). In seiner Regierungsantrittsrede nannte er „66 Schurkenstaaten“, gegen die er nacheinander den Krieg erklären wollte. Während seiner Administration ist es nicht soweit gekommen. Immerhin waren es vier. Unter ihm gelang es den USA, dem Irak, Somalia, Jugoslawien und Afghanistan einen *Kollateralschaden* zu versetzen. Von seinen Vorgängern begonnene Kriege wurden fortgesetzt. Alle US-Aggressionen sind Annihilationskriege. Sie werden unter der Präsidentschaft seines Nachfolgers Obama weitergeführt, so bis zu den auch in diesem Augenblick laufenden Aggressionen gegen Irak, Afghanistan, Somalia, Libyen und weitere Länder.

„Schießt auf alles, was sich bewegt!“ Das ist nicht ein Schlachtruf, der allein für den Dreißigjährigen Krieg oder für die napoleonischen Züge – z.B. gegen Palästina – gegolten hat, sondern ein heute noch aktueller Befehl ist.
In der US-Militärliteratur, die bis zum Beginn des 21. Jahrhunderts auch öffentlich zugänglich war, wird der Annihilationsbegriff deutlich und un-

befangen gebraucht. In diesen Werken, sofern man sie zur Hand bekommen konnte, werden Annihilationsstrategien zur praktischen Anwendung ohne Vorbehalt oder Bedingungen erläutert und gefordert. Im 21. Jahrhundert geht der Gebrauch des Annihilationsausdrucks merklich zurück. Daraus ist aber nicht zu schließen, daß damit eine Änderung der Kriegspolitik eingetreten ist. Es handelt sich um eine rein optische Kosmetik. Die Autoren wollen den Kriegskritikern keine Belege in die Hand spielen. Der Annihilationsbegriff verschwindet aus der Literatur, wird aber weitergeführt. Die Militärpraxis der USA ist nicht weniger furchtbar, nicht weniger grausam als zuvor. Ganz im Gegenteil.
Rüstung und militärische Produkte werden in den USA gezielt als Massenvernichtungswaffen entwickelt. Beispiele dafür sind: Atombomben, die sogenannte *Mininukes*, Minen, Streubomben, Streumunitionen, Cluster, die unsichtbaren Waffen, Gentechnologie und die biologischen Waffen. Geleugnet wird die Produktion chemischer Waffen und pathogener Keime. Die Recherchen beweisen dennoch, daß die USA weiterhin ABC-Waffen entwickeln, produzieren und einsetzen. Ungeachtet internationaler Ächtung bestehen für diesen Zweck in den USA spezielle Forschungszentren und militärische Laboratorien.

Annihilationsverbrechen verjähren nicht!

Hauptopfer der Annihilationskriege:

Annihilation der Völker des Andalus (der Iberischen Halbinsel) seit 1054:
Hauptangeklagte sind **England, Frankreich, Deutschland, Österreich, Italien, Skandinavien und der Vatikan.**

Annihilation von arabischen Gemeinschaften durch die Kreuzzüge, Beginn 1096
Hauptangeklagte sind **England, Frankreich, Deutschland, Österreich, Italien, Skandinavien und der Vatikan.**

Annihilation afrikanischer Völker seit 1441
Hauptangeklagte sind: **Portugal, Spanien, Deutschland, Italien, Frankreich, England, Belgien, Holland, USA.**

Annihilation der amerikanischen Völker, Beginn 1492,
Die Hauptangeklagten sind: **Portugal, Spanien, Frankreich, England, die USA und Kanada.**

Annihilation von Völkern der Philippinen seit 1543
Hauptangeklagte: **Spanien und USA.**

Annihilation der australischen Völker
Hauptangeklagte: **England und Österreich.**
Annihilation indonesischer Völker
Hauptangeklagter: **Holland.**
Annihilation von Völkern des Kongos
Hauptangeklagter: **Belgien.**
Annihilation des Volkes ganzer Ortschaften im Maghreb seit 1921 durch massiven Giftgaseinsatz.
Hauptangeklagte: **Spanien, Frankreich und Deutschland.**
Annihilation der muslimischen Völker in Europa 1939-1945
Angeklagt: **Deutschland.**
Annihilation von Roma, Sinti, Juden und anderen Gemeinschaften im Deutschen Reich 1939-1945
Angeklagt: **Deutschland.**
Annihilation von 750.000 Libyern und Libyerinnen zwischen 1911 und 1941.
Angeklagt: **Italien.**
Annihilation von einer Million Menschen in Äthiopien, Eritrea und Somalia durch Giftgas und andere Massenvernichtungsmittel.
Angeklagt: **Italien.**
Annihilation der Bevölkerung von Hiroschima und Nagasaki 1945.
Angeklagt: **USA.**
Annihilation der arabischen Bevölkerung von Dair Yāsīn, Kufr Qāsim, Dawāymah, Jenin (Ǧanīn) und weiteren 25 palästinensischen Ortschaften in Palästina, Ruin von 531 palästinensischen Dörfern und Vertreibung von einer Million Palästinensern seit 1947
Angeklagt: **Israel.**
Annihilation ganzer Ortschaften und Dorfgemeinschaften in Algerien, Annihilation von 1.500.000 Algerierinnen und Algeriern zwischen 1956 und 1961
Angeklagt: **Frankreich.**
Annihilationskrieg gegen das vietnamesische Volk 1946-1976
Hauptangeklagte: **Frankreich und USA.**
Die USA hinterließen in Vietnam verbrannte Erde, die heute noch Krankheiten und Tod verursacht.
Annihilationskrieg gegen das irakische Volk, Annihilation von über einer Million Irakerinnen und Irakern seit dem 17. Januar 1991
Hauptangeklagte: **USA, England, NATO.**
Annihilation des tschetschenischen Volkes seit 1992
Hauptangeklagter: **Rußland.**

Annihilationskrieg gegen Afghanistan seit 2001.
Hauptangeklagte: **USA und NATO.**
Massaker gegen das somalische Volk seit 1991
Angeklagt: **USA, NATO.**
Annihilationsaggression Israels gegen den Libanon 2006
Angeklagt: **Israel.**
Aggression Israels gegen die Palästinenser von Gaza und Annihilation eines Teils seiner Bevölkerung vom 27. Dezember 2008 bis zum 18. Januar 2009.
Angeklagt: **Israel.**

Streubomben und Cluster wurden von den USA, Deutschland und der Schweiz geliefert und von Israel über dem Libanon abgeworfen. Streumunitionen werden auch in Israel selbst produziert. Streubomben sind Annihilationswaffen.

Die Aufstellung enthält nur einen Teil der Annihilationskriege.

Opfer der absoluten Annihilation haben heute keine Lobby, die sich gegen die Verbrechen an ausgelöschten Völkern erhebt. Das gilt z.B. für die islamischen Volksgemeinschaften, welche zwischen der UdSSR und dem Deutschen Reich bis 1939 existiert haben. Einer der Hauptvernichtungsorte der europäischen Muslime war das KZ Auschwitz.

Es ist aber auch vorgekommen, daß kleinere Gruppen aus einer großen Volksgemeinschaft der Annihilation entkommen konnten. Diese hatten unterschiedliche Chancen zum Überleben. Sie wehrten sich mit relativem Erfolg. Sie waren rechtzeitig geflohen oder für die europäischen Aggressoren unerreichbar. Dennoch konnten diese Gruppen nicht in jedem Fall lebensfähige Existenzbedingungen wiederaufbauen. Überlebende der Annihilationskriege führen seitdem ein ärmliches Dasein. Wenn überhaupt, genießen sie heute nur unzureichende öffentliche Versorgung. Vielmehr ist es so, daß die europäischen Siedlerregime es verhindern, daß die Überlebenden der vernichteten Völker wieder ein normales, gleichberechtigtes Leben führen, wie wir es heute noch in Amerika, Australien, Palästina, Neuseeland und anderswo feststellen müssen.

Die europäischen Aggressoren konnten selten die heimgesuchten Völker in einem regulären Krieg besiegen. Die friedfertigen Indigenas haben sich oft sogar bei schlechterer Ausrüstung, aber dank besserer Strategie und einer kühnen Verteidigung als überlegener erwiesen. Sie sind aus den militärischen Schlachten als Sieger hervorgegangen. Die einheimischen Völker boten den europäischen Invasoren Frieden und gutnachbarliche Koexistenz an. Die Siedler nahmen an und sicherten sich damit das friedfertige Verhalten der authentischen Völker Amerikas. Diese konnten nicht ahnen, daß die Europäer vertragsbrüchig und die Vereinbarungen nicht eingehalten werden. In feiger und gemeiner Weise gingen die Europäer dazu über, die Lebensbedingungen der Einheimischen solchermaßen radikal zu zerstören, daß sie auf Dauer keine würdige Überlebensmöglichkeiten hatten. Die weißen Siedler zerstörten die Versorgungsanlagen, von denen sie selbst nicht Besitz ergreifen konnten. Sie haben Nahrungsressourcen vernichtet. Die Einheimischen wurden von den Lebensmitteln und Wasservorräten abgeschnitten. „Brunnen vergiften!" und „Wasser abgraben!" waren die Befehle an die Siedlertruppen. Die Weißen führten einen feigen, schmutzigen Krieg gegen die Indigenas. Wenn die Europäer in die Defensive gedrängt wurden, nahmen sie die Friedensangebote der Indigenas an, aber nur, um ihnen bald in den Rücken zu fallen.

Auch heute schrecken die Imperialisten nicht davor zurück, die geächteten ABC-Waffen für Annihilationszwecke einzusetzen. Seit 1941 werden erst von Deutschland, dann von anderen imperialistischen Staaten Minen und Streubomben gegen Völker des Südens eingesetzt. Streumunitionen sind furchtbare Mittel der Annihilation. Minen, Streubomben und Streumunitionen töten heute in Massen, besonders im Irak, in Afghanistan, Somalia und Tschetschenien. Hauptproduzenten und Anwender sind USA, Israel, Deutschland, Frankreich, England, Rußland und die Schweiz. Völkermord betreiben die USA durch den Abwurf von sogenannten *Mininukes* über breite Flächen, z.B. auf den Irak seit 1991. Ab 2003 haben die USA den Irak mit Cluster- und Streubomben flächendeckend bestreut und erneut *Mininukes* eingesetzt.
Die Genozidflüge der US-Luftwaffe halten auch in Afghanistan noch an. Wichtig ist der Hinweis, daß Streubomben, die nicht sofort explodieren, weiterhin wirksam bleiben. Sie warten darauf, berührt zu werden, um ihre tödliche Sprengkraft freizusetzen. Unabhängig des Zeitpunktes ihres Abwurfes müssen die Staaten heute in die Verantwortung gezogen werden, um die liegengebliebenen Minen und Streumunitionen auszuräumen und Wiedergutmachung an die Betroffenen zu leisten. Es sind:
Deutschland (erster Anwender von Minen und Streubomben), Frankreich und England. Alle drei Staaten übersäten Nord-Afrika seit 1941 mit Streumunitionen. Sie weigern sich, diese auszuräumen oder die Karten zu ih-

rer Verteilung herauszugeben. Seit 1992 wird Somalia von den USA und der NATO durch Einsatz von Streumunitionen unter Angriff genommen. Seit 2001 bombardieren die USA Afghanistan mit Clusterbomben und Streumunitionen. 2006 warf Israel 6 Millionen Streubomben und Cluster über dem Libanon ab, weit mehr als eine Bombe pro Einwohnerin und Einwohner des Libanons.
In allen eben genannten Abwurfgebieten sterben Einwohner seit 1941 bis zu diesem Augenblick als Opfer von Streumunitionen. Die Angreiferstaaten sind verpflichtet, die von ihnen abgeworfenen Streumunitionen auszuräumen und den Mord an Unschuldigen zu stoppen. Die aggressiven NATO-Staaten verhindern die völkerrechtliche Verankerung des absoluten Verbots der Produktion und des Einsatzes von Streubomben und der Entsorgung der bereits gelagerten Mengen.

Verbrannte Erde – scorched earth: Generalannihilation wird auch durch die Zerstörung des Lebensraumes, Vernichtung der Agrarwirtschaft, Verödung des Bodens und Zerschlagung der Infrastruktur verursacht. Alle kolonialistischen Staaten sorgten für die Verödung und Herstellung verbrannter Erde, bevor sie die besetzten Länder verlassen mußten. Der Ruin wurde derart massiv durchgeführt, daß er noch heute wirksam ist.
Die Verbrechen unter der Sammelbezeichnung „Annihilation“ sind noch nie angemessen veröffentlicht, fachgeschichtlich erforscht oder gerichtlich behandelt worden. Die Täter schweigen sich immer noch über diese Verbrechen aus. Wenn sie überhaupt Erwähnung finden, dann ganz bestimmt als Alibi. Nirgends wurden Wiedergutmachungsmaßnahmen an außereuropäische Völker geleistet.

Wir stellen fest: Die Annihilation wird heute noch fortgesetzt, und sie ist nicht weniger furchtbar als je zuvor. Die Vernichtungsmittel sind nach wie vor extrem und massiv. Die von uns aufgeführten Kriege stellen nur einen Aspekt der Annihilation dar.

Die Annihilation findet auch in Situationen statt, die öffentlich nicht als „Krieg“ wahrgenommen werden. Denke z.B. an die „Atomversuche“, welche die USA in der Wüste Nevada oder Frankreich in der Südsee durchführen. Neben den Kernwaffen werden auch chemische, bakteriologische und gentechnologische Mittel gegen Menschengemeinschaften angewendet. In allen Kontinenten setzen die USA den biologischen Krieg als eine furchtbare und grausame Methode der Annihilation ein. Dazu zählen die künstlich erzeugten Hungersnöte, Wassermangel, Unfruchtbarmachung der Erde und Ausdehnung der Wüste, die „Desertifikation", in den Dreikontinenten. Durch den Einsatz gentechnologisch behandelter Organismen, welche die gesunden, vermehrungsfähigen Pflanzen und Tiere kontaminieren, unfruchtbar machen und durch infizierte ersetzen, wird eine Katastrophe größten Ausmaßes gegen Völker und das Leben überhaupt herbeigeführt.

Die aggressiven NATO-Staaten produzieren so gut wie keine defensiven, sondern nahezu ausschließlich offensive Waffen. Sollten sie defensive Waffen herstellen, dann auch nur für Verkaufszwecke. Die von ihnen selbst verwendete Rüstung ist ganz klar aggressiv. Sie dient der Vernichtung anderer Völker und Kulturen. Diese Waffensysteme eignen sich nicht zur Selbstverteidigung, da sie auf dem Gebiet ihrer Anwendung verbrannte Erde hinterlassen. Die internationalen Gewässer sind mit atomar bestückten U-Booten überhäuft. Allein ein einzelnes U-Boot der mit Atomraketen ausgerüsteten *US-Trident*-Serie verfügt über eine Spreng- und Vernichtungskraft, welche alle im Ersten und Zweiten Weltkrieg, einschließlich Hiroschima und Nagasaki, eingesetzten Waffen um ein Vielfaches übersteigt.

In den USA läuft die Waffenproduktion – unabhängig von der aktuellen Kriegssituation – weiter. Die Vernichtungsprodukte werden nicht nur in den Arsenalen gelagert, sondern auch in Bewegung gehalten. In den internationalen Gewässern, in der Luft, in und auf dem Boden befinden sich abschußbereite Waffensysteme, als wären die Science-fiction-Filme real. Die mobilen und immobilen Vernichtungspotentiale sind jederzeit, tags und nachts, per Mausklick, durch Knopfdruck oder auch Kurzschluß zur Explosion fertiggemacht und bereitgestellt. Nach vorsichtiger Schätzung reichen die sich im Besitz der USA befindlichen Waffensysteme und Munitionen dazu aus, jeden Menschen auf dem Globus 25-30 mal zu töten. „Warum?", „Wozu?". Dieser Zustand ist mit keiner Logik begründbar.

Ein einziges Waffensystem sei exemplarisch demonstriert: Die USA besitzen über 20.000 „strategische Atomwaffen". Diese sind stets betriebsbereit gehalten. Sie kreisen um die Erde, manövrieren durch die Weltmeere über dem und unterhalb des Wasserspiegels. Andere Einheiten sind auf dem Boden stationiert. Natürlich bedrohen sie nicht nur die ganze Menschheit, sie gefährden auch die US-eigene Bevölkerung. Das Vernichtungspotential dieser atomaren Waffengruppe reicht aus, um die gesamte Erde viele Male zu zerstören.

Die Entwicklung ist irrational. Sie ist mit keiner dem Verstande zugänglichen Argumentation plausibel zu machen. Die USA befinden sich in einer Dynamik, welche mit den Mitteln intakter Vernunft nicht nachzuvollziehen ist. Man kann einen Menschen nur einmal töten. Weshalb produzieren imperialistische Staaten weitere Waffen, wenn sie selbst diese nirgends mehr einsetzen können?
Man erschrickt und wundert sich. Die Realität übertrifft jeden Sciencefiction-Roman. Ganz offensichtlich ist der Militarismus schon lange in ein Stadium des Wahnsinns getreten. Man sollte sich aber davor hüten, die Informationen auf die leichte Schulter zu nehmen, denn es handelt sich nicht um einen hypothetischen Fall. Der Wahnsinn setzt sich in Realität um. Wir und Generationen vor uns haben Kriege erlebt, die man nicht anders als „Wahnsinn“ bezeichnen kann. Jeder ist gefordert, die totale Katastrophe, nicht jene, die erst eintreten kann, sondern diese, die schon jetzt im Gange ist, zu verhindern.

Das Overkill-Syndrom

Der Einsatz eines kleinen Bruchteils der vorhandenen Waffen im US-Besitz reicht aus, um die Erde zu vernichten und das Leben auszulöschen. Die USA lagern Atomwaffen, welche die Erde mehrfach sprengen können. Ein kleiner Teil dieser Waffen reicht aus, um nicht nur das Leben überhaupt auszulöschen, sondern insgesamt den Globus zu sprengen und zu zerfetzen.
Die US-Luftwaffe ist imstande, an einem einzigen Tag durch den Abwurf von Clusterbomben die Erde unbewohnbar zu machen. Sind es *Mininukes* oder gar bereits vorrätig gelagerte Atomwaffen, die zum Einsatz kommen, wird jeder Mensch auf unserem Planeten mehrere Male getötet werden. Man muß es wiederholen: Obwohl ein Mensch nur einmal stirbt, halten die USA Waffen bereit, um jeden Menschen bis zu dreißigmal umzubringen.
Es fragt sich, wozu der Rest an Waffen, welche nach dem ersten Menschheitstod übrigbleiben?

Der größte Gewinn für die Völker der Welt wie auch für die USA und die NATO-Staaten selbst wäre die sofortige Auflösung der NATO und aller militärischen Einrichtungen.

Fragen

1. Die USA haben sich in SALT I und II (1969-79) verpflichtet, schon damals mit der Vernichtung der Atomwaffenbestände zu beginnen. Wie reagieren die Welt- und die US-amerikanische Öffentlichkeit auf diese Lüge?
2. Gleichzeitig läuft die Rüstungsindustrie der USA auf Hochtouren. Alle Waffenarten werden produziert, wieder und wieder produziert, darunter auch Clusterbomben, Streumunitionen und Atomwaffen. Für wen, das heißt gegen wen, sind diese Massenvernichtungswaffen vorgesehen?
3. Atomforschung und Atomproduktion – bereits ohne Einsatz – schaden in hohem Maße Mensch, Natur, Umwelt und Leben.
   Warum werden die Welt- und die US-Bevölkerung nicht informiert?
   Warum wird nicht die Wahrheit gesagt?
   Warum werden die Verantwortlichen für die Schäden nicht nach dem Verursacherprinzip geahndet?
4. Wozu dient die jetzt laufende Produktion nuklearer Waffensysteme?
5. Wozu dient die jetzige intensive Forschung zur Entwicklung neuer Atomwaffensysteme?
6. Wenn nur ein geringer Teil der jetzt vorhandenen Atomwaffen ausreicht, die Erde auszulöschen, wozu dient der Rest von Atomwaffen, der nicht erst zum Einsatz kommen wird?
7. Alle an der Atomforschung und Atomproduktion Beteiligten begehen Verbrechen gegen die Menschheit. Warum sind sie zusammen mit den Auftraggebern bisher nicht vor Gericht gestellt worden?

Neunzehntes Kapitel
»Jederzeit, überall, mit allen Waffen«

Die US-Globalstrategie – Militärische Einkreisung des Globus

Inhaltsübersicht

Einführung

Besonders aufschlußreich über das militärische Vorgehen der USA im Weltmaßstab sind amtliche Berichte des US-Verteidigungsministeriums an den Kongreß.[19] Durch diese zusammen mit anderen einschlägigen Dokumenten lassen sich gewisse Elemente der Militär- und Kriegspolitik der USA ermitteln. Gleichwohl bleibt der größte Teil der US- und NATO-Kriegspolitik und -pläne unter Verschluß, uns unzugänglich. Dafür sehen wir die reale Anwendung. Den wichtigeren Teil der imperialistischen Militärpolitik müssen wir durch die Analyse der US-NATO-Kriege selbst erschließen. Diese zu analysieren, zu untersuchen und auf ihre Hintergründe und Ursachen zurückzuführen, bleibt unsere Aufgabe. Soweit Materialien des US-NATO-Militarismus erschlossen und ausgewertet werden können, gehen sie in unsere Untersuchung ebenso ein wie die Auswertung der realen Aggressionspraktiken.

[19] Report of the Secretary of Defense Caspar W. Weinberger to the Congress on the FY 1985 Budget, FY 1986 Authorization Request and FY 1985-89 Defense Programs, 01.Februar 1984; deutsch in: Europa-Archiv, Folge 14/1984.

Mit dem Ende des Zweiten Weltkriegs ist keine Friedensära eingetreten. Im Gegenteil, die Welt war noch nie so bedroht wie seitdem. Dies gilt leider auch für unsere Gegenwart – heute noch.

Die geprägte Geschichtslegende stellt die USA als Sieger des Zweiten Weltkriegs dar. Das gilt vielleicht in bezug auf Japan. In Europa traten sie eher als Zuschauer auf, ohne an den Fronten wirklich zu kämpfen. Die US-Luftwaffe beteiligte sich an der Bombardierung deutscher Städte und ihrer Zivilbevölkerung und bereiteten damit ihren eigenen Einstieg in das Wiederaufbaugeschäft vor. Sie probierten gewisse Waffenarten aus. Ansonsten bewahrten sie ihre militärischen Potentiale bis zum Zeitpunkt des Kriegsendes, um den geplanten eigentlichen Krieg starten zu können, der auch rasch in Angriff genommen wurde. Die ersten Opfer waren Korea und bald danach Vietnam. Diese Kriege waren wiederum der Anfang eines Vulkans der US-Aggressivität. Da, wo man glaubte, der Weltkrieg sei zu Ende, fängt er jetzt erst in aller Schärfe an. Dies ist eine der zentralen Thesen meiner Ausführungen. Der eigentliche Weltkrieg beginnt erst nach dem Ende des europäisch/europäischen Krieges: Der Weltkrieg des Nordens gegen den Süden.

Der Zustand auf der Welt läßt sich wie folgt zusammenfassend beschreiben:
Auf der einen Seite steht der aggressionsgierige Imperialismus, auf der anderen Seite stehen die Völker, die Ziel seiner Aggressionen sind. Der Imperialismus erkennt schon die Wehrfähigkeit der Völker, ihren Überlebenswillen und ihre Entschlossenheit, die Freiheit zu verteidigen. Er erkennt aber auch seine eigene Unfähigkeit, auf Aggressionen zu verzichten und in Frieden mit anderen Menschen zu leben. Wenn es nach dem Imperialismus ginge, würde die Welt rasch in Schutt und Asche gelegt. Das heißt, der Wahnsinn regiert die Welt.
Doch die Erfahrungen der letzten Jahrzehnte beweisen, daß die imperialistischen Berechnungen nicht aufgehen. Die heimgesuchten Völker haben auch gelernt, sich wehren zu müssen, um überleben zu können. Sie beanspruchen Unabhängigkeit, Freiheit, Selbstbestimmungsrecht und Gerechtigkeit. Sie haben gelernt, nicht länger auf Rechte zu warten, sondern diese zu erkämpfen. Sie sprechen sich selber die Legitimation zu, Widerstand und Freiheitskampf eigenständig zu führen. Jeder und jede kann die Initiative ergreifen und dort agieren, wo der Imperialismus mit keiner Reaktion rechnet. Aber gerade dieser Augenblick ist die rechte Zeit.

Der Imperialismus besitzt die aggressivsten Waffen, verfügt aber nicht über die Soldaten, die aus Überzeugung seinen Krieg ausfechten. Dieser Tatsache ist sich der Imperialismus bewußt. Seitdem ist er bemüht, den Krieg gegen die Völker zwar in aller Brutalität zu führen, stützt sich aber dabei auf Waffensysteme, die möglichst unbemannt eingesetzt werden.

Die Völker und die Widerstandsbewegungen in den heimgesuchten Ländern ihrerseits haben gelernt, den Imperialismus mit seinen eigenen Waffen zu bekämpfen. Die elektronischen Systeme sind nicht zur Loyalität verpflichtet. Ferngesteuerte, unbemannte Flugkörper sind starre Systeme. Willenlos folgen sie ihren Programmen. Der Widerstand programmiert sie einfach um. Sie schlagen zurück. Sie sind buchstäblich zum Schuß nach hinten geworden. Die Befreiungsbewegungen kehren den Spieß um. Während der Widerstand zur Flexibilität, Improvisation und zu spontanen Reaktionen befähigt ist, sind die elektronisch gesteuerten Vernichtungsmaschinen des Pentagons nicht imstande, denken und wählen zu können. Sie schießen auf Befehl. Die Befreier können sie leicht unter ihre Gewalt bringen und viel schneller als die Lenkungszentrale umorientieren. Die Befreiungsbewegungen funktionalisieren sie um und können sie besser handhaben als ihre ursprünglichen Auftraggeber. Der Widerstand ist nicht auf Vorgaben fixiert. Vom Aggressor computerisierte, stumpfsinnige Geräte fallen den Freiheitskämpfern in die Hand. Sie werden umgelenkt und dahin geschickt, woher sie gekommen sind. Das Bibelwort geht in Erfüllung: Der Stein, den sie gehoben haben, fällt auf sie zurück.

Daraus wäre die einzig sinnvolle Konsequenz zu ziehen, die Prinzipien der friedlichen Koexistenz (Afroasiatischer Kongreß, Bandung 1955) anzuerkennen, den friedlichen Austausch anzustreben und gutnachbarliche Beziehungen zu pflegen. Der Imperialismus ist offensichtlich nicht friedensfähig. Er reagiert noch aggressiver. Seine Politik ist nicht Krieg Armee gegen Armee, sondern Völkermord.

Unmittelbar nach dem 08. Mai 1945, nach dem angeblichen Ende des Weltkriegs, beginnt der eigentliche Weltkrieg. Die USA, teilweise von England und Frankreich unterstützt, beginnen damit, eine weltweite Blokkade um den Süden zu verhängen. Dies ist bisher in dieser Schärfe nicht gesehen worden. Es gibt sehr oft Ereignisse, die erst später wahrgenommen werden. Sie brauchen eine gewisse Latenzzeit, bis sie in ihrer Tragweite erkannt werden. Erst nachträglich konnte man die US-militärischen Positionen um den Globus als ein System der Einkreisung durchschauen.

Rasch nach dem Ende des Zweiten Weltkriegs haben die USA den gesamten Süden mit einem militärischen Gürtel umzingelt. Sie verhängten eine Blockade, die sie beliebig schließen oder öffnen können. Auch dort, wo sie eine Passage offenlassen, dient sie den USA zur Kontrolle, Spionage und bei Bedarf der Erpressung von Staaten im jeweiligen Einzugsgebiet.

Der „Militärisch-industrielle Komplex (MIK)"

Aufrüstung, Militarisierung und Kriege bilden das Hauptgeschäft kapitalistischer Unternehmen. Die treibende Kraft hinter den US-amerikanischen Aufrüstungs- und Aggressionsplänen ist der Militärisch-industrielle Komplex (MIK) in den USA, analog in anderen NATO-Staaten. Er beherrscht das Verteidigungsdenken, die Abschreckungsideologie, die Aggressionspolitik und ist der eigentliche Kriegstreiber. Er stellt Forschungsprogramme auf, deren Ergebnisse immer neuere Waffensysteme sind, die er selbstverständlich selber liefert. Die Unternehmer des Militärisch-industriellen Komplexes sind auch die personell Regierenden in den USA. Die herrschende weiße Oligarchie vereint Vermögen und Politik in einer Hand. Sie dominiert die militärische Gesetzgebung, die Rüstung und die Kriegspolitik.

Ein entscheidender Durchbruch ist dem Militärisch-Industriellen Komplex gelungen, indem er auf die Waffenhandelspolitik der NATO und der einzelnen Mitgliedsstaaten Einfluß nimmt und diese in seinem Interesse bestimmt. Dieser bedeutsame Erfolg der militärischen US-Monopole wird dem Kongreß von Verteidigungsminister Weinberger unverblümt wie folgt berichtet:

> *„Wir haben mit den meisten Verbündeten allgemeine Regierungsvereinbarungen ausgehandelt, um durch Aufhebung der Vorschriften über die Bedarfsdeckung aus nationalen Quellen („buy national") den Wettbewerb offenzuhalten.*
> *Protektionistische Beschränkungen im Gesetzgebungsrahmen wirken sich nachteilig auf derartige kooperative Verteidigungsprogramme mit unseren NATO-Verbündeten und anderen befreundeten Regierungen aus. Beschränkungen beeinträchtigen auch unsere eigene Rüstungsindustrie, da sie die Möglichkeiten für Ausgleichsvereinbarungen mindern, die normalerweise mit großen Rüstungskäufen in den Vereinigten Staaten verbunden sind. Ohne diesen Ausgleich könnten*

sich unsere Verbündeten nach anderen Quellen zur Deckung ihres Bedarfs an militärischer Ausrüstung umsehen.“[20]

Die Verlautbarung des Ex-Verteidigungsministers der USA ist auch aufschlußreich in bezug auf die Wahrung von Interessen der Waffenproduzenten in Europa. Das industriell-militärische Monopolkapital profitiert in erheblichem Maße weiterhin aus der sogenannten „Militärhilfe“ der USA und den Einkäufen US-höriger Regimes.

„Wir planen eine Fortsetzung der beiderseitig vorteilhaften Abmachungen, nach denen unsere NATO-Verbündeten – und befreundete Nicht-NATO-Staaten – gegen Barzahlung im Rahmen des FMS-Programms oder über kommerzielle Kanäle Rüstungsgüter und Dienstleistungen in den Vereinigten Staaten erwerben.“ (Weinberger)[21]

Man mag sich über die Offenheit wundern, mit welcher der Verteidigungsminister über die offiziellen Absichten der USA spricht und den Krieg zum Hauptziel der Politik erhebt. Daher ist es auch richtiger, von einem „Kriegsminister“ und nicht von einem „Verteidigungsminister“ zu sprechen. Man wundert sich nicht mehr, wenn man den Kontext des amtlichen Berichts herstellt. Es handelt sich um eine Grundsatzerklärung an den US-Kongreß, der den Militäretat in astronomischer Höhe beschließen soll. Im Kongreß aber sitzen jene Waffenproduzenten, welche die Milliardenbeträge des Militärhaushalts kassieren werden (Es trifft tatsächlich zu: „Krieg und Leichen – Profit der Reichen“). Ihre Mentalität ist Militarismus. Dem Frieden keine Chance geben. Militarismus und Imperialismus sind unzertrennlich. Einmal mehr zeigt sich: Der Frieden ist für den Imperialismus gefährlicher als der Krieg.

Die Militärpolitik der USA ist seit Gründung auf Aggression, Krieg und Expansion aus. Unter der Reagan-Administration (1981-89) mit Verteidigungsminister Weinberger wird der Krieg nunmehr zur Haupttätigkeit des Staates erklärt. Sämtliche Einrichtungen der Gesellschaft werden auf diese Funktion hin orientiert. Die Nachfolger Reagans haben diese Linie grundsätzlich aufrechterhalten und nur noch weiter verschärft.
Bedenke indes, daß wir einen Bericht aus dem Jahr 1984 zitieren. Seitdem lernten die USA mit *public relations*, ihre aggressiven Absichten besser zu tarnen.

---

[20] Europa-Archiv, 14/1984, D. 405 f.

[21] Europa-Archiv, 14/1984, D. 406.

Wer trägt die Kostenlasten der US-Aufrüstung?

Ein Rückblick auf die Entwicklung des Militäretats der USA demonstriert eine alarmierende Feststellung: Seit Gründung der Vereinigten Staaten entwickeln sich ihre Kriegsausgaben zwar wellenförmig, die Gesamttendenz der Kurve ist jedoch eindeutig steigend. Das Volumen des Militäretats wächst unaufhaltsam. Ausnahmejahre bestätigen die Regel. Infolge des Sieges Vietnams, des Rückzugs der USA und des damit verbundenen Vietnam-Syndroms war die Aggressionsbereitschaft der USA relativ gehemmt. Seither stieg sie allmählich wieder an und erreichte einen neuen Höhepunkt mit der US-Aggression gegen den Irak, die am 16./17. Januar 1991 begonnen hat und jetzt im 20. Jahr noch anhält.
Es gab in der Geschichte der USA keinen einzigen Präsidenten, der nicht den Krieg erklärt und geführt hat. Die Opfer werden gesucht und gefunden, die militärischen Ausgaben systematisch erhöht. Dem Amtsvorgänger Reagans, US-Präsident Carter, wird „Vernachlässigung" vorgeworfen; dies wird im Bericht Weinbergers vom 01.02.1984 an den Kongreß wie folgt formuliert:

> *„Unsere Programme* [Weinberger spricht für die Administration Reagans (1981-88), K.K.] *zur strategischen Verteidigung setzen diesen Jahren der Vernachlässigung* [= Amtsperiode des Präsidenten J. Carter (1976-80), *K.K.*] *ein Ende. Die bedeutendste Initiative in diesem Jahr ist ein Forschungsprogramm für moderne Verteidigungssysteme gegen ballistische Flugkörper. Wir verbessern auch unser LV-Radarnetz und sind dabei, unsere Abfangkräfte zu modernisieren. Und schließlich arbeiten wir an der Stärkung unseres Weltraum-Überwachungspotentials und der Entwicklung eines einsatzfähigen Satellitenabwehrsystems."*[22]

Weinberger wird deshalb zitiert, da die späteren öffentlichen Darstellungen des US-Haushaltes als Konsequenz auf die Kritik der Antikriegsbewegung (und auch von uns, insbesondere in den beiden ersten Auflagen dieses Werkes) darauf verzichten, Details über Bewaffnung und Aggressionen bekannt zu machen. Den Kriegsgegnern sollten keine Argumente in die Hände gespielt werden. Nicht die reale Politik ist Gegenstand der Revision, sondern die publizierten Verlautbarungen werden gemäßigter formuliert.

---

[22] Europa-Archiv, 14/1984, D. 400.

Die Militärausgaben der USA in astronomischen Zahlen entfalten ihre wirtschaftlichen, monetären und sozialen Konsequenzen. Die inflationäre Entwicklung der US-Währung wird zum Teil durch die immensen Dollaraufkäufe anderer kapitalistischer Staaten kompensiert. Unter anderem wird der Dollarwert künstlich durch den unrealistischen Wechselkurs mit anderen Währungen, u.a. des Euros, aufrechterhalten. Somit exportieren die USA ihre Inflation in die Vertragsländer und die mit ihnen verbundenen Staaten. Also finanzieren auch wir (!) die US-Aggressionen mit. Hinzu kommt die Stützung des Dollars durch Massenaufkäufe in Euro. Das heißt, die Folgen der US-Kriegspolitik, darunter die Inflation von Europa und anderen mit der Dollarwährung verbundenen Staaten, werden importiert. Inflation ist unsozial, denn ihre Folge ist, daß Menschen, die ausschließlich ihren Lebensunterhalt durch den Austausch von Geld gegen Ware bestreiten, ihre Ausgaben steigern müssen, um die gleichen Waren zu erhalten. Die weitere Inflationsrate ohne parallelen Lohnausgleich zwingt die Werktätigen zum Konsumverzicht und zu Abstrichen in ihrem Lebensstandard. Anders ausgedrückt, die internationale Arbeiterklasse bringt indirekt die Kosten für die militärische Aufrüstung der USA auf.

Der andere Strang, über den die USA ihre Kriege finanzieren, sind die Einnahmen aus unterjochten Ländern in Form von Schuldendienst (Zins plus Kreditabschreibungsrate) sowie Gewinne aus dem Handel mit den Rohstoffen dieser Länder. Damit wird die Inflation aus den USA in den Süden exportiert. Beide Schienen führen unvermeidlich dazu, daß sowohl in den USA selbst als auch international Klassenkämpfe und antiimperialistischer Widerstand zunehmen.
Die USA verpflichten außerdem NATO-Staaten, insbesondere die BRD, zur Übernahme von Kriegskosten. Damit wälzen die USA die Kosten für ihre Aggressionen auf andere Staaten ab. Die Bundesrepublik Deutschland leistet bei jedem Krieg eine Militärhilfe an die USA (Im NATO-US-Krieg gegen den Irak betrug der finanzielle Beitrag Deutschlands an die USA allein für den Zeitraum vom 16. Januar bis zum 28. Februar 1991 23 Mrd. US-Dollar).

Die steigenden Ausgaben für die Aufrüstung werden auch *direkt* bei NATO-Mitgliedern abgerechnet. Nach den Angaben Weinbergers sieht es so aus:

> *„So sind zum Beispiel die realen Verteidigungsausgaben der Vereinigten Staaten zwischen 1971 und 1981 um 7% (ohne Berücksichtigung der mit dem Vietnam-Krieg verbundenen Reduzierungen) gesunken, während die Verteidigungsausgaben unserer NATO-Verbündeten um*

23% gestiegen sind. Die Vereinigten Staaten bemühen sich nun um die Korrektur eines Teils dieser Defizite, die in den Jahren des ständigen Rückgangs der US-Verteidigungsressourcen entstanden sind.“[23]

Nicht zu übersehen ist die auffällige Manipulation in den Angaben Weinbergers. Zum einen räumt er ein, er habe die Kosten für den Vietnam-Krieg – bis 1976 – abgezogen. Zum anderen hat er unterschlagen, daß er gerade die Politik Carters – Verringerung der militärischen Ausgaben – als „Vernachlässigung“ abqualifiziert hat, die nunmehr von der Reagan-Administration ausgeglichen werde.
Im übrigen dämmen die USA die Inflationsrate dadurch, daß viele Waren und Leistungen in US-Dollar verrechnet werden: Erdöl, Flugpreise und andere Güter des internationalen Handels.

Mit den steigenden aggressiven Handlungen greift soziales Elend um sich. In den Vereinigten Staaten sinkt der Lebensstandard breiter Massen immer tiefer. Verslumung der Städte und grassierende Verarmung breiten sich aus. Die Zahl der Obdachlosen in den USA ist millionenfach angesiegen. Offizielle Zahlen zur Obdachlosigkeit gibt es nicht. Wir wissen aber, daß die Armut massiv angestiegen ist. Offiziell sind 15,1% der US-Bevölkerung arm. Das sind 46 Millionen Menschen, der höchste Wert seit 60 Jahren (Junge Welt 29.10.2011).
Die medizinische Versorgung ist zum Privileg der wohlhabenden Schicht und des gehobenen Mittelstands geworden. Immer mehr Menschen können sich keinen Arztbesuch leisten. Krankenhäuser sind überfüllt. *Emergency Rooms* (Intensivstationen) sind auch für dringende Fälle nicht aufnahmefähig. Auf den Korridoren bluten Menschen. Verletzte sterben infolge nicht- oder nicht rechtzeitig geleisteter Hilfe. Bei Atemnot, Herz- und Kreislaufversagen fehlen sofortige, lebensrettende Maßnahmen mit der Konsequenz des Todes von Betroffenen.

Der Hauptlastenträger sind indes die betroffenen angegriffenen Völker. US-Aggressionen sind Massenmord und Raubkriege. Freilich verdienen die USA an jedem Krieg. Sie plündern den Reichtum aus und lassen Armut zurück.

---

[23] Europa-Archiv, 14/1984, D. 407.

Elemente der US-Militärpolitik

1. Der militärische Handlungsraum der USA läßt sich nicht durch nationale oder geographische Linien eingrenzen. US-Truppen, Waffen und sonstiges Kriegsmaterial werden überall stationiert, wo dies durchführbar ist. Die USA greifen überall ein, wo sie eine Angriffsfläche zu sehen glauben.
2. Der potentielle Krieg wird propagandistisch vorbereitet. Zur öffentlichen Akzeptanz ihrer Aggressionen verwenden die USA entsprechende, massenpsychologisch wirksame Parolen, die über die Medien verbreitet werden, z.B. „Verteidigung unserer vitalen Interessen“, „Krieg für den Frieden“, „Krieg für Demokratie und Menschenrechte“.
3. Die USA beziehen das ihnen mögliche Maximum an Staaten dieser Erde in militärische Paktsysteme ein, die diese Länder strategisch an die USA binden (multilaterale Paktsysteme).
4. Die USA streben mit allen befreundeten Staaten bilaterale (=zwischen zwei Staaten) WHNS-Abkommen an (*Wartime Host Nation Support* = Unterstützung durch den Aufnahmestaat in Kriegs- [und Krisen-]Zeiten).[24] Der WHNS-Vertrag verpflichtet den „Gastgeber-Staat“ dazu, seine Infrastruktur, militärischen Einrichtungen und andere Möglichkeiten zur Unterstützung von US-Truppen und zu ihrem Gebrauch zur Verfügung zu stellen.
5. Die USA wollen die Stationierung von atomaren Raketen und Kernwaffen sowohl auf eigenem Boden als auch auf den Territorien ihrer Verbündeten stetig ausbauen, erneuern und modernisieren. Die USA behalten sich vor, in jedem Krieg Atomwaffen einzusetzen. US-Atombomben werden auch in der Luft stationiert (!), also durch entsprechende Flugkörper im Dauerflug über der Erde.
6. Neben den atomaren Raketen, Sprengköpfen und Bomben betreiben die USA kontinuierlich die Weiterentwicklung aller Waffensysteme. Obwohl sie im Besitz von Zerstörungsmaterial sind, das ausreicht, den Globus insgesamt zu sprengen, produzieren sie weiter und entwickeln neues. Sie stationieren Waffen auf und in der Erde, im Wasser, in der Luft und in der Sphäre. All diese Waffen sind betriebsbereit, obwohl sie nicht nötig sind, da ein Bruchteil für den kollektiven Mord der Menschheit ausreicht.

---

[24] NB: Die deutsche Übersetzung geht weiter als der US-Vertragstext und fügt hinzu: „*und Krisenzeiten*“.

7. Statt Manöver führen die USA reale Kriege durch. Kriegerische Konflikte schüren ist in den USA inzwischen eine politische Routine geworden. Ein Opfer wird gesucht, gefunden, angegriffen und ruiniert. US-Militärpolitiker geben nicht selten zu, daß reale Kriege gegen andere Staaten auch zu Übungszwecken geführt werden können. Das Militärpersonal kann somit in Übung bleiben, die Waffen erprobt, verbessert, die Schlagkraft erhöht werden.
8. Entsprechend werden die US-Kriege militärfachlich begleitet und ausgewertet. Die Ergebnisse werden im nächsten Krieg umgesetzt. Teure Forschungsprogramme mit spezifischen Aufgaben, Fragestellungen und Problemlagen werden bei Militärforschern in Auftrag gegeben. Man kann es so formulieren: Der US-Dauerkrieg gegen die Völker findet in ständiger Begleitung der militärischen Forschung statt. Die Kriegsforschung ist indes nicht auf die militärischen Zentren und Akademien begrenzt, sie bezieht alle wissenschaftlichen Einrichtungen mit ein. Militärische Praxis wird in Auftrag gegeben.
9. Alle Staaten unter US-politischem Einfluß und insbesondere NATO-Länder erhöhen ihren Militäretat, um die US-Forderungen zu erfüllen. Das Defizit deckt jeder NATO-Staat einerseits durch Zusatzsteuern, andererseits durch Kürzungen im Sozialetat. Aus der erhofften Beute aus den Opferländern sollen Kriegsschulden des US-Staates bezahlt werden.
10. Die Befehlsstruktur, die militärische Ausbildung und die Waffensysteme in allen Ländern unter US-amerikanischem Einfluß sind den Bedürfnissen der US-Militärplanung angepaßt. Sie sollen direkt oder indirekt dem Kommando der US-Führungsstäbe unterstehen. Die NATO ist die wichtigste Instanz zur Vereinheitlichung des militärischen Vorgehens imperialistischer Staaten.
11. Die USA lassen sich keinerlei Beschränkungen hinsichtlich des Waffengebrauchs auferlegen. Militärische Eingriffsmöglichkeiten der USA sind an keinerlei Auflagen oder konventionelles Recht gebunden. Sie werden auch nicht von sonstigen Bedingungen abhängig gemacht. Die USA bestimmen ihre Intervention allein. Sie greifen ausschließlich nach ihrem eigenen militärischen Konzept an. Öffentlich rechtfertigen sie ihr aggressives und kriegerisches Vorgehen mit „Sicherheitsbedürfnissen".
12. Unabhängige Länder und souveräne Staaten mit eigenem, von den USA unabhängigem Entwicklungsweg werden von den USA als „Krisenherde" aufgefaßt. Die US-Kriegspropaganda stellt diese Staaten als Gefahr für die Interessen der USA oder, so Bush II. wörtlich,

als Schurkenstaaten dar, und rechtfertigt damit die militärische Intervention.

13. Vor der Aggression inszenieren die USA und die NATO einige Provokationen, die zur öffentlichen Akzeptanz des Krieges beitragen sollen.

Als Fazit läßt sich die „Verteidigungspolitik“ der USA auf die Devise bringen: Wir greifen an,

»Jederzeit, überall, mit allen Waffen«.

Aus den oben zusammengefaßten Elementen ist zu erkennen, daß die USA ein System darstellen, in welchem alle anderen Bereiche und Sektoren der Gesellschaft dem Militarismus unterworfen sind. Am Militarismus orientiert sich die Produktion, die Innen- und Außenpolitik, Wissenschaft, Forschung, Erziehung, Bildung, Ausbildung, Kultur, Freizeit, kurz: alles. Die praktische Umsetzung ist entsprechend organisiert. Im folgenden sollen die wichtigsten Aspekte der US-Militärpolitik näher konkretisiert werden.

Die globale Belagerungsstrategie
Der militärische Einkreisungsgürtel um den Erdball

Unmittelbar nach dem Zweiten Weltkrieg haben die USA damit begonnen, den schon lange geplanten militärischen Gürtel aufzubauen, um den gesamten Globus zu überwachen, zu erpressen und zu bedrohen.

Globalstrategie bedeutet die Einkreisung der Erde vermittels der Bildung eines militärischen Gürtels um den Globus. Seine Funktion ist nicht nur die Kontrolle der Völker und ihrer Befreiungsbewegungen, sondern auch, diese im Zustand jederzeitiger Angreifbarkeit zu halten. Sie stehen in ständiger Schußweite der USA- und NATO-Truppen. Von Stützpunkten rund um den Erdball aus intervenieren USA und NATO in Staaten Afrikas, Asiens, Süd- und Mittelamerikas.
Tatsächlich gelang es den USA in der zweiten Hälfte der 1940er Jahre und in den 1950ern, den Kreis um die Erde zu schließen. Der globale Einkreisungsgürtel ist vom Westen und Norden ausgehend wie folgt gegliedert: NATO, Pazifischer Pakt, ANZUS, SEATO, CENTO, Bagdadpakt.

Vom Anfang der NATO an wurden alle imperialistischer Staaten, einschließlich der „zu kurz gekommenen“, z.B. Holland und Belgien, in einem Paktsystem zusammengeschlossen. Sie handelten von der Illusion getragen, ihre hegemonialen Absichten zusammen mit den USA aufrechtzuerhalten. Der militärische Gürtel versetzt die drei Kontinente des Südens in einen Zustand der Belagerung und der kollektiven Geiselnahme. Antiimperialistische Bewegungen geraten in greifbare Nähe.
Mit dem Aufbau des globalen strategischen Gürtels verbreiteten die USA den Werbeslogan, damit habe eine Friedensära begonnen. Leider gab es auch Menschen, die daran geglaubt haben. Doch schon bei einfacher Betrachtung der Weltlage löste sich diese Legende schnell in Luft auf. Rasch nahm die Menschheit Abschied von der Friedenseuphorie, die nach dem Zweiten Weltkrieg geherrscht hatte.

Während des Bestandes des Realsozialismus (bis 1990) hatten die USA und die NATO den Einkreisungsgürtel als Maßnahme gegen die Expansion der Sowjetunion und des Kommunismus gerechtfertigt. Diese Propaganda hat viele zu einer Fehlinterpretation der globalen Militärstrategie verführt. Ich hingegen habe die Auffassung vertreten, die militärische Einkreisungsstrategie richte sich primär gegen den Süden und den antiimperialistischen Widerstand. Andererseits wollte ich nicht behaupten, daß die UdSSR und der Realsozialismus nicht unter dem Druck der USA und des Imperialismus gestanden haben. Alle sozialistischen Staaten standen permanent unter der Kontrolle und dem Druck der USA und des Westens. Es war aber überzogen zu behaupten, daß die USA und die imperialistischen Staaten einen solchen Militärgürtel benötigten, um die Sowjetunion willfährig zu machen. Dieses Ziel konnten sie mit anderen Mitteln erreichen und haben es leider auch erreichen können. Nur soviel konstatieren wir, daß die Einkreisungsstrategie verhindern sollte, daß die Sowjetunion und die Befreiungsbewegungen im Süden Kontakt miteinander aufnehmen und sich solidarisieren. Der Blockadegürtel hatte die Aufgabe, die Unterstützung der antiimperialistischen Bewegungen mit Waffen aus sozialistischen Staaten zu erschweren. Das Interesse an gegenseitiger Solidarität war eine internationalistische Pflicht und hat tatsächlich – in Grenzen – bestanden. Die Sowjetunion wollte weltweiten Einfluß gewinnen, die Befreiungsbewegungen suchten die Freundschaft und das Bündnis mit fortschrittlichen Staaten und sozialistischen Ländern, vor allem mit den konsequenteren Volksrepubliken in Südost-Asien, die nicht zu billigen Kompromissen mit den imperialistischen Staaten bereit waren.

Historisch ist es unzulässig zu behaupten, daß die Einkreisungsstrategie den Sinn hatte, die Sowjetunion und die osteuropäischen Staaten militärisch zu zerschlagen. Daß der Bestand eines starken sozialistischen Blocks dem Imperialismus ein Dorn im Auge war, ist unbestreitbar. Andererseits hätte eine militärische Lösung keine Aussicht auf Erfolg gehabt. Jedenfalls stand sie nicht auf der aktuellen US-Agenda. Der Konflikt zwischen dem (westlichen) Imperialismus und dem Realsozialismus wurde mit den Mitteln des „Kalten Kriegs" ausgetragen. Die weltweite militärische Präsenz des Imperialismus reichte schon, um die Flexibilität der realsozialistischen Staaten auf sehr niedrigem Niveau zu halten. Sie hatten nur einen sehr begrenzten Freiheitsgrad. Nicht im Sinne eines Diktats seitens der US-Politik waren sie geblockt, aber jedenfalls mußten sie ihre Politik mit den USA abstimmen.
Freilich wollte der Imperialismus mit der globalen Einkreisungsstrategie vieles erreichen: Die Menschheit und die Welt insgesamt erpreßbar machen. Insofern sollte man die beiden Thesen nicht gegeneinander ausspielen: Die eine, die Zerschlagung des antiimperialistischen Widerstands, und die andere, der Militärgürtel sei gegen die Sowjetunion, den Realsozialismus und die Volksrepubliken gerichtet gewesen. Im letzten Fall genügte die Präsenz des Militärgürtels als Abschreckung und erpresserisches Mittel, um Forderungen der USA wenigstens teilweise in Moskau durchsetzen zu können.
Diese beiden Stoßrichtungen der imperialistischen Einkreisungsstrategie – gegen den Süden und gegen Osteuropa agieren zu können – schließen einander nicht aus, vielmehr sind sie zueinander komplementär. Ziel der Einkreisungsstrategie bleibt letztlich, die Befreiungsbewegungen und die antiimperialistischen Aufstände im Süden zerschlagen zu wollen.

Nun aber ist der Realsozialismus leider nur noch eine Geschichtsepisode. Die militärischen Strukturen von USA und NATO haben sich dennoch nicht verändert. Sie sind nicht, auch nicht teilweise, abgebaut worden, im Gegenteil. Also waren sie doch nicht oder nicht ausschließlich gegen den realsozialistischen Block gerichtet. Sie haben sich auch nicht verringert. Also galten sie nicht primär dem Warschauer Pakt.

Auf der anderen Seite bedeutete der Niedergang des Realsozialismus eine relative Stärkung des Imperialismus. Mit dem Untergang der UdSSR und seiner Verbündeten hat sich die Militärpolitik der NATO verschärft und ist noch aggressiver geworden. Offensichtlich war sie nicht primär gegen den europäischen Realsozialismus gerichtet. Die USA und die NATO-

Staaten haben also schon immer gelogen, als sie behaupteten, die NATO existiere wegen einer Bedrohung aus dem Osten.

Unter diesen Aspekten muß man die Geschichtsschreibung revidieren und die Theoriebildung korrigieren. Heute ist es nicht mehr schwierig zu beweisen, daß der militärische Gürtel als Blockade gegen den Süden besteht. Die Einkreisungsstrategie diente schon immer der imperialistischen Zielsetzung, den Süden zu unterwerfen und den antiimperialistischen Widerstand zu zerschlagen.
Soweit zur Theoriebildung und zur These nach dem Zweck der Globalstrategie. Zurück zum historischen Kontext.

Seit dem Ende des Zweiten Weltkriegs haben die USA mehrere Versuche unternommen, den Globus mit einem militärischen Gürtel einzukreisen. Weltweit errichteten sie Stützpunkte, die miteinander und mit der Zentrale im Pentagon in Dauerkontakt stehen.
Das war den USA nicht genug. Sie entwarfen ein Konzept, nach dem der militärische Gürtel um die Erde eingerichtet und lückenlos geschlossen wird. Im Idealfall sollte ein Militärnetz gestrickt und um den Globus gespannt werden. Genau das taten sie. Ein Netz militärischer Strukturen soll die Welt vom Boden, von den Weltmeeren und von der Luft einfangen. Das war es exakt, was sie gemacht haben: ein System von militärisch abhängigen Staaten, sogenannte „Verbündete“, trägt den US-Globalmilitarismus mit.

Zwanzigstes Kapitel
Militärische Paktsysteme unter US-Führung

Inhaltsübersicht

Die militärischen Paktsysteme unter US-Führung, welche die globale Einkreisungsstrategie realisieren, sind die folgenden:

1. Die Nordatlantikvertragsorganisation „NATO“.
2. Pakt von Rio und der Panama-Kanal-Vertrag binden kollaborationsbereite Regime Mittel- und Südamerikas an die USA.
3. Verteidigungsabkommen mit Südostasien „SEATO“.
4. Verteidigungsabkommen mit dem pazifischen Raum „Pazifischer Pakt“.
5. Bilaterale Verträge mit Japan, Südkorea und den Philippinen.
6. Der Manila-Pakt, durch den auch Thailand in den Kreis der US-Satellitenstaaten einbezogen wird.
7. ANZUS-Vertrag mit Australien und Neuseeland.
8. Eine Reihe anderer Länder wird durch „Militärhilfe“ und gemeinsame Manöver mit den USA verbunden.

Innerhalb dieser Paktsysteme nimmt die NATO eine Sonderstellung ein. Ja, sie ist sogar „einmalig“ (so Weinberger). Denn alle anderen Pakte kommen mit Vertragspartnern zustande, die – aus der Sicht der USA – auf Dauer unsicher sind. Deshalb legen die USA auf die NATO ihr besonderes Gewicht. Sie drängen die Mitgliedsstaaten zu ständiger Steigerung ihrer Ausgaben.

Sämtliche Paktsysteme der USA wurden gegen den heftigen Widerstand der betroffenen Völker geschlossen. Gebührenden Respekt müssen demokratische Historiker den oppositionellen Bewegungen zollen, denen es nach opferreichen Kämpfen gelungen ist, Militärabkommen mit den USA zu verhindern oder bestehende zu Fall zu bringen.[25]
Vorbildlich in diesem Bemühen waren die arabischen Völker, welche den Bagdadpakt kurz nach seiner Unterzeichnung für Null und nichtig erklärt haben.

Die Erfahrung der letzten 60 Jahre haben gezeigt, daß außer der NATO alle anderen Paktsysteme eingefroren wurden. Sie existieren real nicht mehr oder nur auf dem Papier.
Fassen wir zusammen: Dem US-Imperialismus ist es gelungen, durch die genannten bi- und multilateralen Verträge viele Staaten außer den bündnisfreien Staaten an seine aggressive Politik zu binden. Sowohl Kriegsplanung als auch militärische Ausbildung in allen Vertragsstaaten sollten unter maßgeblicher US- und NATO-Beteiligung geschehen.
Von diesem Traum mußten die USA nach und nach Abschied nehmen. Faktisch übriggeblieben ist für sie nur die NATO.

Leider sind die geschlossenen Verträge nicht ohne Konsequenzen für die Unterzeichnerstaaten geblieben. Viele Vertragspartner haben ihre militärische Zusammenarbeit mit den USA zwar eingefroren, müssen jedoch weiterhin Infrastruktur zur Verfügung stellen und zulassen, daß die USA Militärbasen einrichten.

Mit Hilfe dieser und anderer Mittel und Verträge können die USA Posten und Waffen stationieren sowie die Einrichtungen des Gastgeberlandes in Anspruch nehmen. Auf dem ganzen Globus haben die USA Bodentruppen und Kriegsmaterial verteilt. Sie können jeden beliebigen Punkt der Welt erreichen. Es ist klar, daß die USA jede Region auf der Erde als potentielles Angriffsziel betrachten. Kampfgebiet ist der Globus mit seinem Festland, seinen Gewässern und Lufträumen. Der Krieg ist nicht nur geplant, sondern wird real durchgeführt.

---

[25] Delawary, Enajatullah, Die Politik der USA gegenüber den Nachbarstaaten der Sowjetunion in Südwestasien vom Ende des zweiten Weltkrieges bis zur Gründung des CENTO-Paktes 1959, Marburg (Magisterarbeit) 1984.

Brüche im Einkreisungsgürtel

Die Verteilung der Paktsysteme auf dem Globus stellt für den Imperialismus unter US-Führung eine ideale Konstellation dar – sollten sie in ihrem Sinne funktionieren. Die USA konnten sich an wichtigen strategischen Stellen der Erde positionieren. Die Welt ist im Griff des Imperialismus und der USA – gewesen.
Die militärische Weltkarte der USA täuscht. Jeder in der Welt hat zugesehen, wie die USA und die NATO ein Land nach dem anderen angreifen und mit keinerlei Barbarei sparen. Die US-NATO-Verbrechen in Irak, Jugoslawien, Somalia, Afghanistan, Libyen und anderen Teilen der Welt haben den Aufstand der Völker gegen sie herausgefordert. Die Forderungen nach Auflösung der US-Stützpunkte („*Amis go home*") und Zerschlagung aller militärischen Paktsysteme werden immer lauter und breiter.
Der einzige übrig gebliebene, immer noch aggressiv tätige Pakt ist die NATO. Ansonsten wurden die Militärallianzen entweder wie beim Bagdad-Pakt offiziell zerschlagen, oder sie bestehen nur noch formal.

Die betroffenen Völker erkannten die faktisch kollektive Geiselnahme durch die USA. Sie erhoben sich gegen den jeweils regionalen Pakt. Real ist es den USA nie gelungen, den Gürtel ihrer Einkreisung vollständig zu schließen. Gerade an den empfindlichen Abschnitten ist er brüchig geworden: Hierbei handelt es sich um die Bereiche südlich und östlich der Türkei („Naher und Mittlerer Osten"), Zentralasien, Südostasien, Karibik, Zentral- und Mittelamerika. Die Schließung dieser Lücken wird auch zukünftig nicht gelingen.

Beispiel: Bagdad-Pakt: Er sollte islamische Staaten zwischen Europa und Ostasien durch ein Abkommen militärisch an die USA und die westeuropäischen imperialistischen Staaten binden. Die Proteste der arabischen Völker gegen die militärische Einkreisung durch die USA haben schon länger bestanden. Aus diesem Grund haben die USA schon 1952 die Türkei und Griechenland – obwohl keine Anliegerstaaten des Atlantiks – zusätzlich, präventiv in die NATO eingebunden.
Kaum gegründet im Jahr 1955 wurde der Bagdad-Pakt als erster der Allianzsysteme unmittelbar nach der irakischen Revolution am 14. Juli 1958 gekündigt und bereits 1959 zerschlagen. Der Sturz der Monarchie in Baġdād und die Ausrufung der irakischen Republik 1958 führten 1959 zum endgültigen Ende des Bagdad-Pakts, der seitdem nie wieder aufgebaut wurde. Als Ersatz bildeten die USA 1959 mit dem Iran und Pakistan

den zentralasiatischen Pakt CENTO. Ihm ist es nicht besser ergangen als dem Bagdad-Pakt. Mit dem Schah-Sturz 1979 ist Iran aus der Militärallianz mit den USA ausgetreten.

Auch andere regionale Paktsysteme erwiesen sich für die USA als unzuverlässig, so daß sie ihr Hauptinteresse auf die NATO konzentrierten. Sie bleibt nicht nur die tragende Säule der imperialistischen Globalstrategie, sondern ist überhaupt das einzige militärische Paktsystem weltweit. Andere Staaten der Welt kündigten ihre militärischen Bündnisse auf. Sie proklamierten sich als „Blockfreie Staaten“ und erklärten damit ihre entschlossene Friedenspolitik, die sie real in die Tat umsetzen. Diese Weltfriedenspolitik wird allein von der NATO und ihren Mitgliedern sabotiert.

Wartime Host Nation Support (WHNS), Host Nation Support (HNS) und andere Abkommen

Weltweites militärisches Auftreten der USA bedingt die Stationierung von Truppen auf fremden Territorien, wo immer sie Gelegenheit dazu erlangen. Die vertragliche Form für die Unterbringung von US-Truppen bei anderen Staaten wird als *Host Nation Support (HNS)* (Unterstützung durch Gastgeber- bzw. Aufnahmestaaten) bezeichnet. Diese relativ neuere Vertragsform spielt in der militärischen Taktik und Logistik der USA eine zunehmend wichtigere Rolle. Entsprechend räumt die US-Kriegspolitik der Schließung von HNS-Verträgen, wo sie es nur können, größte Priorität ein.

Zum *Host Nation Support* kommt eine Reihe anderer Abkommen hinzu, die spezifische Situationen und Beziehungen nutzen. Zusätzlich gewinnt der *Master Restationing Plan (MRP)* besondere Bedeutung. Dieses Abkommen betrifft Länder, in denen einst US-Militär stationiert war. Demnach können die USA in dieses Land zurückkehren, seine eigenen Streitkräfte, Reservisten und Infrastruktur in Anspruch nehmen und es in ihre eigenen Kriegspläne einbeziehen.
Auch dieser US-Traum erweist sich als illusionär. Außerhalb der NATO will niemand US-Truppen aufnehmen. Aber auch innerhalb der NATO-Mitgliedsstaaten steigt die Abwehr gegen die aggressive Allianz.
In der ganzen Welt wird die Dringlichkeit des Widerstandes gegen den US-Militarismus und gegen die Zusammenarbeit mit ihm auf allen Ebenen demonstriert.

Ein Rückblick vergegenwärtigt das schreckliche Geschehen: Vom Atombombenkrieg gegen Japan bis heute reißt der anhaltende US-Krieg gegen die Menschheit nicht ab. Kein Kontinent ist immun. Exemplarisch nennen wir aus Asien Korea, Vietnam, aus der islamischen Welt Afghanistan, aus der arabischen Region Libyen und den Irak, aus Europa Jugoslawien, aus Afrika Somalia, Kongo, Liberia und aus dem Westen des Globus eine Reihe mittel- und südamerikanischer Staaten. Bis heute hört das Blutvergießen durch US-Kriege nicht auf. USA-NATO morden auch in diesem Augenblick weiter.

Das strategische Scheitern der USA
Zusammenbrüche der weltweiten Paktsysteme unter US-Führung
Die USA wollen die Alleinherrschaft über die Welt

Rasch nach Gründung des weltweiten militärischen Allianzsystems mußten die USA feststellen, daß arabische, asiatische und afrikanische Staaten nicht die Absicht haben, sich mit den USA gegen Dritte zu verbünden. Die vermeintlichen Verbündeten stiegen einer nach dem anderen aus dem jeweiligen Pakt aus; zumindest haben sie ihre militärische Zusammenarbeit mit den USA eingefroren.
In ihrer Verlegenheit fiel den USA nichts besseres ein als eigene Kommandos in allen Kontinenten zu installieren. Die Regionalkommandos der USA sind im Weltmaßstab flächendeckend. Es sind:
- US-North Command **US-NORTHCOM** zuständig für Nordamerika.
- US-European Command **US-EUCOM** (Hauptquartier: Stuttgart, Deutschland). Eucom ist das älteste ständige US-Auslandskommando der USA.
- US-Pacific command **US-PACOM**.
- US-Southern Command **US-SOUTHCOM**, zuständig für Süd-Amerika.
- US-Africa Command **US-AFRICOM** befehligt US-Invasionstruppen im afrikanischen Kontinent.
- US-Central Asian Command **US-CENTCOM** ersetzt den praktisch aufgelösten CENTO-Pakt.

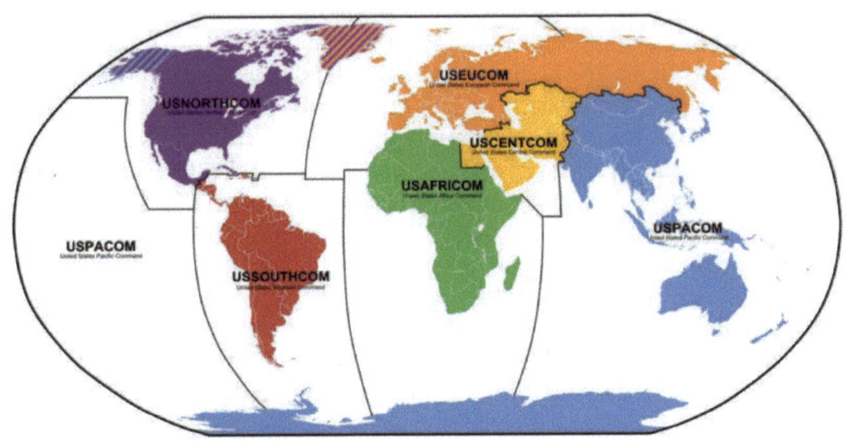

Die Welt im Schußfeld der USA
Aktionsradius des jeweiligen kontinentalen US-Kommandos

Das neue internationale Kommandosystem der USA ist furchterregend, soll jedoch über die eigenen strategischen Schwächen hinwegtäuschen. Nach den langen, breitflächigen Kriegen fehlen den USA genügend Soldaten und Offiziere. Durch die Folgen von sozialer Krise und Arbeitslosigkeit melden sich seit 2008 wieder mehr junge Menschen bei der Armee.

Das Personalproblem wollen die USA in der Weise lösen, daß sie die militärische Führung innehaben, während die Europäer Lücken schließen sollen.

Die NATO und die US-Army sind eng miteinander verflochten. Alle entscheidenden militärischen Kommandoposten der NATO sind weitgehend mit US-Kommandeuren besetzt. Der Chef des Hauptquartiers der US-Army in Europa (USAREUR, Sitz: Heidelberg) ist gleichzeitig Chef des ebenfalls in Heidelberg lokalisierten *Land Component Command* der NATO-Landstreitkräfte im nördlichen Europa. Der Chef der US-Air Force in Europa (USAFE) befehligt das ebenfalls auf der US-Air Base Ramstein bestehende *Air Component Command* der NATO-Luftwaffen in Nordeuropa. Nicht zuletzt ist der US-EUCOM-Chef in Personalunion Oberbefehlshaber aller NATO-Truppen in Europa (Seit 2009 US-Admiral Stavridis). USAFRICOM (gegründet 2007/2008) hat seinen Sitz bis heute in Stuttgart, da sich kein afrikanischer Staat – mit Ausnahme von Liberia – bereit erklärt hat, AFRICOM aufzunehmen.

Was tun die kontinentalen Kommandos der USA?

Die kontinentalen Kommandos sind kostenintensive Einrichtungen, welche die finanziell geplagten USA bewußt in Kauf nehmen. Die Kontinentalen Kommandos sind im Dauereinsatz.

Jedes kontinentale Kommando befehligt eine Kette von Stützpunkten. Diese sind in alle Richtungen verteilt. Sie sind flächendeckend angeordnet mit einer Ausdehnung, die sich bis zum Anschluß an die Einheiten der benachbarten USCOMs erstreckt. Überlappungen der benachbarten regionalen Kommandos sind vorgesehen und gewollt. Die Militärbasen unterstehen dem kontinentalen USCOM. Wo die USA keine Erlaubnis des Nationalstaats erhalten – sie sind nirgends beliebt – richten sie ihre Stützpunkte auf künstlichen Inseln und Flugzeugträgern in den internationalen Gewässern ein. Jeder Stützpunkt verfügt über stationäre und mobile Einheiten. Marine, Luftwaffe und Bodentruppen sind in Dauerbereitschaft.
Der Chef des kontinentalen Kommandos hat den militärischen Status eines „Oberbefehlshabers". Er steht an der Spitze streng hierarchisch gegliederter Strukturen. Die nächsthöhere Ebene zum Oberbefehlshaber umfaßt die Befehlshaber und Generäle der „regionalen Kommandos". Diesen unmittelbar zugeordnet sind die Kommandos für die subregionalen Gebiete. Die „subregionalen Kommandos" sind ihrerseits gegliedert in Substrukturen, die jeweils für einen Staat oder eine Gruppe von Ländern zuständig sind. Diese sind für die unmittelbare militärische Intervention in ein Land ausgebildet. Es handelt sich um schwerbewaffnete Truppen in Dauerbereitschaft. Sie sind stets im Einsatz.
Die kontinentalen US-Kommandos führen den Krieg auf vielen Ebenen und in mehrfacher Hinsicht:

1. Im Bedarfsfall greifen sie direkt an. Dabei handelt es sich um Blitzschläge nach dem Grundsatz „*hit and run*".
2. Gegebenenfalls führen sie auch längere Kriege.
3. Sie schüren Kriege zwischen benachbarten Staaten, aber auch Bürgerkriege in einem Land.
4. Die kontinentalen US-COMs koordinieren und unterstützen die Kollaborationsregierungen, die oft gegen den Willen der Volksmehrheit regieren.
5. Der Oberbefehlshaber des kontinentalen USCOM befehligt die Schnelle Eingreiftruppe *Rapid Deployment Force (RDF)*
6. Ein kontinentales US-COM organisiert den Sturz fortschrittlicher oder gar antiimperialistischer Regierungen.

7. Die kontinentalen Kommandos rekrutieren, bilden, organisieren und bewaffnen Todesschwadronen, Fremdenlegionäre und Söldner.
8. Vom jeweiligen USCOM wird der subversive Krieg gezielt gegen Bewegungen und Staaten gesteuert.
9. Der Oberbefehlshaber des kontinentalen US-Kommandos ist Chef des Koordinationsausschusses, der die Zusammenarbeit von NATO- und US-Truppen koordiniert.
10. Sabotage und Spionage.

Man muß auch bedenken, daß die USCOM-Basen in ihren vierteljährlichen Berichten Erfolgsmeldungen vortragen wollen. Sie sind bestrebt, nicht nur ihre Existenz zu rechtfertigen, sondern auch ihren Etat aufzustocken. Darum inszenieren sie ihrerseits zusätzliche Konflikte, um damit ihre Notwendigkeit zu begründen. Regelmäßig heißt es im USCOM-Bericht: „Die Region ist unter US-Kontrolle".
Alles in allem sind die kontinentalen USCOMs der organisierte Ausdruck des Weltkriegs, den die USA gegen die Menschheit führen.

»Jederzeit, überall, mit allen Waffen«

Das weltweite militärische Auftreten der USA ist die größte Bedrohung, mit der die Menschheit je konfrontiert wurde. Die USA treten das Souveränitätsprinzip mit Füßen. Sie ignorieren den Grundsatz der Nicht-Einmischung in die Angelegenheiten anderer Länder und verachten alle Prinzipien der friedlichen Koexistenz. Das legitime Interesse eines jeden Staates, einen eigenen selbstbestimmten Weg zu gehen und sich von der imperialistischen Vorherrschaft loszulösen, wird von der US-Administration als eine Bedrohung ausgegeben, um so Interventionismus und militärisches Eingreifen zu rechtfertigen.
Sowohl die wiederholten kriegspolitischen Erklärungen der US-Präsidenten als auch die der US-Verteidigungs- und Außenminister lassen keinen Zweifel darüber aufkommen, daß sich die USA das Recht nehmen, ihre Kriegshandlungen so zu planen und zu gestalten, daß sie ihre Aggressionsziele durchsetzen. Bei einer derartigen Kriegsführung und bei Einsatz ihrer Waffenarsenale entstehen weltweit katastrophale Zustände. Menschen und andere Lebewesen sowie Kulturgüter werden ein für alle mal ausgelöscht. Ganze Landflächen veröden. Die Kriegspraxis der USA und der NATO seit Korea über Vietnam bis zum Irak und Afghanistan macht klar, daß die USA tatsächlich ihre menschenverachtenden, lebensfeind-

lichen Pläne in die Tat umsetzen. Sie suchen nicht den Kompromiß. Sie sind nicht bereit, sich in eine zivilisierte Welt einzuordnen. Sie bestehen prinzipiell auf Aggression und Destruktivität und schaffen jeweils einen geeigneten Vorwand, um einen Angriffskrieg zu rechtfertigen. Der Irak zum Beispiel hat seit 1991 den USA seine Bereitschaft erklärt, sämtliche, auch ungerechtfertigte Forderungen zu erfüllen, um eine Katastrophe vom irakischen Volk abzuwenden. Das war für die USA nicht genug. Sie wollten den Ruin und die Annihilation.

Einundzwanzigstes Kapitel
NATO (1)

Die weltweit allgemeine Einstellung nach 1945 war, auch in Europa, gegen den Krieg gerichtet. Er sei prinzipiell und für allemal zu ächten. Die Bildung eines militärischen Verbandes verstößt also gegen die öffentliche Meinung und die grundsätzliche Einstellung der Menschheit.

Der Propagandaapparat hat seit dem Ende des Zweiten Weltkriegs tüchtig gearbeitet, um den Menschen die Notwendigkeit einer Militärallianz zu suggerieren. Er erfand und verbreitete die Lügen vom „Feind aus dem Osten“ und von „der Bedrohung des Kommunismus“, obwohl man wußte, daß diese Gefahr nicht besteht.
Nach mehreren Fehlversuchen und einer längeren Gründungsphase konnte schließlich die NATO auf die Beine gestellt werden. Gegründet wurde sie am 04.04.1949. Ihre Hauptfunktion besteht darin, den Süden zu belagern, zu destabilisieren und die einzelnen Staaten beliebig anzugreifen.

Die kolonialistischen Staaten sammelten sich zur Gründungssitzung des Militärverbandes. Hauptabsicht war von Anfang an, ihre Herrschaft über den Süden fortzuschreiben und die Befreiungsbewegungen zu bekämpfen.

USA, Kanada, England, Frankreich, Italien, Portugal, Belgien, Holland, Luxemburg, Dänemark, Norwegen und Island einigten sich rasch. Sie hatten es eilig. Wäre die Sowjetunion der reale Feind gewesen, wären weder die Eile noch der aufwendige Apparat vonnöten gewesen. In Wirklichkeit war die Weltordnung nach dem Zweiten Weltkrieg mit der Sowjetunion in Jalta und Potsdam präzise abgesprochen worden. Die Sowjetunion hat genau darauf geachtet, die Vereinbarungen strikt einzuhalten und konnte damit ihre Glaubwürdigkeit unter Beweis stellen.
Daß Deutschland in der Militärallianz eine Kernrolle spielen sollte, war im Plan des westlichen Imperialismus ebenfalls vorgesehen. Man mußte aber einen gewissen Abstand wahren, um die öffentliche Meinung nicht zusätzlich zu überfordern. Die BRD (Westdeutschland) hatte eine kurze Karenzzeit abzuwarten, um wieder kriegerisch tätig zu werden.

Mit Schrecken hat die Welt am 04. April 1949 die Nachricht von der Gründung einer Militärallianz aus zwölf Staaten vernommen; sie ist der erste und seit 1990 einzige Kriegsverband. Sie trägt den Namen *North Atlantic Treaty Organization:* NATO oder „Nordatlantikpakt". Die NATO gibt die Verteidigung als ihre Aufgabe an. Jeder konnte aber sehen, daß Europa von niemandem bedroht ist. Jeder konnte auch sehen, daß die NATO nicht auf Verteidigung angelegt ist, sondern aggressiven Zwecken dienen wird; eine Tatsache, welche die Völker des Südens sehr bald blutig erfahren werden.
Schon der gewählte Name der Allianz bringt deutlich zum Ausdruck, daß die Staatengruppe Nordwest sich verbündet hat, um vereint zum Krieg gegen den Süden anzutreten: *North Atlantic Treaty Organization*, Nordatlantik-Pakt-Organisation.
Allen zwölf Staaten ging es darum, den Kolonialstatus der von ihnen unterdrückten Länder in der Zukunft fortzusetzen. Dazu brauchten sie das große Militärbündnis. Es sind hier nicht nur bevölkerungsreiche Staaten vereint, sondern auch kleine und kleinste wie Dänemark und Island. Luxemburg zählt dazu wegen seiner engen Bindung an Belgien, Holland und Frankreich. Es profitiert durch die Allianz und die Aufrechterhaltung des Kolonialismus. Norwegen wird unter Verstoß gegen das Seerecht Hoheit über internationale Gewässer, die von Norwegen widerrechtlich ausgebeutet werden, zugesprochen. Island ist faktisch ein Stützpunkt der USA und der zu gründenden NATO. Es wird wegen seiner großen strategischen Bedeutung gebraucht. Dänemark kolonisiert Grönland und beutet es aus. Also ist das Interesse all dieser Staaten an dem Militärbündnis ohne weiteres klar. Ihre Absicht ist, den Rest der Menschheit zu unterdrücken und auszubeuten.

Daß kleine europäische Staaten zusammen mit den Riesen in die Militärallianz eingebunden sind und die Kriegspolitik mittragen, ist nichts Neues. Schon bei Konstituierung des imperialistischen Blocks auf den Berliner Kongressen 1878 und 1884 achtete man darauf, eine Einheitsfront aller europäischen Staaten herzustellen. Im damaligen Sprachjargon hieß es: „Die Interessen der ‚zu kurz gekommenen Staaten' berücksichtigen".
Die Nordatlantikallianz ist von Anfang an und von ihrer Zielsetzung her eine aggressive Organisation. Die öffentliche Selbstdarstellung der NATO dient nur der Verschleierung und Irreführung.

Bei ihrem Versuch, den Befreiungskampf der Völker niederzuschlagen, konnten die kolonialistischen Staaten jeweils mit der Rückendeckung der

gesamten NATO rechnen. Die Opfer der unterdrückten Völker für die Freiheit waren umso größer. Millionen starben.
In formaler Hinsicht hat jedes Mitgliedsland eine Stimme. Trotzdem sind die Teilnehmer keine gleichberechtigten Mitglieder. Von 1949 an lag die Führung in US-Hand. Diese (in)offizielle Führungsrolle war von allen Staaten sofort und widerspruchslos akzeptiert. Für diese Rolle haben sich die USA durch den Besitz der furchtbarsten Massenvernichtungswaffen, insbesondere der atomaren Rüstung, qualifiziert. Der Bombenabwurf auf Hiroschima und Nagasaki war ihr Führungszeugnis.
Wenn es nach den Wünschen der USA ginge, würden sie am liebsten ihre Kriege allein führen und niemanden an der Weltherrschaft beteiligen. Doch haben sie bereits im Krieg gegen den Kleinstaat Libyen (1801-03) und später in Korea gelernt, daß sie im Angesicht des Freiheitswillens der Völker nicht bestehen werden.
Aber die NATO reichte offensichtlich für die USA nicht aus. Sie waren weiterhin bestrebt, mit jedem einzelnen Staat, ob NATO-Mitglied oder nicht, ein einzelnes WHNS (*Wartime Host Nation Support*), ein bilaterales Abkommen, zu schließen. Der militärische Sinn dieser Einrichtung besteht darin, daß die USA jedes vorhandene strategische Potential maximal ausnutzen wollen.

Nach der Wiederbewaffnung Westdeutschlands und der Aufstellung der Bundeswehr wurde die BRD 1955 in die NATO aufgenommen. Die BRD war auch weltweit der erste Staat, der mit den USA einen WHNS-Vertrag abgeschlossen hat (März 1982). Ihr folgte England. Danach schlossen die USA ein WHNS-Abkommen mit Saudi-Arabien.
Die Bundesrepublik Deutschland und Spanien zählen nicht zu den Gründerstaaten der NATO. Später eingetreten, zählen sie dennoch zu den gefährlichsten Trägern der NATO-Aggressionspolitik. 1982 diente Spanien als Umschlagplatz für den Transport von Menschen- und Kriegsmaterial für die US-Kriege gegen die arabischen Länder, u.a. gegen den Libanon im Jahr 1982 und die BRD seit 1991 gegen den Irak.
In ihrer öffentlichen Selbstdarstellung rechtfertigte die NATO ihre Existenz mit dem Argument, sie bilde ein Gegengewicht zum Warschauer Pakt. Die NATO gab an, sie bestehe ausschließlich als Verteidigungsorganisation gegen den Warschauer „Pakt" (eigentlich „Beistandsvertrag"). Diese Behauptung wird Lügen gestraft, denn der „Warschauer Pakt" ist erst am 14.05.1955 unterzeichnet worden, über sechs Jahr nach und als Reaktion auf die Gründung der NATO. So kam das Propagandamotiv „gegen den Warschauer Pakt" erst später auf.

Die NATO-Staaten wurden und werden von niemandem bedroht, sondern umgekehrt. Sie greifen andere Völker an, unterdrücken sie, plündern ihre menschlichen und natürlichen Ressourcen aus.

Die Mitgliedsstaaten des Warschauer Pakts schlugen im Rahmen weitgehender Entspannungsmaßnahmen die beiderseitige Selbstauflösung des westlichen und des östlichen Paktsystems vor. Diese beiden Organisationen waren die einzigen militärischen Blöcke in der Welt. Das Angebot wurde von der NATO ausdrücklich angenommen. Daß es sich dabei um eine heuchlerische Zustimmung handelte, hätte man im Osten erkennen müssen. Dennoch leiteten die Warschauer-Pakt-Staaten konkrete Schritte zum Abbau der eigenen Organisation ein und stellten damit ihre Glaubwürdigkeit konkret unter Beweis. 1989 war der Warschauer Pakt faktisch aufgelöst. 1991 hörte er auch auf, formal zu bestehen und löste sich endgültig auf. Damit geriet die NATO unter Legitimationszwang. Tatsächlich rechnete die Weltöffentlichkeit einschließlich der Völker der NATO-Staaten mit der baldigen Selbstauflösung des jetzt weltweit einzigen militärischen Verbands. Die angeblich drohende Gefahr aus dem Osten existierte ja nicht mehr. Auch die NATO-eigenen Public Relations fanden keine plausible Rechtfertigung für den weiteren Bestand des ebenso kostspieligen wie gefährlichen militärischen Riesenapparats.

Die Behauptung der NATO-Staaten (als Abwehr gegen den kommunistischen Osten gerichtet zu sein) wurde mit dem Zusammenbruch des Realsozialismus Lügen gestraft. Der Niedergang der sozialistischen Staatengemeinschaft hat nicht zur Auflösung der NATO geführt. Im Gegenteil, die NATO holte nun kräftig zum großen Angriff aus.
Die friedliebenden Völker weltweit haben bewußt und demonstrativ die Bildung militärischer Paktorganisationen geächtet und gingen selbst mit gutem Beispiel voran. Wenn sie sich militärisch organisieren würden, wären sie mit Abstand die größte strategische Allianz auf der Welt.
Während jeder bestätigen mußte, daß die Mitglieder dies- und jenseits des Atlantiks von niemandem bedroht sind, definierte sich die NATO als eine Verteidigungsorganisation. Nach der freiwilligen Selbstauflösung des Warschauer Pakts ist das Propagandamotiv anachronistisch geworden. Verteidigung bedeutet, innerhalb der eigenen Grenzen zu agieren. Die NATO will aber hinaus – in die Ferne.

Deutschland unterstützte diesen Plan durch die extensive Auslegung des schon länger – am 12.12.1979 – verabschiedeten NATO-Doppelbe-

schlusses. Manfred Wörner (geb. 1934, gest. 1994), deutscher Verteidigungsminister (1982-88), war von 1988 bis zu seinem Tod in Brüssel 1994 Generalsekretär der NATO. Er förderte massiv eine offen aggressive Linie der NATO mit entsprechender Aufrüstung. Die USA, die BRD und England sind Vorreiter dieser Politik.
Die Existenz der NATO bedeutet nur, daß aggressive Absichten bestehen, die einen militärischen Apparat zu ihrer Realisierung brauchen. Die NATO dient ausschließlich der Aggression.

Der Bestand des realsozialistischen Blocks bis 1990 hat die Entfaltung der US-NATO-Aggressivität nicht verhindert, wohl aber in Grenzen gehalten. Es wäre ein Irrtum anzunehmen, die NATO vor 1991 habe keine Kriege außerhalb der Territorien der Mitgliedsstaaten geführt. Sie war bei allen Kriegen der einzelnen Mitglieder – unter der jeweiligen Fahne – beteiligt, ohne diese Teilnahme zu deklarieren, da sie gegen das eigene Statut verstößt.
Wir erinnern daran, daß die „NATO" als eine eigene, selbständige Armee nicht existiert. Es sind schon immer Armeen einzelner Staaten, welche unter dem Etikett NATO Kriege führen und sich damit anonymisieren. So greifen die USA, die BRD und England (zur ebenfalls aggressiven Rolle Frankreichs siehe nächsten Abschnitt) andere Staaten an und verstecken sich unter dem Firmenmantel „NATO".
Mit dem Zusammenbruch des Realsozialismus verstärkte die NATO ihre Agitation in Osteuropa. Einst sozialistische Staaten versprachen sich durch eine Mitgliedschaft in der EU Wohlstand und Überfluß. Diesen wurde die Mitgliedschaft in der NATO zur Bedingung gemacht, um in die EU aufgenommen zu werden. Das Territorium der Deutschen Demokratischen Republik war bereits durch Annexion und Einverleibung in die BRD (1990) automatisch in den NATO-Bereich (!) einbezogen worden. Im März 1999 sind Polen, die Tschechische Republik und Ungarn in die NATO hineingezwängt worden.

Ende März 2004 traten Bulgarien, Estland, Lettland, Litauen, Rumänien, die Slowakei und Slowenien der NATO bei.

Hier wurde ein weiterer Vertragsbruch der NATO begangen. Sie hat völkerrechtlich verbindlich erklärt, keine ehemaligen Mitglieder des Warschauer Paktes in die NATO aufzunehmen.

NATO-Mitgliedsstaaten (in Klammern: Beitrittsjahr) nach dem gegenwärtigen Stand:

USA	(1949)
Kanada	(1949)
England	(1949)
Island	(1949)
Norwegen	(1949)
Dänemark	(1949)
Niederlande	(1949)
Belgien	(1949)
Luxemburg	(1949)
Frankreich	(1949)
Portugal	(1949)
Italien	(1949)
Griechenland	(1952)
Türkei	(1952)
Deutschland	(1955)
Spanien	(1982)
Ungarn	(1999)
Tschechische Republik	(1999)
Polen	(1999)
Slowenien	(2004)
Rumänien	(2004)
Bulgarien	(2004)
Slowakei	(2004)
Litauen	(2004)
Lettland	(2004)
Estland	(2004)
Albanien	(2009)
Kroatien	(2009)

Außerdem haben weitere EU-Länder Aufnahmeanträge gestellt.

Zum Status Frankreichs in der NATO

Frankreich ist seit seiner staatlichen Konstitution eines der aggressivsten Staaten Europas, d.h. in diesem Fall der Welt. Die Staatsgründung selbst wurde deshalb vorgenommen, um die Aggressionspläne der *Reconquista* und der Kreuzzüge durchzuführen.

Die sogenannte „Französische Revolution" 1789 war motiviert durch Kriegs- und Invasionsgelüste. Die „Sonnenkönige" haben keine Expansivkraft mehr entwickeln können und wurden deshalb entmachtet. Sowohl die Jakobiner als auch die Bonapartisten wetteiferten miteinander in bezug auf Aggression und Krieg.

Frankreich ist 1949 ein Gründerstaat der NATO. Unter de Gaulle hat Frankreich 1966 seine Mitarbeit im Militärausschuß der NATO eingefroren.
Der historische Kontext dieser Maßnahme erklärt sich vor dem Hintergrund der Erstarkung der antikolonialistischen Bewegung in Frankreich. Sie entstand als Solidaritätsbewegung mit dem algerischen Befreiungskampf in den späten 1950ern und den frühen 1960ern. Im Jahre 1966 erklärte de Gaulle öffentlich und demonstrativ den Rückzug Frankreichs aus allen militärischen Strukturen der NATO.
Während die Staatspropaganda den Eindruck vom Beginn einer Ära des Friedens in der Geschichte Frankreichs verbreitet hat, führte Frankreich in Afrika, Asien und der Karibik Massaker gegen Widerstandsbewegungen durch. Vermittels blutiger Interventionen brachte es Kollaborationsregime an die Macht. In derselben Zeit der „Friedensära" baute Frankreich den subversiven Krieg maßlos aus.
Die „Einfrierung" der militärischen Mitarbeit Frankreichs in der NATO war reine Formsache. Seit der NATO-Gründung bis heute hat es real schon immer auf allen Gebieten vollständige Kooperation und Koordination zwischen der NATO und Frankreich gegeben. Die Nutzung der militärischen Infrastruktur, der territorialen Einrichtungen, der Gewässer, des Luftraumes, der Wahrnehmung von Überflugrechten, hat immer bestanden.
So konnte auch nicht mehr ausbleiben, daß Frankreich seine offizielle Eingliederung in den Militärausschuß der NATO bekannt gibt. Bei der Frühjahrstagung der NATO im April 2009, die auf Einladung Frankreichs in Straßburg stattfand, erklärte die französische Regierung ihre offizielle Rückkehr in die NATO und die Wiederaufnahme der Zusammenarbeit im Militärausschuß.
Dieser Schritt ist symptomatisch. Alle NATO-Staaten sind personell sehr geschwächt. Sie können es sich nicht mehr leisten, auch nur formal Aggressionen im Alleingang vorzunehmen. Leider kompensieren sie ihren Personalmangel durch die exzessive Anwendung immer aggressiverer Waffensysteme, den Einsatz von unbemannten Flugkörpern und die Verstärkung der Annihilationskriege.

Die Welt polarisiert sich

Aus der tripolaren Welt, die bis 1990 bestanden hat, ist nun eine bipolare geworden: Die NATO-Staaten gegen den Rest der Welt.
Die NATO läßt sich definieren als der militärische Arm des Imperialismus.

Es sollte nicht die Illusion aufkommen, daß die NATO-Staaten – in der Praxis – gleichgestellte Mitglieder seien. Griechenland ist nicht in dem Sinne ein NATO-Mitglied wie z.B. England oder die BRD. Griechenland und die Türkei lassen sich als von der NATO besetzte Staaten bezeichnen. Das entschuldigt keines der beiden Länder, denn sie stellen Infrastruktur zur Verfügung, bieten ihre Territorien als Stützpunkte für die NATO und die USA, sie gewähren Überflugrechte für Aggressionsflüge, sie kümmern sich um die Versorgung von Truppen der NATO, sorgen für die Wartung ihrer Kriegsmaschinerie und anderes mehr.
Die Aufnahme von Staaten der europäischen Peripherie versetzt diese ebenfalls in den Status besetzter Länder, die als Stützpunkte, Aufmarschgebiete der NATO und – am tragischsten – für die Bereitstellung menschlichen Kriegsfutters für imperialistische Ziele dienen. Diese Länder zerstören nicht nur ihr Image als friedliebende Staaten, sondern auch das Leben anderer Völker und der eigenen Jugend. Aggressions- und Ausplünderungszwecken dient z.B. der Einsatz polnischer, dänischer oder bulgarischer Truppen im Irak und in Afghanistan seit 2004.

Mit der Gründung der NATO hat die längste und blutigste Aggressionsphase in der Geschichte der Menschheit begonnen. Die nach dem Zweiten Weltkrieg vorherrschenden Friedenshoffnungen wurden zerschlagen. Das Eingreifen der USA mit NATO-Rückendeckung in Korea, nachdem zuvor Frankreich gescheitert war, hat alle friedliebenden Völker bitter enttäuscht. Während der 1950er Jahre haben Zerstörungen und Massenmord durch die US-NATO-Aggression ganz Korea verwüstet und obendrein gespalten. Seitdem werden kontinuierlich NATO-US-Aggressionskriege geführt. Ein Land nach dem anderen nehmen sich die blutdürstigen NATO-Staaten vor. Ununterbrochen finden Schlachten gegen friedfertige Völker statt. Nacheinander werden Länder in Asien und in Afrika durch die NATO angegriffen und zerstört. Menschen sterben millionenfach.

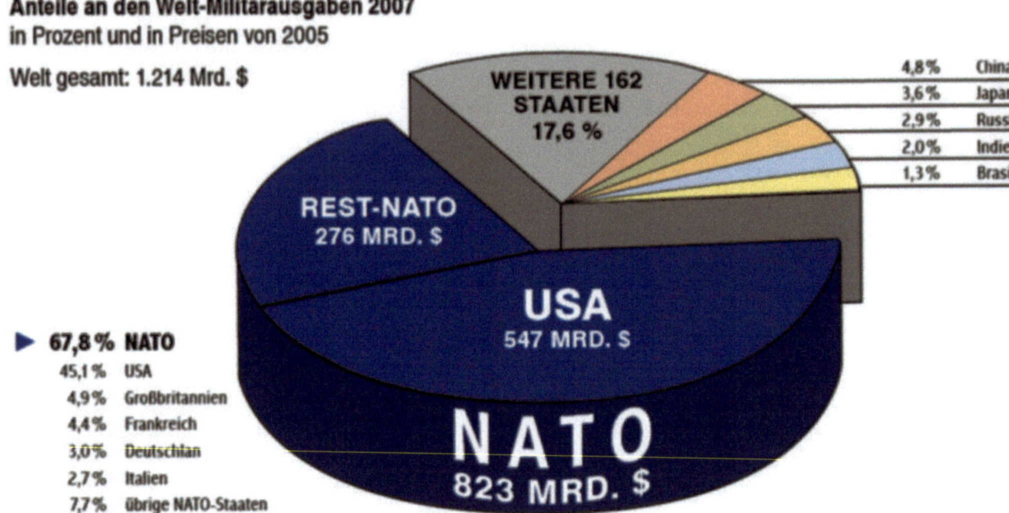

isw-Grafik-Report 12, Januar 2009, 56 Seiten, www.isw-muenchen.de

Zweiundzwanzigstes Kapitel
Blockade gegen den Süden

Unmittelbar nach dem Zweiten Weltkrieg begann etwas ganz Neues in der Welt. Ein Militärgürtel wird um den Globus gezogen. Die USA haben seit Mitte der 1940er Jahre damit begonnen, die drei Kontinente des Südens militärisch einzukreisen. Der Sinn dieses explosiven Gürtels besteht in folgendem:

1. Die Länder des Südens in ständiger Panik zu halten, sie zu erpressen und zu terrorisieren.
2. Die Staaten des Südens zu destabilisieren und jederzeit angreifbar zu machen.
3. USA und NATO können jederzeit Grenzen überschreiten und intervenieren.
4. Die gegenseitige Unterstützung der Nachbarländer und die Süd-Süd-Kooperation zu sabotieren.
5. Die Befreiungsbewegungen in Reichweite zu halten und jederzeit unter Beschuß zu setzen.
6. Die weltweite antiimperialistische praktische Solidarität zu verhindern, zumindest zu erschweren.

Einkreisungsgürtel um die Dreikontinente des Südens

Die USA wollen den Freiheitswillen der Völker nicht respektieren. Tragendes Element des US-Einkreisungsgürtels sind zwei Strategien:

a) Um die Welt strategisch zu kontrollieren, haben die USA Stützpunkte auf den gesamten Globus verteilt und aufgebaut. Von diesem militärischen Netz aus kann jeder Punkt auf der Erde erreicht werden.
b) Ein Militärgürtel um den Erdball. Dieser wird durch aneinander lükkenlos angeschlossene Paktsysteme gebildet. In diesen weltumspannenden Paktsystemen bildet die NATO die tragende Säule. Da alle anderen Bündnisse für den Imperialismus doch unsichere Faktoren sind, erlangt die NATO eine besondere Bedeutung und den höchsten Stellenwert. Sie steht im Mittelpunkt der Globalstrategie.

Die NATO erstreckt sich vom Polarkreis, über Nordeuropa, Nord-Amerika und Westeuropa bis weit hinter den afrikanischen Kontinent. Die

NATO geht um das Festland herum. Die NATO umfaßt den größten Teil West-, Mittel- und eines Teils Osteuropas bis einschließlich der Türkei. Das Einkreisungssystem bricht plötzlich ab. Es entsteht eine für den Imperialismus empfindliche strategische Lücke. Sie war durch den kurzlebigen Bagdad-Pakt geschlossen gewesen (1955-59). Er sollte die Türkei, Irak und Iran umfassen. Die Länder der arabischen Welt und der Iran verweigern es, sich in den aggressiven Gürtel einzubinden. Erst mit Pakistan schließt sich das nächste Glied CENTO (Zentral-Asiatische Verteidigungsorganisation). Das dritte Kettenglied schließt sich an. Es ist SEATO (Südost-Asiatische Verteidigungsorganisation). Sie umfaßt südost-asiatische Staaten, sofern sie noch mit den USA paktieren wollen. Sie breitet sich bis zu den Inseln von Australien und Neuseeland aus und geht in das vierte Kettenglied ANZUS oder ANSUS über, ein Paktsystem, das aus den USA, Australien und Neuseeland gebildet wird. Es erstreckt sich bis zum Pazifik. Im Pazifischen Raum schließt sich das nächste und fünfte Kettenglied, der Pazifische Pakt, an. Dieser verbindet die asiatische Kette mit der NATO. Damit ist der Globus in einem Militärgürtel eingeschlossen. Dieser Belagerungsring ist lückenlos – geplant gewesen.

Es handelte sich um regionale militärische Bündnisorganisationen, an denen die USA selbst als Mitglied beteiligt sind, als wären sie ebenso wie die anderen Staaten eine lokale Macht.

Dieser Einkreisungsgürtel entsprach exakt den US-Vorstellungen von einem die Welt umspannenden militärischen System. Er funktionierte nur, solange die USA entlang dem Gürtel Marionettenregime hatten, die zur Kollaboration bereit waren. Die Lage hat sich jedoch inzwischen wesentlich geändert.

Bagdad-Pakt – Sein Stellenwert für den Imperialismus und die Bedeutung seiner Zerschlagung

Schon seit seiner Gründung im Jahr 1955 geriet der Bagdadpakt unter den Druck und den Kampfeswillen aller arabischen Völker. 1959 wurde der Bagdadpakt für immer annulliert.
Nach der revolutionären Sprengung des Bagdad-Paktes war für den Imperialismus eine empfindliche Lücke entstanden.

Die USA und England, die Haupturheber dieser internationalen Militärstrategie, hatten immer erkannt, daß die arabische Region ein für sie unbeherrschbares Gebiet ist. Sie begannen frühzeitig, die für die USA relativ sicheren Länder – aus der Sicht der Loyalität ihrer Herrscher und Regierungen – nicht allein durch den Bagdad-Pakt einzubinden, sondern gleichzeitig ein zweites Mal zu organisieren nach dem Motto: „Doppelt hält besser“. So schien die Türkei den USA als Staat und Regierung treu zu sein. Die Türkei war Hauptmitglied des Bagdad-Paktes und wurde gleichzeitig in die NATO aufgenommen (1952). Dasselbe galt für Griechenland, während der Iran unter dem Schah für die NATO als relativ sicher galt. Der Iran wurde neben dem Bagdadpakt an die CENTO angeschlossen.
Die pessimistischen Erwartungen der USA sind eingetreten, und der Bagdad-Pakt ist gesprengt worden. Türkei und Iran blieben weiterhin Teil dieser Globalstrategie.

Nächster Schlag gegen den Traum der USA von einer militärischen Herrschaft über den Globus war der Sturz der Monarchie im Iran, die Abreise des Schahs Muhammad Reza Pahlawi am 01. Februar 1978 und die Ausrufung der iranischen Republik. Iran trat aus der CENTO aus. Geblieben ist allein Pakistan – und das nur noch formal. Seitdem ist die CENTO ein Fetzen Papier. Um die SEATO ist es nicht besser bestellt.
CENTO und SEATO sollten Zentral- und Südost-Asien mit dem Ursprung der Kette, der NATO, verbinden. Seit den US-NATO-Invasionen seit 1991, insbesondere der des Iraks 1991 und Afghanistans 2001, brennt ganz Asien unter den Füßen der Invasoren. Der pakistanische Staat, der lange Zeit die CENTO formal hat bestehen lassen, kann diese Einstellung gegenüber seinem Volk nicht mehr aufrechterhalten.

Inzwischen ist der imperialistische Belagerungsring um den Globus überall löchrig und kann auch die geplanten Aggressionsabsichten nicht mehr in vorgesehener Weise einlösen. Die mit den USA geschlossenen Paktsysteme in Asien bestehen weitgehend nur noch auf dem Papier.
Dieser Traum der USA, auf allen Kontinenten als eine regionale Macht gelten zu wollen, erwies sich unmittelbar als Illusion. Die beiden tragenden Säulen der US-Globalstrategie – militärische Basen und regionale Bündnisse – wurden sehr bald brüchig: Zahlreiche Staaten duldeten den Bestand von militärischen Stützpunkten einer fremden Macht nicht mehr. Regionale Paktsysteme, welche die USA für denselben Zweck ins Leben gerufen haben, konnten nicht aufrechterhalten werden. Die arabische Re-

gion ist das Gebiet, in dem das internationale Paktsystem sehr früh brüchig geworden ist. Der Bagdad-Pakt war als Erster und eine gewisse Zeit lang als Einziger aus dem internationalen Gürtel ausgetreten. Doch hat die Aufkündigung des Bagdad-Pakts nach einer Latenzzeit eine Kettenreaktion ausgelöst. Andere Militärbündnisse mit den USA folgten.

Es ist leider erkennbar, daß die USA und die aggressiven NATO-Staaten den Freiheitswillen der Völker weiterhin verachten und sich alternative Strategien überlegten. Diese Alternative sehen USA und NATO in mehr Aggressivität und eskalierender Vernichtungskriege. Der Irak als Kernland des arabischen Ostens steht nun seit der US-Aggression von 1991 in direktem Widerstand gegen die NATO-Besatzungstruppen. So auch andere Staaten des Südens.
Die mit Sicherheit einzige sinnvolle Alternative sind Freiheit der Völker und Weltfrieden. Dazu ist mehr Widerstand als bisher notwendig. Widerstand und Solidarität sind untrennbar miteinander verbunden.

NATO (2)

Die NATO besteht als größter und seit 1990 einziger Militärpakt auf dem Globus. Darin schlossen sich die imperialistischen Staaten zusammen. Sie wurde lange vor dem Warschauer Pakt etabliert. Trotzdem konnte die NATO später ihre Existenz und Aufrechterhaltung mit dem Bestand des Warschauer Paktes rechtfertigen. Historisch ist es exakt umgekehrt. Der Warschauer Pakt entstand zur Selbstverteidigung als Reaktion auf die militärische Konzentration im Westen, einschließlich des Frontstaates Bundesrepublik Deutschland. Erst am 14. 5. 1955 wurde der Warschauer Pakt gegründet. Kurz zuvor war die Aufstellung westdeutscher Streitkräfte zugelassen worden.

Am 05.05.1955 sind die Pariser Verträge in Kraft getreten. Mit massiver Unterstützung der NATO, insbesondere der USA, Englands und selbst Frankreichs, das noch zehn Jahre zuvor von Deutschen Truppen besetzt war, sollte die Bundesrepublik stark ausgerüstete Streitkräfte aufstellen. Die Bundeswehr ist die Nachfolgerin der Deutschen Reichswehr und der Deutschen Wehrmacht, jener Truppen also, die Osteuropa wiederholt angegriffen und zerstört haben. Die realsozialistischen Staaten konnten nicht wehrlos gegen die neue deutsche Gefahr stehen. Die Aggressivität ging nicht vom Osten, sondern vom Westen aus.

Der Warschauer Pakt hat sich stets als Provisorium begriffen. Die Sowjetunion und die Länder des Realsozialismus haben aktiv für Abrüstung und Entmilitarisierung gewirkt. Sie gingen selbst mit gutem Beispiel voran und brachten allgemein anerkannte Vorleistungen bis hin zur freiwilligen Selbstauflösung.
Die realsozialistischen Staaten mit der Sowjetunion an der Spitze haben – nach mehreren Absichtserklärungen lange zuvor – die Auflösung des Warschauer Paktes verkündet. Am 30. April 1990 wurde die Abschaffung des Warschauer Paktes in einem feierlichen Akt weltöffentlich gemacht.

Zu den internationalen Erwartungen, auch der der europäischen Völker, gehörte, das nach der Auflösung des Warschauer Pakts im Gegenzug die Selbstauflösung der NATO erfolgen würde. Es wurde vom Westen her den Mitgliedern des Warschauer Paktes zugesichert, daß keine weiteren Mitglieder, vor allem keine der ehemaligen Mitgliedsstaaten des Warschauer Paktes, in die NATO aufgenommen werden. Beides trat nicht ein.

Nach dem 30. April 1990, der offiziellen Auflösung des Warschauer Paktes, hat die europäische und die Weltöffentlichkeit damit gerechnet, daß sehr bald der Parallelzug im Westen erfolgen und die NATO aufgelöst werde. Hatte die NATO bis zu diesem Zeitpunkt doch von der Legende gelebt, daß der Warschauer Pakt die Ursache für den Bestand der NATO sei.

Plötzlich entfesselte der „Militärisch-industrielle Komplex (MIK)", vertreten durch das US-Verteidigungsministerium, eine große Propagandakampagne – nicht nur zur Selbsterhaltung, sondern auch zur neuen Aufgabenbestimmung.
Um die Aggressionspläne zu legitimieren, argumentiert das US-Kriegsministerium seit 1991 mit der ziemlich selbstentlarvenden Parole: Wir müssen über unsere Grenzen hinaus. Genau das wurde offen vertreten: „*Out of Area or out of Business*". Die Parole wurde sehr bald zurückgenommen, nachdem die Pro-NATO-Kräfte auf die Selbstdenunziation aufmerksam gemacht wurden.

Nun hat der Warschauer Pakt sich aufgelöst (die Ankündigung der Auflösung war schon 1989), die Sowjetunion besteht seit 1991 nicht mehr und der Realsozialismus ist zu Ende gegangen. Die NATO ist geblieben. Damit wird auch begründet, daß das aggressive Potential des Westens durch nichts gerechtfertigt ist als durch die eigene Absicht, Kriege zu führen.

Mit der Auflösung des Warschauer Paktes ist die NATO nicht nur übrig geblieben, sondern sprunghaft gestärkt worden. Darüber hinaus werden ehemalige osteuropäische Mitglieder des Warschauer Paktes, sofern sie dem Westen gegenüber loyal sind, gedrängt, zunächst assoziierte, dann Vollmitglieder der NATO zu werden. Gerade das Bestreben, Europa auf einer Frontlinie gleichzuschalten, beweist den aggressiv-rassistischen Charakter der NATO, die von den USA und Europa angriffsbereit gegen den Süden aufgestellt ist.
Die Wahl des jeweiligen Opfers ist eine rein formale Angelegenheit. Die Beruhigung der Öffentlichkeit wird der Propaganda und den Medien überlassen.

Seit 1990 ist die NATO wieder einziges Militärpaktsystem weltweit. Bei der Redaktion dieser Zeilen 2011 führt sie Aggressionskriege gegen den Irak, Afghanistan, Somalia, Libyen und andere Staaten. Der Rest der Welt wird von der NATO zumindest bedroht.

Dreiundzwanzigstes Kapitel

Aggressionsstrategien der USA und der NATO

Konsequenzen von USA und NATO als Folge ihrer Niederlagen in Kriegen gegen die Völker: Umstrukturierung des US-NATO-Militarismus im Angesicht des weltweiten antiimperialistischen Widerstandes

Übersicht

1. Counterinsurgency
2. Destabilisierungspolitik
3. Interventionismus
4. Rapid Deployment Forces (RDF)
5. Vermeidung des Bodenkriegs
6. Marine und Luftwaffe
7. Söldner, Fremdenlegionäre, Todesschwadronen und Kriegsfirmen
8. Inferno und Ruin
9. Stellvertreterkriege
10. Der US-Nato-Militarismus verbirgt sich hinter regionalen Kriegen
11. Separatismus
12. Elektronischer Krieg, ferngesteuerte Waffen und unbemannte Flugkörper
13. SDI

Vor dem Hintergrund des Vietnamschocks entwickelten die USA eine Reihe von Strategien, von denen sie sich versprechen, zur Herrschaft über andere zu gelangen, ohne dabei eine Erfahrung wie in Vietnam, Irak oder Afghanistan machen zu müssen. Nachstehend zählen wir die wichtigsten auf.

Counterinsurgency

Sie besagt, einen antiimperialistisch orientierten Staat aus dem Inland selbst umzustürzen. In diesem Fall sollen die USA die Mobilmachung und den militärischen Angriff von außen auf das nötige Maß an Aggressionsintensität beschränken, dafür das Opferland innerstaatlich durch einen Coup d'État zerschlagen. Die Counterinsurgency als US-Strategie, Länder in ihre Abhängigkeit zu bringen, ist nicht neu und nicht erst infolge des Vietnamsyndroms aufgestellt. Sie wurde z.B. in Brasilien 1964, in Griechenland durch den CIA-Putsch der griechischen Militärjunta vom 21. April 1967, in Chile am 11. September 1973 gegen die gewählte Regierung der Unidad Popular unter Salvador Allende und in mehreren Ländern praktiziert.
Die US-Counterinsurgency wurde bis in alle Details ausgearbeitet. Die Entwicklung in jedem Land der Erde wird täglich beobachtet. US-loyale Elemente werden erfaßt und angemessen gefördert. Einschleusung von Agenten gehört zur Counterinsurgency. Gegen antiimperialistische Kräfte wird der subversive Krieg gnadenlos geführt.
Das dramatischste Beispiel für die Counterinsurgency der USA und ihrer Verbündeten ist die Umsturzserie in Staaten des Realsozialismus zwischen 1989 und 1991.

Destabilisierungspolitik

Durch Boykott, Umzingelung und Hungerblockaden soll ein Land von innen her destabilisiert werden.

Interventionismus

Bei dieser Strategie intervenieren die USA direkt militärisch. Das herrschende Regime wird handlungsunfähig gemacht oder auch physisch liquidiert.
Interventionismus bedeutet, daß alles schnell passieren muß, sonst läuft die Intervention auf eine Invasion hinaus, die die USA nicht durchstehen können, wie die bisherigen Besetzungsversuche beweisen. Militärisch gesehen handelt es sich um einen Blitzkrieg.

Rapid Deployment Forces (RDF)

Das Konzept der *Rapid Deployment Forces (RDF)* bezeichnet die „Schnellen Eingreiftruppen“. Sie sind eine der wichtigsten Konsequenzen des Vietnamsyndroms. Diese Strategie wird seit 1982 angewendet. Die Truppen werden so ausgebildet, daß sie intervenieren, rasch und plötzlich ein Massaker an den antiimperialistischen Kräften anrichten und schnell abziehen, bevor sich der Widerstand zur Gegenwehr formiert. Die „Schnellen Eingreiftruppen“ stehen auf Abruf bereit, um antiimperialistische Entwicklungen in einem Staat rasch – durch ein Blutbad – zu beseitigen. Von den USA im voraus vorgesehene Kollaborateure werden an die Macht gebracht.
Rapid Deployment Forces stehen für verschiedene Regionen der Erde bereit, insbesondere für, d.h. gegen den Iran, den ostarabischen Raum, Nordafrika, das übrige Afrika, Mittelasien, Südost-Asien, die Karibik, Mittelamerika und Südamerika.
Auch die NATO und die EU verfügen über auf die einzelnen Regionen des Südens spezialisierte „Schnelle Eingreiftruppen“.
(Fortsetzung zu den *Rapid Deployment Forces*: siehe nächstes Kapitel.)

Vermeidung des Bodenkriegs

Durch die Erfahrungen in Vietnam bis 1976 und im Irak 1991-2009 hat der US-Militarismus den Bodenkrieg gegen ein Volk als einen Krieg eingeschätzt, den die USA nicht gewinnen können. Deshalb sollte er nach Möglichkeit vermieden werden. Andererseits mußten sie feststellen, daß es unmöglich ist, ein Land ohne Bodentruppen zu besetzen. Daher haben die USA erneut auf den Bodenkrieg zurückgegriffen, als sie 1991 in den Irak marschierten. Auch nach zwanzigjährigem Aggressionskrieg und vielen Jahren andauernder Invasion konnten sie den Irak nicht unterwerfen. Ihre massive Invasion seit dem 20. März 2003 sollte nach US-Berechnungen nach vier bis sechs Wochen beendet werden. Sie wollten aus dem Irak schnell abziehen und konnten es erst Ende 2011.

Marine und Luftwaffe

Der US-Militarismus baut seit seiner Gründung die Marine und die Luftwaffe zu einer Aggressionsarmee aus, welche Objekte und Menschen aus der Ferne trifft, möglichst ohne selbst getroffen zu werden. Das militärische Prinzip hierzu heißt: Massenmord und Vernichtung vom Reißbrett aus, unter Einhaltung eines Sicherheitsabstandes von der angegriffenen Abwehrfront.

Die Schiffsartillerie setzt das Land unter Feuerbeschuss nach dem Grundsatz: „Klotzen, nicht kleckern". Die Luftwaffe entvölkert einen Bezirk zur Landung von US-NATO-Soldaten. Marineinfanteristen rücken mit offenem Feuer vor und töten alle, die sich in ihren Weg stellen. Sie führen einen Annihilationsangriff durch. Die menschenleer gemachte Region wird besetzt und zur US-NATO-Militärbastion ausgebaut, um von hier aus den Rest der Bevölkerung unter Beschuß zu nehmen. Im Idealfall wollen sie eine kollaborationsbereite Gruppe an die Macht bringen, welche das Land im US-Sinne regiert. Dieses Vorgehen wurde in Afghanistan und im Irak 2004 praktiziert.

Söldner, Fremdenlegionäre, Todesschwadronen und Kriegsfirmen

Seitdem der US-Militarismus selbst den Mythos „US-Army" gestehen mußte, sucht er Rettung bei – staatlich anerkannten – kriminellen Organisationen.
Paramilitärische Organisationen, gewerbliche Krieger und irreguläre Truppen gewinnen im US-Militarismus zunehmende Bedeutung.
Im einfachsten Fall setzen sie Söldner ein, damit die US-NATO-Angreifer entlastet werden können.
In allen Fällen wandert der US-Militarismus zwangsläufig vom Regen in die Traufe.

Inferno und Ruin

Als Alternative zum Einmarsch und zur Invasion soll das Zielland von der Luft und von der See mit Bomben und Raketen belegt werden. Es kommen der Einsatz ferngesteuerter elektronischer Waffen und unbemannter Flugkörper hinzu. Das angegriffene Land soll kollateral bombardiert werden. Bodentruppen marschieren erst ein, wenn das Land handlungs- und lebensunfähig gemacht worden ist.

Stellvertreterkriege

Da die USA an die Grenzen ihrer Macht geraten sind, beauftragen sie andere Staaten, die Aggression und Zerstörung eines Ziellandes zu übernehmen. Musterstaat für diesen Zweck ist *Israel*. Seine Kriege 1967 gegen die arabischen Staaten und 1979, 1980, 1981, 1982 und 2006 gegen den Libanon waren Stellvertreterkriege, wobei ein Stellvertreterkrieg seinen festen Beitrag zur Entlastung des direkten US-Militarismus leistet.

Der US-Nato-Militarismus verbirgt sich hinter regionalen Kriegen

Die Aufhetzung eines Nachbarlandes gegen das andere wird imperialistisch gelenkt und gesteuert. Dazu liefert die hochsubventionierte Konfliktforschung die nötigen Vorstudien.

Zu den Stellvertreterkriegen zählt auch das Anzetteln von Kriegen, die von benachbarten Völkern einer Region ausgetragen werden. Es fällt auf, daß Völker, die seit Jahrhunderten und Jahrtausenden friedlich nebeneinander gelebt haben, in den letzten sechzig Jahren auf einmal gegeneinander in den Krieg ziehen. Hierbei sind die USA und die NATO die treibenden Kräfte, ohne die die Bruderkriege nie stattgegefunden hätten.

In der zweiten Hälfte des zwanzigsten Jahrhunderts gelang es dem Imperialismus, eine Serie dramatischer Bruderkriege anzuzetteln.
Beispiele für vom Imperialismus geschürte Nachbarkriege sind: Pakistan / Indien (zweite Hälfte der 1940er), Pakistan / Bangladesch(erste Hälfte der 1970er), Nigeria / Biafra (zweite Hälfte der 1960er), Iran / Irak-Krieg (1980-88), Ruanda / Kongo (1990er).

Weitere Beispiele
1991 marschierten die USA und NATO in Somalia ein. Nachdem sie zurückgeschlagen und aus dem Land verjagt wurden, kehrten sie 2007 mit Verstärkung wieder. Im Jahr 2008 können NATO-Einheiten mühsam eine schwerbewaffnete militärische Position in Somalia halten.
Im Jahr 1991 förderten die USA die Spannungen zwischen Äthiopien und Eritrea.
Im Jahr 2002 konnten die USA und Deutschland durch Einmischung einen Bruderkrieg zwischen Äthiopien und Eritrea anzetteln.

Die USA ermutigten Äthiopien zu einem Krieg gegen das Nachbarland Somalia und zu Besitzansprüchen auf das somalische Gebiet Ogaden. Im Jahr 2009 hielt der somalisch-äthiopische Konflikt noch an. Unter der Vermittlung Libyens, der AU (*African Union*) und Ägyptens konnte er vorläufig eingedämmt werden. Leider hat dies nicht lange angedauert, da infolge der Intervention der NATO und des ATALANTA-Einsatzes der Konflikt eskaliert wurde.

Dem Imperialismus ist es gelungen, Kriege zwischen benachbarten Staaten anzuzetteln. Diese geschürten Bruderkämpfe sind aber faktisch imperialistische Kriege, die indirekt geführt werden. Es sei darauf aufmerksam zu machen, daß „Vermittlung“ und „Vermittlung“ zweierlei sind. Die imperialistischen Staaten, allen voran die USA, bieten ihre Einmischung auch als „Vermittlung“ an und provozieren dabei einen lokalen Krieg mit der Folge des Separatismus – zum Beispiel Darfur (2010/11). Die Imperialisten liefern die Waffen an beide Parteien und lassen sie in Schulden geraten. Der Imperialismus verschafft sich Pforten zur direkten Intervention. Hat ein solcher lokaler oder regional begrenzter Krieg einmal begonnen, spielt der Imperialismus eine doppelte Rolle: Er eskaliert den Krieg – auch durch Waffenlieferungen – gleichzeitig bietet er sich als angeblicher Vermittler an.

Seitdem sind die Völker und Staaten dieser Gefahr gewahr geworden. Regionale Schlichtungskomitees wurden eingerichtet, z.B. von der AU, der Arabischen Liga und dem Islamischen Kongreß. Im Einzelnen bilden sich ad hoc Initiativen von Staatsoberhäuptern, die eine regionale Akzeptanz genießen.

Separatismus

Seit dem Ende des Zweiten Weltkriegs wird in den NATO-Staaten die sogenannte „Minoritätenforschung“ intensiver als bisher gefördert. Das imperialistische Interesse an diesem Forschungszweig besteht darin, bei Volksgruppen den Ethnozentrismus zu schüren und zu separatistischen Forderungen zu motivieren.
Der Imperialismus fühlt sich durch den Vielvölkerstaat gestört. Nachdem durch Jahrhunderte der Inquisition, Reconquista und Kreuzzüge Europa ethnisch „gesäubert“ wurde, soll die Politik des Ethnozentrismus in den Süden exportiert werden. In Asien und Afrika hat sich der Vielvölkerstaat

sehr bewährt. Die Erfahrungen der letzten Jahrzehnte beweisen, daß die unterschiedlichen Volksgemeinschaften relativ stabil auf die separatistische Agitation reagieren. Sie tragen und unterstützen die Multikulturalität, weil sie nur Vorteile bringt, während der Ethnozentrismus für alle nachteilig ist.

In anderen Fällen war der Imperialismus erfolgreicher. Er vermochte es, den Ethnozentrismus bis hin zu Bürgerkriegen zu steigern. Dramatische Beispiele sind die Tschechoslowakei oder Jugoslawien. Selbst die Sprache wird demontiert. Aus einer Sprache wurden nach der Spaltung mehrere. Aus dem einheitlichen jugoslawischen Serbokroatisch sind nunmehr sechs Sprachen geworden. Auf dem Boden der Tschechoslowakei sind es jetzt zwei, so daß die Entfremdung der einst zusammengehörigen Nationalitäten zunimmt.
Der Imperialismus fördert den Separatismus gern auch militärisch. Dabei fällt auf, daß er sowohl den Zentralstaat als auch die separatistische Bewegung bewaffnet, auf daß sich alle gegenseitig zermürben.

Elektronischer Krieg, ferngesteuerte Waffen und unbemannte Flugkörper

Digital geführte Aggressionen sind totaler Krieg ohne Gewissen und Skrupel. Eine neuartige Staatskriminalität springt uns an dieser Stelle ins Auge. Zwischen „Imperialisten", „Militaristen" und „elektronischem Krieg" besteht volle Identität. Alle drei Apparate verfügen über kein Gewissen und kennen keine Skrupel. Imperialisten und Militaristen haben keine Gemeinsamkeiten mit Menschen. Dazu bekennen sie sich ganz offen, indem sie nicht nur verbal, sondern real Menschen vernichten.

SDI (seit 1983):

Hinter der irreführenden Bezeichnung *Strategic Defense Initiative – SDI* meint dieses System die Einbeziehung des Weltraumes in die Aggressionspläne der USA. Militärische Stützpunkte sollen im Weltraum eingerichtet werden. Die Militarisierung der Sphäre geht das Risiko ein, den Globus von außen zu sprengen.

Mit dem Aufbau des SDI-Programms wurde bereits 1983 unter dem damaligen US-Präsidenten Reagan begonnen. Seitdem wird es weiter auf- und ausgebaut.
Beim Aufbau des SDI-Programms sind die US-Militärstrategen nach wie vor von den Wahnvorstellungen getragen, den Globus unter ihre unmittelbare Kontrolle zu bringen und darunter zu behalten. Alle anderen zerstörerischen Wirkungen auf die Umwelt, die Welt und die Menschheit sind für sie untergeordnet. SDI zeigt aber auch die blinde Jagd nach totaler Militarisierung des Lebens- und Weltraumes, wo nur eine einzige Sprache gesprochen wird, nämlich die der Waffen.
Bei der praktischen Umsetzung des SDI-Programms sahen sich die USA mit großen Problemen konfrontiert, die seine Verwirklichung nach den anfänglichen, naiven Vorstellungen verhinderten. Sie erwiesen sich als unpraktikabel und schwer realisierbar. Dafür sollten nur weltraumgestützte Stationen eingerichtet werden. Aber auch dabei können die USA nicht sicher sein, daß nicht ihre eigenen militärischen Basen getroffen werden. Weltraumstationen sind nur begrenzt beherrschbar, nur bedingt kontrollierbar und keineswegs immun gegen den Zugriff derer, welche über die Technik und das Know-how verfügen.

Trotz aller Bedenken wollen sich die USA nicht von dem Traum trennen, den Weltraum für ihre Aggressionspläne zu funktionalisieren. Wie viele Satelliten für militärische Zwecke die USA zur Zeit unterhalten, ist nicht bekannt. Jedenfalls stellt SDI auch für die USA nicht zu unterschätzende Risiken dar. Weltraumstationen gefährden die US-eigene Boden- und Luftstrategie. Widerstandsbewegungen konnten die elektronischen Systeme aufbrechen, umfunktionieren und den Spieß umdrehen.
Die Risiken von SDI für die ganze Menschheit sind nicht zu unterschätzen. Weltweit erhebt sich der Protest gegen die US-amerikanische Invasion und die Militarisierung des Weltraumes, da sie die Menschheit, den Globus, die Umwelt, die Natur und das Leben überhaupt bedrohen.

Vierundzwanzigstes Kapitel

Die Schnelle Eingreiftruppe – Rapid Deployment Forces (RDF)

Strategisches Konzept: Hierbei handelt es sich um eine flexible US-Armee, die schnell in einem beliebigen Gebiet der Erde eingesetzt werden kann. Die „Schnelle Eingreiftruppe“ soll insbesondere dort intervenieren, wo imperialistische Interessen durch Erfolge der Befreiungsbewegungen eingeschränkt werden.
Im engeren Sinne handelt es sich bei der RDF um ein Territorialkommando für Gebiete, in denen der antiimperialistische Widerstand stark ist. Im Blickfeld des Imperialismus steht insbesondere der arabische Raum. Das schließt ihren möglichen Einsatz woanders nicht aus. RDF verfügen über mobile, rasch bewegliche Mittel und arbeiten nach dem Dislokationsprinzip. Die USA und die NATO haben jeweils Schnelle Eingreiftruppen für den arabischen Raum gebildet. Weitere US- und NATO-Eingreiftruppen bestehen für den südostasiatischen und für den karibischen Raum. Zusätzlich operiert hier die Vierte US-Flotte.

Gründe: Die Schaffung der RDF erklärt sich aus folgendem Kontext: Die USA haben festgestellt, daß sie einen Krieg nicht bestehen, da sie sich auf die eigenen Soldaten nicht verlassen können. Wenn es hart auf hart geht, ergreifen diese die Flucht, ergeben sich oder begehen sogar Selbstmord. Die ganze Militärstrategie der USA baut auf dem Blitzkrieg auf. Ein anderer Faktor führte unmittelbar zur Idee der Schaffung von Schnellen Eingreiftruppen. Sie wurden ins Leben gerufen als Reaktion auf die vernichtende Niederlage der USA in Vietnam. Aus Korea und Vietnam ist das US-Militär mit bleibendem Trauma nach Hause zurückgekehrt. Fremde Territorien sind ein zu heißer Boden für Invasionstruppen. US-Sicherheitsberater Kissinger gilt wohl als ein Urheber der *Rapid Deployment Forces*. Das Konzept geht von der Vorstellung aus, eine Alternative zu Invasions- und ständigem Besatzungsstatus einzurichten. Die RDF sollen erst im militärisch entscheidenden Augenblick eingreifen.
Ein weiterer entscheidender Faktor ist überhaupt der Mangel an militärischem Personal. Nachdem die imperialistischen Staaten durch ihre Strategie des Massenmordes auch viele eigene Soldaten opfern mußten,

sahen sie einen Ausweg darin, kleine Truppen aufzustellen, die im Minimum der Zeit das Maximum an Menschen vernichten und nach diesem „Sieg(!)“ rasch abziehen. Dieses Konzept wird als „Interventionismus“, sein Ausführungsorgan als *Rapid Deployment Forces*, „Schnelle Eingreiftruppen“, bezeichnet.

Zur Vorgeschichte der RDF: Unmittelbar nach der Niederlage der USA in Vietnam und dem endgültigen Abzug der US-Armee im April 1976 wird das RDF-Konzept konkretisiert und im einzelnen entwickelt. Schnelle Eingreiftruppen bilden den Kernpunkt der neu konstruierten Aggressionspolitik von USA und NATO, welche als „Interventionismus“ bezeichnet wird. Je nach Lage und Konstellation des Falles soll er die bisherige Besetzung eines Landes durch Bodentruppen ersetzen, denn die USA haben inzwischen gelernt, daß sie einen langanhaltenden Befreiungskrieg nicht bestehen können.

Strategische Ziele: Hauptziel der militärischen Kontrolle durch die USA bleibt nach wie vor die arabische Welt. Darauf gehen wir nachstehend näher ein. Der erste RDF-Chef, General Kelley, hat die Aufgabe der RDF im Oktober 1980 folgendermaßen beschrieben: „Mein Auftrag umfaßt jede Bedrohung außerhalb der NATO. Wir konzentrieren uns in nächster Zeit auf Südwestasien, d.h. den arabischen Osten und die Golfregion, Saudi-Arabien, Jemen, Irak und Iran.“ „Mein Auftrag“, führte Kelley weiter aus, „schließt jede Herausforderung dort ein (...). Wir sind keine Interventionstruppe für die Dritte Welt. Wir sind eine Truppe für den Kampf mit allem.“ Im Klartext wird Intervention gesagt, aber Besetzung gemeint.

Ausbildung und Manöver: Die Truppen werden so ausgebildet, daß sie plötzlich intervenieren. Im Überraschungsangriff sollen sie ein Blitzmassaker an antiimperialistischen Kräften anrichten, bevor sich der Widerstand formiert. Dann müssen sie rasch abziehen.

Das Ausbildungsprogramm faßt sich folgendermaßen zusammen:

> „Hit as far as you can!
> Kill so much you can!
> Run as fast you can!“

Im Jahre 1980 führte die RDF ihr erstes Manöver außerhalb der USA (*Bright Star I*) durch. Seitdem wird ständig geübt, exerziert und manövriert. Trotz beschönigenden Berichten des Militärs muß festgestellt werden, daß sämtliche Versuche, eine für imperialistische Zwecke taugliche Besatzungsarmee aufzubauen, gescheitert sind. Eine Kernannahme des US-Generalstabs hat sich nicht bewahrheitet. Gemeinsame Manöver mit lokalen Streitkräften, um z.B. die Befehlsstruktur zu vereinheitlichen, sind gescheitert. Den herrschenden Regimes, die dem US-Präsidenten auf seine Intervention hin einen Gefallen erweisen wollten, gelang es mühsam, eine Truppe zustandezubringen, die sich auf ein gemeinsames Manöver mit US-Streitkräften eingelassen hat. Das führte schließlich zur Überzeugung, daß es in der arabischen Region keine Soldaten gibt, die bereit wären, sich auf die Seite der USA oder der NATO zu stellen.

Jedoch war die Annahme, daß ein lokales kollaborationsbereites Regime kooperieren würde, ein grundlegender Aspekt der Aufstellung der RDF. Aber selbst US-orientierte Regimes werden es nicht wagen, sich offen als solche auszugeben. Sie würden ihre Herrschaftslegitimation sofort verlieren, denn ihre Völker tolerieren nur nationale und antiimperialistische Herrschaft.

Weder das Manöver *Bright Star I* (1980) noch das Nachfolgemanöver und als letzter Versuch *Bright Star II* (1981) vermochten ihre Ziele zu realisieren. Die arabischen Einheiten weigerten sich, im Rahmen von imperialistischen Einsatzplänen zu manövrieren. Jeder Versuch, diese Weigerung zu überwinden, blieb erfolglos.

Nach der sichtbar steigenden Aggressivität der USA, insbesondere gegen den Irak 1991-2011 und Afghanistan seit 2001, haben alle Staaten der arabischen Welt Abstand davon genommen, mit den USA oder der NATO gemeinsame Truppen zu stellen.

Dreißig Jahre nach dem Start der RDF muß festgestellt werden, daß das Konzept insgesamt gescheitert ist. Die RDF taugen höchstens nur, um zusammen mit lokalen Kollaborateuren rasch zu intervenieren und abzuziehen, nachdem sie eine für sie mißliebige Person geholt haben (z.B. die wiederholte blutige Intervention der USA in Grenada zur Beseitigung der antiimperialistischen Regierung unter M. Bishop 1983 und später gegen Aristides in Haiti).

Besessen nach Hegemonie und auf Gewalt fixiert mußten die USA schließlich ihre gewaltige Mobilmaschinerie in vollem Ausmaß einsetzen, um ihre Ziele durchzusetzen. Gegen den kleinen Irak mit 18 Millionen Menschen setzten sie 1991 zusammen mit ihren Bündnispartnern

500.000 Soldaten ein und wurden trotzdem besiegt. Ein zweites Mal haben sie 2003 bis zu 400.000 Soldaten gegen den Irak mobil gemacht. Damit nicht genug. Die NATO-Osterweiterung dient u.a. dem Zweck, menschliches Kriegsfutter für Expansionspläne der USA zur Verfügung zu stellen.
Gleichwohl bestehen die USA und die NATO auch heute noch auf dem Auf- und Ausbau von „Schnellen Eingreiftruppen" und ihrer Ausrüstung mit schweren Waffen.

»Jederzeit, überall, mit allen Waffen«

Der Aufbau und Einsatz der US-Militärstrategien hat System. Staaten werden erst destabilisiert und zersetzt, dann brutal angegriffen. Im Anschluß daran folgen Ruin und Inferno. Endstation ist die Annihilation.
Der Aufbau und Einsatz der US-Militärstrategien von der „Abschrekkung" bis zu SDI reflektiert eine Mentalität, die nur in den Dimensionen von Aggressivität und Destruktivität zu denken vermag. Sie bricht mit der Langzeittradition der Menschheit, in Frieden, Gerechtigkeit und gütlichem Austausch miteinander zu leben und Konflikte über den Weg der menschlichen Kommunikation, politisch und dialogisch zu lösen.
Die imperialistische Kontrolle über den Süden äußert sich nicht nur als Bedrohungs- und Abschreckungsstrategie, sondern in der jederzeitigen Bereitschaft anzugreifen, daher der Titel:

»Jederzeit, überall, mit allen Waffen«

Dieser Satz faßt leider exakt den US-NATO-Militarismus zusammen. Das ist das Konzept und die Praxis der US-amerikanischen Militärstrategie. Wir sehen es real, US und NATO greifen jederzeit, überall mit allen Waffen an. Dies ist keine Spekulation, sondern grausame Wirklichkeit.

Fünfundzwanzigstes Kapitel

US-NATO – militärische Belagerung der arabischen Welt

Inhaltsübersicht

Der arabische Osten im Visier des Imperialismus

1977 verkündete US-Präsident Carter die Aufstellung der RDF. Ihre Aufgabe deckte sich mit der Carter-Doktrin. Demnach sollten die USA im Arabischen Golf eingreifen und ihn besetzen, wann immer sie meinen, ihre Interessen in dieser Region seien bedroht. Dieser Fall läge z.B. dann vor, wenn ein Land einen selbstbestimmten Entwicklungsweg geht und sich vom imperialistischen Einfluß unabhängig machen will.
1979: Zum Aufbau der RDF wurden mit 20.000 Soldaten bereits 1979 die ersten Verbände gegen den arabischen Raum aufgestellt.
1980: Im März 1980 wurde der integrierte Planungsstab der RDF bestimmt. Im Verlauf desselben Jahres, 1980, wurde die Schnelle Eingreif-

truppe schon auf die zehnfache Stärke ausgebaut. Es handelte sich also um eine beträchtliche Armee mit mehr als 200.000 Soldaten. Allmählich wurden die Interventionstruppen nicht mehr – wie jede andere nationale Armee – in den USA belassen. Sie wurden unmittelbar vor und in den arabischen Raum verlegt. Bald zeigte sich, daß die USA eine Dauerstationierung im Osten der arabischen Welt planten.
1982: Durch Verlegung von Truppen aus der BRD nach Arabien im Jahr 1982 ist die Zahl auf 250.000 Soldaten erhöht worden.
Seit 1982 bauen die USA zusammen mit der NATO eine eigene Logistik gegen den ostarabischen Raum und die nordafrikanischen arabischen Länder auf. Diese militärische Aggressionspolitik griff in eine Zeit ein, in der ein relativer Frieden bestanden hat (Folge der Friedensinitiative des ägyptischen Präsidenten Sadat, gest. am 06. Oktober 1981).

Die arabische Welt ist stets bestrebt, gute Beziehungen zu allen Staaten einschließlich der USA zu pflegen. Mitten in diesem Frieden entwickelten die USA und die NATO eine Kriegsstrategie gegen die arabische Region. Sie beschränkte sich nicht nur auf Pläne; vielmehr wurde eine zunehmende Konzentration von US-Truppen und Waffensystemen um die arabische Welt aufgebaut. Ein Netzwerk von Stützpunkten und angriffsbereiten Truppen belagerte die arabische Welt vom Golf bis zum Atlantik. Zu den militärischen Einheiten gehören z.B. sieben schwimmende Rüstungsdepots (MPS), die auf Diego Garcia im Indischen Ozean stationiert sind. Ohne jede Verzögerung steuern diese das Einsatzgebiet an, wenn bereits stationierte Interventionstruppen oder weitere RDF über Lufttransport zu einem konkreten Angriffsziel befehligt werden. Dort, vor Ort, übergeben die MPS das Waffenmaterial.
1982 verlegten die USA Truppen aus der BRD, damals West-Deutschland, auf die Halbinsel Arabien und in das Arabische Meer, besonders an den Eingang des Arabischen Golfs bei Hormuz. Diese Truppen haben die USA stufenweise bis zu einer Stärke von einer halben Million Soldaten erhöht.
Durch die Verlegung von US-Truppen in die arabische Region sollte in Deutschland kein Freiraum entstehen. Die einstigen Standorte der US-Truppen in Deutschland blieben weiterhin militarisiert. Durch die Unterzeichnung des WHNS-Abkommens vom 14. April 1982 verpflichtete sich die BRD, sie durch eigene militärische Präsenz auszufüllen.

Die taktische Zielsetzung der USA sieht vor, eine kontinuierliche Verkürzung der Zeit, die für eine militärische Intervention in einer Zielregion notwendig ist, zu erreichen. Durch die totale Einbeziehung aller Waffengattungen wollen sie der Konfrontation mit dem nationalen Widerstand im Invasionsgebiet durch Annihilation begegnen (Beispiel: Massenmord an den irakischen Widerstandskämpfern am 9. April 2003 durch sogenannten *Mininukes*). Präsident Bush II. (2001-2008) versprach 2003 vier Wochen (!), innerhalb derer seine Armee den Irak besetzt haben würde. Seit Beginn der Invasion (1991) – bis heute – gelang es den USA unter Einsatz von mehreren Hunderttausend Soldaten nicht, den Irak zu bezwingen.

Weltweite Proteste gegen eine gewaltige Mobilmachung von US-NATO-Gruppen in ein friedliches Gebiet und gegen die Militarisierung der internationalen Gewässer und Lufträume wurden überall laut. USA und NATO wollen sich dennoch nicht vom Interventionismus und von RDF-Konzepten trennen. Schnelle Eingreiftruppen bestehen weiterhin für die arabische Region und Südost-Asien. Außerdem wurden weitere RDFs für andere Regionen und ein besonders starkes karibisches Kommando gegen die mittelamerikanischen Staaten und Inseln aufgestellt. Auf dieses Kommando geht die Besetzung von Grenada im Herbst 1983 zurück. Diese Operation galt als Modellfall für die militärische Handlungsweise einer „Schnellen Eingreiftruppe" und wurde in den imperialistischen Periodika und der westlichen Militärliteratur hochgelobt. Die ständige Bedrohung Kubas, die Einsätze gegen die Aufstände in Chiapas in Mexiko, die Bedrohung Venezuelas seit 1999 und Boliviens seit 2001 sind weitere kriminelle und völkerrechtswidrige Leistungen der karibischen RDF. In den Operationsbereich der karibischen Eingreiftruppe fallen auch El Salvador, Nicaragua und Honduras (siehe den Putsch von 2009 gegen die demokratisch gewählte fortschrittliche Regierung).

NATO- und US-militärische Einkreisung der arabischen Region

Bereits 1949 wurde der Einkreisungsgürtel um den Globus durch die Bildung der NATO in Angriff genommen. Die arabische Welt stand im Mittelpunkt der Belagerungsstrategie. Seitdem haben NATO und USA ihre militärische Einkreisung der arabischen Region verstärkt und lückenlos verdichtet. Im einzelnen siehe dazu die folgenden Abschnitte.

Besetzung des Mittelmeers durch USA und NATO

Völkerrechtswidrig besetzen USA und NATO die internationalen Gewässer um die arabische Welt einschließlich des Mittelmeers. Hinzu kommt die ***Verstärkung der „Sechsten US-Flotte"***, die das Mittelmeer überwacht.
Die Sechste Flotte der USA hält sich entgegen des internationalen Seerechts und des Völkerrechts im Mittelmeer auf. Die Besetzung des Mittelmeergebiets durch die USA hat schon 1800 begonnen. Im Jahr 1801 führten die USA einen Aggressionskrieg gegen Libyen, der mit der Französischen Aggression gegen Ägypten (1798-1801) koordiniert war. Beiden Aggressionsstaaten – USA und Frankreich – bot England durch Marineeinheiten Rückendeckung und logistische Unterstützung. Es wurden sowohl die französischen Invasoren aus Ägypten als auch die US-Aggressoren von der libyschen Küste vertrieben. Die USA waren mit einem Sechs-Flotten-Verband angetreten. Die Libyer vernichteten fünf Flotten, während die sechste die Flucht ergriffen hat. Als 1803 der Krieg offiziell beendet wurde, schlich sich die Sechste Flotte schrittweise wieder ein, hat ihre Provokationen bis 1806 fortgesetzt und ist bis heute geblieben.

Die arabischen Anliegerstaaten des Mittelmeers werden seit über zweihundert Jahren von den Europäern zusammen mit den USA belagert und bedroht. Der Zugang zum Mittelmeer wird durch die NATO widerrechtlich besetzt gehalten. Außerdem werden die marokkanisch-algerisch-tunesisch-libysche Küste und zusammen mit Israel die palästinensisch-libanesisch-syrische Küste mit einer ständig anwesenden geballten Seeblockade konfrontiert. Die Anwesenheit von NATO-Einheiten vor der Levante nimmt zu. In den letzten Jahren stationiert auch die Bundesrepublik Deutschland Marineeinheiten vor der östlichen Mittelmeerküste. Im Jahr 2007 entsandte die Bundesrepublik Deutschland ein weiteres atomar aufgerüstetes Kriegschiff zum Daueraufenthalt im östlichen Mittelmeer und ist bis in das Binnengewässer des Libanons vorgedrungen.

Die NATO verwandelte die Mittelmeerinseln in Stützpunkte und stellte dort angriffsbereite, atomar bestückte Raketen auf. 1982 wurden Pershing II und die Marschflugkörper Cruise Missiles von der Bundesrepublik Deutschland (Mutlangen, Neckarsulm u.a.) auf Mittelmeerinseln verlegt und einsatzbereit gegen die arabischen Länder installiert. Vom Mittelmeer aus kann praktisch jeder Punkt der arabischen Welt sowohl atomar als auch mit konventionellen Waffen erreicht werden.

Kontrolle der Zufahrtswege zum Roten Meer

Frankreich unterhält in Dschibuti Stützpunkte für die Marine und Luftwaffe, die auch den USA zur Verfügung stehen. Die USA fliegen von dort ihre Drohneneinsätze zu Spionagezwecken gegen die umliegenden Länder. Die BRD hat mit ihrem Fregatteneinsatz im Rahmen der „Mission Atalanta" ebenfalls militärische Nutzungsrecte an der Küste. So ist Dschibuti praktische eine „Frankreich-US-BRD-Bastion", die auch z.B. die Straße von Bāb al-mandab für Aggressionszwecke gegen die arabischen Anliegerstaaten des Roten Meeres gewaltsam öffnen kann.

Die arabischen Staaten bemühen sich um die Entmilitarisierung des Roten Meers. Militärische Schiffe, die vom Norden über den Suezkanal oder vom Süden durch al-Mandab in das Rote Meer gelangen wollen, sind genehmigungspflichtig. Die Erfolge der Entmilitarisierung sind noch begrenzt. Dafür konnte Ägypten erreichen, daß die Durchfahrt von Kriegsschiffen durch den Suezkanal stark herabgesetzt wird. Eine große Provokation datiert vom Jahr 2003, als die USA unter massivem Protest der ägyptischen Bevölkerung ein Militärschiff mit Soldaten und Waffen durch den Suezkanal passieren ließen. Der Soldaten- und Waffentransport war gegen den Irak gerichtet. Der Passage des Kriegsschiffes 2003 hat der damalige Präsident Mubarak einsam zugestimmt und addierte damit zu seinem Sündenregister eine weitere schwere Fehlleistung, für die er am 11. Februar 2011 mit dem Rücktritt zahlen mußte. Aber auch die USA mußten ihre Provokationen vorsichtiger planen und durchführen.

Indischer Ozean (Indik)

Seit 1980, d.h. im Zusammenhang mit dem Aufbau der „Schnellen Eingreiftruppe" (RDF), haben die USA ihre bereits vorhandenen Truppenkontingente im Indik kontinuierlich erhöht.
Dabei ist daran zu denken, daß der US-NATO-Militarismus seine Logistik soweit ausgebaut hat, daß Truppen und Waffen beliebig von einem Punkt zu einem anderen auf dem Globus verlegt werden können. Truppen gegen die Karibik bedrohen nicht allein die mittelamerikanischen Staaten und Inseln, sondern ebenso die südamerikanischen Staaten, die arabische Welt, Asien und jeden anderen Ort auf der Welt.

Im Jahr 2008 ist eine merkliche Zunahme des US-militärischen Schiffsverkehrs durch den Indik zu verzeichnen. Alle Anliegerstaaten des Arabischen Meers, des Indischen Ozeans und Zentralasien sind bedroht.

Besetzung des Arabischen Meers

Das Arabische Meer steht faktisch unter militärischer Kontrolle der USA, u.a. durch die ständige Präsenz der Siebten US-Flotte. Von hier aus können unmittelbar die Halbinsel Arabien und den Iran, aber auch Mittelasien angegriffen werden.

2008 brachte eine noch stärkere Militarisierung des Arabischen Meeres. US- und NATO-Einheiten wurden beträchtlich verstärkt. Diese Provokationen bedrohen insbesondere der Iran, die Arabische Halbinsel und das östliche Afrika.

Die Belagerung des Arabischen Golfs

Bis zu den 1970ern haben die USA die Überwachung des Arabisch-Persischen Golfs in der Hauptsache der klassischen Kolonialmacht dieser Region, England, überlassen. Diese Aufgabe wurde durch das Schah-Regime unterstützt. Sein Sturz Anfang 1979 und seine Ausreise am 01.02.1979 veranlaßte die USA, nunmehr direkter und massiver am Golf präsent zu sein. Seit Mai 1984 besetzen die USA neuerlich die Zufahrtswege zum Arabischen Golf. Seitdem wird die Überwachung des Arabisch-Persischen Golfs durch die USA und NATO immer bedrohlicher. Seit 1984 verstärkten die USA ihre Flottenpräsenz im Golf und haben die US-Marineeinheiten merklich ausgebaut. Allein im Februar 1984 beorderte US-Präsident Reagan neun Kriegsschiffe unter der Führung des Flugzeugträgers *Midway* in die Golfregion. Weitere US- und englische Kriegsschiffe folgten. In Abständen besetzen die USA den Golf. Die Anliegerstaaten geraten somit in einen Geiselstatus, der sie erpreßbar macht. Weitere Konzentration der US-Besatzungstruppen am Arabischen Golf findet in Form von Flugzeugtrupps und Flugzeugträgern statt. Hormuz ist zwar nicht besetzt, steht jedoch unter unmittelbarer militärischer Kontrolle der USA.

Seit 1990 halten die USA den Arabisch-Persischen Golf besetzt. Die massive Aggression gegen den Irak 1991 und wieder seit 2003 ist hauptsächlich vom Arabischen Golf aus geführt worden. Auch noch im Jahr 2011wird der Zugang des Iraks zu den internationalen Gewässern durch die Besetzung des Arabischen Golfs gesperrt. Die USA und die von ihnen eingesetzte Marionettenregierung unter Ṭalabānī und al-Mālikī bestimmen, wer mit welchen Transporten die Sperre passieren kann. Es sind vor allem Militärtransporte und von den USA erbeutete Erdöllieferungen, die ungehindert durch den Arabischen Golf verkehren dürfen. Fataler noch ist die Tatsache, daß dem Zweistromland der Zugang zu den eigenen Binnengewässern versperrt wird.

Die unerklärte Besetzung der Arabischen Halbinsel durch die USA, um von hier aus nach Asien und Afrika zu expandieren.

Die Pläne der USA, den Kolonialismus zu restaurieren, kommen in den offiziellen Verlautbarungen offen zum Ausdruck. Ihre Strategie sieht eine (unerklärte) Besetzung der Arabischen Halbinsel vor, um von hier aus in Asien und Afrika zu expandieren. Der US-Verteidigungsminister Weinberger drückte es gegenüber dem US-amerikanischen Kongreß am 01.02.1984 so aus:

„Viele unserer Freunde und Verbündeten verfügen über langjährige Erfahrungen mit Südwestasien – und sind in einigen Fällen immer noch dort präsent. (...) Großbritannien (hat) Militärpersonal zur Unterstützung der Streitkräfte von Oman entsandt und mit uns Abkommen über die Benutzung und den Ausbau seiner Einrichtungen auf Diego Garcia geschlossen. Darüber hinaus verlegen Großbritannien und Frankreich routinemäßig Streitkräfte in diese Region. Unterstützung durch die Verbündeten und Kooperation mit ihnen könnten in einem Eventualfall je nach Lage behilflich sein. (...)
Und schließlich suchen wir mit unseren Verbündeten nach Möglichkeiten, wie letztere in Europa für einen Kräfteausgleich sorgen könnten, wenn der NATO zugeordnete US-Streitkräfte im Falle einer ernsten Krise in Südwestasien möglicherweise in die Region verlegt würden."[26]

Seit 1990 verstärken die USA ihre militärische Konzentration auf der Arabischen Halbinsel. U.a. von US-Stützpunkten auf der Arabischen

[26] Europa-Archiv, 14/1984, S. D 413.

Halbinsel aus wurde der am 17. Januar 1991 begonnene Krieg gegen den Irak geführt.
Seit 2008 sind rund 100.000 US-Soldaten auf der Arabischen Halbinsel stationiert. Gleichzeitig verstärkten die USA ihre Einheiten in den internationalen Gewässern im Süden des asiatischen Kontinents. Waffen und Ausrüstung werden ständig erneuert und modernisiert. Die arabische Welt bleibt im Zugriff des US-NATO-Militarismus.

Die Belagerung Irans und die Aggression gegen Libyen

Von dem Indik, dem Arabischen Meer und dem Arabisch-Persischen Golf aus belagern die USA den Iran und erhalten dabei von Israel Rükkendeckung und logistische Unterstützung. Die Provokationen der USA gegen den Iran haben seit 2005 erheblich zugenommen. 2008 erreichten sie einen neuen Höhepunkt. Im Jahr 2009 setzte der neugewählte US-Präsident Obama ein Ultimatum von einem Jahr, nach dessen Ablauf die USA Iran angreifen wollten. Es fällt auf, daß es auch nach wiederholter Verlängerung des Ultimatums nicht angegriffen wurde. Die USA lernen, ihre Angriffslust widerwillig zu zügeln. Ihr zusammen mit der BRD und anderen NATO-Staaten gegen Afghanistan und Pakistan geführter, nicht zu gewinnender Krieg hält weiter an.
Die totale Militarisierung des Mittelmeers, der psychologische und der Nervenkrieg dauern an. Spannungen werden angeheizt. Die weiteren Reaktionen der NATO und der USA auf die neuen Bewegungen im arabischen Raum bleiben unberechenbar. So gelang es während des Jahres 2011 den USA und der NATO sowie ihren Marionetten-Regierungen in der Regionschwere Waffen nach Syrien einzuschleusen und bürgerkriegsähnliche Zustände zu schaffen. In atembraubender Geschwindigkeit erfolgt ein Krieg nach dem anderen.

Libyen

Seit dem 15. Februar 2011 fanden in Libyen kleinere Demonstrationen in verschiedenen Städten statt, konzentriert im Nordosten Libyens, namentlich in Bengasi und Barqa (Cyrenaica). Ihrem Charakter nach richteten sich die Aktionen gegen die Zentralisierung der Staatsgewalt in Tripolis und den Abbau der ursprünglich etablierten direkten Demokratie der Volksjamahiria. Ghaddafi konzentrierte in seiner Person ein Machtmonopol. Die Aktionen wuchsen und griffen auf das Landesinnere über.

In diese Bewegung trat bald eine Wende, seitdem Kollaborateure und reaktionäre Kräfte mit imperialistischer und NATO-Unterstützung daraus eine Konterrevolution machten. Unter der Parole der Wiedereinsetzung der Monarchie – gestürzt am 1. September 1969 – sollten imperialistische Monopole und multinationale Konzerne wieder in Libyen einziehen.
Schon am 27.02.2011 trat der sogen. „Nationale Übergangsrat" (Exiloppositionelle, z.B. die von der CIA aufgebaute „Nationale Front für die Rettung Libyens"), Islamisten (z.B. die von den arabischen Golfmonarchien und Saudiarabien gesponserten Ableger der Muslimbrüderschaft) und ehemalige Regierungsmitglieder, die meist aus dem neoliberalen Flügel kamen und für mehr Kapitalismus und Privatisierung eintraten, in Erscheinung, der in enger Abstimmung mit den USA, Frankreich und Großbritannien das Heft in die Hand nahm.
Am 17.03.2011 wurde der Beschluss des UN-Sicherheitsrats (Un-Resolution 1973) für eine „Flugverbotszone" gefällt – und damit konnte die Bombardierung Libyens beginnen. Russland hatte durch seine Enthaltung die Resolution nicht verhindern können. China und Russland haben daraus Konsequenzen für die Situation Syrien gezogen.
Ab März 2011 bis Oktober 2011 wurden über 26.000(!) NATO-Einsätze geflogen, davon rund 10.000 Kampfeinsätze. 70% des Landes wurde zerstört; es gab über 50.000 Tote. Bombardiert wurde die gesamte libysche Bevölkerung mit seinen 6,5 Millionen Menschen. (NDR vom 21.10.11)
Die NATO-Aggression gegen Libyen wurde nach der Ermordung bzw. regelrechten Hinrichtung Muammar Ghaddafis am 20.10.2011 Ende Oktober 2011 offiziell beendet.
Die barbarischen NATO-Angriffe wirkten sich mobilisierend auf das libysche Volk aus, das sich nunmehr gegen die Konterrevolution und imperialistische Intervention zu wehren beginnt.

Die neuen Aufstände

Ägypten

Das Jahr 2011 geht in die Geschichte als Arabischer Frühling und Aufstand der Völker ein.
Begonnen hat der Arabische Frühling in Tunesien am 17. Dezember 2010. Neue Qualität hat er gewonnen, seitdem Anfang 2011 die Ägypter in den Aufstand getreten sind. Seitdem wird der 25. Januar 2011 in Ägypten als Tag der Volksrevolution gefeiert. Zum Hauptquartier der Aufständischen wurde der Tahrir-Platz. Heute ein Symbol für die aufständische Kraft der Völker.

Arabische Völker

Seit dem Winter 2010/2011 breitet sich die aufständische Bewegung der arabischen Völker in Nordafrika und Westasien aus („Arabischer Frühling“). Sie richtet sich gegen den US-Imperialismus, den NATO-Militarismus und ihre Marionettenregierungen in der Region.
Im Angesicht der steigenden Aggressivität an den Völkern des Südens erheben sich die Menschen in der ganzen Welt, einschließlich der in den imperialistischen Staaten. So fanden Mitte Oktober 2011 in 941 Städten weltweit Aktionen der Indignados („Empörten“) statt.

Die Penetration und Infiltration der USA in das östliche Afrika

Die kolonialistischen Länder haben den Zugriff auf den Arabischen Osten und das östliche Afrika stets als oberste Priorität eingeplant.
Im 16. Jahrhundert besetzte Portugal weltweit wichtige strategische Positionen. Es konzentrierte seine militärische Präsenz an den Zufahrtswegen des Arabischen Golfes und des Roten Meeres. Von hier aus begann es, das östliche Afrika zu bedrohen und anzugreifen. In der zweiten Hälfte des 19. Jahrhunderts haben die kolonialistischen Staaten Portugal, Spanien, Deutschland, England und Frankreich mehrere Länder Afrikas besetzt.
Die Pläne der USA, in Afrika und im Arabischen Osten Fuß zu fassen, werden seit dem Ende des Zweiten Weltkriegs ins Auge gefaßt. Doch waren sie immer zu schwach, um ihre Realisierung in Angriff zu nehmen. Offensichtlich trauen sich die USA immer noch nicht, allein in diese Region einzumarschieren. Sie verhandeln mit England und Frankreich über eine Neuaufteilung der Einflußsphären in Afrika.

Feindbild Islam

Mit dem Niedergang des Realsozialismus (1990) wurde im Westen mit der Konstruierung eines neuen Feindbildes begonnen. Der Antikommunismus wird durch den Antiislamismus ersetzt. Zwischen den beiden Feindbildern besteht allerdings ein wesentlicher Unterschied. Erfreulicherweise kam es ja nach 1945 nicht mehr zu einem großen Krieg zwischen West und Ost. Hingegen wurde der Antiislamismus unmittelbar in Krieg umgesetzt.
Am 17. Januar 1991 haben USA und NATO den Irak überfallen und einen Krieg, der jetzt im 20. Jahr weitergeführt wird, begonnen.

2001 hat der gerade neugewählte US-Präsident Bush II. (2001-08) sechsundsechzig Schurkenstaaten genannt, die er in seinem Kriegsprogramm auflistete. Er stellte dabei sogar eine Rangliste auf, wen er als ersten überfallen will. Nach dem Irak haben sich USA und NATO Somalia ausgesucht. Seit 1991 wird das somalische Volk von NATO-Streitkräften angegriffen. Im gleichen Jahr, 1991, begann die US/NATO-Aggression gegen Jugoslawien. Am härtesten betroffen waren die muslimischen Republiken Bosnien und Kosovo, aber auch Serbien mit überwiegend christlich-orthodoxer Bevölkerung. Gegen den Kosovo führte die Bundesrepublik Deutschland 1999 einen Angriffskrieg.
USA und NATO führen seit dem 07. Oktober 2001 einen erbarmungslosen Krieg gegen das afghanische Volk, jetzt in elften Jahr.
Seit 1991 führt Rußland einen Völkermord gegen das tschetschenische Volk – jetzt im 20. Jahr.

Freilich werden nicht nur arabische und islamische Staaten eingekreist. Der Imperialismus ist tatsächlich bestrebt, den gesamten Globus unter seine militärische Kontrolle zu stellen und jeden Staat jederzeit angreifbar zu machen. Innerhalb dieser Globalstrategie bilden der militärische Gürtel um den Globus und besonders die Einkreisung der arabischen Länder die tragende Achse. Die lückenlose Belagerung wird durch die NATO gestellt und in Abständen in heißen Krieg umgesetzt.
Es ist aber darauf zu achten, daß es die NATO-Einheiten schlechthin nicht gibt. Es sind stets nationale Armeen, welche den Krieg gegen die Völker führen. Am stärksten dabei sind die USA, Deutschland, England, Frankreich und Italien.

Der Bandenkrieg des Imperialismus

Seiner strategischen Schwäche bewusst, greift der Imperialismus immer mehr zu kriminellen Methoden zur Weiterführung seines Krieges gegen die Völker. Aus Desparados und Lumpen in der ganzen Welt rekrutiert er Banden, die in verschiedene Länder penetrieren und das Land von innen infiltrieren. Von diesem schmutzigen Krieg besonders betroffen sind u.a. Nicaragua, Libyen, Sudan, Syrien und der Irak.
Obwohl alle Medien über den Charakter dieser subversiven Kriege sehr wohl im Klaren sind, berichten sie von angeblichen „Bürgerkriegen“. Somit sind nahezu alle westlichen Medien direkt am Krieg gegen die Völker beteiligt.

Der Irak – Größtes Opfer der imperialistischen Aggressivität

Seit 1991 bis 2011 hat die US-NATO-Aggression gegen den Irak angehalten. Auch der Abzug der US-Truppen Ende 2011 heißt nicht, daß diese Agression beendet ist.
USA und NATO haben seit 1991 alles getan, um den Irak zu ruinieren. Sie schreckten vor keinem Verbrechen gegen die Menschlichkeit zurück, besetzen konnten sie das Zweistromland aber nicht.
Am 20. März 2003 erneuerten USA und NATO ihren totalen Krieg gegen den Irak. Ihre riesige Invasionsarmee wurde um Söldnertruppen von 170 Kriegsfirmen erweitert.

Offensichtlich haben die USA das RDF-Konzept als unzureichend eingeschätzt. Seit ihrer gescheiterten Invasion von 1991 haben sie ihre Truppen in den benachbarten erdölproduzierenden Staaten belassen. Ein größerer Teil der bereits seit zwölf Jahren im Einsatzgebiet stationierten Soldaten nahm an der Aggression 2003 teil und wurde um weitere Hunderttausende verstärkt.
Es sind also keine „RDF-Truppen“ mehr, sondern eine der größten Invasions- und Besatzungsarmeen der Kriegsgeschichte. Es handelt sich hierbei um reguläre territoriale Bodentruppen, Einsatzkommandos, Seestreitkräfte, Marineinfanteristen, Schiffsartillerie, Luftwaffe und mehrere zehntausend Söldner. Der Einsatz von Zerstörungs- und Annihilationswaffensystemen wie *Depleted Uranium*, millionenfache Streumunition und Clusterbomben haben nach Quantität und Qualität alle bisherigen Kriegsverbrechen übertroffen.

Trotz Einsatz von hochgradig ausgebildeten und ausgerüsteten militärischen Einheiten konnten USA und NATO den Irak nicht unterjochen, wohl aber zerstören.

Divide et impera („Teile und herrsche“)

Nur größere Territorien sind in der Lage, eine relative Autarkie zu realisieren. Gerade das wollen die Invasoren verhindern. Kleinere Staaten sind vom Imperialismus leichter zu beherrschen und abhängig zu machen.
Das Auseinanderreißen von Strukturen ist die spezifische Eigenschaft und das Leitmerkmal der Nekrophilie. Wenn es den USA gelingt, ein Land zu besetzen, geht die Zerstörung weiter. Geschlossene staatliche

Einheiten werden auseinanderdividiert. Auf dem Boden des bisherigen politischen Systems werden kleinere Staatengebilde geschaffen, wie z.B. in Jugoslawien.
Der Imperialismus schürt Mißtrauen und Haß unter den Volksgruppen. Für den Zweck der Zerstückelung des bisherigen Staatswesens werden ethnische oder Glaubensunterschiede genutzt. Gemeinschaften werden gegeneinander ausgespielt und aufgehetzt.
Die Invasoren konstituieren Marionettenregierungen, die bereitwillig imperialistisch diktierte Verträge unterschreiben. Den Imperialisten gelingt es sogar, Bürgerkriege zu entfachen, wo seit Jahrhunderten und Jahrtausenden friedliche, gutnachbarliche Beziehungen bestanden haben. Dadurch verschaffen sie sich Interventionspforten.

Das Prinzip „stifte Unfrieden unter denen, die du beherrschen willst" (*divide et impera*) als Mittel des Interventionismus wenden die USA an, seitdem sie als imperialistischer Staat auf der Weltbühne aufgetreten sind. Beispiele:
Spaltung Koreas in Süd- und Nordkorea. Die Spaltung besteht heute noch, wobei eine große Annäherung zwischen Nord- und Südkorea eingetreten ist. Die Wiedervereinigung wird dadurch verhindert, daß die USA in Südkorea einen Stützpunkt unterhalten und immer wieder neue Spannungen erzeugen.
Spaltung Vietnams in Süd- und Nordvietnam. Die Spaltung wurde unmittelbar nach der Befreiung 1976 überwunden.

Die NATO-Staaten zusammen mit den USA setzen die Politik der Zersetzung fort. Die Tschechoslowakei wurde in zwei Staaten gespalten: Tschechien und Slowakei. Aus einer einheitlichen Sprache sind zwei geworden. Jugoslawien wurde in sechs Staaten auseinanderdividiert. Aus einer integrierten, einheitlichen Nationalsprache, dem Serbokroatischen, sind sechs geworden. Noch dramatischer ist die Situation auf dem Boden der einstigen Sowjetunion.
Mit von den Besatzern inszenierten kriminellen Provokationen versuchen die USA seit 1991, die Gemeinschaften des Iraks gegeneinander auszuspielen, um das Zweistromland zu fragmentieren und in möglichst viele Staaten auseinanderzudividieren.
Der US-NATO-Interventionismus zerstört den Weltfrieden nicht nur global, sondern auch regional, national und ethnisch. Wo einst Kooperation und Solidarität bestanden, werden Konkurrenz und Rivalität geschürt. Konflikte lösen gutnachbarliche Beziehungen und gütliches Auskommen ab. Auf dem Boden der nationalen Eintracht treten Bürgerkriege auf.

Fazit: Um den Sinn der imperialistischen Strategie zu verdeutlichen, fassen wir die Entwicklung zusammen:

1. Der angeblich am 08. Mai 1945 beendete Krieg wurde noch brutaler als zuvor (in der gesamten Menschheitsgeschichte) weitergeführt. Hiroshima und Nagasaki bildeten den Anfang.
2. Offensichtlich begann 1945 eine neue imperialistische Strategie, die dazu führte, daß die Welt noch spannungsgeladener geworden ist.
3. Die imperialistische Globalstrategie und der militärische Gürtel um den Erdball wurden erst nach dem angeblichen Ende des Krieges auf- und ausgebaut. Seitdem befindet sich die Menschheit im Zustand der Geiselnahme. Der gesamte Süden mit neunzig Prozent der Weltbevölkerung lebt seitdem unter Belagerungszustand.
4. Die Schaffung neuer Staatsgebilde, z.B. Taiwan, Israel und Südkorea, gehört zur Globalstrategie des Imperialismus. Von diesen und anderen Stützpunkten aus werden souveräne, unabhängige Staaten destabilisiert, bedroht und angegriffen, auf daß die Welt in ständige Unruhe versetzt wird und nie Frieden einkehren soll.
5. Nach imperialistischem Willen soll der Krieg nicht mehr als ein vorübergehender Geschichtsunfall vorkommen, sondern ein Dauerzustand bleiben.
6. In ihrer Selbstdarstellung, besonders in ihrer Kriegspropaganda, suggerieren die USA, selbstsicher, ja unbesiegbar zu sein. Interne Einschätzungen zeigen jedoch ein realistischeres Bild. Sie wissen sehr wohl, daß die Aggressionspolitik allenfalls kurzfristige Erfolge haben könnte. Die USA stützen sich auf Oligarchien, die in ihren Ländern isoliert sind, und verstärken damit den Widerstand gegen die Herrschenden. Die USA selbst sägen die Äste ab, auf denen sie sitzen. In den letzten Jahrzehnten haben imperialismushörige Regimes rapide abgenommen. Kooperationsbereite Regierungen erkennen die Unfähigkeit der in den USA herrschenden Oligarchie, ihre Forderungen zu mäßigen, um längerfristig bleibende Vorteile bewahren zu können. Somit verstärkt sich die antiimperialistische Opposition, auch in Kreisen, die sonst zur Zusammenarbeit mit den USA bereit gewesen wären.

Eine sorgfältige Analyse der bürgerlichen Kultur mit all ihren Elementen zeigt, daß Schulausbildung, Literatur, Medien, Unterhaltung, Freizeitgestaltung und nicht zuletzt die Wissenschaften darauf abzielen, bei den Menschen die Sehnsucht nach Frieden völlig zu zerstören und den Krieg als Normalzustand zu etablieren. Die imperialistische Meinungsbildung prägt den Menschen das Bild von der Unentbehrlichkeit der Rüstung und Totalität des Krieges ein. Es beginnt schon im Vorschulalter, z.B. durch Kriegsspielzeug. Es wird in der Schule fortgesetzt. Die jungen Menschen lernen: Es war schon immer Krieg. Es gibt den Krieg. Krieg wird es immer geben. Die weiterbildenden, studienvorbereitenden Schulen machen die Heranwachsenden für die Wahrnehmung militärischer Aufgaben reif. Im Hochschulstudium werden sie – in welchem Fach auch immer – zu Kriegsanwendern auf ihrem Spezialgebiet ausgebildet: Nicht nur Offiziersakademien und Bundeswehrhochschulen, sondern auch Ethnologie, Informatik, Psychologie, Medizin, Lehramt, Technik etc. sind durchmilitarisiert, auf Herrschaft und Unterdrückung ausgerichtet.

Der Mensch in der Aggressionskultur ist intellektuell zerstört. Die Normalität des Krieges geht mit der Zerstörung der Persönlichkeit einher. Menschen „dienen“ mit der Waffe in der Hand oder mit den Augen vor dem Monitor. Mit dem Finger auf dem Drücker oder per Mausklick töten sie, oft ohne ihre Tat als Mord zu empfinden. Die anderen dienen ohne Waffen, doch Seite an Seite mit denen, die mit Waffen oder durch Fernsteuerung töten. Wie sehr die Menschen deformiert und zerstört worden sind! Sie tun es – ohne schlechtes Gewissen, Reue und Abkehr.

Der Kurs von USA und NATO demonstriert den Verfall, den politischen und moralischen Bankrott eines Herrschaftssystems, das Profitinteressen über Leichen und Blutbädern realisiert.

Liebe Kommilitoninnen und Kommilitonen,
Freundinnen und Freunde,
heute war die letzte Vorlesung vor Weihnachten. Diesen Anlaß nutze ich für den Zweck, Euch allen einen fröhlichen vierten Adventssonntag und gesegnete Feiern zu wünschen. Weihnachten ist das Fest der Geburt Christi. Die Botschaft der Engel zu diesem heilsgeschichtlichen Ereignis lautete: „Frieden auf Erden“. Das ist exakt die Botschaft dieser Lehrveranstaltung: ***„Frieden auf Erden“***.

Auch in Deutschland gab es eine Chance für eine Friedenskultur. In den ersten Jahrzehnten nach dem Zweiten Weltkrieg haben die Menschen gesagt, Deutschland hat zwei Weltkriege verschuldet. Das soll kein drittes Mal passieren. Deshalb sollte es keine Bundeswehr geben, keine Mitgliedschaft in der NATO. Beides kam. Dann wurde gefordert, daß deut-

sche Truppen niemals im Ausland eingesetzt werden. Dies war eine fest verankerte Einstellung. Es herrschte darüber Konsens, daß Deutschland kein Militär brauche und keine Remilitarisierung zugelassen werden solle. So ziemlich alle waren gegen die Wiederaufrüstung. Nicht nur Kommunisten und Antiimperialisten, sondern die breite Bevölkerung forderte: Schluß mit Krieg, Kriegsmentalität und Revanchismus. Diese Forderungen sind breit verankert gewesen. Humanisten, Pazifisten, Christen („Stuttgarter Erklärung", „Barmer Erklärung"), kurz die Mehrheit der deutschen Bevölkerung, welche den Zweiten Weltkrieg oder gar beide Weltkriege erlebt hatte, sagte in irgendeiner Weise „Nein zum Militarismus!". Die Menschen, einfache Menschen, Arbeiter, Bauern, Intellektuelle, Hausfrauen, haben – noch nach Aufstellung der Bundeswehr – die Auffassung vertreten, wenn überhaupt Bundeswehr, dann ausschließlich hier zuhause, sollte jemals das Land angegriffen werden. Eine Annahme, mit der niemand ernsthaft rechnete. Die Bundeswehr war also für viele eine Kapitulation vor der Übermacht der Herrschenden, welche unbedingt ein schwerbewaffnetes Heer aufstellen und damit auch die Rüstungsindustrie ausbauen wollten.
Leider hat die Empörung über die Remilitarisierung und darüber, daß die Bundeswehr in allen fünf Kontinenten präsent ist, mit der Zunahme der Auslandseinsätze der Bundeswehr nachgelassen und nicht, wie erwartet, zugenommen.

In einer Welt ohne Waffen zu leben, von Frieden, Schwesternschaft, Bruderschaft zu reden, erscheint vielen heute als träumerisch, illusionär oder gar lächerlich. Wer die Forderung nach Ächtung des Krieges stellt und diese leidenschaftlich vertritt, könnte womöglich Mitleid ernten oder in den Augen mancher vielleicht noch als psychisch krank empfunden werden. Psychisch krank sind nicht die Antikriegsmilitanten, sondern jene, die sich mit dem Krieg abfinden.
Die Rede vom Frieden ist nicht langweilig. Geistig arm sind jene, welche sie so empfinden. Bei vielen, die sonst gegen Aggression und Krieg sind, kommt es zu einer Vermeidreaktion. Sie reden nicht mehr gegen den Krieg, sondern höchstens für den Frieden. Dagegen wäre nichts zu sagen, wenn diese Rede den real existierenden Krieg nicht ignorieren würde. Den tatsächlich geführten Krieg gegen die betroffenen Völker müssen wir den Menschen hier verdeutlichen. Wir treten gegen Aggression und Militarisierung, für eine Kultur des Friedens ein.
Der Krieg ist Entmenschlichung. Der Frieden ist menschengemäß. Gewalt und Krieg müssen gesellschaftsunfähig gemacht werden. In einer

Kultur der Aggression gibt es nur noch bemannte Werkzeuge des Todes. Mörder sind Krieger. Soldaten sind Mörder.
Uns ist die Pflicht auferlegt, den Krieg und seine Macher anzuprangern. Die Menschen haben sich schon immer als Brüder und Schwestern empfunden. Sie können und müssen heute erst recht friedlich miteinander leben.
Die Utopie des Friedens ist real, unmittelbar. Sie ist die Sehnsucht der gesamten Menschheit – bis auf die imperialistische Oligarchie und die Kriegsgewinnler.
Krieg ist machbar. Krieg ist verhinderbar. Der Frieden ist machbar und muß jeden Tag neu erobert und verteidigt werden: Frieden unter den Menschen, Völkern, Kulturen, Religionen und Staaten.

Nur im Frieden kann es Freude, Geselligkeit und Liebe geben. Pathologien sind Kriegsfolgen. Persönlichkeitsentfaltung, Emanzipation sind nur in einer Welt ohne Krieg und ohne Rüstung denkbar. Freiheit, Gerechtigkeit und Frieden für alle Völker.
Ich danke Euch für Eure Aufmerksamkeit und Euer gutes Zuhören.

Auf Wiedersehen im nächsten Jahr.

Sechsundzwanzigstes Kapitel

UN O rdnung der Welt

Inhaltsübersicht

UNO

Vor dem grausamen Hintergrund des Zweiten Weltkriegs wurden die Vereinten Nationen, *United Nations Organization* UNO, ins Leben gerufen. Sie sollten die Nachfolge des gescheiterten „Völkerbundes" antreten. Die Mehrheit der Mitglieder setzte in die UNO die Hoffnung, ein Instrument des Weltfriedens zu sein. Die Minderheit, die imperialistischen Staaten, beherrschte den Sicherheitsrat. Sie dissoziierte ihn gegenüber der UNO und funktionalisierte ihn zur Legitimation ihrer hegemonialen Ansprüche und kriegslüsternen Pläne um. Der Sicherheitsrat fühlt sich nicht an die Entscheidungen der UNO-Vollversammlung gebunden.

Die Gründerstaaten aus dem Süden setzten große Hoffnungen in die UNO als eine Institution, welche die Befreiung der Völker von der imperialistischen Dominanz fördert. Die realen Erfahrungen mit der neuen Weltorganisation führten aber zunehmend zum Abbau der ursprünglichen Euphorie. Desillusioniert wurde die Menschheit durch das Verhalten der imperialistischen Staaten und ihren permanenten Versuch, über die Welt zu dominieren. Für diesen Zweck bedienen sie sich des Sicherheitsrats. Sie ignorieren den Willen der Völker und handeln ihm zuwider. Bis in die Gegenwart führen die USA und die NATO ihre Aggressions- und Invasionspolitik weiter. Sie etikettieren ihre Überfälle als „UNO-Missionen". Über die Köpfe ihrer Soldaten werden Blauhelme gestülpt. Eine solche Farce ist der „Sicherheitsrat" geworden. Zudem besitzt er die Unverfrorenheit, seine Beschlüsse als „UNO-Resolutionen" auszugeben.

Der „Sicherheitsrat“ usurpierte rasch Rechte, die eigentlich nur der UNO-Vollversammlung zustehen. Dieser bleibt nicht mehr viel Kompetenz übrig. Sie versammelt sich herbstlich, um Deklarationen zu verkünden, ohne daß diese eine ausreichende Exekutivgewalt besitzen.

Das reale Entscheidungs- und Exekutivrecht hat der Sicherheitsrat an sich gerissen. Dieser wird von den imperialistischen Staaten beherrscht, während die UNO-Vollversammlung ihrer Funktion beraubt wurde. Sie wird auf ein Zuschauergremium reduziert. Alljährlich trifft sich die Generalversammlung und debattiert über die aufgestellte Tagesordnung und aktuelle Fragen. Die Einsicht der Vollversammlung in die reale Machtlosigkeit in bezug auf die Daueraggressivität der USA und der NATO läßt viele Mitglieder an der Bedeutung der Weltorganisation zweifeln. Die Vereinten Nationen teilen das Schicksal des Völkerbundes. Eine Reform der UNO ist aktuell, notwendig und wird von der großen Mehrheit der Staaten gefordert und immer wieder von den imperialistischen Mitgliedern sabotiert.[27]

Der sogenannte „Weltsicherheitsrat“ (World Security Council)

Beschlüsse des Weltsicherheitsrats werden in den westlichen Medien als „UNO-Resolutionen“ ausgegeben. Das ist eine grobe Fälschung. Beim Sicherheitsrat handelt es sich um ein Gremium aus fünfzehn Mitgliedern. Real sind es jedoch die fünf ständigen Mitglieder, welche über im Statut vorgesehene, aber undemokratische Privilegien verfügen. Faktisch ist der Sicherheitsrat von den USA dominiert. Die Geschichte der Organisation zeigt, daß durch die ständigen Mitglieder, in der Praxis die US-Delegation, eine Resolution beliebig beschlossen oder – durch Vetorecht – verhindert werden kann. Das Vetorecht steht ausschließlich den fünf ständigen Mitgliedern zu, Gebrauch davon machen fast ausschließlich die USA. Diese aber fühlen sich nicht einmal an UNO- oder selbst Sicherheitsratsbeschlüsse gebunden. Ihre Aggressionen führen die USA mit oder auch ohne Sicherheitsratsbeschluß durch.
Der Weltsicherheitsrat wurde mit dem Anspruch gegründet, den Weltfrieden zu wahren, real ist er ein Instrument des Krieges geworden. Er dient

[27] The United Nations at a Critical Crossroads – Time for the South to act, Document of NAM-Summit Conference in Jakarta, 01.-06. September 1992: Enhancing the Economic Role of the United Nations, published October 1992, by South Centre on the occasion of the 47th Session of the UN General Assembly.

den imperialistischen Staaten, allen voran den USA, als Mittel zur Rechtfertigung ihrer Aggressionen.
Entgegen seinem eigenen Anspruch ist der Weltsicherheitsrat vom Imperialismus, den USA und ihren Verbündeten, voll instrumentalisiert worden. Bereits im Statut wird der Grundsatz nicht anerkannt, daß alle Staaten gleichberechtigt sind. Vielmehr werden fünf Staaten als quasi Vormund höher als alle übrigen Staaten der Welt eingestuft. Sie verfügen über ein sogenanntes Vetorecht, mit dem sie jeden beliebigen Beschluß der UNO und selbst einer Sicherheitsratsmehrheit zu Fall bringen können. Nach dem Statut reicht es aus, daß ein einziger Staat der fünf ständigen Mitglieder sein Veto einlegt, um einen Beschluß oder seine Umsetzung zu verhindern.

Also legt das Statut ein Zeugnis vom undemokratischen Charakter des Sicherheitsrats ab. Weder sind die Staaten der Welt gleichgestellt, noch die Stimmen der Nationen gleichberechtigt. Eklatant ist die Tatsache, daß weder Mehrheitsrecht noch Konsens gelten. Vielmehr kann ein einziges Land – sprich die USA – die Willensbildung aller übrigen Mitglieder und selbst die der UNO-Vollversammlung zu Fall bringen. In seiner jetzigen Form stellt der Weltsicherheitsrat in jeder Hinsicht eine Provokation der Weltöffentlichkeit, einen Dauerskandal, dar.

Wer sind die ständigen Mitglieder des Weltsicherheitsrates?

Erstens – Die UdSSR (Sowjetunion): Die Sowjetunion wurde 1991 völkerrechtlich wirksam aufgelöst. Damit bestand die Notwendigkeit zu handeln. Es gäbe eine Chance, das vom Imperialismus 1945 diktierte Statut zu annullieren und ein neues, demokratisches zu verfassen. Der Süden, wo die Mehrheit der Weltbevölkerung lebt, sollte gerecht und proportional vertreten werden.
Diese Notwendigkeit wurde sabotiert. Es folgten Skandale auf Skandale. Auf die aufgelöste Sowjetunion folgten mehrere Staaten, die alle gleichberechtigt als Rechtsnachfolger der UdSSR gelten. Jeder dieser Staaten hat als SU-Rechtsnachfolger Anspruch auf einen Sitz im Weltsicherheitsrat. Wenigstens im Rotationsverfahren müßten sie – nach dem bisher gültigen Statut – mit Sitz und Stimme als ständige Mitglieder des Weltsicherheitsrats vertreten sein. Im einfachsten Fall sollte die Stimme der ehemaligen Sowjetunion unter allen Nachfolgestaaten wandern.

Stattdessen wurde „Rußland“ auserwählt, allein über den Sitz als ständiges Mitglied des Sicherheitsrats zu verfügen. Niemand kann dafür eine legitime, überzeugende Begründung liefern.
Es ist klar, daß es einen Deal gegeben hat. Die ständigen Mitglieder – mit Ausnahme der VR China – sind kolonialistische Staaten, die heute noch einen hegemonialen Anspruch erheben. Sie instrumentalisieren den Sicherheitsrat, um ihre Ziele durchzusetzen und diesen eine scheinbar internationale Legitimation zu verleihen. Jedes ständige Mitglied verteidigt eigene illegitime Privilegien und rechnet mit der Komplizenschaft der übrigen Mitglieder, denn es respektiert auch ihre Interessen.
Die willkürliche Übergabe der Stimme der UdSSR an Rußland verrät die Absicht, den weißen Rassismus in Zukunft fortzusetzen.
Zweitens und drittens – England (Großbritannien) und Frankreich: Es sind die beiden klassischen Kolonialstaaten, die bis zur Mitte des zwanzigsten Jahrhunderts ein Weltreich zu beherrschen beanspruchten. Auch heute haben beide mit der imperialistischen Illusion noch nicht gebrochen. Ihnen dient ein ständiger Sitz im Sicherheitsrat als ein Mittel, Herrschaftsinteressen durchzusetzen.
Viertens – USA: Die USA sind der eigentliche Herr über den Sicherheitsrat. Sie haben ihn voll für ihre Zwecke instrumentalisiert, und zwar in beiden Richtungen: Zum einen lassen sie ihn ihre Aggressionspläne legitimieren, z.B. den US-Überfall auf den Irak 1991. Zum anderen verhindern sie durch ihr Veto jede Entscheidung, die nicht in ihrem Interesse liegt.
Fünftens – VR China: Mag sein, daß die Volksrepublik China Arbeitsweise und Funktionalisierung des Weltsicherheitsrats nicht teilt, sie tut aber wenig, um diesen Zustand zu ändern. Leider trägt China zur imperialistischen Funktionalisierung des Sicherheitsrats in der Weise bei, daß es den Sitzungen fernbleibt und sich überwiegend passiv verhält.

Zwar sagt das Statut, daß ein Sicherheitsratsbeschluß erst dann wirksam ist, wenn er mit den Stimmen ***aller fünf*** ständigen Mitglieder verabschiedet wird. Doch ignorieren die imperialistischen Mitglieder dieses Prinzip ebenso wie viele andere Grundsätze der UNO.

Imperialistische Staaten gehören auf die Anklagebank, nicht auf den Richtersitz. Gegenwärtiger Zustand ist, daß die Täter den Richterstuhl usurpieren und über die Opfer richten.
Alle vier imperialistischen Mitglieder – USA, England, Frankreich und Rußland – bilden den Kern der „G-Acht“. Nicht nur auf dieser Ebene, sondern durch viele andere Kanäle koordinieren sie ihre imperialistische Politik.

Man soll also Abschied von der Illusion nehmen, der Sicherheitsrat sorge für die Weltsicherheit.
Die westlichen Medien berichten über Entscheidungen des Sicherheitsrats manipulativ in der Weise, daß sie seine Beschlüsse der UNO zuschreiben. Demnach ersetzt ein Gremium aus fünf bzw. fünfzehn Staaten die gesamte Völkergemeinschaft.
Neben den ständigen fünf Mitgliedern gibt es zehn weitere Sitze, die zwischen allen anderen UNO-Mitgliedern fluktuieren. Die nichtständigen Mitglieder werden alle zwei Jahre von der UN-Generalversammlung neu gewählt. Der reale Einfluß der nicht ständigen Mitglieder ist minimal.

Die Tatsache, daß die Vereinten Nationen ihren Hauptsitz in New York haben, bringt die Weltorganisation unter die direkte Kontrolle der USA. Sie nutzen diese Möglichkeit schamlos aus. Die Einreise der Delegierten, ihr Aufenthalt, die Bereitstellung der Infrastruktur und vieles andere mehr werden von den USA entscheidend mitbestimmt. Der Sicherheitsrat tagt nur in den USA, in New York. In der Praxis geht die Initiative zur Einberufung einer Sitzung vom US-Außendepartment aus. Die Botschafter bzw. die Vertreter der vier anderen ständigen Mitglieder und der zehn nicht ständigen Mitglieder werden schriftlich, manchmal auch nur telephonisch oder sonstwie benachrichtigt. Die „großen Fünf" verständigen sich rasch. Der Beschluß ist vorprogrammiert. Der Rest der Mitglieder wird ordnungshalber eingeladen, oder auch nicht. Die Beschlußvorlagen sind vorab gefertigt. Zur Wahrung der Form können leidenschaftliche Debatten gehalten werden. Alles in allem ist es eine Farce.

Bereits seit 1950 führen die USA ihre Kriege gegen die Menschheit durch. Sie werden als „UN-Mission" bezeichnet. Der grausame und blutige US-General MacArthur wurde 1950 von der US-Administration des Präsidenten Truman zum Oberbefehlshaber der „UN-Streitkräfte" gegen Korea eingesetzt. Im Namen der UNO verübten die USA Massenmord und die Politik der verbrannten Erde in Korea. Die Folgen dieser Kriegsverbrechen sind bis heute nicht überwunden. Zur Wiedergutmachung werden die USA nicht verpflichtet.

Daß aktuelle Kriege, z.B. gegen den Irak (1991)[28], Somalia, Afghanistan und Jugoslawien, vom Sicherheitsrat als sogenannte „Missionen der Vereinten Nationen" durchgeführt werden, ist eine unglaubliche Lüge und eine unerhörte Provokation der Weltöffentlichkeit. Diese „UNO-Legen-

[28] Die erste US-NATO-Aggression gegen den Irak vom Januar 1991 wurde durch den Auftrag des Sicherheitsrats legitimiert.

de“ ist eine reine Erfindung der US-Propaganda, die von den westlichen Medien allgemein verbreitet wird.

In keinem Fall setzen die USA ihre Ziele mit legitimen, völkerrechtlich gedeckten Mitteln durch. Ihre einzige Sprache ist die militärische Gewalt. Eine andere kennen sie nicht. Ihre militärischen Aktionen begleiten sie propagandistisch und politisch. Unter Raketenhagel und Bombenregen legen sie den Opferstaaten Diktate vor, die unterschrieben werden müssen. US-Sicherheitsberater Kissinger bezeichnete diese Politik als die „Combination of Military action and Diplomacy“.

NATO Militarismus – Die beanspruchte US-NATO-Hegemonie

1945 sind die USA mit einem hegemonialen Anspruch auf die Weltbühne getreten, der mit ihrem Sieg im Zweiten Weltkrieg begründet wurde. Der morsche alte imperialistische Block, bestehend aus England und Frankreich, gewann damit eine neue Kraft. Im eigentlichen Sinne haben die USA im Zweiten Weltkrieg nicht gekämpft, wenn man von einigen symbolischen Handlungen und den Kriegsverbrechen gegen Japan absieht. Die Lasten des Kriegs haben andere getragen. Die großen Verluste auf dem harten Weg zur Befreiung Europas vom Faschismus haben afrikanische, arabische, asiatische Soldaten und die Rote Armee aufgebracht.
Nachdem Deutschland als der Alleinverursacher des Zweiten Weltkriegs galt und vor dem Hintergrund der inszenierten Rollenverteilung konnte die Eintracht der imperialistischen Staaten nicht uneingeschränkt demonstriert werden. Deutschland mußte erst eine gewisse Karenzzeit absolvieren, bevor es in das militärische Bündnis NATO aufgenommen wurde. Eine sofortige, öffentliche Mitwirkung hätte das Bild gestört.

Die USA bewahrten ihre militärischen Potentiale bis zum Zeitpunkt des Kriegsendes (1945), um den eigentlich von den USA geplanten Krieg gegen den Süden starten zu können. Der beginnt rasch, erst gegen Korea, dann bald gegen Vietnam. Diese Kriege sind wiederum nur die Spitze eines Eisberges. Der Weltkrieg wird nicht beendet, nicht begonnen, sondern fortgesetzt und gewinnt an Schärfe.
An dieser Stelle mache ich noch einmal darauf aufmerksam, daß es nicht die Kriege, sondern den Krieg gibt, den Europa zusammen mit den USA auf Dauer führen und sich dabei von einer Front zur anderen bewegen. Beim Krieg des Nordens gegen den Süden handelt es sich nicht um ei-

nen Krieg als ein vereinzeltes Geschehen, das ausnahmsweise in die Geschichte eintritt und den Weltfrieden für eine gewisse Zeit unterbricht. Vielmehr führt die USA, einschließlich Europa, einen permanenten Krieg gegen die Menschheit.

Friedensorganisationen

Blockfreie Staaten: Hierbei handelt es sich um den größten internationalen Zusammenschluß von Staaten auf real demokratischer Basis. Grundlage ist das Prinzip der Gleichheit und Gleichberechtigung aller Völker, Staaten, und Kulturen.

Arabische Liga: Die „Liga der arabischen Staaten", gegründet am 22.03.1945 in Kairo, ist die älteste, heute bestehende internationale Organisation. Gegenwärtig vereint die Arabische Liga 22 Mitgliedsstaaten.

OIC *Organisation der islamischen Konferenz (al-Mu'tamar al-Islāmī, Islamischer Kongreß),* gegründet am 25.09.1969 in Ribāṭ (Rabat), Marokko, vereint 57 Staaten.

AU *Afrikanische Union (AU),* gegründet am 10.07.2002, vereint 53 Staaten. Die AU löste die 1965 gegründete Organisation der Afrikanischen Einheit OAU ab.

BRICS Brasilien, Russland, Indien, China und Südafrika.

ALBA *Alternativa Bolivariana Americana* dient der Integration Mittel- und Süd-Amerikas auf antiimperialistischer Basis (benannt nach Simón Bolivar). Die Initiative dazu unternahm Hugo Chavez zusammen Fidel Castro als Alternative zur US-beeinflußten ALCA. Die ALBA wurde 2004 gegründet. Ihr gehören inzwischen neun Staaten an,
(Honduras: Nach dem Militärputsch 2009 beschloß der Putschpräsident das Honduras, welches 2008 seinen Beitritt zu ALBA erklärt hatte, dieses Bündnis Ende 2009 wieder verließ.)

Dazu kann man auch
OPEC *(Organisation Erdöl exportierender Staaten),* und **OAPEC** (*Organisation der **arabischen** Erdöl exportierenden Staaten*) zählen, die sich bemühen, eine gemäßgte Erdölpolitik gegen imperialistische Ausplünderung zu machen.

Siebenundzwanzigstes Kapitel

Zur Analyse der gegenwärtigen Weltlage

Inhaltsübersicht

V. Die Folgen der Aggressionspolitik für die Kriegstreiber selbst – unter besonderer Berücksichtigung der Entwicklung in den USA

Verfall des US-Staates und seines imperialistisch-militaristischen Konzepts

a) Militärisch
   Szenarien von kurzer Reichweite
b) Wirtschaftlicher Selbstruin
   1. Staatsverschuldung
   2. Inflation
   3. Finanzieller Bankrott
   4. Gesamtwirtschaftlicher Verfall

Der MIK ist einziger Gewinner der US-NATO-Kriege

Warum tritt die Wirtschafts- und Finanzkrise erst jetzt in Erscheinung? (I)

VI. Zur politischen Ökonomie des Krieges

Krieg und Kriegsökonomie bestimmen das gesamte gesellschaftliche Leben

Warum tritt die Wirtschafts- und Finanzkrise erst jetzt in Erscheinung? (II)
Vorsicht: Falle!
Zerrüttung aller menschlichen Beziehungen (I)
Verfall der sozialen und gesundheitlichen Versorgung und des Bildungssystems in den USA
Widerstand in den USA
Zerrüttung aller menschlichen Beziehungen (II)
Die angeblichen Siege wirken sich zermürbend auf den Sieger aus

Erster Teil – Gegenwartsanalyse

I. Einleitung

Mit dieser Sitzung leiten wir den letzten Abschnitt unserer Vorlesungs- und Seminarsequenz zum Thema „Krieg“ ein. Dieser Block ist präsentisch und futurologisch ausgerichtet. Es geht um die Analyse der gegenwärtigen internationalen Situation und die künftigen Perspektiven. In dieser und in der nächsten Vorlesung möchte ich einige charakteristische Merkmale der augenblicklichen Weltlage nennen und meine Erwartungen für die Zukunft vorbringen. Die Perspektive für die Zukunft folgt in der nächsten, der letzten Vorlesung. Die Zukunft entwickelt sich nicht aus dem Nichts, sondern aus der Gegenwart. Die Gegenwart betrachte ich unter folgenden Gesichtspunkten:

Seit dem angeblichen Frieden nach dem 08. Mai 1945 geht in all den oben genannten und anderen Ländern das Sterben weiter – als unmittelbare Folge der US-NATO-Aggressionen, der verwendeten Waffen, Massenvernichtungsmittel, Vergiftung des Bodens, Defloration, Verwüstung und Verseuchung von Luft und Gewässern.

All diese Kriege – nach 1945! – zeichnen sich durch das Prinzip: *Enemy people* aus. Feind ist das Volk. Die Lebensbedingungen einer normalen Existenz und die Infrastruktur werden zerstört. Planmäßig werden die Wasser- und Elektrizitätswerke außer Betrieb gesetzt. Versorgungsanlagen für Nahrungsmittel sowie Schutzbunker werden nach dem Angriffsplan als erste mit Bomben und Raketen demoliert. Zur Zeit bestehen 45 Kriege – direkt oder indirekt von den NATO-Staaten geführt. Hinter regional oder lokal begrenzten Gefechten treten die Imperialisten teilweise in den Hintergrund und schieben lokale Marionettenarmeen, Söldner und Kriegsfirmen vor.

Rußland führt seinen eigenen erbarmungslosen Krieg gegen das tschetschenische Volk weiter.

Wie die US-NATO-Aggressionen seit 1991 – gegen Irak, Jugoslawien, Somalia, Afghanistan, Libyen – und von Rußland gegen Tschetschenien zeigen, ist der imperialistische Krieg nicht beendet, sondern hat viele neue Formen angenommen. Es gibt die Kriege, welche ein ganzes Land in ein Schlachtfeld verwandeln. Es gibt erklärte und unerklärte Kriege. Es gibt Kriege gegen umschriebene Regionen.

Es gibt den sichtbaren und den unsichtbaren Krieg. Es gibt den biologischen Krieg mit dem stillen Massentod. Die inszenierten Hungersnöte sind biologische Kriege. Es gibt den bakteriologischen Krieg. Schon lange im Einsatz ist die militärische Gentechnologie. Durch die Kontamination von Flora und Fauna entstehen Mutationen, welche die Reproduktion umprogrammieren, das Leben verändern und in der Konsequenz zerstören.
Es gibt den atomaren Krieg. Entfesselt wurde er am 06. und 09. August 1945 und ist bis heute nie eingestellt worden. Ein Stillstand ist nicht in Sicht. Er wird durch Experimente, aber auch durch den Einsatz von nuklearen Massenvernichtungswaffen aller Art weitergeführt. Durch die atomare Verseuchung von Boden, Wasser und Luft sterben täglich Menschen in Massen, z.B. jetzt im Irak, am häufigsten die Kinder.
Es gibt den globalen endlosen Krieg. Manöver sind als Übungen getarnte Kriege. Die völlige Militarisierung der Erde und des Weltraumes sind ein Aspekt des globalen Kriegs. Die Zerstörung der Umwelt und des ökologischen Kreislaufes sind weitere Aspekte der Katastrophen durch Kriege, verharmlosend formuliert „Nebeneffekte“ des Militarismus.

Die Zerstörung der Natur seit dem Erwachen des ökologischen Bewußtseins steht im Mittelpunkt der Kritik. Alle Parteien haben die Sorge für die Umwelt in ihre Programme aufgenommen. Diese Parteien sprechen von der Zerstörung der Natur, nicht aber von der Zerstörung des Menschen. Es sind dieselben Parteien, welche den Militarismus betreiben, der beides zu verantworten hat: Die Zerstörung des Menschen und die Zerstörung der Umwelt.
Damit der Imperialismus sein Vernichtungswerk realisiert, muß er zuallererst seine eigene Bevölkerung zerstören. Der Mensch muß erst zerstört werden als Voraussetzung dafür, andere Menschen zu zerstören. In allen imperialistischen Staaten herrscht eine Kultur der Vernichtung. Nachrichten über die geführten Kriege regen die Menschen hier kaum mehr auf. Unser Vermögen, die reale Entwicklung zu beschreiben und die Dinge darzustellen, ist völlig überfordert.
Die These möchte ich noch einmal wiederholen und unterstreichen: Wenn wir den Versuch unternehmen, die Zerstörungen am Menschen selbst zu beschreiben, reicht die Sprache nicht mehr aus. Zuallererst zerstören die Imperialisten sich selbst, um andere zerstören zu können. Niemand kann andere zerstören, bevor er sich selbst zerstört. Diese zerstörten Kräfte herrschen über die Welt. Sie erzeugen zerstörte Kulturen und zerstörte Menschen, die selbst zu Organen der Zerstörung werden. Soldaten sind

Mörder. Mörder sind Soldaten, denn etwas anderes tut der Soldat nicht. Der gesamte materielle Reichtum auf dem Globus reicht nicht aus, um das Leben eines einzigen Menschen, der im Krieg stirbt, aufzuwiegen. Wie die Soldaten sind die Produkte: Waffen, Rüstung, Hochrüstung.

Der Militarismus ist der unzertrennliche Begleiter des Imperialismus. Er betreibt den Krieg als Dauerzustand, als seine Lebensweise.

II. Zur Analyse der gegenwärtigen Weltlage

Um den gegenwärtigen Stand der Entwicklung auf dem Globus zu charakterisieren, sind die folgenden Aspekte von Bedeutung:
Wenn man die Welt von einem nordwestlichen Standort aus betrachtet, sieht es so aus, als ob eine absolute Herrschaft des Westens, der NATO und der USA über die Welt bestünde. Dieses Bild täuscht.

Die erste Frage lautet: Besteht überhaupt eine Weltherrschaft der USA und der NATO?
Daß die USA-NATO diesen Anspruch erheben, ist nicht zu überhören. Ob der Anspruch der Realität entspricht, ist eine ganz andere Frage. Leider sind die USA bzw. die dort herrschende Oligarchie von der fixen Idee, diesen Herrschaftsanspruch durchzusetzen, besessen. Daß auf dem Weg der Verfolgung dieses Wahns Millionen Menschen sterben, ist ihnen sicher klar. Daß dabei auch sie selbst, die herrschende Oligarchie, dran glauben muß, dürfte ihr weniger bewußt, weil weniger angenehm, sein. Sie muß die Perspektive des kollektiven Mordes, dem sie selbst anheimfällt, verdrängen. Es ist eine Apokalypse, die sie täglich wegdenken muß.

Ein Selbstmörder sprang vom dreißigsten Stockwerk eines Wolkenkratzers. Bei seinem Sturzflug kam er am vierten Stock des Hochhauses vorbei. Da stand einer im Fenster und schrie ihm zu „Mensch! Was hast Du denn mit Dir gemacht?“ Seelenruhig antwortete der Suizident: „Mir ist doch nichts passiert!“
Ein Multimillionär wollte mehr haben. Er begab sich zum Spielkasino. Am Roulettetisch machte er seine Einsätze. Tatsächlich hat er etwas gewonnen. Noch häufiger hat er verloren. Ein Beobachter stellte fest, daß der spielsüchtige Mann eine Million nach der anderen verliert, und warnte ihn: „Hör endlich auf, die Bank gewinnt immer!“ Der Multimillionär konnte und wollte nicht aufhören. Er spielte weiter. Plötzlich hatte er kein

Geld mehr. Vermutlich hatte dieser Spieler vorab etwas geahnt, was er die ganze Zeit verdrängte. In der Tasche hatte er einen Revolver. Er holte ihn heraus und schoß sich eine Kugel in den Kopf.
Die Herrschenden laufen einer hegemonialen Illusion nach, von der sie meinen, sie sei greifbar nahe. Daß der Traum von der Weltherrschaft eine Fata Morgana ist, wollen sie nicht wahrhaben.
Sie schieben einen schwerbeladenen Lastwagen auf einer Fernstraße. Plötzlich sind sie auf einer schiefen Steigung. Der LKW ist nicht zu bremsen, fährt zurück und überrollt sie.

Einerseits existiert die Weltherrschaft des Imperialismus

1. Die USA-NATO besitzen ein großes militärisches Potential.
2. Die US-NATO-Staaten verfügen über die Institutionen, die international, aber punktuell, hegemoniale Verhältnisse in Wirtschaft und Politik hüten.
3. In der Weltwirtschaft wirken sich Weltbank, IWF, OECD, EU, WTO (World Trade Organization, Welthandelsorganisation) und andere Organisationen, jeweils auf einem spezifischen Gebiet, zur Etablierung von Ungerechtigkeit, Privilegierung und Benachteiligung aus. Somit verschärfen sich die Gegensätze zwischen Nord und Süd.
4. Es gibt eine Reihe unsichtbarer, aber agierender Organisationen, die noch über den Regierungen stehen. Was ich damit meine, will ich gleich konkretisieren. Es sind Geheimdienste, Counterinsurgency, Todesschwadronen, subversive Armeen u.a. Sie wirken gegen das Emanzipationsbestreben der Völker und zur Etablierung imperialistischer Verhältnisse. Diese betätigen sich nicht nur außerhalb der USA und ihrer Verbündeten, sondern auch innerhalb der imperialistischen Staaten selbst – gegen den einheimischen Widerstand. Diese Agenturen lassen sich auch als *Invisible Government* bezeichnen.
5. Die Weltherrschaft des Imperialismus wird suggeriert, dann aber durch bürgerliche Medien und Propaganda herbeigeführt. Sie prägen den Menschen die Herrschaft der Imperialismus immer wieder neu ein.

Zu den beiden letzten Punkten:
ad 4) ***Invisible Government:*** Es ist freilich verkürzt, den sonst treffenden Ausdruck „unsichtbare Regierung“ auf die Geheimdienste zu reduzieren. Gleichwohl ist er bezeichnend, weil die Regierungen, welche sich der Öffentlichkeit darbieten und die wir selber erleben, tatsächlich nur ein Teil

der Inszenierung sind. Regierungen, wie sie von einem US-Präsidenten, einem Bundeskanzler oder anderen Staatschefs geführt werden, sind keine wirklichen Machthaber. Sie regieren, aber herrschen nicht. Sie sind für die Öffentlichkeit bestimmt. Ihre Qualifikation besteht darin, daß sie publikumswirksam sind, in Bild und Ton imponieren, respektabel erscheinen, Verlautbarungen eindrucksvoll vortragen, bei Empfängen salonfähig dastehen, auf Pressekonferenzen und im Fernsehen repräsentativ reden und bei öffentlichen Auftritten überzeugend auftreten. Die Medien bringen sie hoch. Naiven Menschen erscheinen sie als reale Macht.

Die wirklichen Herrscher verbergen sich im Hintergrund. Die reale Politik wird von der Industrie, der Rüstung und dem Finanzkapital gemacht. Sie wird von den führenden Kreisen der Wirtschaft und dem MIK bestimmt. Die Bundesvereinigung der Deutschen Arbeitgeberverbände oder der Deutsche Industrie- und Handelstag vertreten politisch wirksame Wirtschaftskreise. Sie stehen hinter und über den Parteien. Die Wirtschaftsmagnaten unterhalten freilich außerdem eigene politische Gremien. Diese analysieren regelmäßig die nationale und internationale Entwicklung. Sie erstellen Gutachten und machen Empfehlungen, die in aller Regel der Öffentlichkeit vorenthalten werden. Diese erfährt nur selektive, sorgfältig ausgesuchte Fragmente, welche in den Medien erscheinen und für den Volkskonsum bestimmt sind. Die von Sachverständigen ausgearbeiteten Gutachten unterscheiden sich nach „*Vertraulich*", „*Intern*" oder „*Verschlußsache*", andere sind für die Öffentlichkeit und Public Relations bestimmt. In ihren öffentlichen Reden sagen die Politiker nicht das, was wirklich Sache ist. Vor dem Publikum vertreten sie das, was bei der Hörerschaft eine erwünschte Reaktion erzeugen soll.

Der imperialistische Staat wird also nicht sich selber überlassen. Die politischen Organisationen sorgen für seine Erhaltung und Reproduktion. Die unterschiedlichen Fraktionen des Kapitals regeln ihre Widersprüche intern, gehen Kompromisse ein, um das gesamte System unabhängig seiner realen Kraft am Leben zu erhalten.

ad 5) **Medien**: Die geistige Diktatur suggeriert eine Herrschaft des Imperialismus
Hinter dem scheinbaren Liberalismus und der Meinungsvielfalt besteht eine tägliche, scharfe politische Kontrolle über Informationen und Analysen, die für die Öffentlichkeit bestimmt sind. Hinter einer Fassade des Liberalismus existiert eine geistige Diktatur, eine Herrschaft über Meinun-

gen und Vorstellungen. Diese wird nicht mit physischer Gewalt durchgesetzt. Umso schlimmer, denn die Masse glaubt, sie wird umfassend informiert. Nachrichten, Meldungen und Kommentare seien wahrheitsgemäß und unzensiert. Man kann Hunderte von Zeitungen miteinander vergleichen. Sie unterscheiden sich im wesentlichen nicht, wohl aber in Details von untergeordneter Bedeutung.
Man unterschätzt die Homogenisierung und Gleichschaltung durch die sogenannte „liberale" oder „freie Presse". Entscheidend für das Funktionieren der „Denk- und Bewußtseinsfabrik" ist das Monopol der Nachrichtenagenturen. Es sind zwar formal fünf große Agenturen. Sie unterscheiden sich jedoch nicht in dem Sinne, daß sie Widersprüche austragen, sondern nur in bezug auf Schwerpunkte und die Betonung nationaler Interessen. Die fünf Nachrichtenagenturen des Westens – geordnet nach geschätzter Einflußstärke – sind: Reuter, Associated Press, United Press International, APF und DPA. Aber auch diese sind miteinander voll vernetzt. Real handelt es sich nicht um ein „Pentapol", sondern um ein „Monopol".
Die Medien allgemein fokussieren auf Personen, nicht auf Inhalte. Man erfährt weniger über das Ereignis als über das, was z.B. der US-Präsident zu dem Ereignis erklärt. Es wird nicht über die Realität einer Aggression berichtet, sondern nur die Meinung über Handlungen und Ereignisse.

Was vom großen Geschehen oder Krieg gesagt wird, gilt sinngemäß auch für andere internationale und innerstaatliche Vorgänge. Die Nachrichtenübermittlung basiert auf der Informationspolitik der Verlautbarungen. Das Ziel dabei ist nicht, die Öffentlichkeit zu informieren, sondern ganz bestimmte Reaktionen bei der Bevölkerung auszulösen.
Wie oft und wie leidenschaftlich, aber auch vergeblich, versucht man, eine Gegendarstellung medial unterzubringen. Die Leserbriefseite soll lediglich suggerieren, bei uns könne alles gesagt werden. Was nicht veröffentlicht wird, bleibt unbemerkt. Und was ich nicht weiß, macht mich nicht heiß. Die Legende von der Pressefreiheit ist offensichtlich nicht leicht zu erschüttern. Sogar wenn einmal ein Dissident in einer Zeitung publiziert wird, hat auch dies seine Funktion.
Zur medialen Politik gehört auch die Lexik. Sie ist Manipulation durch die Auswahl von Wörtern, die geeignet sind, bei dem Leser den gewünschten Effekt zu erwecken. Komplementär sollen Ausdrücke vermieden werden, die eine unerwünschte Reaktion bewirken. Worte wirken sensibilisierend. Ausdrücke, die einen unerwünschten Sensibilierungseffekt erzeugen, stehen auf dem Index der Redaktion. Man sagt nicht Aggression, son-

dern Operation. Man sagt nicht deutsche Invasion Afghanistans, sondern „Bundeswehreinsatz für den Frieden". Überhaupt sagt man nicht „Überfall auf Afghanistan", sondern „Afghanistan-Krieg", „Irak-Krieg" usw. Es wird nicht gesagt, wer Täter und wer Opfer ist. Die Täter sind Helfer, die gerufen wurden, weil die Opfer hilflos sind.
Der gegenwärtige Stand der Manipulation hat nach Umfang und Qualität ein in der bisherigen Geschichte ungekanntes Ausmaß erreicht.

Imperialismus ist Krieg. Aber einen Krieg macht nicht einer, auch nicht eine Gruppe, nicht die Soldaten allein, und nicht eine einzige Organisation, die Armee. Den Krieg führt nicht eine einzige Institution, z.B. die mediale Machtstruktur, sondern die Gesellschaft einschließlich ihrer Einrichtungen. Den Krieg tun alle: Die Lehrer, die Eltern, die Schweigenden, die Kirchen, die Kunst, die Kultur. Wer nicht gegen den Krieg ist, ist für den Krieg. Dadurch wird eine Regierung in die Lage versetzt, einen Krieg zu führen.

Andererseits existiert die Weltherrschaft des Imperialismus nicht – sie ist eine Illusion

Die oft suggerierte Weltherrschaft des US-Imperialismus ist ein Anspruch, keine Wirklichkeit. Die genauere Analyse der Politik der USA, die sich im wesentlichen in Aggressionen und Kriegen erschöpft, zeigt einen wütenden Tyrannen, der nach allen Seiten greifen will und überall zurückgeschlagen wird. Da aber dem Tyrannen Verstand und guter Wille fehlen, ist er unfähig, zur Vernunft zu kommen und sich aus eigener Kraft zu verändern.
Wirtschaftlich, monetär, sozial, kulturell und moralisch befinden sich die USA in einem Zustand des unaufhaltsamen Verfalls. Politisch bankrott sind sie unfähig, sich friedlich zu verhalten, zu verhandeln und gutnachbarliche Beziehungen zu anderen Staaten des Globus zu pflegen. Ihnen verbleiben nur die Mittel des Staatsterrorismus, Militarismus, der Aggression und Gewalt.
Daß von diesem politischen, ökonomischen und finanziellen Verfall nicht geredet wird, tut der Tatsächlichkeit dieses Zustandes keinen Abbruch.

Wenn ich ein Berater der Herrschenden wäre, was natürlich weder ihnen noch mir im Traum einfallen würde, dann würde ich ihnen raten: Ihr habt abgewirtschaftet. Nominal seid Ihr reich, real aber arm oder gar bankrott. Kapitalismus und Imperialismus haben endgültig versagt. Das beste, was

Ihr tun könnt, ist, sofort von der Bühne abzutreten, dann seid Ihr einer großzügigen Staatspension sicher. Sonst ist es zu spät, wenn nicht zu Euren Lebzeiten, dann zu der Eurer Nachkommen.

Die realen Berater täten gut daran, ihren Herren Ähnliches zu vermitteln. Diese aber schließen den todkranken Patienten an die Herz-Lungen-Maschine an. Sie schalten alle Maßnahmen der Reanimation ein. Sie erhalten somit den Kranken am Leben – und sich selber.

Wenn die tatsächlichen Berater ähnliches sagen wie ich, ist es nicht dasselbe. Denn jene denken nur an Geld und materielle Werte. Alles andere, was nicht Sachwerte sind, was nicht zu versilbern ist, existiert für sie nicht.

Die hauptsächliche Maßnahme, die von diesen Ratgebern empfohlen wird, ist der Krieg. Also fordern sie den Massentod, um ein egoistisches Leben in vermeintlichem Luxus zu erwerben. Aber wer andere tötet, muß zuallererst sich selber abtöten. Die Berater der Herrschenden verraten die Ratsuchenden.

Weitere imperialistische Institutionen

G8: Das bisher Gesagte gilt ebenfalls für die internationalen Beziehungen nordwestlicher Staaten, welche in der Achter Gruppe vereint sind. Diese sind: USA, Kanada, Deutschland, Großbritannien, Frankreich, Italien, Japan und Rußland. Die G8 ist das Hauptgremium der imperialitischen Staaten. Sie alle vereinen sich unter der Bezeichnung G8. Diese Organisation, die „Gruppe der Acht", ist die einzige gesamtimperialistische Strategiekommision auf Gipfelebene.

Der Sinn gesamtimperialistischer Gremien besteht darin:

1. Ihre Aggressionen und Strategien koordinieren, um zu verhindern, daß es zu innerimperalistischen Kriegen kommt.
2. Gegensätze sollen unmilitärisch ausgetragen werden.
3. Möglichkeiten der Kooperation suchen.

Im Rahmen der G8 informieren sich die Mitglieder gegenseitig über wichtige imperialistische Pläne, insbesondere Kriege. Die Mitglieder sollen es früher erfahren als die gemeine Öffentlichkeit. Alles in allem unter dem Motto: *Gemeinsam gegen den Rest der Welt.*

Hauptziele der G8 sind:
1. Die gesamtimperialistische Herrschaft über die Welt erhalten,
2. die Nord-Süd-Spaltung aufrechterhalten,
3. den Süden im Zugriff des Nordens halten,
4. die imperialistische Strategie koordinieren, Konflikte im Griff behalten,
5. die Ausbeutung des Südens durch den Norden organisieren und abstimmen,
6. die Aufteilung der Welt auf der Basis der 1878 (Berliner Kongreß) getroffenen Vereinbarungen aktualisieren,
7. Absprachen über Einflußgebiete und Interessensphären.

Trilateral Commission:
Nicht weniger gefährlich als die G8 ist die Trilaterale Kommission. Sie ist keine Geheimagentur, aber ihre Arbeit ist wenig transparent. Die Trilaterale Kommission besteht aus (a) den USA, das schließt Kanada in diesem Sprachgebrauch mit ein, (b) dem imperialistisch gleichgeschalteten Europa und (c) Japan. Darum die Bezeichnung „Trilateral“: Nordamerika, Westeuropa und das asiatische Japan. Die Mitglieder unterteilen sich in fünf Gruppen:
a) Offizielle Politiker, d.h. Regierungschefs, wichtige Politiker und Strategen aller westlichen Staaten und Japans.
b) Nichtgewählte, in ihren Ländern nicht amtierende, aber wichtige Politiker, z.B. Ex-Regierungschefs.
c) Einflußreiche Personen der Wirtschaft und außerhalb der Wirtschaft, z.B. führende Gewerkschafter.
d) Das multinationale Kapital, vertreten durch die Leitungen von Wirtschaftsimperien wie z B. Ford, Kennedy und Thyssen. Ferner Vertreter der großen Banken und des Finanzkapitals.
e) Große Anzahl von Experten für spezifische Fragen und Aufgaben.

Diese Kommission entwickelt politische Strategien, die anschließend von den Staaten umgesetzt werden. Wenn überhaupt, wird in den Medien nur über einen geringen Teil dieser Maßnahmen berichtet; der größte Teil bleibt geheim und ist nur an seiner Umsetzung zu erkennen.

NATO

Entgegen ihrer Selbstdefinition, eine Verteidigungsorganisation zu sein, betreibt die NATO ausschließlich Aggressionen. Ihre Militärmaschinerie ist ganz klar nicht zur Verteidigung, sondern zur Umsetzung von Aggressionsplänen aufgebaut.

Seit 1990 existiert die NATO als einzige Militärallianz weltweit. Sie vermag nur durch die stillschweigende Akzeptanz der Öffentlichkeit in den NATO-Staaten zu bestehen. Proteste, die es auch gibt, reichen zu ihrer Zerschlagung nicht aus. Im Westen herrscht eine relative, aber auch trügerische Ruhe. Im Norden dominiert ein scheinbarer Burgfrieden. Die Politik der NATO-Staaten besteht aus Militarismus und Krieg.

Die NATO ist nur der Firmenmantel, unter dem die einzelnen aggressiven Staaten tätig sind und sich dabei im Rahmen einer multinationalen Organisation anonymisieren. Sie besitzt keine eigene Streitmacht. Es sind stets Truppen eines bestimmten Staates, die im Rahmen der NATO ihre Überfälle und Mordaktionen koordinieren und betreiben.

Deutschland / NATO

Nach dem Zweiten Weltkrieg hat sich Deutschland in bezug auf Aggressionen zurückhalten müssen. Doch schon am 06.05.1955 wurde die BRD in die NATO aufgenommen, noch vor der Gründung der Bundeswehr. Diese wurde am 12.11.1955 gegründet, aufgebaut und schnell mit immer schwereren Waffen aufgerüstet. Die antimilitaristische Bewegung zu der Zeit konnte das nicht verhindern.

Wir betrachten mit großer Sorge den immer breiter werdenden Aktionsradius der Bundeswehr und ihre Einsätze an vielen Fronten in allen Kontinenten. Die Rolle des deutschen Militarimus wächst erneut bedrohlich. Das deutsche Heer war schon immer eine der aggressivsten Armeen weltweit. Von der Reichswehr über die Deutsche Wehrmacht bis zur Bundeswehr besteht Kontinuität. Nun kommt auch die Internationalisierung der Bundeswehr durch die NATO hinzu. Mit Sorge verfolgen wir die zunehmenden Interventionen der BRD, entweder direkt oder im Rahmen der NATO. Die BRD war es auch, die für die Militarisierung der EU eingetreten ist. Angriffskriege sind für Deutschland kein Tabu mehr. Die Aggressionen u.a. gegen Jugoslawien in den 1990ern und Afghanistan seit 2001 sind nur ein Beispiel.

Die Bundeswehr ist hauptsächlich mit offensiven Waffen ausgerüstet. Die deutsche Luftwaffe und die Bundesmarine sind aggressive Truppen. Atomare Bestückung von Unterseebooten und Kriegsschiffen hat ausschließlich eine zerstörerische Zielsetzung gegen die Völker. Die Massenproduktion von Minen, Streubomben und Streumunitionen in Deutschland ist ein Krieg gegen die zivile Menschheit.

NATO / Europa

Noch bis Ende der 1980er dominierte die Tendenz der USA, die NATO nicht mehr als notwendig an ihren Kriegen zu beteiligen.[29] Sie wollten ihre eigenen Interessen am Krieg allein durchsetzen und wünschten daher keine Mitbestimmung durch andere NATO-Mitglieder und keine Teilung der Beute mit Dritten. Es ist bemerkenswert, wie sehr die USA jetzt geradezu nach neuen Mitgliedern jagen. Die Ursache dafür ist klar:
Die USA haben das ihnen zur Verfügung stehende Rekrutenpotential voll ausgeschöpft und ihren egoistischen Ausbeutungsinteressen geopfert. Nun versuchen sie, das Rekrutendefizit durch den Einsatz von Truppen anderer Staaten zu kompensieren; damit exportieren sie die gleiche Krise nach Europa. Es ist höchst bedauerlich, daß Länder wie Griechenland, Türkei oder Portugal am Mordunternehmen NATO beteiligt sind. Auch wenn sie nicht so viele Soldaten in den Krieg entsenden wie z.B. die BRD, so stellen sie doch ihre Territorien für militärische Basen und Stationierungsmöglichkeiten zur Verfügung. Sie bieten die Infrastruktur, sorgen für die Wartung der Kriegsmaschinerie und überlassen ihre Lufträume für NATO-Überflüge.

NATO-Osterweiterung

Osteuropäische Staaten werden zum NATO-Beitritt faktisch gezwungen. Das entschuldigt keinen Staat, sich an der NATO zu beteiligen, denn selbst die bloße Mitgliedschaft stellt ein nicht zu vergebendes Kriegsverbrechen dar. Osteuropäische Staaten ließen sich in die NATO nötigen. Dadurch versprechen sie sich, die Beute mit dem Imperialismus zu teilen. Die NATO ihrerseits verspricht sich davon, auf neue menschliche Reserven zugreifen zu können, ihre Aufmarschgebiete zu erweitern und die strategischen Positionen zu nutzen. Das neueste US-gepuschte System ist der geplante Raketenabwehrschild, dessen Kommando auf dem NATO-Stützpunkt Ramstein eingerichtet wird. Ramstein soll künftig im Zuge

---

[29] Report of the Secretary of Defense Caspar W. Weinberger to the Congress on the FY 1985 Budget, FY 1986 Authorization Request and FY 1985-89 Defense Programs, 01. Februar 1984, Deutsch in: Europa-Archiv, Folge 14/1984.

der Umstrukturierung der NATO für den gesamte Luftbereich der Allianz zuständig sein.
Gerade in den neuen NATO-Ländern ist der Widerstand gegen den Militärpakt am stärksten. Trotzdem ist es tragisch, daß osteuropäische Staaten, die einst in der antiimperialistischen Solidaritätsfront gestanden sind, nun zur anderen Seite überwechseln, sich überhaupt den Wünschen der USA und anderer imperialistischer Staaten beugen. Hier können sie nur verlieren. Sofortiger Austritt aus der NATO ist das Gebot der Stunde.

USA / NATO

Die NATO-Staaten stören den Weltfrieden und sabotieren die Bemühungen um gütliche, politische Lösungen. Wenn z.B. die Afrikanische Union auf dem Weg ist, Regelungen im innerafrikanischen Streitfall zu finden und anzuwenden, mischen sich NATO-Staaten ein und versuchen, den Friedensprozeß zu sprengen, wie z.B. jüngst in Libyen geschehen. Dadurch verschaffen sie sich einen Vorwand zur Intervention. Bei all ihren Interventionen und Angriffen handelt es sich um Aggressionskriege. Es ist eine unerhörte Provokation, diese Kriegsverbrechen im Sprachgebrauch der NATO „Friedensmissionen“ zu nennen.
NATO-Staaten setzen auf die ständige Eskalation politischer Konflikte. USA und NATO schufen einen Zustand des Dauerkrieges auf dem Globus. Frieden und Ruhe dürfen nach ihrer Absicht nicht eintreten. Die Menschen sollen sich an den permanenten Kriegszustand wie an Tag und Nacht gewöhnen, mit Kriegsnachrichten aufwachen, ins Bett gehen und unter ständiger militärischer Bedrohung leben.
„Die Weißen kommen wieder. Sie töten weiter“, sagte die Frau, als ihr Urenkel mit NATO-Bauchschuß nach Hause gebracht wurde.

Es sind ausschließlich europäische und nordamerikanische Staaten, welche die NATO stellen. Sie führen ihre Aggressionen gegen den Süden, von dem sie ein Land nach dem anderen drannehmen – mit Korea im Südosten und von da an westwärts. Ein Stillstand ist nicht in Sicht.

Der Krieg der NATO-Staaten gegen den Süden hat lange vor der NATO-Gründung begonnen. Die NATO ist geradezu ins Leben gerufen worden, um den Krieg des Nordens gegen den Süden weiter zu führen, besser zu koordinieren und dem Süden keine Ruhe zu lassen. Die NATO kam seit ihrer Gründung nie zur Ruhe und will sich auch nicht zur Ruhe setzen.
Zur Zeit sind 200.000 europäische Soldaten – ohne die US-Kontingente – auf afrikanische und asiatische Länder verteilt. Die NATO-Truppe kommt

in dem jeweiligen Einsatzgebiet an. Die Soldaten suchen den Krieg, den Feind, die Front, das Schlachtfeld oder was auch immer, was den Einsatz rechtfertigt, finden aber nichts. Sie sehen nur ein Volk, normales Leben, Alltag, Routineverkehr und begreifen nicht, warum sie überhaupt hierher gekommen sind. Nur das Oberkommando ist im Besitz des strategischen Geheimnisses. Es weiß: Es wird bald losgehen. Es werden Provokationen hier und dort angezettelt, die jeweils einer lokalen Gruppierung in die Schuhe geschoben werden. Das Feuer wird eröffnet. Es gibt Krieg. Wer vermag es, in diesen Wirren Schuldzuweisungen zu entkräften oder die wahren Schuldigen zu überführen.
Aber auch in diesem Stadium wissen die NATO-Soldaten nicht, was sie tun sollen. Es gibt ein Volk, das seinem normalen Leben nachgeht. Auch die Provokationen haben nicht richtig durchgeschlagen. Das NATO-Szenario wird von subversiv wirkenden Elementen soweit unterstützt, bis es richtig brennt. Das NATO-Kommando sorgt für Eskalation, bis ein Krieg endgültig in Gang kommt.

In keinem einzigen Fall haben nationale Kräfte behauptet, die NATO habe eine Lösung gebracht. Vielmehr habe sie eine Katastrophe über das Land herbeigeführt, Chaos beschert, Massensterben und Ruin zu verantworten. Das heimgesuchte Land ist mit Streumunitionen übersät. Opfer sind mehrheitlich Kinder und Jugendliche.

NATO-Soldaten haben einen ausdrücklichen Schießbefehl. Davon machen sie allzu gern Gebrauch. Sie schießen auf Ansammlungen, Trauerzüge, Hochzeitsprozessionen. Es seien ja verdächtige Bewegungen. Täglich ermorden sie Menschen aller Alterstufen.

Die Existenz der NATO ist eine Daueraggression

Die realistische Chance für den dauerhaften Frieden, die nach 1945 bestanden hat, wurde durch die NATO-Gründung vereitelt. Seit 1990 existiert sie weltweit als einzige militärische Allianz auf der Welt. Die NATO existiert nicht passiv, nicht als eine Reservearmee für den Notfall, vielmehr als ständig agierende, militärisch schlagende Organisation. Überall, wo sich Angriffsflächen bieten, greift sie unverzüglich an.

Die einzige Sprache des Imperialismus ist Militarismus. Seine Worte sind Einschüchterung, Angst, Aggression, Gewalt, Feuerwaffen, Krieg, Blut Mord, Massensterben. Es ist kein Geheimnis mehr, daß die Waffenarsenale der NATO ausreichen, um die Erde mehrfach in Schutt und Asche zu legen. Bei der Befassung mit Geschichte entdecke ich keine Situation, in der die Gewalt so absolut herrschte wie gerade jetzt. Ich räume ein, daß die Imperialisten die Welt zu vernichten in der Lage sind. Siegen werden sie nicht, weil die USA und die NATO den Freiheitswillen der Völker nicht brechen können.

Die scheinbare Macht, welche die USA und die NATO demonstrieren, ist in der Tat Ausdruck der Schwäche. Die Bombardierung des Iraks, Jugoslawiens, Somalias, Afghanistans, Libyens und vieler anderer Völker des Südens ist in keiner Weise begründet oder nötig gewesen. Die Aggressoren legten es auf Krieg an und sabotierten jeden Friedensversuch – sei es von seiten der Opferstaaten, sei es von seiten internationaler Organisationen und Vermittler.

Von großer Bedeutung für die Freiheit der Völker und die Wiederherstellung des Weltfriedens ist die antiimperialistische Solidarität in allen Staaten der NATO. Diese kann ihre Aggressionen nur ausüben, wenn ihr im eigenen Machtbereich der Rücken freigehalten wird. Soldaten- und Kriegsmaschinentransporte in andere Länder müssen auf jeden Fall verhindert werden.

Imperialistischer Militarismus sprengt den Weltfrieden.

Alle Staaten des Südens betreiben aktive Friedenspolitik. Darin repräsentieren sie nicht nur die jeweilige nationale Position, sondern das Interesse der ganzen Menschheit. Hinter dieser Position stehen 90% der Weltbevölkerung.

Provokationen, Aggressionen und Kriege gehen ausschließlich von den NATO-Staaten aus. Die NATO bringt den Willen des Nordens zum Ausdruck, dem Süden den Krieg zu erklären und damit den Niedergang der Menschheit heraufzubeschwören.

Obwohl man jeden Menschen nur einmal töten kann, besitzen die USA und die NATO Waffen, die jeden Menschen auf der Erde 28mal töten können. Ob weniger oder mehr als 28mal ist in diesem Fall unerheblich, vielleicht ist die Frage auch zynisch. Nur ein Bruchteil der vorhandenen Waffen schafft es, alles Lebende zu vernichten und die Erde unbewohnbar zu machen. Fluchtmöglichkeiten aus dem Globus gibt es nicht. In diesem Fall stirbt die Menschheit eines schändlichen Todes: Schändlich nicht nur für die Völkermörder, sondern auch für die, welche das totale Genozid nicht zu verhindern vermochten.

III. Charakteristika der gegenwärtigen Weltlage

Um den gegenwärtigen Stand der Entwicklung auf dem Globus zu charakterisieren, seien einige Thesen aufgestellt.

Thesen zur gegenwärtigen Weltlage

1. Die Ausplünderung der Menschheit war in ihrer gesamten Geschichte noch nie so extrem und so brutal wie jetzt.
2. Der augenblickliche Status der Welt ist durch hochgradige Spannung und anhaltende Bedrohung gekennzeichnet, die durch die USA und die NATO erzeugt werden.
3. Es besteht gegenwärtig eine bisher in diesem Ausmaß und Umfang noch nie dagewesene Aggressivität. Ihre Urheber und Träger sind die USA und die NATO.
4. Die NATO ist die einzige Militär-Allianz auf der ganzen Welt. Sie ist auch nach Umfang und Zerstörungspotential geschichtlich neuartig. NATO-Soldaten werden als Truppen aus den Armeen der einzelnen Mitglieder der Allianz zusammengestellt und für den jeweiligen Krieg mobil gemacht.
5. Die NATO ist weder eine Verteidigungsarmee noch irgendwie für den Notfall vorgesehen. Vielmehr befindet sie sich in Dauerbetrieb. Sie ist immer tätig – im Einsatz gegen ausgesuchte Völker. Der sogenannte Kriegsfall ist eine Dauersituation, welche die NATO selber schafft. Es wechseln die Fronten. Der Aggressor ist immer derselbe:
NATO und USA.
6. Das Vernichtungspotential der NATO ist menschheitsgeschichtlich einzigartig. USA und NATO konzentrieren einen Umfang an Rüstung und Schießbereitschaft, wie die Weltgeschichte ihn in dieser Form noch nie gekannt hat. NATO-Destruktivität und Mordbereitschaft treffen die ganze Menschheit. NATO-Staaten sind im Besitz von einsatzbereiten Waffen, welche jeden Menschen auf dem Globus mehrfach töten können.
7. Der NATO-Krieg ist auch ein Krieg der Medien. Irreführung und Betrug der Weltöffentlichkeit sind Alltagskonsum geworden. Sie sind Routine der imperialistischen Politik.
8. Zugespitzt hat sich der Widerspruch zwischen den Bedürfnissen der Menschen und den Interessen der Herrschenden. Der Gegensatz ist antagonistisch und unversöhnlich.

9. Die imperialistischen Interessen sind mit der menschlichen Existenz unvereinbar. Der Mensch wird seine Bedürfnisse niemals unter der Schirmherrschaft des Pentagons und der NATO realisieren können. Der Militarismus verneint schlichtweg das Leben.
10. Unüberbrückbar getrennt sind Militarisierung und Frieden. Entweder gibt es Krieg oder menschliches Leben in Frieden. Keine der beiden Seiten dieser Gleichung ist mit der anderen vereinbar.
11. Historisch stelle ich aber auch fest, daß Gewalt nie auf Dauer hat siegen können. Keine Kultur nimmt die Gewalttätigkeit tatenlos hin. Bis zur Aktion kann sich aber eine lange Latenzzeit hinziehen.
12. Ich halte die Weltlage für sehr explosiv. Die Möglichkeiten einer positiven Wende sind dennoch gegeben. Diese tritt jedoch nicht von selbst ein; sie muß erkämpft werden.
13. Der Mensch hat Interesse an der Veränderung der herrschenden Verhältnisse. Die Menschheit sehnt sich nach Frieden und Schaffung humaner Strukturen.
14. Ohne Freiheit, Gerechtigkeit und Frieden für alle Völker ist die Welt nicht existenzfähig.
15. Die Friedensutopie ist machbar. Erst in einer Welt ohne Rüstung und Krieg können die Menschen ihre Bedürnisse wahrnehmen. Es werden die Strukturen aufgebaut, innerhalb derer die Liebe unter den Menschen praktiziert und real wird – lokal, regional, international.
16. Nur in Frieden realisieren sich Emanzipation und Selbstverwirklichung der Menschen.

IV. Zum internationalen Kräfteverhältnis

Die großen Potentiale der Welt können zerstörerisch ausgebeutet werden, das tut der Imperialismus. Sie können aber auch konstruktiv zum Wohle der Menschheit genutzt werden. Das tut nach wie vor die überwältigende Mehrheit von Völkern und Staaten. Die Kooperation unter allen Staaten der Erde, die Wahrung der Schöpfung, die Mäßigung und die Sorge um das Gleichgewicht zwischen Verbrauch und Erneuerung, die friedliche Nutzung der Ressourcen sind grundsätzliche Prinzipien, die über Bestand oder Selbstvernichtung der Menschheit entscheiden.

Will man die Selbstvernichtung der Menschheit beschleunigen, so wäre der Krieg das Mittel dazu.

Die scheinbare Stärke des Imperialismus erklärt sich nicht aus eigener Kraft, sondern aus der Zurückhaltung der real Stärkeren. Dem Krieg des Nordens setzt der Süden Frieden entgegen.

Liegt das Kräfteverhältnis zugunsten von USA und NATO?

Klar sind die USA durch ihre allgegenwärtige Militärtechnologie und modernen Waffensysteme *taktisch* überlegen. Sie sind aber *strategisch* ohne Zweifel unterlegen. Die folgenden Fakten sprechen eine eindeutige Sprache.

Die militärischen Abenteuer der USA seit Korea (1950), Vietnam (vollständige Befreiung 30. April 1976), Libanon (1982-84), Libyen (1986) und andere sind gescheitert. Es folgten massive und brutale Aggressionen der USA im Verein mit der NATO gegen den Irak seit 1991, gegen Jugoslawien 1991-2000, gegen Somalia seit 1992, gegen Afghanistan seit 2001, gegen Libyen 2011 sowie gegen andere Staaten. In keinem einzigen Fall sind die USA und die NATO siegreich gewesen. Indes haben sie Massenmord angerichtet und verbrannte Erde zurück gelassen. Politisch gescheitert, moralisch bankrott, stehen sie gegen die gesamte Menschheit.

V. Der Krieg schlägt auf den Angreifer zurück

Bei allen Debatten des Kongresses über die US-Kriege haben die Entscheidungsträger die Frage nie ernsthaft erwogen, mit der Kriegspolitik aufzuhören, die Waffenarsenale aufzulösen, die tödlichen Waffen zu verschrotten und Massenvernichtungsmittel zu entsorgen. Die einzige Maßnahme, die der Kongreß im Angesicht des Scheiterns des US-Militarismus ergreift, ist die Reduzierung der Sozialausgaben und die Aufstockung des Kriegsbudgets. Weiter oben haben wir den exklusiven Anstieg der Militärausgaben während der Administration Reagans und seines Kriegsministers Weinberger aufgezeigt. Dabei geht die Steigerung der Militärausgaben unter den folgenden Präsidentschaften unaufhaltsam weiter. Der Militäretat der Jahre 2009/2010 hat alle bisherigen Rekorde gebrochen und eine geschichtlich einzigartige, astronomisch anmutende Spitze erreicht. Die US-Administration sucht unablässig nach neuen Kriegsfeldern.

VI. Die Folgen der Aggressionspolitik für die Kriegstreiber selbst – unter besonderer Berücksichtigung der Entwicklung in den USA

Eine Politik, die auf Aggression und Krieg baut, ist über kurz oder lang zum Verfall verurteilt. Ein Staat, der dafür und davon existiert, andere zu ruinieren, muß zuallererst das eigene menschliche Wesen zersetzen, um andere angreifen zu können. Niemand kann andere zerstören, ohne zuvor sich selber zu zerstören. Der Zusammenbruch der eigenen ethischen Dimension geht der Aggression voraus. Das herrschende US-System ist politisch, moralisch und kulturell gescheitert. Der ökonomische Konkurs kommt hinzu.

isw-Grafik-Report 12, Januar 2009, 56 Seiten, www.isw-muenchen.de

Verfall des US-Staates und seines imperialistisch-militaristischen Konzepts

a) Militärisch

Rein militärisch gesehen geht das US-NATO-Scheitern auf die folgenden Faktoren zurück:

1. *Leichen pflastern seinen Weg*
   Seit ihrer Entstehung führen die USA Kriege gegen die Völker der Welt. Inzwischen lernten die Menschen weltweit, welche Gefahren von den USA ausgehen. Während im zwanzigsten Jahrhundert die Staaten unvorbereitet mit US-Angriffen konfrontiert wurden, treffen sie nun Vorkehrungen und richten sich auf mögliche Aggressionen ein.
2. Vor *langanhaltenden Kriegen haben die USA Albträume*
   Das Soldatenpotential wird aus Arbeitslosen gestellt, die sich von der Armee verdingen lassen, weil sie keine berufliche Alternative sehen. Das Risiko, das sie mit ihrem Eintritt in die Armee eingehen, erkennen sie erst auf dem Schlachtfeld. Je länger der Krieg andauert, umso mehr bangen sie um ihr Leben. Sie sehen nicht ein, es sinnlos herzugeben. Sie verlieren zunehmend die Bereitschaft, in Krieg und Tod zu enden. Sie ergreifen die Flucht oder begehen Selbstmord („Vietnam-syndrom").
3. *Aufklärung der Fußsoldaten*
   Die angegriffenen Völker betreiben Aufklärung von US-NATO-Soldaten. Mit Erfolg bringen sie die Invasionssoldaten zum Umdenken. Diese erkennen das Unrecht eines unbegründeten Angriffs und sehen nicht ein, warum sie dafür andere töten und selber dabei sterben können. Je länger der Krieg andauert, umso gefährlicher ist er für den Aggressor.
4. *US-NATO-Blitzkriege*
   Als Reaktion auf die Kriegsmüdigkeit der eigenen Soldaten hat der Imperialismus die Strategie des Blitzkriegs aufgestellt.
   Das Konzept des Blitzkrieges haben schon die Nazis bei ihren Aggressionen entwickelt, Polen war eines der ersten Opfer. Jetzt ist der Blitzkrieg allgemeines Prinzip zur Durchführung imperialistischer Aggressionen geworden.
   Als Gegenwehr wurde im antiimperialistischen Kampf das Konzept des langandauernden Volksbefreiungskriegs entwickelt und siegreich angewendet.[30] Während der Aggressor in der Euphorie des vermeintlichen Sieges taumelt, schlägt der Widerstand zurück.

[30] Bedeutende Vertreter des Konzepts vom Volksbefreiungskrieg sind Giap (Vietnam), Mao Tse-tung (VR China), Lin Biao (ebenfalls VR China).

5. *Soldaten des Imperialismus wollen für den Imperialismus nicht sterben*
   Soldaten und Söldner als Ausführungsorgane der US-imperialistischen Invasionen sind immer weniger für die militärischen Abenteuer ihres Staates zu begeistern. Sie erkennen keinen guten Sinn in ihren mörderischen oder selbstmörderischen Einsätzen. Sie sind demoralisiert und stehen den Aktionen prinzipiell ablehnend gegenüber.
6. *Der technologische Krieg*
   Seinerseits traut der US-Imperialismus den noch rekrutierbaren Soldaten nicht. Er muß deshalb immer mehr auf die Technologie und weniger auf die Menschen setzen.
   Hightech und Aggressionstechnologie
   Infolge der ständigen Verluste von Soldaten auf den Schlachtfeldern sucht der US-Militarismus eine Lösung darin, Menschen durch Technologie zu ersetzen.
   Der Mangel an Soldaten soll durch unbemannte Kriegsmaschinen ersetzt werden. Die zerstörerische Kraft des technologisch geführten Kriegs kann denjenigen, die darunter nicht leiden müssen, nicht deutlich genug dargestellt werden.
   Dabei verfehlen die unbemannten Flugkörper ihr Ziel. Oft werden sie vom Widerstand umgedreht und an den Absender portofrei zurückgeschickt.
   Technologische Waffen sind nicht nur zerstörerisch, sondern auch selbstzerstörerisch. Sie sind keinem Loyalitätsprinzip unterworfen. Sie gehorchen nur dem Mausklick.
   Die USA und die NATO verteilen ihre Kräfte auf alle Erdkontinente
   Den Mangel an Rekruten und Menschenmaterial kompensieren sie durch steigenden Einsatz von technologischen Angriffsmitteln, unbemannten Flugkörpern, Drohnen und ferngesteuerten Systemen. Die imperialistischen Staaten wollen einerseits weltweit ausbeuten, andererseits müssen sie feststellen, daß sie nirgends erwünscht sind. Überall stoßen die Aggressoren auf Widerstand. Außerdem befürchten sie, daß jede punktuelle Niederlage den Untergang des imperialistischen Systems beschleunigt. Andererseits sehen sie sich aber außerstande, politische Regelungen und gütlichen Austausch als Alternative zu wählen. Die betroffenen Völker ihrerseits haben keine Wahl außer Selbstbefreiung und Widerstand.
   Völker der Welt gegen den Feind der Menschheit
   Die Völker in Korea, Vietnam, Irak, Somalia, Afghanistan und anderswo konnten die wiederholten Versuche eines technologisch ge-

führten Kriegs mit seinen elektronischen, ferngesteuerten Systemen zum Scheitern bringen. Befreiungsbewegungen sind sogar in der Lage, elektronische Systeme und ferngesteuerte Waffen umzufunktionieren und gegen den Aggressor selbst einzusetzen. Der Schuß geht nach hinten los. Der Widerstand im Irak und im Libanon bekämpfte den Feind mit seinen eigenen Waffen.
Die Erfahrung zeigt, daß US-NATO-Stäbe sklavisch an digitalisierte Systeme gebunden arbeiten. Sie sehen sich außerstande, ohne sie zu handeln, wenn eine veränderte Situation dies erforderlich macht. Widerstandskämpfer hingegen sind schöpferisch. Sie sind zur Improvisation und Innovation befähigt. Während die Aggressoren in veränderter Lage versagen, meistern die Freiheitskämpfer eine veränderte Situation. Sie sind auf neue Ereignisse und Überraschungen vorbereitet.

7. *Oligarchien als Verbündete des Imperialismus*
Die USA stützen sich auf Oligarchien und Kompradoren in den jeweiligen Kriegsregionen. Diese geraten zunehmend unter den Druck der eigenen Völker. Entweder ändern sie ihren Kollaborationskurs – oder sie werden gestürzt.

8. *Isolation des Imperialismus*
Während die USA zunehmend in die Isolation geraten, verbreitert und verstärkt sich die weltweite antiimperialistische Solidaritäts- und Kampffront.

9. *Deserteure*
Im Angesicht der Sinnlosigkeit des Krieges für die Soldaten, die ihn ausfechten müssen, nimmt die Zahl von US-Deserteuren immer mehr zu. Am Ende der Aggression gegen Vietnam betrug die Zahl der US-Deserteure über eine Viertelmillion. Alarmierende Zahlen von Deserteuren werden seit der US-Aggression gegen den Irak geschätzt. Offiziell werden die Desertierungen zwar nicht bekanntgegeben, doch ist die extreme Quote indirekt zu erkennen, z.B. durch die steigenden Beträge im US-Staatshaushalt, die zur Verfolgung von Deserteuren veranschlagt sind.
Der größte Teil der Rekruten wird wegen der aussichtslosen Lage auf dem Arbeitsmarkt zur Armee getrieben. Das US-Verteidigungsministerium hat keine Wahl. Aus Überzeugung dient keiner mehr. Es muß seine Soldaten hauptsächlich aus dem Heer der Arbeitslosen anwerben. Diese Menschen, die vom Regen der Armut in die Traufe des Krieges kommen, sind im Ernstfall nicht zum „Heldentod“ bereit. Trotz verschärfter Strafverfolgung wächst die Zahl von Verweigerungen und Desertierungen.

Während der Invasion gegen den Irak, die 2011 in das zwanzigste Jahr geht, wird die Zahl der Desertierten mit Hunderttausenden beziffert.

10. *Die Familie macht nicht mit*
    Die Zahl von Eltern, Ehepartnern und Kindern, welche den engsten Familienangehörigen oder Lebensgefährten in einem imperialistischen Krieg verlieren, wächst – damit auch der Protest gegen die Kriegspolitik insgesamt.
11. *Rekrutierungsmangel*
    Die USA haben ihre eigenen physischen Kräfte ausgeschöpft. Es bestehen große Rekrutierungsprobleme.
12. *Demographische Zersetzung*
    Die USA haben Millionen junger Menschen in Schlachten hineingeworfen. Dafür tragen sie die Konsequenzen. Während die reguläre Bevölkerungsstruktur eine normale Gaußsche Verteilungskurve (zeichnerisch eine Stufenpyramide) beschreibt, widerspiegelt die Demographie der USA die demographische Selbstzerstörung infolge menschlicher Verluste durch Dauerkriege. Statt Vernunft und Einsicht in die Notwendigkeit des Friedens walten zu lassen, gehen die USA weiterhin den destruktiven Weg und versuchen, andere mit in den Ruin zu reißen.
13. *Söldnerunwesen, Mordkommandos und Todesschwadronen*
    Den Mangel an menschlichem Futter für den Krieg wollen die USA damit kompensieren, indem sie Söldner aus der ganzen Welt zu rekrutieren versuchen. Dort, wo der Imperialismus Armut und Chaos verursacht, wirbt er Söldner an. Sie tauschen Armut gegen Tod. Daß diese Menschen ein militärisch unsicherer Faktor sind, bekommt der Imperialismus rasch zu spüren. Das macht Söldner jedoch nicht ungefährlich. Sie spekulieren auf raschen Reichtum. Dafür schlagen sie als Kopfjäger Rekorde.
14. *Kriegsfirmen*
    Immer mehr greift der US-Staat auf Kriegsfirmen zurück. Söldner, Todesschwadronen und Fremdenlegionäre, die außer Töten nichts gelernt haben, können ungeheure Verbrechen begehen, Sieg bringen sie nicht. Die Berufskiller sind aber auch für den Auftraggeber nicht ungefährlich.
    Das Gewaltmonopol ist ein tragendes Prinzip des Staates. Söldner und Kriegsfirmen, welche über Waffen und Munition verfügen, bilden für die USA jetzt einen Staat im Staat. So tragen sie auf ihre Weise dazu bei, den Niedergang des imperialistischen Staats zu beschleunigen.

Kriegsfirmen verdienen jährlich Milliarden, die ihnen aus der Staatskasse überwiesen werden. Besorgt wird das Geld durch die Beschleunigung der Notenpresse. Neben den laufenden anderen Kriegsausgaben steigert die Privatisierung der Armee die Inflationsrate noch weiter. Bereits jetzt stürzen die USA in eine Finanzkrise, aus der es keinen echten Ausweg gibt.
Kriege und Kriegsfirmen verschärfen die sozialen Gegensätze und zersetzen die innere Sicherheit. Potentiell verhalten sich die Söldner im Auftraggeberland wie im Zielland der Aggression. Sie bilden bewaffnete Banden, betätigen sich als Gangster und sind auch zu einer Konfrontation mit den US-eigenen Sicherheitsorganen bereit.

Fremdenlegionäre und Berufsmörder begehen rücksichtslose Verbrechen gegen die heimgesuchten Völker. Aber für einen militärischen Sieg sind sie untauglich. Außerdem schaffen sie in den USA selbst eine äußerst explosive Situation. Sie sind nicht oder nur begrenzt kontrollierbar. Sie zersetzen den imperialistischen Staat von innen.

Die Förderung von Kriegsfirmen, ihre Überhäufung mit Milliardenbeträgen und gefährlichen Waffen sind an sich ein klarer Beweis für die taktische Schwäche des Imperialismus. Er verfügt über keine Basis, die seine Politik trägt. Mit Kriegsfirmen flieht der Staat vom Regen in die Traufe. Die US-Administration manövriert sich selbst in eine Lage, die ihre eigenen Grundfesten erschüttert. Jede Staatsmacht – ganz besonders eine solche, die nur durch Gewalt regieren kann, was die USA vollumfänglich charakterisiert – zersetzt durch Teilung des Gewaltmonopols sich selbst. Die bewaffneten Kriegsfirmen machen dem Staat die eigentliche Grundlage seiner Macht streitig.
Weinberger, US-Kriegsminister während der Reagan-Administration, erklärt in seinem Bericht gegenüber dem Kongreß: „Was uns abschreckt, braucht den Feind nicht abzuschrecken.“[31]
Dem US-Minister stimme ich in diesem Punkt zu. In der Tat bringt er die realen Phobien des US-Militarismus auf den Punkt. Im selben Dokument begründet Weinberger, daß die USA ausschließlich Blitzkriege führen können, sagt aber nicht warum. Diese Frage wollen wir beantworten.

[31] Report of the Secretary of Defense Caspar W. Weinberger to the Congress on the FY 1985 Budget, FY 1986 Authorization Request and FY 1985-89 Defense Programs, 01. Februar 1984, Deutsch in: Europa-Archiv, Folge 14/1984, ebenda.

Szenarien von kurzer Reichweite

Mag sein, daß den USA und der NATO bei einem militärischen Überfall die Besetzung eines Landgebiets gelingt. Den militärischen Sieg sichern und den Besatzungsstatus halten stellt sie aber vor unlösbare Probleme.

i) *Der Volksbefreiungskrieg*
   Bei ihrem Einsatz auf fremdem Territorium werden NATO und USA nicht nur mit regulären Armeen konfrontiert, sondern mit einem Massenwiderstand. Gegen die Kraft der Überzeugung, das Freiheitsbewußtsein und den *Volksbefreiungskrieg* versagen die Invasoren.
ii) *Moralische Überlegenheit der Widerstandskämpfer gegen die Invasionssoldaten und Söldner*
   Erstere opfern sich für eine gerechte Sache, die Freiheit ihrer Völker. Die Aggressoren führen einen schmutzigen Krieg.
iii) *Unfähigkeit der Invasoren, den langanhaltenden Volksbefreiungskrieg zu bestehen*
   Ihr Blitzsieg ist nicht lebensfähig, da er keine Basis hat. Die auf Aggression aufgebaute Militärmaschinerie ist auf den Blitzsieg angelegt, versagt jedoch im Angesicht eines langandauernden Widerstands, der von den Volksbefreiungskräften geführt wird. Die Überlegenheit des Volkskriegs gegen reguläre Armeen hat die Geschichte oft genug und überzeugend bewiesen.
iv) *Kriegsverbrechen des Aggressors*
   Die Invasoren verüben Verbrechen gegen die Menschlichkeit, Kriegskriminalität, Völkermord und richten verbrannte Erde an.
   Die Opfer des heimgesuchten Volkes sind hoch. Die Aggressoren provozieren nicht nur das Volk im heimgesuchten Land, sondern alle Völker guten Willens. Diese erkennen die Notwendigkeit der antiimperialistischen Geschlossenheit gegen Imperialismus, Aggression und Invasion. Die Sympathie für das betroffene Volk wächst. Solidarität hilft siegen.
   Mit den imperialistischen Invasoren verbünden sich nur aggressive Systeme und NATO-Staaten.

Ein langandauernder Krieg wird dem angegriffenen Volk große Opfer kosten, aber es wird ihn bestehen, der Aggressor nicht. Wer für die Freiheit kämpft, ist bereit, dafür zu opfern, der Aggressor will materielle Gewinne, für die er aber nicht zu sterben bereit ist.

Der Mythos des US-NATO-Militarismus wurde durch den heroischen, opferreichen Widerstand der vietnamesischen, irakischen, afghanischen, libanesischen, somalischen, kongolesischen und vieler anderer Völker gebrochen. Die US-Administration kompensiert ihre strategische Unterlegenheit durch mehr Gewalt und Kriegsverbrechen. Politisch und moralisch haben die USA den Krieg schon in dem Augenblick verloren, in dem sie ihn beginnen. Nun verlieren sie zusammen mit ihren NATO-Alliierten die Kriege auch militärisch.
Es ist nicht gesagt, daß die USA im Angesicht ihrer Agonie weniger aggressiv werden. Die Erfahrung zeigt leider das Gegenteil. Im Stadium seines Niedergangs ist der imperialistische Staat solange aggressiv, bis er daran gehindert wird.
Ex-Verteidigungsminister Weinberger gesteht in seinem bereits zitierten Bericht vor dem US-Kongreß den Zerfall von militärischen Formationen der USA. In eigenen Worten: „Der merkliche Abfall der Stärke und der Fähigkeiten unserer „Special Operation Forces“ (Sondereinsatzverbände) veranlaßt uns zu neuen Strategien.“[32]

Weitere selbstzersetzende Folgen der Dauerkriegspolitik
b) Wirtschaftlicher Selbstruin

1. Staatsverschuldung
Die extreme Staatsverschuldung der USA ist geschichtlich und im internationalen Vergleich einzigartig. Die astronomisch hohen Beträge der Kredite sind nicht rückzahlbar. Die monetäre Zeitbombe kann nicht auf Dauer verdrängt werden.

2. Inflation
Die extreme inflationäre Entwicklung der US-Währung wird teilweise durch die intensive Stützung durch Fremdwährungen pseudokompensiert. Nicht nur Euro und Yen, sondern auch die erdölproduzierenden Staaten stützen den Dollar, da sie selbst zum Dollarpreis verkaufen. Ähnlich verhalten sich die Fluggesellschaften.

Trotz alledem wird der Zusammenbruch der US-Währung nicht zu vermeiden sein.

---

[32] US-Verteidigungsminister Weinberger, Bericht an den Kongreß vom 01.02.1984, dt. in: Europa-Archiv, 14/1984, D 414, ebenda.

Täglich werden tonnenweise Geldnoten vom US-Finanzministerium in das US-Kriegsministerium geliefert. Sie werden auf die Truppen verteilt. Die Milliarden Dollar sind ungedeckt und nicht das Papier wert, auf dem sie gedruckt sind.

3. Finanzieller Bankrott

Der US-Imperialismus blutet finanziell an den militärischen Ausgaben und Kriegskosten aus. Börsen- und Bankenkräche sind symptomatisch für die US-Krise. Vorläufiger Höhepunkt der Zahlungsunfähigkeit ist die Finanzkrise 2008-2011. Um 1940 haben die USA damit begonnen, keine Rücksicht auf die heiligen Grundsätze des Monetarismus zu nehmen. Ihre kriegerischen Gelüste waren immer stärker als Menschenverstand. Die monetäre Zeitbombe tickt. Inzwischen hat dies die *Occupy Wall Street*-Bewegung mit ihren Protesten aufgegriffen und damit in rund 1.000 Städten weltweit Verbreitung gefunden.

4. Gesamtwirtschaftlicher Verfall

Finanzieller Bankrott, Staatsverschuldung und Inflation sind ihrerseits nur Symptome des wirtschaftlichen Selbstruins der USA.
Nicht allein die immer weitergeführten Kriege beschleunigen die inflationäre Entwicklung in den USA. Die erwartete Beute aus den angegriffenen Regionen kann nicht in der Weise eingefahren werden, wie es sich die US-Administration versprochen hat. Die überfallenen Staaten haben gelernt, ihren Reichtum vor staatlichen Räubern zu schützen.

Der MIK ist einziger Gewinner der US-NATO-Kriege

Die MIK-Oligarchie verdient weiterhin durch Rüstungsaufträge und militärische Dienstleistungen. Die Kosten dafür muß die breite Masse aufbringen, und zwar nicht nur die US-Steuerzahler, sondern die Weltbevölkerung insgesamt. Durch finanzielle Verflechtungen, ungerechten Tausch und imaginäre Wechselkurse stützen die Menschen weltweit den US-Dollar und finanzieren damit ihren eigenen Mörder.
Erfreulich ist die Tendenz, daß inzwischen Staaten aus der Dollarbindung aussteigen. Das passiert zwar noch vereinzelt, zeigt aber dennoch einen Trend an.

Warum tritt die Wirtschafts- und Finanzkrise erst jetzt in Erscheinung? (I)

Die Geschichte der USA ist die Geschichte von Aggressionen, Invasionen, Besetzung, Völkermord und Raub. Beutezüge und imperialistische Besetzungen führten eine Zeitlang zur Bereicherung in den USA. Über dem Ruin anderer Völker akkumulierten sich in den USA ungeheure Reichtümer.
Die Kosten der bisherigen Kriege konnten durch Raub überkompensiert werden. Die Zielländer der US-Überfälle haben nun gelernt, sich besser vor Aggressoren zu schützen.
Unfähig, ihre Überfälle einzustellen und friedliche Beziehungen zu anderen Völkern aufzubauen, führen die USA ihre Aggressionen weiter. Finanziert werden sie durch ungedeckte Schecks, Scheingeld und Schuldscheine. Inflationierte Geldscheine überschwemmen den Zahlungsverkehr.
Die USA exportieren ihre hohe Inflationsrate in alle anderen Länder, die den Dollar stützen, an den Dollar gebunden sind oder anteilig Kriegskosten übernehmen (besonders die Bundesrepublik Deutschland).
Die Folgen sind verheerend: Rasch aufeinander folgende Inflationswellen, Bankenkräche, Firmenzusammenbrüche. Den USA war es möglich, über Jahrzehnte ihre chronische Finanzkrise zu verdrängen und zu exportieren. Durch den Tausch des inflationierten US-Dollars gegen stabile Währungen konnte die Finanzkrise auf andere Länder abgewälzt werden.
Die Situation hat sich inzwischen geändert, indem Staaten sich zur Wehr setzen.
Die faschistische Militärstrategie der Blitzkriege konnte keinen Blitzsieg mehr bewirken. Die US-NATO-Kriege wurden immer länger, brutaler, krimineller und kostenaufwendiger. In den USA jubelte der MIK. Es war aber ein Taumeln in trügerischer Freude. Wenn die USA die erwarteten Gewinne nicht einfahren, wird der MIK nicht kassieren können.

Die Kriegsmüdigkeit von Soldaten und Offizieren veranlaßt das US-Verteidigungsministerium, einen hohen Sold anzubieten. Die Kriegsfirmen vermelden Milliardengewinne. Die kurzsichtige Politik entfaltet die ihr innewohnende Dynamik.
Die bisherigen Kriege des Nordens haben freilich auch Inflationen begründet. Diese wirkten sich jedoch nur latent aus, da sie durch schonungslose Ausbeutung der Opferstaaten kompensiert werden konnten. Kolonialistische Methoden funktionieren aber nicht mehr.

Die Finanzkrise ist nur ein Symptom der Wirtschaftskrise. Diese ihrerseits ist symptomatisch für die gesamte Krise des Systems. Die ökonomische Krise schlägt in eine soziale um, die soziale in die menschliche und zwischenmenschliche Krise. Die Krisenhaftigkeit des Imperialismus zermürbt Gesellschaft und Staat.

Von ausschlaggebender Bedeutung für den gegenwärtigen Ausbruch der Finanzkrise in den USA und weniger ausgeprägt in Europa ist die Tatsache, daß die Völker des Südens den Aggressionen des Nordens gegen den Süden nicht mehr unvorbereitet begegnen. Auf den wachsenden Widerstand der Völker reagieren die USA mit immer längeren, brutaleren und kriminelleren Kriegen. Die NATO ist weiterhin bestrebt, ihre militärischen Abenteuer fortzusetzen.

VI. Zur politischen Ökonomie des Krieges

An dieser Stelle ist es sinnvoll, die Thesen zur politischen Ökonomie des Krieges aufzustellen und auszuformulieren. Diese gerade für das Verstehen der Ökonomik kriegführender Staaten entscheidende Grundlage wurde von Karl Marx total ausgelassen. Sie sollte dringend nachgeholt werden.

Im Krieg werden große Mengen von Werten vernichtet. Die produzierten Waren, hier Waffen, werden unwiderruflich zur Explosion gebracht und legen viele andere Güter in Schutt und Asche.

Marx beschreibt einen Wirtschafts-Kreislauf. Die Produktion geht in die Zirkulation, Distribution bis zur Konsumtion. Die Produktion dient also der Reproduktion. Von diesem Ausgangspunkt aus kommt die Marxsche Lohntheorie zum Ergebnis, daß das Lohnniveau zwischen einem konjunkturabhängigen Maximum und einem volks- und betriebswirtschaftlich bestimmten Minimum pendelt. Unterhalb des unteren Extrems sinke der Lohn – nach Marx – nicht mehr.

Darin stimmt Marx (1818-1883) mit den gängigen Lehrmeinungen vorausgegangener und zeitgenössischer Nationalökonomen, insbesondere Adam Smith (1723-1790) und David Ricarodo (1772-1823) überein. Der wirtschaftliche Kreislauf, der hier beschrieben wird, ist rein hypothetisch und funktioniert nur unter Laborbedingungen.

Marx hat den Krieg aus seiner Analyse völlig ausgeklammert. Die nachstehend aufgezählten Kardinalfehler bringen sein ökonomisches System zu Fall:

a) Die *Produktion diene der Reproduktion.* Die imperialistische Produktion dient schwerpunktmäßig nicht der Reproduktion, sondern der Vernichtung.
b) Die imperialistische Gesellschaft lebt hauptsächlich vom *Raub* der Güter anderer Völker.
c) Nicht nur materielle Waren werden irreversibel verschrottet. Bei diesen Aggressionen wird auch die *Ware Arbeitskraft* physisch liquidiert. Von einer Reproduktion kann keine Rede sein.
d) Da versagt auch die *marxsche Lohntheorie* und zwar in mehrfacher Hinsicht.
   Der Lohn sinkt durchaus gegen *Null*, denn Tote erhalten keinen Lohn.
   a) Es sterben die eigenen Soldaten
   b) Es sterben die Produzenten im heimgesuchten Land.
   c) Arbeiter werden auch planmäßig zu Tode geschunden. Von dieser Methode hat der Nationalsozialismus extensiven Gebrauch gemacht durch die Einrichtung von Arbeitslagern und KZs.

Marx baute auf das Reproduktionsprinzip, das alle Gesetze der politischen Ökonomie – unter Laborbedingungen – bestimmt. Die Ausklammerung des „Krieges“ als der Produktionsweise des Imperialismus führt dazu, daß Marx eine rein fiktive politische Ökonomie abgeleitet hat.

Die imperialistische Ökonomie ist weder produktiv noch reproduktiv. Sie basiert auf dem Vernichtungsprinzip. Die Vernichtung ist zum großen Teil so radikal, daß Recycling von Human Power oder Sachwerten nicht möglich ist.
Real lebt die europäische Wirtschaft von Aggression und Raub. Bei jedem Krieg werden nicht nur ungeheure Mengen von Waren verschrottet, sondern auch Massen von Menschen vernichtet, deren Produkte anschließend geraubt werden.
Der Kriegsgewinn läßt sich weder mit den Kategorien „Mehrwert“ noch „Profit“ berechnen oder beschreiben. Vielmehr handelt es sich um Raub, wobei die Produzenten für immer verschwinden. Überlebende müssen wieder beim Nullpunkt neu anfangen.

Die Marxsche Ausgangsgleichung geht überhaupt nicht auf:

$$\mathbf{c + v + m = w}$$

Der Tod von Massen stellt den Aggressoren Reichtümer zur Verfügung, für die sie keine Produktionskosten aufbringen müssen. Da die Armee keine „Produktivkraft“ (im Sinne der Marxschen Terminologie), sondern eine Destruktivkraft ist, versagt die Marxsche Ökonomik vollständig. Hier kann man weder von „Tauschwert“ noch „Gebrauchswert“, den Grundkategorien der marxistischen Wirtschaftslehre, sprechen.

Fazit: Die europäische und US-Wirtschaft basiert auf Raub von Reichtümern anderer Gesellschaften. Der Raub erfolgt vermittels Kriegen. Ökonomisch betrachtet werden im Krieg a) Menschenmassen einschließlich Produzenten vernichtet, b) große Mengen von Waren verbraucht. Es sind hauptsächlich Waffen. Es sind nicht nur Waffen, aber auf jeden Fall kriegsabhängige Waren.

Krieg und Kriegsökonomie bestimmen das gesamte gesellschaftliche Leben

Die europäischen Staaten haben seit ihrer Gründung eine Gesellschaft auf Aggression und Raub aufgebaut. Der europäische Staat ist als kriegführende Organisation ins Leben gerufen worden. Mit seiner Entstehung schuf er Strukturen, die eine militärische Lebens- und Produktionsweise voraussetzen. Die Volkswirtschaft basiert auf Aggression und Krieg. Der Krieg ist vorprogrammiert.

Überdies muß ein kriegführender Staat seine eigene Gesellschaft total auf den Krieg umstellen: Heer, Rüstung, Infrastruktur, Bildung, Ausbildung, Medizin, Informationspolitik, Kultur, Freizeit, kurzum alles.

Die Armee wird zusammen mit riesigen Mengen an Waffen in das Kriegsgebiet transportiert. Dort findet die – unter Benutzung eines Ausdrucks von Marx – „Warenbewegung“ statt. Da erweist sich die Marxsche Begrifflichkeit als völlig untauglich (Es sei denn, man nennt das Töten von Menschen und die Zerstörung von Völkern z.B. „Gebrauchswert“; das wäre aber das Ende der Vernunft und des Menschlichen überhaupt).
Auf den Schlachtfeldern und an den Fronten werden ungeheure Mengen von Waren vernichtet. Die Zerstörung ist irreversibel. Sehr oft sogar sind die Reste nicht mehr zu entsorgen (z.B. *Depleted Uranium*).
Verfeuert werden Rüstungsprodukte und Dienstleistungen. Im Bereich der Logistik wird Arbeit ohne Gegenwert aufgebracht oder nur durch Raub kompensiert. Kurz, Produkte und Dienstleistungen werden ver-

braucht, ohne daß sie in den ökonomischen Kreislauf eingehen und wieder zirkulieren (Dies ist die Voraussetzung, von der die Marxsche politische Ökonomie ausgeht).

Damit haben wir indirekt unsere These zur ökonomischen Krise eingeleitet. Die ökonomische Krise ist in den imperialistischen Staaten voll eingetreten. Sie existiert, trotzdem besteht Wohlstand. Verdeckt wird die Wirtschaftskrise nur symptomatisch durch die Intensivierung von Ausbeutung und Ausplünderung. Wenn mit dem Raub anderer Völker ihre physische Liquidierung durchgeführt wird, gibt es im Imperialismus scheinbar keine ökonomische Krise.
Die Krise existiert dennoch deshalb, da die Produktion nicht auf Versorgung angelegt ist. Die Rüstung ist ja für den äußeren Feind bestimmt. Ein Gewinn des Angreifers – so lange das „Kriegsglück" auf seiner Seite steht – besteht in mehrfacher Hinsicht:

1. Kriegswaren werden in großen Mengen vernichtet (in marxscher Terminologie „konsumiert"). Die Gewinne des MIK sind das Leitsignal für das Finanz- und Industriekapital.
2. Menschen werden dabei vernichtet. Diese sind die Produzenten von Waren, die vom Aggressor geraubt werden; er braucht dafür nicht zu zahlen („v" in der Marxschen Formel entfällt total).
3. Die Soldaten des Aggressors vernichten Menschen und werden dabei vernichtet.
4. Die Ressourcen des Opferstaats werden ausgeraubt. Aber auch die Arbeitsleistungen der Menschen werden – ohne Gegenwert – beschlagnahmt. Da ein Großteil der Menschen im heimgesuchten Land im Verlauf des Kriegs umkommt, werden seine Produkte ohne Gegenleistung geraubt. Ein Entgelt wird nicht bezahlt. Es sind Riesengewinne, für die die Aggressoren keinen Lohn (in der Marxschen Formel als „v" bezeichnet) zahlen. Ein weiteres Geschäft kommt hinzu für den Fall, daß die Invasoren Territorien unter ihrer Kontrolle halten: Das Wiederaufbaugeschäft blüht.

Resultat (in bezug auf die ökonomische Betrachtung)
Aus dem Gesagten ergibt sich die Erkenntnis, die Marx und seine Quellen nicht einzusehen imstande waren: **Der Mehrwert ist nicht berechenbar!**

An der Realität geprüft kann die Marxsche Ökonomik nicht verifiziert werden. Marx stellte eine Theorie unter „Laborbedingungen" auf. Real existieren diese Bedingungen nicht. Eine Ökonomie, die auf Mord und Raub basiert, ist nicht berechenbar. Sie ist nicht mit mathematischen Formeln zu beschreiben. Gleichwohl gehen die Marxschen Formeln auf, wie andere Rekursionsformeln auch. Sie stimmen, so lange die Voraussetzung besteht. Die Formeln des Marxschen Kapitals bestätigen sich selber, solange seine Axiome nicht in Frage gestellt werden. Wenn überhaupt, gelten sie als eine Hypothese. Eigentlich handelt es sich um eine imaginäre Nationalökonomie, die weder zu Marxens Zeit noch seitdem in einer Gesellschaft bestanden hat. Daß man ein gedankliches Konstrukt in eine mathematische Formel umsetzt, ändert nichts an der Realität.

Mich wundert, wie Marx die Realität seiner Zeit hat übersehen können. Gerade zu Lebzeiten von Marx und in seiner unmittelbaren Nähe, buchstäblich vor der Haustür, beschäftigte sich ganz Europa mit der Vorbereitung der größten Aggression, die jemals in der bisherigen Menschheitsgeschichte stattgefunden hatte, nämlich die koordinierte europäische Aggression gegen den Süden im Jahr 1885.

Menschen werden in Massen ausgerottet, Genozid und Völkermord verübt, Produkte der Opfer ausgeplündert. Reproduktionskosten entfallen, sind nicht berechenbar. Mathematisieren kann man – abstrakt gesprochen – alles. Zahlen sind unschuldig. Schuld sind nur jene, die ausschließlich Werte kennen, die sie versilbern können. Kriegstreiber stellen für jede Aggression eine Kosten-Nutzen-Analyse auf. Diese Kriegsökonomie ist nur auf der Basis eines ethischen Zusammenbruchs und moralischen Bankrotts möglich.

Warum tritt die Wirtschafts- und Finanzkrise erst jetzt in Erscheinung? (II)

In den USA begann die größte ökonomische Krise in der Geschichte des Kapitalismus überhaupt. Sie fing schon mit ihrer Gründung an. Die Politik der Annihilation sorgte für die Kompensation der Krise dadurch, daß die Produzenten des Reichtums ausgelöscht wurden. Seitdem es keine Völker mehr gibt, die bereit sind, ohne Gegenwert zu produzieren, verschärft sich die Krise ohne eine reale Sanierung. Das erklärt sich aus der Tatsache, daß die USA seit ihrer Entstehung den Krieg als hauptsächliche „Produktionsweise“ führen.

Trotzdem herrschte in den USA zunächst Wohlstand. Er war nicht hausgemacht. Es waren und sind geplünderte Ressourcen anderer Völker. Es sind geraubter Reichtum und konfiszierte Produkte, für die sie keinen Gegenwert und keinen Lohn zu zahlen brauchten.
Auf diese Aggressionen waren die Völker nicht vorbereitet, da seit Jahrhunderten oder gar Jahrtausenden ein relativer Frieden herrschte. Die unverhofften Siege der Europäer und der USA haben nicht zum Frieden geführt. Vielmehr fühlte sich der Aggressor zu weiteren Überfällen ermuntert. Die USA waren weder zur Reform und Erneuerung aus eigener Kraft fähig, noch zum Stillstand bereit.
Die barbarischen, unaufhaltsamen Aggressionen der USA haben bewirkt, daß die Völker aus ihrer Friedenseuphorie aufgewacht sind. Allmählich wurde die Abwehr aufgebaut. Die USA konnten nicht mehr in ein Machtvakuum eingreifen.
Die veränderten Bedingungen hätten die USA zum Umdenken motivieren können. Es hat sich aber gezeigt, daß sie dazu völlig unfähig sind.
Die Kompensation der Kriegskosten durch gesteigerte Ausplünderung und Ausbeutung sind nicht mehr in der Weise möglich wie einst. Die bisher latente Wirtschaftskrise der USA und Europas tritt allmählich offen in Erscheinung.

Die Reaktion, den Weltfrieden erneut zu etablieren, ist nicht eingetreten. Die USA reagierten mit der Entwicklung von Massenvernichtungsmitteln, darunter atomaren Waffen. Sie versprachen sich, durch Intensivierung ihrer Kriege und die Liquidierung von Millionen Menschen ihre Krise zu kompensieren.
Verdeckt wird die Wirtschaftskrise nur symptomatisch durch die Beschleunigung der Notenpresse. Dieses Verfahren erweist sich aber als eine Zeitbombe.
Ferner wird der US-Dollar durch Dauerstützung von seiten anderer Währungen überbewertet. Auf der Basis eines rein fiktiven Wertniveaus des US-Dollars werden andere Währungen relativ abgewertet. Kraft einer Definitionsgewalt werden Wechselkurse bestimmt. Dabei exportieren die USA ihre massive Inflation in andere Staaten. Diese Beziehung gilt nicht allein für den Dollar, sondern ebenso für den Euro.
Geholfen wird dem Dollar auch dadurch, daß der Tausch vieler bedeutender Massenwaren – insbesondere Erdöl, Rohstoffe und Flugtickets – durch Dollarvermittlung geschieht. Auch der internationale Geldtransfer, insbesondere die Schuldendienste und Tilgung von Krediten an Weltbank und IWF, erfolgen über den Dollar. Die Weltbank wird hauptsächlich

durch US-Banken gestellt. Diese setzen den US-Dollar als Basis für die Geschäfte und Kredite der Weltbank voraus.
Doch konnten auch all diese Maßnahmen mit den in ihnen steckenden Ungerechtigkeiten nicht ausreichen, um die extreme Inflation und wirtschaftliche Zerrüttung der USA zu kompensieren oder wenigstens aufzuhalten. So können wir uns eine Vorstellung davon machen, welch hohen Preis die militärischen Abenteuer der USA haben und wer eigentlich für die extremen Kosten der Aggressionen aufkommen muß.
Die ökonomische Krise ist die schwerwiegendste Folge der Krise. Sie geht mit Arbeitslosigkeit einher. Am härtesten leiden die unteren und untersten sozialen Schichten. Diese werden mit Inflation, Teuerungen und fehlender Wohlfahrtspflege konfrontiert.

Vorsicht Falle!

Vorstehend haben wir die Folgen des Krieges hinsichtlich ihrer Auswirkungen auf den Angreifer erörtert. Selbst im Falle eines Sieges wirkt er auf den Aggressor zersetzend zurück, denn menschliche Verluste und moralischer Bankrott sind mit materiellem Gewinn nicht wettzumachen.
Wir haben viel dazu vorgetragen, welche Schäden der Krieg überhaupt verursacht. Er bringt absolut keinerlei Vorteile, sondern nur Nachteile. Dabei haben wir noch nicht von den Folgen des Krieges für das Opfervolk gesprochen. Es wäre zynisch und unerhört, den Schaden für den Aggressor in den Mittelpunkt zu stellen. Primär müssen wir uns für die Opfer interessieren.
Auf keinen Fall dürfen wir den Fehler begehen, den der Aggressor selber macht, nämlich die Prozesse ausschließlich nach seiner eigenen Interessenslage zu betrachten und zu analysieren. Ein Staat, der einen anderen angreift, ist bar aller humanen Werte. Daher kümmert er sich nicht darum, was die von ihm geschürte Katastrophe für das betroffene Volk bedeutet. Das interessiert ihn nur insoweit, als er davon profitiert.
Das Thema „Krieg“ geht uns primär unter dem Aspekt seiner Folgen für die Opfer etwas an. Unter der Aggression leiden in unbeschreiblichem Maße die Völker, die überfallen werden. Diese müssen im Mittelpunkt unseres Interesses stehen.
In bezug auf die Menschen in den Kriegstreiberstaaten sind Analyse und Kritik dialektisch zu betrachten. Zum einen lassen sie die Aggressionen zu. Sicher versprechen sie sich dabei Vorteile. Die Bevölkerung stellt Infrastruktur, Service, Dienstleistungen und macht den Krieg erst möglich.

Am meisten wiegt die Tatsache, daß sie das Kriegsfutter, die eigene Jugend, als Soldaten stellen. Die soziale Basis des Imperialismus verliert, auch wenn sie sich Gewinne verspricht. Zur anderen Seite der Dialektik sind noch die Nachteile für die Menschen in den kriegführenden Staaten hinzu zu nehmen: Tote und verstümmelte Soldaten, seelischer Schrott, Feindseligkeiten und anderes mehr. Das gilt für alle NATO-Staaten, einschließlich der USA.

Die Frage der Versorgung, die Zerrüttung der sozialen Verhältnisse und der zwischenmenschlichen Beziehungen (I)

Unter den Daueraggressionen und ihren Folgen leidet die große Mehrheit der US-Bevölkerung, besonders die Afroamerikaner, die Latinos, die Migranten, die Arbeitslosen, untere Einkommensgruppen und die sozial Schwachen. Diese sind das Potential, aus dem der US-Militarismus seine Soldaten rekrutiert.
Die fortgesetzten Kriege führen zum weiteren Verfall der sozialen Verhältnisse. Viele Haushalte leiden direkt unter dem Krieg, da die einzig verdienende Person an der Front ist. Von den Schlachtfeldern kehren viele nicht mehr zurück.
In ihrer gesamten Geschichte ist es den USA nie gelungen, die soziale Frage zu lösen. Eine sehr dünne Oligarchie monopolisiert den Reichtum. Eine immer größer werdende Mehrheit der Bevölkerung lebt in wirtschaftlicher Not und sozialem Elend. Für viele US-Bürger ist eine ärztliche Behandlung nicht leistbar. Eine hohe Anzahl Haushalte hat keine reguläre Unterkunft. Regional unterschiedlich sind in den USA weit über 10% der Bevölkerung obdachlos oder bewohnen nur Notunterkünfte. Die öffentlichen Ausgaben für Gesundheit, Hygiene und Allgemeinbildung sind extrem mangelhaft.
Gleichwohl haben westliche Zeithistoriker und Politologen den US-Mythos aufgebaut. Die USA werden als Supermacht bezeichnet. Qualifiziert haben sie sich für diesen Titel durch den Abwurf der Atombomben auf Hiroschima und Nagasaki. Der vermeintliche Höhenflug der USA begann mit dem Völkermord in den beiden Millionenstädten.
Bei ihrem Amtsantritt versprechen neugewählte US-Präsidenten, daß sie die Unterversorgung der Bevölkerung durch Reformen im Gesundheitswesen, Sozialbereich und in der Bildungspolitik beheben werden. Nach ihrer Wahl dauert es nicht allzu lange, bis das Volk feststellt, daß es sich um leere Versprechungen handelt. Es fehlen Wohnungen für Millionen nur notdürftig untergebrachte US-Bürger. Es fehlt die Integration von be-

nachteiligten Kindern und Jugendlichen in den Schulen. Viele können sich weder einen Krankenhausaufenthalt noch einen Arztbesuch leisten. Es fehlen Konjunkturprogramme zur Beseitigung der Arbeitslosigkeit. Die einzige Arbeitsbeschaffungsmaßnahme der USA ist der Krieg in der Erwartung, daß viele nie wieder nach Hause kommen werden.

Seit Gründung der USA hat jeder Präsident zusätzlich zu den laufenden Schlachten mindestens einen weiteren Krieg erklärt und geführt. Unmittelbar nach Amtsantritt verstreicht eine gewisse Karenzzeit. Bald wird die Propaganda zur Rechtfertigung der nächsten Aggression aufgenommen. Der Bevölkerung wird suggeriert, ihre Probleme durch Expansion zu lösen. Der Krieg bringe jedem Vorteile. Eine gewisse Akzeptanz in Teilschichten der Bevölkerung ist deshalb vorhanden.
Dieses Szenario wiederholt sich nach der Wahl eines jeden US-Präsidenten. Die Bevölkerung pendelt zwischen Illusion und Resignation.
Man soll aber die Gefahren, die von einer untergehenden Macht wie den USA ausgehen, nicht unterschätzen. Diese Lehre hat uns das Dritte Reich in brutalster Weise beigebracht. Jedes Verbrechen übertrifft die vorausgegangenen.

Durch Kriege versprechen sich die Herrschenden, die innere ökonomische und soziale Krise zu exportieren. Sie spekulieren darauf, die angestauten Aggressionen im Innern nach außen zu kanalisieren. Arbeitslosigkeit, Unterversorgung, das Fehlen elementarer Existenzsicherung steigern die Frustration und Depression bei den unteren Einkommensschichten, aber auch den Widerstand gegen das politische System. Die Klassengegensätze und die Kampfbereitschaft werden umgeleitet. Statt gegen den inneren, realen Feind sollen sie gegen einen äußeren, erfundenen umgelenkt werden. Um Kriegsstimmung zu erzeugen und zu eskalieren, pflegen die Herrschenden eine Gewaltkultur. Die Folge ist die Brutalisierung des öffentlichen Lebens und der zwischenmenschlichen Beziehungen. Es herrscht Angst im privaten Bereich und im gesellschaftlichen Leben. Mißtrauen, Sorgen und Phobien verbreiten sich. Pathologien befallen die Menschen. Psychosen und Neurosen nehmen epidemische Ausmaße an. Aggressivität, Destruktivität und Nekrophilie werden zu täglichen Verhaltensnormen.

Das soziale Leben reflektiert die große Politik. Liebe und Mitmenschlichkeit lassen nach. Die zwischenmenschlichen Beziehungen widerspiegeln die Makroebene. Gewalt und Kriminalität nehmen zu. Der Krieg zerstört den Feind und wirkt auf den Aggressor zerstörerisch zurück.

Die Politik, die soziale Krise durch den Krieg nach außen zu exportieren, hat vielleicht anfangs funktioniert. Nun erkennen hoffentlich die Betroffenen, daß der Krieg nicht nur gegen einen äußeren Feind, sondern ebenso gegen den inneren, den Klassenfeind, das heißt gegen sie selbst gerichtet ist.

Verfall der sozialen und gesundheitlichen Versorgung und des Bildungssystems in den USA

Um ihre Kriegspläne, -vorbereitung und -durchführung zu finanzieren, kürzen die NATO-Staaten im Sozial-, Bildungs- und Gesundheitsetat und streichen den Versorgungsbereich zusammen. Ihr Krieg wird aus den Mitteln der Armen und Ärmsten finanziert und auf dem Rücken von Arbeitern, Bauern und Völkern ausgetragen. Im Bereich der imperialistischen Staaten spüren die untersten Einkommensgruppen die Folgen der Kriegspolitik am härtesten. Sie leiden an den sinkenden Sozialleistungen. Wohlfahrtsmittel verschwinden. Die soziale Not steigt.
Ein geringer Anteil der Kriegsausgaben würde zur Lösung all dieser Probleme ausreichen. Diese Alternative hätte den wahren Vorteil eines konstruktiven, reproduktiven Effekts. Der destruktive Entwurf der Daueraggression würde überflüssig.
In den USA existiert kaum ein intaktes System der sozialen Versorgung. Arbeitslosenhilfen reichen nicht mehr aus, um die soziale Existenz zu halten. Eine allgemeine Grundsicherung besteht nicht. Selbst elementare Minima der Wohlfahrtspflege fehlen.
Die Arbeitslosigkeit ist so extrem, daß sie vom Stellenmarkt nicht absorbiert werden kann. Jugendliche und Heranwachsende erhalten selten eine berufliche Ausbildung oder einen fürs Arbeitsleben ausreichend qualifizierenden Abschluß.
Die einzigen beschäftigungspolitischen Maßnahmen der US-Administration sind weitere Aggressionen, Kriege und die Waffenproduktion.
Untere Einkommensschichten sind mit vielfachen Existenzproblemen konfrontiert. Die Kaufkraft ist sehr niedrig und reicht für notwendige Besorgungen nicht aus. Ein Großteil der Bevölkerung vermag es nicht, ein menschenwürdiges Leben zu führen. Das Preisniveau für Konsumwaren ist so hoch, daß selbst dringend benötigte Güter nicht erworben werden können.

Bildungspolitisch führen die USA ein extrem hierarchisch gegliedertes System. Während die breite Masse des Nachwuchses nur einen geringen Bildungsgrad erlangt, wird eine kleine Schicht gefördert. Die Zahl der Schüler nimmt von der Primarstufe über die Sekundarstufe bis zum tertiären Bereich exponentiell ab. Beim versuchten Eintritt in Universitäten werden die Schulabsolventen hart ausgesiebt. Nur ein geringer Prozentsatz bekommt eine berufsqualifizierende Ausbildung. Die Ausselektierung geht weiter. Die Zahl der Studienabbrecher und der jungen Menschen ohne Fachabschluß ist enorm hoch.
Wenige erlangen einen Platz in weiterbildenden, studienvorbereitenden *high schools* und *colleges*. Der Numerus clausus und überhaupt die Zulassungsbedingungen stellen für die Mehrheit der Bewerber eine unüberwindbare Sperre dar. Zum strengen Numerus clausus kommen die hohen Gebühren und Lebenshaltungskosten hinzu. Die Studiengebühren sind so hoch, daß auch begabte Bewerbungswillige von einer unpassierbaren Schranke zurückgehalten werden.
Nur einer äußerst dünnen Elite ist der Zugang zu den Hochschulen und Universitäten möglich. Von dieser setzt nur eine selektierte Minderheit ihre Ausbildung mit Aussicht auf Erfolg durch. Viele müssen hinterher feststellen, daß die Ausbildung keinen sicheren Zugang zum Berufsleben verschafft. Sie bleiben vor den Sperren des Arbeitsmarktes stehen. Eine Frage bleibt: Eine dünne Elite absolviert ein Universitätsstudium; was lernt sie dort eigentlich?

Es muß darauf hingewiesen werden, daß ein nicht geringer Anteil der US-Kinder nicht erst eingeschult wird. Andere scheiden schon in den ersten Schuljahren aus dem Bildungswesen aus.

Die Zahl der Analphabeten in den USA wurde im Jahr 2008 mit 27 Millionen angegeben. Hierbei handelt es sich um den „absoluten Analphabetismus". Deutlich höher ist der Anteil des „funktionalen Analphabetismus" Geprüft wird er u.a. durch die Wiedergabe eines eben gelesenen Textes. Bei denen, die nicht bestehen, werden verschiedene Schweregrade von eins bis sechs unterschieden, eins ist geringfügiger, sechs ist der schwerste funktionale Analphabetismus.

Funktionaler Analphabetismus
ersten Grades: Die Probanden können den gelesenen Text nicht sinngemäß wiedergeben.

zweiten Grades: Probanden nennen den behandelten Gegenstand, können aber keine Erläuterungen dazu nennen, die im Text vorkommen.
dritten Grades: Probanden nennen einen Gegenstand, der zwar im Text vorkommt, doch untergeordnet oder unwesentlich ist.
vierten Grades: Probanden geben Ausdrücke wieder, die zwar im Text vorkommen, können diese jedoch nicht sinnvoll in Zusammenhang bringen. Im Gespräch können sie jedoch einfache Fragen zum Text beantworten.
fünften Grades: Probanden sagen Ausdrücke oder gar ganze Sätze aus dem Text, können aber Fragen zum Text nicht beantworten. Diese verfügen über eine gute Gedächtnisleistung, ohne das Lesestück zu verstehen.
sechsten Grades: Probanden wissen nicht, worum es sich im verlesenen Text handelt. Auf die Frage: Wovon ist die Rede in diesem Lesestück? antworten sie nicht, oder sie geben eine unzutreffende Antwort.
Die Zahl der funktionalen Analphabeten liegt in den USA bei schätzungsweise 100 Millionen. Von diesem Status bis zur völligen Illiteration gibt es fließende Übergänge. Die Zahl derer, die einen Sachtext lesen und verstehen, nimmt ab. Insgesamt besteht eine deutliche Tendenz zur Verflachung und zum Abbau der geistigen Fähigkeiten. Medien und Reklame sprechen dieses Niveau in ihren Schlagzeilen und Werbeslogans durch überdimensional große Schrift an, durch mehr Bilder und weniger Text. Dreiwort- und Zweiwortsätze substituieren komplexere Strukturen und Nebensatzbildung. Allgemein gehen schriftliches und mündliches Ausdrucksvermögen zurück: Keine Sätze, sondern einzelne oder gar keine Worte werden geäußert.

Der Verfall der zwischenmenschlichen Beziehungen macht sich an vielen Symptomen bemerkbar. Abstand von Mitmenschen und Hinwendung zu den Tieren. Singles, Alleinhaushalte und Alleinerziehende sind keine Ausnahmeerscheinungen mehr, sondern die Regel.
Materiell unabhängige Werte verschwinden. Nur Geld, Waren und materielle Werte zählen. Leistungen werden ausschließlich nach ihrem Silbergegenwert bemessen.
Die imperialistische Bildungs- und Informationspolitik begründet zwangsläufig eine Verkümmerung der intellektuellen Fähigkeiten und schöpferischen Kräfte. Imperialismus und Militarismus sind zu keiner zivilisatorischen Idee befähigt.

Widerstand in den USA

Auf die zunehmende Verschlechterung der Lebensbedingungen für die breite Masse der US-Bevölkerung und den Tod von vielen Zehntausenden auf den Schlachtfeldern antworten die Menschen mit steigendem Widerstand. Unfähig, den Interessen der Bevölkerung Rechnung zu tragen und auf ihre legitime Forderung nach Leben ohne Rüstung und Krieg einzugehen, reagiert das US-System mit Gewalt, Massenverhaftungen und Rechtlosigkeit. Die Tagespolitik der Vereinigten Staaten ist geprägt durch extreme Repression, Brutalisierung des öffentlichen Lebens, Staatsterror nach innen und außen.
Gerade die USA als Hauptkriegstreiber werden mit zunehmender Verweigerung und wachsendem Widerstand im eigenen Land konfrontiert.
Die Einsicht der Menschen, daß der Krieg ihre sozialen Probleme nicht löst, sondern verursacht, öffnet neue Perspektiven für den Widerstand gegen Imperialismus und Krieg und für den Frieden unter den Völkern.

Zerrüttung aller menschlichen Beziehungen (II)

Aggressionen entladen die ihnen innewohnende Dynamik – auch für die Kriegstreiber selbst. Aggressive Staaten wollen einen Krieg gewinnen. Dafür schrecken sie vor keinem Verbrechen zurück. Ihre Berechnungen sind pervers. Sie machen mobil zum Krieg. Aus dem Heer der Arbeitslosen und des Fußvolkes rekrutieren sie Kriegsfutter. Sie rechnen auch damit, daß ein Großteil der Soldaten nie wieder nach Hause zurückkehrt. Sie spekulieren darauf, ihre soziale Krise militärisch zu lösen. Sicher wird die Mobilmachung auch unter dem Aspekt durchgeführt, „Bevölkerungsüberschuß“ loszuwerden.
Zu jeder US-NATO-Aggression wird die Bevölkerung manipulativ informiert oder gar belogen. Eine Euphorie über einen angeblichen Sieg wird entfesselt. Die in den Krieg hineingeworfenen Soldaten werden als „Kriegshelden“ gefeiert. Tod und Leichen werden, wenn überhaupt darüber berichtet wird, als gottgefälliges Opfer betrauert. In den Schulen wird der Krieg als gerechte Sache gelehrt.
Im heimgesuchten Land lassen die Aggressoren Massengräber, Gespensterstädte und Ruinen, aber auch Wut, Empörung und Haß zurück. In allen NATO-Staaten wird über diese Wahrheiten nicht berichtet. Eher werden die Aggressoren als willkommene Erretter suggeriert.

In ihrer Euphorie vergessen die Aggressoren, daß sie nicht allein in der Welt sind. Die Menschheit steht den Opfern bei und erklärt dem Aggressor seine Verurteilung und Verdammung. Diesen Reaktionen begegnen die Invasoren nicht mit Reue und Umkehr, sondern mit der Intensivierung ihrer Propaganda und Public Relations.
Die Blutspuren legen ein anderes Zeugnis ab. Aggressivität, Destruktivität und Nekrophilie können nicht mit psychologisch auch noch so geschickt formulierten Werbeslogans ausgelöscht werden. Zu den Verbrechen des Aggressors kommt noch seine Unglaubwürdigkeit hinzu.
Inzwischen wachen die Betroffenen im eigenen nationalen Bereich des Aggressors auf. Ehepartner, Witwen, Waisen und die breite Öffentlichkeit fragen sich: Wer war eigentlich der Gewinner? Wir haben unsere Lebensgefährten verloren. Gewonnen haben nur jene, die nicht am Krieg teilgenommen haben: MIK, Banken, Rüstungs- und Finanzkapital. Proteste schlagen in Rebellion um.

Die angeblichen Siege wirken sich zermürbend auf den Sieger aus

Die Schäden für das angegriffene Land sind unbeschreiblich. Aber auch für den Aggressor sind sie alarmierend. Offizielle Zahlen über die Verluste der USA im Krieg gegen den Irak (1991-2011) werden nicht veröffentlicht. Doch die indirekt ermittelten Zahlen sind erschreckend: eine Viertelmillion Deserteure und zehntausende Selbstmorde – hinzu kommen die Toten, die auf den Schlachtfeldern umgekommen sind.
Kriegsveteranen leiden unter schweren psychischen Traumatisierungen. Aus psychiatrischen und psychotherapeutischen Berichten erfahren wir, daß keine Behandlung, so gut sie auch sein mag, imstande ist, die seelischen Wracks wieder herzustellen. Die Rückkehrer setzen die Gewalt des Krieges in ihren Kontakten und im Familienbereich weiter fort. Bezeichnend auch, daß viele von ihnen einen grausamen Selbstmord begehen, wobei sie andere, auch die eigene Familie, mit in den Tod reißen.
Nach der Aggression hinterlassen die NATO und die USA Plünderung, Ruin und Massentod, aber Kriege haben sie nie gewonnen. Diese Tatsachen werden der Bevölkerung in den Kriegstreiber-Staaten nicht offen dargelegt. Sie geht vom Mythos der „Friedensmissionen" aus. Verluste werden kaum gemeldet. Zudem handelt es sich nicht um gewonnene Kriege, wie berichtet wird, sondern um verlorene. Über kurz oder lang werden die Menschen über die Wahrheit der NATO-Kriege informiert. Die Folgen, die mit Sicherheit kommen werden, bleiben nicht aus. Sie

lösen als Kettenreaktion das Erwachen eines Volkes aus, das von seinen Politikern dauernd betrogen wird.

Hinzu kommt die Wirtschaftskrise, die bereits eingetreten ist, mit all ihren Härten. Die ökonomische Krise schlägt in eine politische um. Die politische Krise leitet die soziale ein. Infolge von Langzeitarbeitslosigkeit sinkt der Lebensstandard unter das Existenzminimum. Die Lebensbedingungen der breiten Masse verschlechtern sich zusehends. Eine echte Lösung ist nur durch den Abschied von Krieg und den Beginn der Friedensära möglich.

Achtundzwanzigstes Kapitel

Irrationalität des Krieges

Inhaltsübersicht

Der Norden hat sich als Militärismus und Kriegsmacht organisiert. Er redet mit dem Süden nur durch Gewalt. Die Waffengewalt schlägt in semantische Gewalt um. Das Gewaltverhältnis ist nicht relativ, sondern absolut: Abschreckung, Einschüchterung, Erpressung, Diktat, Aggression, Destruktivität, Ruin und Massensterben – das ist die Politik der USA und Westeuropas. Das ist die Sprache der NATO. Eine andere kennt sie nicht.

Die NATO instrumentalisiert ihre Basis für den Mord an anderen Völkern. Dafür zerstört sie die Menschen im eigenen Land, damit sie Völker in der übrigen Welt vernichten.

VII. Irrationalität des Militarismus und des Kriegs

Krieg ist die Sprache des Imperialismus an die Völker. Er tut nichts ohne Kriegsbezug. Wenn er Krieg sagt, meint er den Krieg. Wenn er Frieden sagt, meint er auch den Krieg.

Dem Imperialismus ist es gelungen, den Krieg zur Routinehandlung zu generalisieren. Das ist seine Absicht. Einen Krieg zu beginnen und zu führen, überrascht kaum mehr. In den westlichen Medien wird neben Fußball und Wettervorhersage auch ein Krieg gemeldet.

Militarismus verwandelt das Paradies Erde in die Hölle des Kriegs

Wie sehr hätten alle Menschen miteinander glücklich leben können, gäbe es den Krieg nicht!
Er ist destruktiv und autodestruktiv.
Vom Imperialismus gehen Armut und die Zersetzung der Lebensbedingungen der Menschheit insgesamt aus.
Die Kriegstreiber vernichten unzählige Menschen und sich selbst.
Sie vernichten das über Jahrtausende erworbene Erbe der Menschheit.
Sie zerstören unwiederbringlich kulturelle Leistungen.
Sie negieren alle Werte.
Sie verneinen radikal Humanismus und Mitmenschlichkeit.
Jeder Krieg endet im Nichts. Auf das relative Nichts folgt das absolute Nichts.

VIII. Irrationalität von Imperialismus und Militarismus

Der Militarismus ist rational. Er stützt sich auf Wissenschaft und Forschung. Er wird nach rationalen, sogar streng rationalen Kriterien durchgeführt. Technik und Hightech stehen in seinen Diensten. Diese sind rational erworbene Leistungen. Ebenso rational ist der Krieg, der sie in seinen Dienst stellt. Er wird mit wissenschaftlichen Methoden geplant und durchgeführt. Das militärische Personal wird ebenfalls ausgebildet. Expansion, Vernichtung und Ausbeutung finden unter Einsatz wissenschaftlicher Mittel statt. Wissenschaft stellt den Inbegriff der Rationalität dar. Der imperialistische Krieg wird wissenschaftlich vorbereitet und durchgeführt.
Das Paradoxon besteht darin, daß die äußere Rationalität des Militarismus hochgradig irrational ist. Wie löst sich dieser Widerspruch auf?

Wir schicken voraus, daß es „die" Wissenschaft schlechthin nicht gibt. In der gespaltenen Welt ist auch die Wissenschaft gespalten. Sie existiert nur mit Attribut: Antiimperialistische oder imperialistische Wissenschaft.

Wie lassen sich scheinbare Rationalität und reale Irrationalität vereinbaren?

Im streng hierarchisch organisierten und gegliederten System des Imperialismus werden Befehle an der Spitze der politischen Pyramide gefaßt und nach unten geleitet. Jede Stufe der Entscheidungs- und Ausführungspyramide empfängt von oben und leitet nach unten weiter. Diejenigen, die über den Krieg entscheiden, halten sich vom Krieg fern. Jene, welche den Krieg ausfechten, töten und getötet werden, entscheiden nicht über den Krieg. So lange dieser Prozeß störungsfrei läuft, funktionieren Militarismus und Krieg. Irrationalität erscheint rational.

Da der Imperialismus punktuelle Erfolge erzielt, wirken Militarismus und Krieg hoch rational.

Das Wesen des Militarismus

Beim Militarismus handelt es sich um ein geschlossenes Denksystem. Er expandiert nach außen. Die Opfer werden nur unter den Aspekten betrachtet, welchen Widerstand sie aufbringen und wie sie besiegt werden können. Die Aggressionen, der Massenmord an den Opfern und in den eigenen Reihen, werden ausschließlich durch die Überlegung bestimmt, wie hoch der zu erwartende materielle Gewinn ist. Leichen werden gegen Geldwerte verrechnet.
Der Militarismus wird im Kopf als geschlossenes System aufgestellt. Die Entscheidungsträger und Ausführungsorgane klammern alles aus, was gegen ihre destruktiven Überlegungen spricht. Sie denken im Vakuum. Krieg richtet sich gegen ein Volk; gleichwohl denkt der Militarismus im hypothetischen Leerraum, denn er setzt sich das Ziel, den Gegner zu vernichten. Von diesem hypothetischen Nullpunkt aus werden die Schritte bis dahin verrechnet. Dieses Ziel wird gedanklich vorausgesetzt. Daher zählt der Gegner für den Imperialismus existentiell nicht. Er ist nur ein mathematischer Parameter, der für den US-NATO-Aggressor ausschließlich unter dem Aspekt betrachtet wird, wie er ausgeschaltet werden kann. Dem angegriffenen Volk wird das Lebensrecht abgesprochen. Der Imperialismus erhebt Anspruch auf ein Existenzmonopol. Dieses Ziel schlägt gedanklich in ein geschlossenes System um.
Auf dem Globus leben real Völker, die alle wissen, daß sie vom Imperialismus bedroht sind. Der Imperialismus wird auf dem Weg zu seinen

imaginären Zielen nicht weiter ziehen, ohne die ganze Welt mit in das Nichts hineinzureißen.

In diesem geschlossenen Denksystem planen und handeln Imperialismus und Militarismus. Somit findet die Kriegsplanung unabhängig von allen anderen Faktoren – bis zur Ausschaltung des Volkes – statt. Kriterien der Moral, des Humanismus, der Umwelt, der Zukunft u.a. werden im voraus ausgeschlossen.
Exakt darin steckt die Irrationalität von Imperialismus und Militarismus. Denken und Planung finden in einem geschlossenem System statt, allein auf das Ziel hin gerichtet. Das Ziel heiligt das Denken und rechtfertigt die Mittel. Erst zu spät erkennt der Imperialismus, daß er nicht im geschlossenen System existiert. Darin besteht die totale Irrationalität von Militarismus und Krieg.
Viel später tritt die Katastrophe ein. Dann zweifelt auch niemand mehr daran, daß Militarismus und Krieg in höchstem Maße irrational sind. Innerhalb seines geschlossenen Systems denkt und handelt der Militarismus rational. Gerade darin besteht seine Irrationalität. Umso gefährlicher ist die Irrationalität des Militarismus, als er nach innen – rational ist.

Die Universalistische Erkenntnistheorie liefert die Problemlösung

Die Universalistische Erkenntnistheorie reiht die Wissenschaft als die Summe aller Einzelfächer, Studiengänge und Forschungsgebiete an die Spitze der Erkenntnispyramide.
Die Basis der Pyramide bildet das *Menschenbild.* Es bestimmt alle oberen Stufen der menschlichen Erkenntnis. Ist die Anthropologie durch Menschenverachtung, Rassismus und Antihumanismus geprägt, so sind es auch alle höheren Ebenen der Erkenntnis bis hin zu den Wissenschaften und den einzelnen Studienfächern.[33]
Die „Menschenverachtung“ ist Ausdruck der Selbstverachtung. Die Destruktivität ist von der Autodestruktivität nicht abzukoppeln. Der letzte Mord, den der Massenmörder begeht, ist der Suizid.
Der scheinbaren Rationalität der imperialistischen Wissenschaft wohnt eine tiefe, extreme Irrationalität inne. Militarismus und Krieg sind in höchstem Maße irrational, wie es nicht irrationaler sein kann, gerade weil

[33] Siehe dazu ausführlich: Karam Khella, Die universalistische Erkenntnis- und Geschichtstheorie, Hamburg 2008

sie die Rationalität in den Dienst von Aggressivität und Destruktivität stellen.

Weitere Beweise für die Irrationalität des Imperialismus

Nachstehend treten wir den Beweis für die Irrationalität des Imperialismus mit weiteren Argumenten an:

1. Der Militarismus erzeugt das, was er verhindern will,
und verhindert das, was er bewirken will.
Er erzeugt Feinde, statt Feindschaft zu verhindern.
Er verhindert den Frieden, den er angeblich bewirken will.
Der Militarismus verhindert nicht den Widerstand, sondern schafft die Gegenwehr.
Er verhindert nicht den Krieg. Er ist Krieg.
Er zerstört die Liebe unter den Menschen und Völkern.
Der Imperialismus liefert die Gründe dafür, gehaßt zu werden.

2. Der Militarismus legitimiert sich selber,
indem er erst Feindbilder suggeriert.
Er konstruiert die Feindbilder,
dann die Feinde,
dann den Krieg.

3. Aus den Menschen macht der Militarismus keine Freunde, sondern Feinde.
Er bringt nicht Reichtum, sondern Armut.
Er erzeugt kein Wohlergehen, sondern Elend.
Er bringt nicht den Frieden, sondern den Unfrieden.
Er schafft Feindseligkeiten und Haß.
Er schafft Krankheiten und Tod.
Er besorgt kein Einvernehmen unter den Völkern,
keinen Frieden auf Erden,
sondern Zwietracht, Leiden, Unglück und Trauer.
Er verspricht Befriedung und Ruhe,
besorgt aber nur die Friedhofsruhe.

4. Irrational ist der Militarismus, weil er nur destruktiv und nie konstruktiv sein kann.

5. Irrational handeln die Aggressoren, weil sie den Weg wählen, andere zu zerstören, die ihnen sonst wertvolle Dienste hätten leisten können. Der Militarismus vernichtet Menschen, die Freunde sein wollten. Dabei riskiert der Imperialismus den eigenen Niedergang und spielt mit dem Untergang der ganzen Welt.

6. Der Militarismus häuft Waffen an und füllt die Arsenale auf. Er sucht Menschen aus, welche diese Produkte des Todes herstellen, tragen, anwenden und daran sterben.
Mit der Häufung von Waffen und Vernichtungssystemen ruhen diese nicht in den Lagern. In ihnen steckt ein Vulkan, der nach Explosion verlangt. Scheinbar steckt die Explosion in den Waffen. Richtig ist: Die Aggressivität und die Destruktivität der imperialistischen Oligarchie werden in Waffen umgegossen.
Die Rüstungsarsenale und Waffenlager schreien nach Krieg. Ein Feind wird gesucht und gefunden. Der Schießbefehl wird erteilt. Die Menschen werden von der leblosen Materie dirigiert. Sie lassen sich von ihr allzugern dirigieren.
Den Menschen wird ein akuter *Casus belli* suggeriert. Der Krieg war schon lange vorprogrammiert, bevor irgendeine Pressekonferenz ihn bekanntmacht. Die Kriegsmaschine läuft. Die ganze Gesellschaft wird auf den Krieg umgestellt.
Wer hat ihn in Gang gesetzt? Die Produktion, der MIK, die Dynamik von Imperialismus und Militarismus oder die Irrationalität, die in all dem steckt?
Der Militarismus ist total irrational, er produziert und häuft weiterhin Waffen an, obwohl die Menschheit mit einem geringeren Anteil der vorhandenen Rüstung bereits zerstört werden könnte und es niemanden mehr gibt, der die restlichen Waffen einsetzen oder durch sie ermordet werden könnte.

7. Auch bei diesem Zustand der überfüllten Arsenale produziert der Imperialismus weiterhin Waffen. Ein Sättigungszustand oder ein Endpunkt der Rüstung ist nicht in Sicht.
Nicht wenige bestreiten die These „Militarismus ist irrational“. Wenn diese erkennen werden, Militarismus ist tatsächlich irrational, wird es schon zu spät sein. Die ruhende Rüstung realisiert den Sinn ihres Daseins. Sie explodiert oder wird zur Explosion gebracht. Der Countdown läuft.
Nach dieser Logik wäre das einzige denkbare Ende der totale Tod. Endstation ist die Erde. Nekropole ist das All.

Nun wissen es alle *tot sicher:* Militarismus ist irrational.
Niemand mehr wird es bestreiten: Militarismus ist irrational.
Niemand mehr wird wissen, wie irrational Kapitalismus, Imperialismus, Militarismus und Krieg waren.

Lassen wir es nicht so weit kommen!
Diesem tödlichen *circulus vitiosus* muß eine Gegenlogik entgegengesetzt werden. Der Wille zum Leben und zum Überleben.
Alle bisher aufgestapelten Waffensysteme müssen verschrottet werden. Sie sollen irreversibel verschwinden, auf daß es nie wieder Rüstung und nie wieder Krieg gebe.
Dieser Entschluß ist rational.
Dieser Entschluß ist nicht nur rational, sondern auch umsetzbar und machbar. Er ist nicht nur risikofrei, vielmehr ist er die unabdingbare Voraussetzung für das Überleben und den Erhalt der Schöpfung. Die Menschen, die sich für ihn einsetzen, sind vernunftbegabte Wesen und human intakt.

Der Militarismus wird alles daran setzen, um den Antimilitarismus und Antiimperialismus zu verhindern, weil er eben irrational ist.
So ist der unwiderlegbare Beweis dafür geliefert, daß der Militarismus irrational ist: Er tut exakt das Gegenteil von dem, was die Vernunft gebietet. Dem Imperialismus gelingt es auch, Menschen in seinen Bereich der Irrationalität einzubeziehen. Viele Menschen arbeiten in seinen Betrieben. Mit ihrer Hilfe funktioniert der Imperialismus.

Die Irrationalität des Imperialismus steckt viele andere an, indem er die Menschen passiviert. Das Nichtstun gegen den Imperialismus ist eine Entscheidung, die Konsequenzen hat. Das Nichtstun ist Tun mit negativem Vorzeichen. Wer schweigt, stimmt zu, läßt zu. Schweigen ist Komplizenschaft.

Man braucht nichts zu tun, um den Niedergang herbeizuführen
Für den Vormarsch des Militarismus genügt es, untätig zu sein. Er ist schon im Vormarsch. Damit der Imperialismus weltweit sein Unheil stiftet, reicht es aus, nicht dagegen zu steuern. Dann macht er so weiter. Aggressionen finden statt, weil man sie nicht verhindert.
Hingegen ist unsere Einsicht in die Notwendigkeit, entschlossen gegen Krieg, Militarismus und Imperialismus einzutreten, wahrhaftig rational.
Die Kraftprobe zwischen Irrationalität und Rationalität findet statt. Wir müssen sie für die Vernunft gewinnen.

Der Platz des Imperiums in der Geschichte und das Ende des Imperialismus

Leider ist in keinem imperialistischen Staat, insbesondere in den USA, England, Deutschland, Frankreich und anderen NATO-Staaten sowie in Rußland in bezug auf Tschetschenien ein ehrlicher Wille zum Frieden zu erkennen. Die Barbarei von Aggression und Zerstörung wird fortgesetzt. Die Aggressionsmaschine wird weiter ausgebaut.
Schon die bloße Existenz der NATO beweist, daß USA und Europa nicht den Willen haben, mit der übrigen Menschheit friedvoll auf der Basis von Gerechtigkeit, Gleichstellung und Achtung der Freiheit aller Völker zusammenzuleben.
Es ist leider nicht erkennbar, daß USA und NATO eine reale Kraft zur Umkehr aufbringen. Der Imperialismus zerstört nicht nur den Süden, sondern auch Menschen und menschliche Werte im eigenen Machtbereich.

Bei alldem hat der Widerstand eine Chance. Er ist die einzige realistische Perspektive für die Menschen. Voraussetzung ist, daß er den wirklichen Charakter des herrschenden Systems mit hegemonialem Anspruch, Imperialismus und Militarismus erkennt. Solidarität, Mitmenschlichkeit und Humanismus sollen wiederentdeckt werden.
Daher ist der Auf- und Ausbau der internationalen Solidaritäts- und Kampffront unter Einschluß aller Völker guten Willens notwendig.
Der Verfall des Imperialismus beginnt bereits mit dem Start. Er selbst sorgt dafür, die eigene Basis gegen ihn zu provozieren und aufzuwiegeln, denn er unterwirft die Bedürfnisse des Menschen unter die Interessen des Systems.
Jedes Imperium ist von begrenzter Dauer. Je brutaler und gewalttätiger das Imperium, umso kurzlebiger ist es. Krieg kann niemals die Quelle oder die Basis für eine echte Reform sein. Vielmehr ist Krieg die Katastrophe für alle.
Es ist nie zu spät. Eine Lösung gibt es: Umkehr und radikale Absage an Aggression, Interventionismus, Raub, Ausbeutung und Ungerechtigkeit. Nur die radikale Abkehr von Militarismus und Aggression bietet die Chance für Erneuerung. Imperialismus und Dauergewalt haben keine Überlebensperspektive. Der Freiheit der Völker gehört die Zukunft.

Verwandeln wir die Hölle in ein Paradies!

Das Ziel, Frieden und Gerechtigkeit, wollen alle Völker und Menschen. Ausnahme: Die imperialistische Oligarchie. Um es zu realisieren, müssen wir alle darauf hinarbeiten. Um es zu realisieren, müssen wir die Schultern schließen und Hand in Hand zusammenarbeiten. Es gibt viele Aufgaben. Jede und jeder wird gebraucht. Es gibt große und kleine Aufgaben. Jede und jeder wählen selbst ihren/seinen Auftrag.

„Am Anfang war das Wort". Das Wort wurde zur Tat. Das kann jede und jeder tun: Weitersagen! Beweg Dich! Andere bewegen! Erhebe Deine Stimme! Ansprechen! Informieren – in Wort und Schrift, mit einer Parole an der Wand, mit einem Brief oder einem Flyer! Jeder Weg beginnt mit dem ersten Schritt.

Neunundzwanzigstes Kapitel

Die Aussichten für die Zukunft Perspektiven des Kriegs und des Friedens

Inhaltsübersicht

IX. Perspektiven des Krieges und des Friedens Aussichten für die Zukunft

Vorab sei betont, daß die Geschichte und die Zukunft nicht determiniert, nicht vorbestimmt und nicht auf einen festgelegten Verlauf fixiert sind. Dieses Prinzip wird von der Universalistischen Erkenntnistheorie mit stärkster Betonung vertreten – gegen den „historischen Determinismus" der materialistischen Geschichtsauffassung. Grundsätzlich lehnen wir Determiniertheit, Prädestination, teleologische, finale und andere metaphysische Geschichtsvorstellungen ab. Geschichte und Zukunft sind machbar. Der Verlauf von Geschichte und Zukunft hängt von unserem Willen, unserer Praxis und unserem Durchsetzungsvermögen ab.
Andererseits setzt uns unsere Ausgangssituation Grenzen, die wir nicht ignorieren dürfen. Im Verlauf der Praxis sind wir stets bemüht, unseren Freiheitsgrad zu erweitern und stärkeren Einfluß auf die Zukunft zu nehmen.

Gerade diese Prinzipien versetzen uns in die Lage, mögliche Perspektiven der Entwicklung und Prognosen über die Zukunft anzustellen. Unser Handeln wird durch Bedingungen und Voraussetzungen beeinflußt. Diese müssen wir analysieren, um unsere Ausgangsposition zu verbessern und die Erfolgsaussichten zu erhöhen. Geschichte ist anthropogen. Sie wird von uns, von Dir und mir gemacht. Sie wird von Menschen und nach ihrem Willen bestimmt und gestaltet.

Mit diesen Gedanken im Kopf versuchen wir, die Wahlmöglichkeiten und Handlungsalternativen mathematisch zu erfassen. Daraus leiten wir die denkbaren Prognosen über die künftige Entwicklung ab. So gesehen stehen wir – in bezug auf Imperialismus und Militarismus – vor einer begrenzten Zahl von Wahlmöglichkeiten. Die möglichen Entwicklungen möchte ich auf drei Perspektiven begrenzen, von denen wir nur eine anstreben und die beiden anderen ausschließen.

Ist-Zustand ist, daß die Kriegsmacher nicht vorhaben, ihr Vernichtungswerk zu beenden. Sie führen Kriege, solange sie daran nicht gehindert werden.
Ist-Zustand ist, daß die aggressiven Kulturen, aus denen die Kriegsmacher und der Krieg hervorgehen, nicht imstande sind, die Kriegsdynamik aus eigener Kraft aufzuhalten. Nur mit den Völkern des Südens können alle zusammen Kriege verhindern. Dann werden wir überleben.

Was geschieht, wenn die Aggressionen fortgesetzt werden?
Was passiert, wenn die unendliche Kette der Kriege nicht gestoppt wird?
Was ergibt sich, wenn Bomben weiterhin explodieren?
Die Antwort bedarf keiner großen Rechenmaschinen. Der Imperialismus ist taktisch stark, strategisch schwach. Taktisch bedeutet militärisch und logistisch. Strategisch bezieht sich auf die Menschen, die soziale Basis eines jeden Handelns. Mathematisch gesprochen bestehen drei Möglichkeiten:

Die erste Möglichkeit ist am unwahrscheinlichsten. Sie besteht darin, den Status quo auf dem Globus fortzuschreiben. Die erste Möglichkeit ist deshalb nicht wahrscheinlich, da der Status quo höchst labil ist. Der bestehende Antagonismus ist zu extrem, als daß er länger halten kann.

Die zweite Möglichkeit, die andere Perspektive, wäre, der Imperialismus entfaltet weiterhin seine Aggressivität und Destruktivität. Er zerstört die Menschheit und wahrscheinlich auch sich selbst dabei.
Die zweite Möglichkeit kann nicht prinzipiell ausgeschlossen werden. Dennoch muß man der Hoffnung soweit vertrauen, daß sich die Menschen erheben und sie die äußerste Katastrophe verhindern. Doch abstrakt gesprochen ist die zweite Möglichkeit nicht unrealistisch. Sie endet im Nullzustand der Menschheit, ihrer Kultur und Zivilisation.

Die dritte Möglichkeit ist unsere Wunschperspektive.
Mathematisch gesprochen verläuft die Zeitkurve zugunsten der Völker – gegen den Imperialismus. Die Gründe dafür sind: a) Sie bieten die denkbar beste Alternative. b) Sie sind strategisch stärker. c) Sie stehen auf der Seite der Vernunft. d) Sie sind historisch im Recht.
Für den Erfolg der dritten Möglichkeit müssen die Völker der Welt ihre taktischen Strukturen verbessern, ihre strategische Stärke erhöhen, das heißt, sich einigen. Ihre taktische Schwäche überwinden heißt, sich besser organisieren und sich vereinen gegen den Imperialismus, um ihre strategische Stärke zu nutzen. Dann können die Völker der Welt den Imperialismus besiegen.
Diese Perspektive ist nicht unwahrscheinlich, sie tritt aber nicht selbsttätig ein, sie muß herbeigeholt werden.

Wer macht den Frieden?
Wer sabotiert den Frieden und macht den Krieg?

Alle Staaten des Südens – ohne Ausnahme – sehnen sich nach Frieden. Sie vertreten und praktizieren eine konsequente Politik der Friedenserhaltung und der Kriegsvermeidung. Das sind über 90% der Weltbevölkerung.

Die Kriegstreiber sind eindeutig in der Minderheit. Doch unter Ausnutzung ihrer taktischen Stärke – Waffen, Medien, Propaganda, Logistik, militärische Infrastruktur – gelingt es ihnen, den Krieg zum Weltalltag zu institutionalisieren.
Die NATO-Staaten sabotieren den Frieden und stiften Unfrieden. Mit unterschiedlichen Provokationen, Einmischung und Interventionismus zünden sie die Flammen des Krieges an verschiedenen Fronten an.
Die Staaten des Südens sind zum Vorreiter der Friedenspolitik geworden. Sie lehnen bewußt die Bildung militärischer Paktsysteme ab. Sie wählen die Alternative der Blockfreiheit.
Daß auf dem Globus noch Menschen leben, verdanken wir alle der Besonnenheit und Zurückhaltung der großen und kleineren Staaten des Südens. Sie verweigern den Krieg nicht aus Schwäche, sondern aus einer Position der politischen und moralischen Stärke. Sie setzen nicht auf Krieg, sondern auf den Frieden.

Als Beispiel sei Ägypten genannt. Es ist Vorreiter der Bewegung „Nein zur Blockbildung!“ Es legte der UNO umfassende Pläne zum Weltfrieden und zur Befriedung regionaler Konflikte vor. Bewußt und mit großem Selbstvertrauen ging Ägypten mit gutem Beispiel voran, die von ihm vorgeschlagenen Pläne selbst anzuwenden und zu realisieren. Unter anderem leitete Ägypten die Initiative zur Bildung atomfreier Zonen ein. Es legte der UNO ein realistisches Konzept zur Abrüstung vor, das leider ebenfalls von den USA und der NATO ignoriert wurde. Ihre ständigen Vertreter im Weltsicherheitsrat sabotieren den Versuch einer Beschlußfassung hierzu. Von den ständigen Mitgliedern des Sicherheitsrats hat lediglich die VR China die ägyptischen Friedenspläne unterstützt.

Perspektive

Die Wunschentwicklung kommt nicht, sie wird herbeigeführt. Das Thema „Aussichten für die Zukunft“ muß so verstanden werden, wie machen wir eine Zukunft, die wir wollen. Auch Prognosen haben eine Wirkung auf die Entwicklung. Deshalb lassen wir uns vom historischen Optimismus leiten.

Nun wollen wir die drei denkbar möglichen Optionen genauer reflektieren und uns dabei fragen, wie wir Böses verhindern und Gutes herbeiführen. Wie gesagt, bestehen abstrakt rechnerisch drei Möglichkeiten:

Erste Möglichkeit: Die geringste Wahrscheinlichkeit rechne ich der Erhaltung des Status quo zu. Das könnte nicht wahrscheinlicher sein als die Möglichkeit, einen Düsenjäger mitten im Flug zu halten und auf Dauer stehen zu lassen. Diese Möglichkeit scheidet also aus.

Zweite Möglichkeit: Der Menschheit stehen also nicht drei, sondern nur noch zwei denkbar mögliche Alternativen zur Verfügung. Die zweite Möglichkeit ist das Weiterbestehen der Destruktivität und Aggressivität von USA und NATO. Diese Möglichkeit ist relativ kurzlebig. Sie endet mit dem kollektiven Untergang der Menschheit.

Die dritte Möglichkeit ist die Zerschlagung der Kräfte der Zerstörung und Vernichtung. Diese Möglichkeit hat keine Alternative, will die Menschheit überleben. Hierzu muß die Initiative unmittelbar ergriffen werden. Dann beginnt in der Tat ein neues Zeitalter, und es werden alle auf der Welt mehr haben als das, was ihnen heute zur Verfügung steht. Das darf nicht auf materielle Güter reduziert werden. Davon gibt es allemal mehr als genug. Es wird mehr Sein, mehr Liebe, mehr Leben geben.

Wir leben im Krieg. Niemand will ihn.

Der Krieg nach dem letzten und vor dem nächsten Krieg findet statt.
Niemand will ihn.
Er bestimmt alles in der Welt: Armut, Elend, Krankheiten, Verkrüppelungen, Ruin, Kulturvernichtung, Umweltzerstörung, Massensterben.
Der Krieg findet statt.
Niemand will ihn.

X. Was tun?

Unwissen und wenig Wissen machen den Krieg möglich. Verstehen ist der entscheidende erste Schritt. Darum weiter sagen! Informieren! Erklären! Diskutieren!

Gegenöffentlichkeit contra Kriegspropaganda

Zur Machbarkeit des Kriegs gehört zuallererst die öffentliche Akzeptanz. Sie ist eine unerläßliche Voraussetzung dafür, daß der Aggressor losschlägt. Erst bei der öffentlichen Akzeptanz, zumindest dem Schweigen zum Krieg, ist die Mobilmachung möglich. Die militärisch heiße Etappe kann beginnen. Bisher vermochte es der Imperialismus, für viele seiner Kriege bei seiner Basis eine relative Zustimmung zu erwerben, zumindest stillschweigende Bejahung einzuholen: Zum Ersten Weltkrieg, zum Zweiten Weltkrieg und zu anderen und späteren, aber nicht zu allen Kriegen.
Gegen die Aggressionen gegen den Irak (1991-2011), gegen Jugoslawien (1991-2000), gegen Afghanistan (seit 2001), gegen Somalia (seit 1991) gab es in den NATO-Staaten Protest, doch nicht in der Weise, daß die Aggression verhindert werden konnte.
Die Medien, die imperialistischen Propagandaorgane, werben fleißig für den Krieg und leider nicht ohne Erfolg, während die Antikriegs- und Friedensbewegung kaum adäquate Mittel entgegenzusetzen hat.
Aus dieser Tatsache ergeben sich Aufgaben für die Antikriegsbewegung. Es besteht eine Chance, eine Gegenöffentlichkeit, eine breite Öffentlichkeit gegen den Krieg, zu mobilisieren. Es ist nicht leicht, gegen die gewaltige Propagandamaschinerie der Kriegsmacher eine Gegenströmung aufzubauen. Die Massenpsychologie des Aufbaus von Feindbildern funktioniert.
Die internationale, antiimperialistische Solidaritäts- und Kampffront wächst. Eine neue Kraft im Widerstand kommt noch hinzu: Die weltweite Friedensbewegung gegen Imperialismus und Krieg. Wenn die Antikriegsbewegung in Europa und in Nordamerika, trotz Schwachstellen, durch Informations- und Öffentlichkeitsarbeit ihren Rückstand nachholt und sich aufrafft, wäre ein entscheidender Schritt zum weltweiten Frieden getan.
Die einzige Überlebenschance für die Menschheit besteht darin, alle Kräfte zur Zerschlagung von Imperialismus und Ausbeutung zu sammeln. Vereinen wir alle Anstrengungen zur Niederschlagung des Im-

perialismus! Uns, der Antikriegsbewegung und allen friedensbewegten Menschen, stellt sich eine große Herausforderung.

Die Kriegsmacher isolieren

1. Bruch mit der Normalität von Aggression und Krieg.
2. Keine Akzeptanz von irgendeiner Aggression. Jeden Kriegsausbruch verhindern.
3. USA und NATO müssen isoliert und daran gehindert werden, andere anzugreifen oder zum Krieg zu provozieren.
4. Die NATO hat keine Existenzberechtigung. Sie muß ersatzlos aufgelöst werden, will man den Frieden.
5. Alle Soldaten, die sich außerhalb ihrer Heimatgrenzen befinden, abberufen.

Revision des imperialistischen Geschichtswerks und Schulbuchs

Das Vorangegangene soll ein verständnisorientiertes, historisch abgeleitetes Wissen über den Krieg vermitteln. Es möge dazu dienen, Abstand von einer Einstellung zu nehmen, die durch Schule und Medien geprägt wird. Zunächst soll unsere Darstellung als Information, Analyse und Denkmöglichkeit helfen. Diesen Anspruch erhebt der Autor. Die Analysen und Thesen können als Theoriebildung und Praxisanleitung genutzt werden. Dazu ist der hier vorgelegte Ansatz durchaus geeignet.
Der Krieg beginnt in der Schule und im Studium. Manipulierte Multiplikatoren transformieren die Normalität des Krieges in Schule und Universität.
Der Krieg gehört zum Imperialismus wie der Friedhof zum Tod.
Der Friede gehört zum Leben wie das Grün zur Wiese.
Jedes militärische Denken soll radikal, das heißt von der Wurzel her, ausgemerzt werden.
Die Friedenserziehung soll mit Inhalt und Praxis ausgefüllt und ausgeübt werden.

Aspekte zur Orientierung in der Praxis

1. Absolute, unabdingbare Solidarität aller Völker des Globus ungeachtet ihrer Hautfarbe, Sprache, Herkunft, Weltanschauung oder Kultur.

2. Totale Isolierung der Kriegsmacher.
3. Der Aggressionspolitik keine Chance geben.
4. Freiheit für alle Völker. Die Freiheit der Völker und der Weltfrieden sind untrennbar. Sie sind identisch.
5. Gerechtigkeit in den internationalen Beziehungen und Gleichstellung aller Völker und Kulturen.
6. Keine Gewaltanwendung bei der Auseinandersetzung über zwischenstaatliche Probleme. Konflikte zwischen Staaten sind ausschließlich politisch, mit friedlichen Mitteln zu regeln und durch Verhandlungen beizulegen.
7. Basis des weltweiten Bündnisses gegen den imperialistischen hegemonialen Anspruch sind folgende Prinzipien:

   Gegen Ausbeutung – für Gerechtigkeit,
   Gegen Unterdrückung – für Freiheit aller Völker.
   Jede Art Vorherrschaft und hegemonialer Ansprüche irgendeines Staates ist grundsätzlich und uneingeschränkt abzulehnen.
   Absolutes Nein zur Aggression.

Diskussion

Frage: Warum argumentierst Du hier mathematisch? Ist es ein Eingehen auf die „Spieltheorie“, die einen wissenschaftlichen Anspruch stellt, weil sie auf der naturwissenschaftlichen Methode gründet?
Eine Zusatzfrage: Ich sehe, daß Du Deine Analyse der Weltlage, des Nordens und des Südens, auf einer breiten Basis getroffen hast. Ich wäre Dir sehr dankbar, wenn Du die drei Möglichkeiten noch einmal in der Reihenfolge wiederholst!

Khella: Die Mathematisierung an sich ist nicht falsch. Im Prinzip kann man jede Aussage mathematisch formulieren. Dabei läuft man Gefahr, in Zynismus zu geraten, da man die unscharfe Logik nicht ohne Reduktion mathematisieren kann. Stellenweise habe ich Aussagen in mathematische Formeln gefaßt, ohne sie deshalb auf Mathematik oder Naturwissenschaften zu reduzieren. Die Spieltheorie reduziert auf Physikalismus; darin besteht ihr Mangel.
Der Ausdruck „mathematisch“ in meiner Rede ist durchaus redundant. Durch seine Verwendung wollte ich nur die denkbar möglichen Prognosen über die künftige Entwicklung erfassen. Ich wollte klarmachen, daß es vom Ausgangspunkt der Gegenwart aus nicht beliebig viele Wahlmög-

lichkeiten gibt. Die Ausgangssituation ist objektiv gegeben. Man kann nicht von ihr abstrahieren, wenn man handelt, als schweben wir im Vakuum. Andererseits ist menschliches Verhalten nie völlig determiniert. Das handelnde Subjekt kann den Determinismus spengen. Es bestehen immer Wahlmöglichkeiten von Handlungsalternativen. Dabei steht man vor einer begrenzten Zahl von Wahlmöglichkeiten.

Im bereits besprochenen Fall sind die Handlungsalternativen beschränkt und lassen sich auf drei Möglichkeiten begrenzen:

Erste Möglichkeit: Fortschreibung des Status quo. Die Lebensdauer des Ist-Zustandes ist höchst begrenzt. Die gespaltene Welt mit Unterdrükkung, Ungerechtigkeit und Ausbeutung der Mehrheit durch die Minderheit besteht nur durch Gewalt. Weder das Unrecht noch das Gewaltsystem sind lebensfähig, weil sie von der großen Majorität der Weltbevölkerung verworfen werden. Mit Sicherheit wird dieser Zustand, weil untragbar, zerschlagen werden.
Durch die Ausschlußdiagnose über die erste Annahme – Fortschreibung des Status quo – verbleiben nur zwei Möglichkeiten.

Zweite Möglichkeit: Der Imperialismus übt seine Herrschaft weiter aus, schreibt weiterhin Kriegsszenarien und setzt sie um. Die Menschen stehen vor der Möglichkeit der „Verneinung des Seins". Um diese Option zu wählen, brauchen sie nichts zu tun. Es ist ganz offensichtlich, daß die Menschheit nicht gewillt ist, sich auf diese Alternative einzulassen.

Somit verbleibt nur eine einzige Möglichkeit.
Dritte Möglichkeit: „Wille zum Überleben in Freiheit und Gerechtigkeit". Dazu müssen die Zerstörer zerstört werden, bevor sie die Menschen zerstören. Überleben bedeutet die Kräfte der Vernichtung zerschlagen. Die Perspektive des Sieges über den Imperialismus hat keine Alternative, die mit dem Leben vereinbar wäre.
Abstrakt gesprochen sind es drei Optionen. Da die erste, weil unwahrscheinlich oder gar unmöglich, ausgeschlossen wird, verbleiben mathematisch, d.h. nominell, nur zwei Möglichkeiten – Tod oder Überleben – zur Wahl. Real ist es nur eine Möglichkeit, wenn die Menschheit überleben will.

Frage: Du hältst die letzte der drei aufgezählten Möglichkeiten für die zukünftige Entwicklung für die wahrscheinlichste. Wie erklärst Du Dir dies? Ich glaube das auch, aber ich glaube, es wird nicht sofort passieren, aber es wird passieren.

Khella: Die dritte Möglichkeit, „Zerstörung der Zerstörung, Vernichtung der Vernichtung“, oder in dialektischer Terminologie „Negation der Negation – Position der Position“, ist nicht nur die wahrscheinlichste, sondern auch die einzige, welche zur Wahl steht. Die Menschheit hat keine andere Alternative, will sie überleben. Ich verneine den Kulturpessimismus und setze mich für die Realisierung der dritten Möglichkeit ein. Ich weiß aber auch, daß uns, der Menschheit, eine lange und schmerzliche Durststrecke bevorsteht.
Ich gehe auch von der Option der Besiegbarkeit des Imperialismus aus. Voraussetzung ist der Schulterschluß aller antiimperialistischen Kräfte, freiheitsliebenden Völker und aller Menschen guten Willens, welche sich in bezug auf das Ziel, Gerechtigkeit, einig sind. Hierzu existiert real Konsens. Alle in der Welt mit Ausnahme der imperialistischen, militaristischen Oligarchie sind sich darin einig.

Beweisen werde ich es wahrscheinlich nicht können. Im anderen Sinne beweiskräftig ist das Prinzip Optimismus. Die lange Erfahrung der Völker und der Individuen beweist, daß sich der eiserne Wille durchsetzt. Die Perspektive des Sieges über Gewalt und Ungerechtigkeit hat in sich eine reale Durchsetzungskraft. Der Optimismus verwirklicht sich selbst. *Selffulfilling Prophecy* ist sogar eine empirisch nachgewiesene Feststellung.
Sowohl „Pessimismus“ als auch „Optimismus“ sind jeweils eine Grundeinstellung. Empirisch erforscht ist das Phänomen der *Selfrealizing Prophecy*. Man kann eine Perspektive herbeiholen, indem man sie vertritt. Es lohnt sich, auf dem Standpunkt des Universalistischen Optimismus zu stehen. Freiheit und Frieden sind das Interesse der überwältigenden Mehrheit der Weltbevölkerung. Warum soll es nicht möglich sein, etwas zu realisieren, was mehrheitlich erwünscht ist?
Autobiographisch möchte ich noch hinzufügen: Menschen, die mich länger kennen, z.B. seit zehn, zwanzig Jahren oder noch länger, sagen, daß ich früher viel optimistischer war. Vielleicht ist etwas Optimismus im letzten Teil herausgekommen. Vielleicht habe nicht ich mich, sondern die Weltlage hat sich verändert. In der zweiten Hälfte des zwanzigsten Jahrhunders, als die Befreiungsbewegungen im Vormarsch waren, als es schien, daß dem Imperialismus die Abenddämmerung eingeläutet wurde, konnte man optimistischer sein. Doch hat der Imperialismus inzwischen ungeahnte Potentiale zum Kriegsverbrechen und zum Völkermord ent-

fesselt, von denen man früher meinte, Menschen würden so etwas nie tun. Wir sehen aber, daß die Imperialisten es tun, und sie können auch Soldaten rekrutieren, die ihre kriminellen Pläne umsetzen. Wir alle müssen die Katastrophe verhindern, die eintreten wird, wenn nichts passiert. Das ist das Motiv meiner Aussage.
Die scheinbaren Siege des Imperialismus werden propagandistisch präsentiert, als wären sie tatsächlich eingetreten. Real hat jeder imperialistische Krieg dem Opferstaat extremes Leid und große Verluste gebracht. Gleichzeitig hat sich eben derselbe Krieg für den Imperialismus zersetzend und selbstzerstörerisch ausgewirkt. Eine genauere Betrachtung der Lage der USA beweist diese Tatsache.

Frage: Um die Katastrophe nicht herbeizureden, soll man eine optimistischere Aussage vertreten. Vor diesem Hintergrund finde ich Deinen philosophischen Ansatz bemerkenswert, verständlich und sinnvoll. Ich habe auch einen deutlichen Gegensatz zu anderen Lehrmeinungen an der Uni, die von Skeptizismus und Pessimismus geprägt sind.
Der von Dir vertretene Universalistische Optimismus hat seine eigene Faszination. Es haftet an ihm aber etwas Metaphysisches. Ich bin auch nicht für diese europäische philosophische Tradition, die Du immer anprangerst und der Du vorwirfst, daß sich hier eine Kultur entwickelt hat, die sagt, daß man sowieso nichts machen kann, daß man sich alles nur ansieht, zur Kenntnis nimmt, sich gefallen läßt und die Hände in den Schoß legt. Diese Einstellungen abzulehnen, da bin ich auch dafür, aber hast Du etwas Handfestes aus historischer Sicht, was für die Annahme spricht, daß die Staaten irgendwann vernünftig werden?

Eine Zusatzfrage: Es ist ein Bedürfnis von mir, und sicher auch bei anderen KommilitonInnen, mehr von Dir zur philosophischen Betrachtung von Optimismus versus Pessimismus zu hören, und warum es sich lohnt, zu hoffen?

Khella: Vorab sei vorausgeschickt: Niemand kann dafür garantieren, den US-NATO-Militarismus daran zu hindern, die Welt zu vernichten. Auch ich kann meine Hand nicht dafür ins Feuer legen, daß wir vor dem letzten Schlag, der den Niedergang der Menschheit herbeiführt, gefeit sind. Diese durchaus realistische Möglichkeit sollen wir stets im Kopf behalten, um sie zu verhindern. Es ist realistisch, mit ihr zu rechnen, denn wir haben im Ersten und Zweiten Weltkrieg, und seitdem in allen Kriegen der

USA und der NATO genug Kriminalität, genug Wahnsinn gesehen, um ihnen alles zuzutrauen.
Indes ist es konstruktiv, vor dem Kulturpessimismus zu warnen, dafür auf Hoffnung zu setzen.
Skeptizismus, *„Man kann eh nicht wissen"*, ist die Weigerung, im Dunkeln eine Kerze anzuzünden. Vor dem Skeptizismus kann man nicht eindringlich genug warnen.
Pessimismus, *„Man kann nichts verändern"* ist das Parken in einer Sackgasse, die nach vorne und hinten geschlossen ist. Man muß vor dem Pessimismus ebenfalls warnen.
Nihilismus, *„Man kann eh nichts tun"*, lähmt. Man muß vor dem Nilhilismus eindringlich warnen.
„Pessimismus", „Skeptizismus" und „Nihilismus" sind in der imperialistischen Gesellschaft extrem verbreitet. Es sind keine angeborenen, sondern erworbene Verhaltensweisen. Durch die skeptizistisch-pessimistische Bildung erzieht der Imperialismus die Menschen zu Untätigkeit und Wehrlosigkeit ihm gegenüber.

Das Prinzip Hoffnung ist menschlich und realistisch. Die gute Hoffnung realisiert sich selbst. Diese Annahme wird durch die emprisch festgestellte Selbstverwirklichung eine Vorhersage. Die *Selffulfilling Prophecy* beweist, daß das Prinzip Hoffnung begründet und richtig ist.
Im Umkehrschluß wirkt sich sinngemäß der Pessimismus aus. Ein Mensch, der glaubt, nicht wissen zu können, wird real nicht (versuchen zu) wissen. Wer glaubt, nichts ändern zu können, wird es nicht erst versuchen. Er wird nichts tun, weil er glaubt, daß es keinen Sinn hat. Folglich wird er nichts verändern. Dann ändert sich nichts. Dann kommt noch die Arroganz hinzu. Schadenfroh steht er da und sagt: „Das habe ich doch gesagt, man kann eh nichts ändern".
Bei dieser Gelegenheit muß ich vor der Gewohnheit warnen, von einem Krieg, der noch nicht begonnen hat, zu sagen, er werde kommen, dieses oder jenes Land wird angegriffen. So kann man leicht einen Krieg herbeireden. Dann findet der Angriffskrieg statt. Jene werden stolz behaupten, das haben sie doch vorausgesagt. In Wirklichkeit haben sie den Krieg herbeigeredet. Wenn der Kriegsfall eintritt, wird er als selbstverständlich empfunden, weil man psychologisch darauf eingestellt war.
Selbstverständlich kann man Analysen anstellen und auf die Gefahr, die von den USA und der NATO ausgehen, hinweisen, doch stets mit der Betonung, diese Gefahr verhindern zu müssen.

Über die Frage „Hoffnung“ läßt sich einiges Philosophisches sagen. Es liegt auf der Hand, daß gerade die Hoffnung eine Prophezeiung ist, welche die Tendenz hat, sich selber zu verwirklichen. Die selbstgemachten Erfahrungen der Menschen zeigen, daß das, was sie hoffen, auch in Erfüllung geht. Daher lebt das Prinzip Hoffnung in den Menschen und läßt sie immer wieder hoffen. Gleichwohl kann niemand die Realisierbarkeit der Hoffnung etwa mathematisch oder mit scharfer Logik beweisen. Dennoch belegt die Erfahrung unzähliger Menschen und Generationen nicht nur, daß sie hoffen, sondern auch, daß es sich lohnt, zu hoffen. Sollte es ein Forschungsprojekt geben, welches den Auftrag hat, die Erfahrungen mit von Menschen als Individuen, Gruppen oder Gemeinschaften gemachten Hoffnungen und der Realisierung von Hoffnungen zu ermitteln, zu sammeln und auszuwerten, so würden nicht Regale, sondern ganze Bibliotheken zum „Prinzip Hoffnung“ entstehen. Das Werk Ernst Blochs (1885-1977) ist eines davon (Das Prinzip Hoffnung, 3 Bde., 1954-59). Die Sprache kennt den Ausdruck „Wunder“. Offensichtlich beruht er auf der Erfahrung mit Erlebnissen, die als „Wunder“ bezeichnet werden. Wunder kommen also auch wirklich vor. Auch damit soll mensch rechnen dürfen.

Ich gestehe, daß es schwerer wurde, seit Bloch seine „Philosophie der Hoffnung“ geschrieben hat. Nach seinem Vorbild schrieb Moltmann „Theologie der Hoffnung“. Nun aber ist die Geschichte niemals geradlinig gewesen. Sie ist eine Sinuskurve mit Wellentiefen und -höhen.
Letztlich wird niemand imstande sein, die Realisierbarkeit von „Hoffnung“ zu beweisen. Daß vieles sich der Beweiskraft entzieht, spricht nicht prinzipiell gegen die Faktizität. Wer will „Liebe“ beweisen oder wissenschaftlich begründen! Man kann sie nur feststellen.

Ein weiterer Aspekt sei hinzugefügt: Der transkulturelle Vergleich. Ich war vor wenigen Wochen in arabischen Ländern. Zwar war es ein kurzer Aufenthalt, aber ich habe diese Länder nicht mit den Augen des Einheimischen, sondern mit denen eines Menschen, der gerade aus Europa kommt, gesehen. Es war also ein transkultureller Vergleich. Es bestehen nur begrenzte Unterschiede hinsichtlich des Informationsstandes. Die Menschen haben die gleichen oder vergleichbare Informationen mit dem Unterschied, daß dort die Bereitschaft zur Veränderung sehr viel stärker ist. Die eigene Betroffenheit ruft nicht zur Kapitulation vor dem Status quo auf; vielmehr fordert sie zur Veränderung heraus.

In Deinem Wortbeitrag hast Du zwischen den Zeilen auf die nihilistische Haltung im Westen aufmerksam gemacht. Diese Haltung ist wirklich westlich. Die Zuversicht, die trotz allem die Menschen in der anderen Vergleichskultur, von der ich eben sprach, nicht verlassen hat, gibt es hier in dieser Ausgeprägtheit nicht. Alle Menschen, denen ich 1993 im Irak, zwei Jahre nach der ersten, furchtbaren US-NATO-Aggression 1991 begegnet bin, haben den Krieg und seine Brutalitäten erlebt und darunter gelitten. Dieser Krieg hat sehr viel im Irak zerstört, ihm ist es aber nicht gelungen, den Menschen zu zerstören. Er konnte ihnen ihre Zuversicht und Hoffnung nicht nehmen. Dies ist kein Beweis, aber eine Erfahrung. Ich wollte sie ins Feld führen – als Herausforderung.

Im übrigen ist jede Grundhaltung von Pessimismus bis zum Optimismus anerzogen. Der Imperialismus indoktriniert die Menschen mit Skeptizismus, Kulturpessimismus und Nihilismus, um so den Widerstand und die Widerstandsbereitschaft schon im Kopf der Menschen zu ersticken.

Nach diesem philosophischen Exkurs möchte ich noch kurz auf Deine Frage im engeren Sinne eingehen. Blicken wir auf die lange Geschichte der Aggressionskriege zurück. Alle diese Kriege – ohne eine einzige Ausnahme – endeten für die USA mit einer bleibenden Niederlage. Klar, die Invasionsarmeen konnten Positionen besetzen, von denen aus sie Zerstörung und Ruin über die Opferländer brachten, sie konnten ausplündern und ausbeuten, doch wurden diese Raubzüge bald zurückgeschlagen. Sie brachten den Völkern großes Leid, aber auch dem Aggressor.

Die USA treten auf der imperialistischen Bühne seit etwas mehr als zweihundert Jahren auf. Keiner ihrer Siege war von Dauer. Die Kriege haben verbrannte Erde und zerstörte Umwelt hinterlassen, unter denen die ganze Menschheit leidet.

Mit friedlichen Mitteln und gütlichem Austausch wären Wohlergehen und Anteil am Wohlstand für alle da. Zudem blieben Menschenleben verschont.

Dreißigstes Kapitel

Beginn einer neuen Ära der Weltgeschichte

Im März 2011 haben die revolutionären Volksbewegungen große Teile der arabischen Länder und Nachbarstaaten erreicht. Die aggressiven NATO-Staaten USA, BRD, England, Frankreich, zusammen mit Israel, reagieren darauf mit offensichtlicher Aggressionsbereitschaft. Sie besetzen das Mittelmeer mit Marineeinheiten, Zerstörern, Flugzeugträgern und atomar bestückten Unterseebooten. Ihre Reaktionen sind unberechenbar.

Doch für uns gilt: Die Zukunft ist machbar. Die Perspektiven sind realisierbar. Völker hört die Signale. Solidarisiert Euch! Schließt Euch an! Der Imperialismus ist besiegbar. Gebt dem Militarismus keine Chance. Wir alle wollen eine Welt, in der wir ohne Angst leben. Alle Menschen sind Schwestern und Brüder.

Friedliche Koexistenz
Übersicht

1. Einleitung
2. Gegenwartsbezug
3. Empfehlungen für alle Friedensbewegten und Aktivisten gegen den Krieg
4. Konsens von Bandung (1955)
5. Politik der friedlichen Koexistenz
6. Forderungen zur sofortigen Umsetzung, soll die Menschheit überleben
7. Aufgaben der antifaschistischen, antimilitaristischen und antiimperialistischen Solidaritätsbewegungen

Einleitung

Seit Bandung 1955 kam der Begriff „friedliche Koexistenz (at-Taʿayuš as-silmī)“ in Gebrauch. Er umschreibt das unabdingbare Prinzip und die unverzichtbare Grundlage der zwischenstaatlichen Beziehungen. Bald verbreitete sich die neue Wortprägung und wurde in alle Sprache übersetzt, d.h. in jeder Sprache mußte eine äquivalente Wortschöpfung erfunden werden. Die realsozialistischen Staaten rezipierten den Begriff „friedliche Koexistenz“ und vertraten ihn offensiv. In deutscher Sprache erschien der Ausdruck zunächst in den Medien der „Deutschen Demokratischen Republik (DDR)“, dann auch in der BRD. Die Notwendigkeit und Unmittelbarkeit der friedlichen Koexistenz konnte von keiner Seite bestritten werden. Nach der Wende (1990) verschwand der Ausdruck „friedliche Koexistenz“ – leider nicht nur aus dem Sprachgebrauch.

Gegenwartsbezug

Friedliche Koexistenz und Gerechtigkeit sind möglich.
Friedliche Koexistenz und Gerechtigkeit haben keine Alternative.

Selbst in der Gegenwart, in einer Zeit, in welcher militärische Provokationen so extrem wurden wie noch nie in der Geschichte, praktizieren die Staaten des Südens eine konsequente Politik der friedlichen Koexistenz. Sie tun es nicht aus einer Position der Schwäche heraus. Man muß es diesen Staaten hoch anrechnen, daß sie sich konsequent friedfertig verhalten und gegenüber den fortgesetzten Provokationen des Imperialismus immer besonnen reagieren. Es wäre ein großer Irrtum, die Friedenspolitik und das Kooperationsangebot des Südens als Schwäche aufzufassen. Hochachtung vor der VR China, Indien, Ägypten, Brasilien, Argentinien und allen anderen Friedensmächten, die trotz allem die konsequente Politik der Kriegsverhinderung aufrechterhalten. Unbeirrbar treten sie demonstrativ und offensiv für den Frieden ein. Ihre Leitlinien sind:

a) „Nein zum Krieg“,
b) keine Bildung von militärischen Allianzen.

Obwohl die Existenz der NATO, die Kriegspolitik der USA und der EU sich schon auf einen aggressiven Kurs festgelegt haben, bleiben die Staaten des Südens standhaft. Die ständigen Aggressionen von USA und NATO sind dazu geeignet, den Süden zu einem militanten Gegenkurs zu verführen. Zu diesen Versuchungen haben sich die Dreikontinte nicht verleiten lassen. Sie lassen sich nicht darauf ein, ein Paktsystem – analog der NATO – zu bilden. Auf die aggressive Politik des Nordens antworten sie mit Besonnenheit, militärischer Zurückhaltung und Entschlossenheit für den friedlichen Weg.

Man muß sich klar machen, was passieren würde, wenn der Süden seinen Kurs ändert, wenn sie sich analog dem Norden verhalten würden. Der Süden ist strategisch stärker, ist sich seiner Macht bewußt und durchaus in der Lage, jederzeit davon Gebrauch zu machen. Er verteidigt sich, macht jedoch nie aus dem Prinzip „Angriff ist die beste Verteidigung“ Gebrauch. Es ist noch nie vorgekommen, daß vom Süden ein Angriff auf den Norden erfolgte. Umgekehrt, Aggressionen des Nordens gegen den Süden, sind hingegen geradezu Routine geworden. Es ist wirklich politische Unvernunft, die Friedensangebote des Südens zu ignorieren und ihn militärisch zu provozieren. Er ist im Besitz der stärkeren Front. Welche Katastrophe käme bei einer Konfrontation über die Welt. Der Verzicht des Südens ist Ausdruck der moralischen Stärke und der besonnenen Überlegenheit. Diesem Vorbild sollte der Norden folgen, bevor es zu spät sein wird.

Hommage den Friedensorganisationen: Arabische Liga, Afrikanische Union, Islamischer Kongreß, Blockfreie Staaten.
Diese Staaten des Südens und überstaatlichen Organisationen beobachten mit großer Sorge, Aufmerksamkeit und Besonnenheit die internationale Entwicklung. Sie hüten sich davor, Krieg als Mittel der Politik einzusetzen. Sie greifen nicht an, sondern verhandeln. Sie warnen vor Aggression und prangern den Krieg an. Diese Organisationen verdienen es, von allen Menschen guten Willens unterstützt zu werden.
USA-NATO agieren, als seien sie entschlossen, die Welt in Schutt und Asche zu legen. Sie hätten wissen müssen, daß Kriege heute keinen Sieger haben. Es ist ein gewaltiger Irrtum, den Friedenswillen des Südens und seinen Antikriegskurs als Schwäche zu deuten. Dieser konsequenten Friedenspolitik ist es zu verdanken, daß die Welt heute noch besteht. Es ist töricht, wenn die NATO und die USA die Friedfertigkeit und Besonnenheit anderer Staaten ignorieren, welche die Stärke aufbringen, dem Gebot der Vernunft zu folgen, während der Norden täglich seine Friedensunfähigkeit zur Schau trägt.

Es ist ganz klar, daß Nordwest den Krieg gegen den Süden will und auch praktiziert. Militärische Macht ist ein schlechter Ratgeber. Nordwest sollte den Frieden mit Frieden belohnen. Das Kräfteverhältnis liegt keineswegs zugunsten der Kriegstreiber USA und EU.

Den Krieg ächten ist die größte Weisheit.

USA und NATO müssen den Schwindel mit Blauhelmen und die Etikettierung als angebliche UNO-Missionen aufgeben. Wir rufen die Völker in allen NATO-Staaten dazu auf, die Forderungen der Völker nach Freiheit, Unabhängigkeit und Gerechtigkeit anzuerkennen und zu achten sowie die Aggressions- und Interventionspolitik vorbehalt- und bedinngungslos zu verurteilen.

Gemeinsam setzen wir uns dafür ein:
- USA und NATO müssen die Blockade um den Süden beenden, alle Stützpunkte auflösen und ihre Soldaten in ihre Heimat abberufen.
- USA und NATO müssen die Einkreisung der arabischen und iranischen Region beenden, in ihre nationalen Gewässer zurückkehren und ihre Militärbasen beseitigen.
- Alle europäischen Soldaten, in welcher Uniform auch immer, müssen aus Afrika und Asien mit sofortiger Wirkung abziehen.
- Die internationalen Gewässer und Lufträume müssen sofort entmilitarisiert werden.
- Auflösung der NATO.

Die dann Ex-NATO-Staaten sind eingeladen, mit der übrigen Menschheit friedvoll auf der Basis der Gerechtigkeit und der Achtung der Prinzipien der Gleichstellung und Freiheit aller Völker zusammenzuleben.
Es gibt nur eine einzige Möglichkeit zum Überleben und Wohlergehen der Menschheit, zur Erhaltung des Lebens und Wahrung der Schöpfung. Sie besteht darin, daß alle friedliebenden Völker und alle Menschen guten Willens in der ganzen Welt, einschließlich des Nordens und Westens, ihre Energien vereinen und eine Front gegen die Kräfte der Zerstörung und Vernichtung bilden.

Empfehlungen für alle Friedensbewegten und Aktivisten gegen den Krieg

Voraussetzung zur Erreichung des Friedens und Verhinderung des Kriegs ist die Überwindung der Orientierungslosigkeit. Der Zustand von Unklarheit, Desorientierung und Entsolidarisierung ist kein Zufall. Er ist das Produkt der langen Manipulation und Bildung von Fehlauffassungen über die Welt, die Wirklichkeit und die realen Widersprüche. Zuallererst müssen also Ziellosigkeit und Handlungsunfähigkeit überwunden werden. Klarheit über Imperialismus und Militarismus – die fiktive Feindbilder schaffen, um ihr Ziel, den Dauerkrieg, verfolgen zu können – muß gewonnen werden. Der suggerierte Feind kann sich als notwendiger Ver-

bündeter erweisen. Feinde sind nicht in der Ferne oder in den Fremden zu suchen, sondern im eigenen Land. Den herrschenden Politikern nicht folgen, sondern sie neutralisieren, isolieren und paralysieren!
Im Norden und Westen sind vor allem ein Umdenken und die Wiederentdeckung der Zusammengehörigkeit und Einheit der Menschheit dringend notwendig. Die Völkerfamilie soll wieder zusammenfinden.
Diese Option hat keine Alternative. Sie zu realisieren ist denkbar einfach. Man soll sie nur wollen und offensiv vertreten. Dazu ist die Einsicht in die Notwendigkeit, Aggressionen zu verhindern und Frieden zu praktizieren, die unverzichbare Voraussetzung. Davon hängt die weitere Entwicklung ab. Erst dann wird uns eine bessere Zukunft beschieden sein.

Konsens von Bandung

Die sofortige internationale Anerkennung, Verwirklichung und Einhaltung der auf dem Kongreß der afroasiatischen Staaten in Bandung 1955 aufgestellten Prinzipien der friedlichen Koexistenz sind unabdingbare Voraussetzungen zur Schaffung des Weltfriedens:

1. Anerkennung der territorialen Integrität von Staaten und Achtung ihrer nationalen Souveränität.
2. Keine Einmischung in die inneren Angelegenheiten anderer Staaten.
3. Keine Anwendung von Gewalt zur Regelung von Grenz- oder anderen Streitfragen zwischen Staaten.
4. Lösung von zwischenstaatlichen Konflikten mit ausschließlich friedlichen Mitteln durch Verhandlungen am runden Tisch und durch politische Lösungen.
5. Anerkennung des Selbstbestimmungsrechts der Völker.

Der Konsens des Kongresses der afroasiatischen Staaten in Bandung (1955) wurde von den Staaten des Südens, der Sowjetunion und den Mitgliedern des realsozialistischen Blocks rezipiert. Nunmehr soll er von allen übrigen Staaten in Westeuropa und Nordamerika verbindlich anerkannt werden.

Politik der friedlichen Koexistenz

1. Sofortige Anerkennung der Unabhängigkeit bisher besetzter Länder und unverzüglicher Abzug von Besatzungstruppen und -personal. Rückzug aller fremden Einheiten in ihre Heimatländer.
2. Achtung der territorialen Integrität und nationalen Souveränität von Staaten.
3. Keine Einmischung in die inneren Angelegenheiten anderer Staaten.
4. Keine Anwendung von Gewalt zur Regelung von Streitfragen zwischen Staaten.
5. Lösung von zwischenstaatlichen Konflikten mit friedlichen Mitteln durch Verhandlungen am runden Tisch und durch politische Regelungen.
6. Gleichstellung und Gleichberechtigung aller Staaten und Kulturen.
7. Auflösung des Weltsicherheitsrats als undemokratisches Gremium. Er ist ein Überbleibsel von Kolonialismus und Imperialismus. Dafür sollen Entscheidungen von der UNO-Vollversammlung als Vertretung aller Völker unter Gleichstellung aller Staaten und Kulturen getroffen werden.

Forderungen zur sofortigen Umsetzung, soll die Menschheit überleben

Verschrottung, Unschädlichmachung und Entsorgung aller aggressiven, zerstörerischen, gegen Menschen gerichteten Waffen, hierzu zählen
Minen, Streubomben und Streumunitionen,
ABC-Waffen aller Art,
Uranium, *Depleted Uranium* und Derivate,
Strontium, Plutonium und Derivate,
Abberufung aller Soldaten und Söldner und ihre Rückführung in ihre Heimatländer,
Verbot aller Kriegsfirmen,
Verschrottung aller Raketenwerfer,
Verbot der Waffenproduktion,
Bau und sofortiger Einsatz von Räumungsmaschinen und Entsorgungsfahrzeugen zur Bereinigung der ganzen Erde von Streubomben, Streumunitionen und Minen.
Kein Land handelt militärisch außerhalb der eigenen Grenzen.
Auflösung der NATO als einziger Militärallianz weltweit.

Aufgaben der antifaschistischen, antimilitaristischen und antiimperialistischen Solidaritätsbewegung

Dem Einheitsdenken und der Manipulation müssen wir durch Gegenöffentlichkeit begegnen.
Verbreitung der Wahrheit durch Information und Aufdeckung der Hintergründe.
Bewußtseinsbildung, Motivierung und Verbreiterung der Basis.
Globalisierung in einer gespaltenen Welt bedeutet, daß die Reichen reicher, die Armen ärmer werden. Die Forderung heißt deshalb nicht „Globalisierung", sondern „Gerechtigkeit".
Frieden und Freiheit aller Völker sind aneinander gekoppelt. Sie sind im Interesse aller Menschen, auch der Bürgerinnen und Bürger in Nordwest. In Europa und in den USA verfügt der Imperialismus über eine gewisse soziale Basis. Leider glauben viele hier, der Imperialismus wäre für sie von Vorteil. Sie wissen sicher nicht, wie krank sie Imperialismus und Militarismus machen.

Verbreitung der hier vorgelegten Analysen und Werbung für die vorgeschlagenen Empfehlungen dient dem Frieden.
Auch wenn die finsterste Phase der Menschheitsgeschichte schon zu lange andauert, ist der Weltfrieden keine Illusion. Nötig ist nur weltweite absolute Solidarität. Wir alle müssen uns zusammenschließen gegen Krieg und Unterdrückung, für Gerechtigkeit und Freiheit aller Völker. Dann hat die Menschheit eine Chance zum Überleben.
In der gespaltenen Welt, insbesondere zwischen Nord und Süd, herrscht Dualismus. Im Dualismus sind die zwischenmenschlichen Beziehungen durch Angst, Mißtrauen und Antagonismus geprägt.
Die Einheit der Welt und der Menschheit ist nur auf der Basis von Gleichstellung, Gleichberechtigung und Gerechtigkeit möglich.
In der Einheit bestehen Liebe und Verschwisterung. Glückliches Leben und paradiesische Zustände kehren auf die Erde zurück. Wohlstand und Wohlergehen aller sind gewährleistet.
Wir müssen den Widerstand fortsetzen: Gegen Militarismus, Aggression und Krieg, gegen Invasion, Unterdrückung und Ausbeutung, für Freiheit, Frieden, Gerechtigkeit und Gleichstellung aller Völker. Die Auflösung der NATO ist der entscheidende Schritt in diesem Bestreben. Solidarität hilft siegen!

Einunddreißigstes Kapitel

Friedensplan-Entwurf

Nachstehend listen wir die Ansätze auf, deren Umsetzung den Frieden herbeiführt. Sie leiten sich ab aus der Umkehrung der Kriegsursachen. Der Frieden kommt selbsttätig, wenn die Kriegsverursacher mit Aggression und Invasion aufhören.

Rückzug aller europäischen Soldaten aus allen außereuropäischen Ländern. Europäische Soldaten schließen USA, Kanada und ANZUS ein.

Abzug aller US-NATO-Truppen und Waffen, die sich außerhalb ihrer nationalen Territorien befinden.

1. ***Abberufung aller Soldaten,*** die sich außerhalb ihrer nationalen Territorien befinden. Sofortige Rückkehr des gesamten Militärpersonals in seine Heimatländer.

2. ***Sofortige Auflösung der kontinentalen Kommandos der USCOMs***
   „US-Commands" = USCOMs. Im einzelnen:
   US-Southern Command **US-SOUTHCOM**, zuständig für Süd-Amerika.
   US-Africa Command **US-AFRICOM,** befehligt US-Invasionstruppen im afrikanischen Kontinent, wobei die Ziele seiner Aggressionen nicht auf Afrika beschränkt sind.
   US-Central Asian Command **US-CENTCOM** ersetzt den praktisch aufgelösten CENTO-Pakt.
   US-Pacific Command **US-PACOM**.
   US-European Command **US-EUCOM** (Hauptquartier: Stuttgart, Deutschland). US-EUCOM ist das älteste ständige US-Auslandskommando der USA.

Das internationale, kontinental und regional gegliederte Kommandosystem der USA ist die organisierte militärische Struktur des Weltkriegs, den die USA gegen die Menschheit führen.

3. ***Auflösung aller US-Militärbasen in allen fünf Kontinenten.***

4. ***Auflösung aller NATO-Stützpunkte.***

5. ***Entmilitarisierung des Mittelmeeres als Binnengewässer der Anliegerstaaten.***

6. ***Totale Auflösung der NATO.***
   Da die NATO der einzige militärische Pakt auf dem Globus ist, stellt sie zusammen mit den US-Streitkräften die einzige Bedrohung der Menschheit dar. Sie ist Hauptkriegstreiber und bedeutet eine permanente Gefahr für die gesamte Menschheit. Ihre sofortige, bedingungslose Auflösung ist die notwendige Voraussetzung für den Weltfrieden.
   Die NATO-Auflösung ist ausreichend begründet:
   a) Die NATO besitzt keine Existenzberechtigung.
   b) Die NATO ist der Urheber der Kriege in der Welt.
   c) Die NATO hat keine Kriegsfeinde.

   Historische Begründung: 1989 proklamierte der Warschauer Pakt die Selbstauflösung und hat sie vollständig verwirklicht.
   Die vorgesehene, logische und geforderte Selbstauflösung der NATO ist nicht erfolgt. Vielmehr hat sie ihren Aktionsradius und ihre Aggressivität um den ganzen Globus ausgedehnt.

7. ***Befreiung der internationalen Lufträume und Gewässer von jeder militärischen Präsenz.***

8. ***Auflösung, Abbau und Entsorgung der Waffenarsenale.***

9. ***Ohne Rüstung leben!*** Der Militarismus entfaltet die ihm innewohnende Aggressivität und Destruktivität. Seine bloße Existenz verbreitet panische Ängste und Phobien. Er will den Dauerkrieg und praktiziert ihn.
   Wer Waffen hortet, will sie auch gebrauchen. Er verbraucht sie, um neue zu produzieren. Darum führt der Imperialismus den permanenten Krieg. Rüstung und Waffen entfalten das in ihnen lauernde Vernichtungspotential. Sie lagern im Arsenal – fahrbereit wie ein Auto in der Garage. Waffen steuern auf das Schlachtfeld zu. Darum sind Waffenlager gefährlicher als die unter der Erdkruste ruhenden Vulkane.

10. ***Entmilitarisierung der Welt:*** Nulloption für alle Waffenarsenale und die Rüstungsindustrie! Ab sofort soll stufenweise mit dem Abbau des Militarismus begonnen werden, will die Welt gerettet werden.

Der Militarismus ist selbst Kriegsverursacher, denn er schürt Kriege, um seine eigene Existenz zu rechtfertigen. Er zwingt bedrohte Staaten zur Selbstverteidigung und schafft damit die Normalität von Militarisierungsvorgängen.

Stelle man sich vor, was alles gemacht werden kann, wenn die für Rüstung ausgegebenen Mittel für friedliche Zwecke genutzt werden könnten.

Die alten Kulturen haben rasch gelernt, Waffen zu ächten und ohne Rüstung zu leben. Mit dieser Philosophie konnten sie Jahrtausende gut zusammenleben, Wohlergehen und Frieden genießen. Völker kamen miteinander gütlich und friedlich aus. Kooperation und gerechter Austausch nutzte allen.
Erst in der Neuzeit, mit Beginn der europäischen Aggressionen gegen den friedlichen Rest der Menschheit, wurden die Völker gezwungen, sich zu bewaffnen, um sich zu verteidigen.

Die Einlösung und Verwirklichung dieses Zehn-Punkte-Friedensplans ist die Bedingung für das Überleben von Menschheit, Umwelt und des weiteren Bestandes des Lebens. Die Zeit ist abgelaufen. Nutzen wir sie.

Kein Krieg ist der letzte Krieg.
Ein Krieg ist der letzte Krieg.
Wir stehen vor der Wahl!
Entweder beenden die Menschen den Krieg
oder der Krieg beendet die Menschheit.
Das ist die Alternative, vor der wir stehen:
Entweder gibt es den Krieg oder das Leben.

Es ist fast zu spät, die Welt und die Menschen zu retten. Aber wir leben noch. So lange die Menschen atmen, ist es nicht zu spät. Nutzen wir die Chance, die es noch gibt. Ohne Rüstung, ohne Manöver und ohne Krieg leben!

Ich danke Euch für große Aufmerksamkeit, gutes Zuhören, Geduld, Durchhaltevermögen und Regelmäßigkeit, welche Ihr während einer mehr-semestrigen Vorlesungs- und Seminarsequenz geleistet habt.

Ausgewählte Literaturhinweise zur Imperialismusanalyse

Theoretische Werke

Lenin, W. I., Der Imperialismus als höchstes Stadium des Kapitalismus, verfaßt 1916, Separatdruck, Berlin (DDR) (18. Aufl.) 1983.

Keynes, John Maynard, Allgemeine Theorie der Beschäftigung, des Zinses und des Geldes, München und Leipzig 1936 (wiederholt aufgelegt), 10. verbesserte Auflage Berlin 2000.
Keynes war Finanzberater des englischen Kriegskabinetts während des Zweiten Weltkriegs. Nach ihm ist der Keynesianismus – mit den Thesen zum Krisenmanagement – benannt. Im oben genannten Titel trat er für die Alternative „Markt ohne Kapitalismus“ ein.
Auch in Deutschland wurde der Auftrag zur Übersetzung des Hauptwerks von Keynes ins Deutsche im Rahmen der Vorbereitungen des Zweiten Weltkriegs erteilt. Es erschien bei Duncker und Humblot im Jahr 1936.
In London wurde Keynes zu Lord Keynes of Tilton geadelt, während die englische Luftwaffe R.A.F. deutsche Städte zusammen mit ihrer Einwohnerschaft in Flammen setzte.

Samir, Amin, L'accumulation à l'échelle mondiale (édition anthropos), Paris (o.J.).

Sweezy, Paul M., Theorie der kapitalistischen Entwicklung, (dt. Edition Suhrkamp, Nr. 433) Frankfurt am M. (5. Aufl.) 1976.

Sweezy, Paul M., Paul A. Baran, Monopolkapital, *Ein Essay über die Amerikanische Wirtschafts- und Gesellschaftsordnung* (Suhrkamp) Frankfurt am Main, 1973.

Klare, Michael T., Jederzeit, überall, mit allen Waffen ... – Die Entwicklung der neuen Interventionspolitik der USA (= Militärpolitik-Dokumentation), Heft 26, 6. Jg., 1982.

Jerussalimski, A. S., Der deutsche Imperialismus – Geschichte und Gegenwart, Berlin (DDR) (Dietz) 1968.

Autorenkollektiv, Der Imperialismus der BRD, Berlin (DDR) (Dietz) 1973.

Die Grünen im Bundestag, Angriff als Verteidigung – Air Land Battle 2000, Rogers-Plan, Bonn und Hamburg 1984.

Herfried Münkler, Imperien: Die Logik der Weltherrschaft – vom Alten Rom bis zu den Vereinigten Staaten, Berlin 2005
Khella, Karam, Imperialismustheorie, in: Risāla – Jahrbuch für Theoriebildung, Geschichtsrevision und Eurozentrismuskritik und antiimperialistische Solidarität, Band 5, Hamburg und Bremen 2002, SS. 14-246.
Khella, Karam, „Die gespaltene Welt – Über die Ursachen von Armut und Reichtum in der Welt", Hamburg 2002, 280 Seiten.
Khella, Karam, Die universalistische Erkenntnis- und Geschichtstheorie, Hamburg 2008

Zur Interaktion von Krieg und Finanzkapital:

Baumann, Erich, Die Bank von England in der Nachkriegszeit (Dissertation), Kiel 1934.

Literatur über US-Militarismus und Militärpolitik (in Selbst- und Fremddarstellungen)

Czempiel, Ernst-Otto, Carl-Christoph Schweitzer, Weltpolitik der USA nach 1945 – Einführung und Dokumente (mit umfangreicher Literaturliste), hrsg. v. Der Bundeszentrale für politische Bildung, Bonn 1989.

US Way of War – zur US-Kriegspolitik

Adam Badeau, Military History of U. S. Grant, 3 Vols., New York 1882.
American State Papers, 7 Vols., Washington, Gales & Seaton 1832-61.
Walter Millis, American Military Thought, Indianapolis 1966.
Russell F. Weigley, History of the United States Army, New York 1967.
Brodie, Bernard, The Absolute Weapons – Atomic Power and World Order, New York 1946.
Kissinger, Henry A., Nuclear Weapons and Foreign Policy, (published by Harper & Row; by Random House, Inc.) 1957.
Kahl, M., Abschreckung und Kriegsführung – Amerikanische Nuklearstrategie, Waffenentwicklung und nukleare Rüstungskontrolle von Kennedy bis Bush, Bochum 1994.
Chomsky, Noam, What Uncle Sam really wants, Odonian Press (1.) 1992 (dt.: Was Onkel Sam wirklich will, Zürich 1993).

Brzeziński, Zbigniew Kazimierz, Die einzige Weltmacht: Amerikas Strategie der Vorherrschaft. Beltz Quadriga, Weinheim 1997.
Brzeziński, Zbigniew Kazimierz, The Choice: Global Domination or Global Leadership. Basic Books, New York 2004.

Militärische Forschungszentren in den USA zur Entwicklung von Aggressionsstrategien und Kriegstechniken (eine Auswahl):

Hoover Institution on War, Revolution and Peace.
US-Militärische Lehrwerke (US Government Program)
The Wars of the United States, Series ed. by L. Morton (General Editor).
Russell F. Weigley, The American Way of War – A History of United *States Military Strategy and Policy*, New York-London 1973.
Weigley bringt eine umfangreiche Literaturliste über US-Kriegsgeschichte und US-Kriegsbeteiligung (PP. 553-561).

NATO

Autorenkollektiv unter der Redaktion von P. A. Shilin, H. Brühl, K. Sobezak, *NATO-Staaten und militärische Konflikte*, hg. von: Institut für Militärgeschichte, UdSSR, Militärgeschichtliches Institut der DDR, Militärgeschichtliches Institut der Polnischen Armee, Berlin (DDR) 1988.

Ideologie des Kriegs und der Konfrontation

Huntington, Samuel P, The Clash of Civilizations and the Remaking of World Order, New York, Simon & Schuster, 1996, Pp. 237.
Zu diesem Werk, das zur Konfrontation aufruft und den Krieg ideologisch rechtfertigt, sind von seiten arabischer und muslimischer Autoren zahlreiche Repliken erschienen, die alle als Alternative zu Huntington den Krieg ächten und zum „Dialog der Kulturen“ aufrufen. Stellvertretend nennen wir den Beitrag des damaligen iranischen Staatspräsidenten (1997-2005) Muḥammad Ḫātamī (Chātami) vor der Vollversammlung der Vereinten Nationen.

Vertreibung, Genozid und Völkermord zum Zweck der Errichtung von Bastionen für den Imperialismus (sogenannte „ethnische Säuberung").

Grulich, Rudolf, „Ethnische Säuberung" und Vertreibung als Mittel der Politik im 20. Jahrhundert, München (4.) 2002.

Pappe, Ilan, The Ethnic Cleaning of Palestine, Oxford; deutsche Übersetzung: Die ethnische Säuberung Palästinas, (Zweitausendeins) (5.) 2008.

Psychologische und psychoanalytische Ansätze zum Krieg

Fromm, Erich, The Anatomy of Human Destructivity, New York-Chicago-San Francisco, Deutsch: Anatomie der menschlichen Destruktivität, Reinbek bei Hamburg u.a. 1974, 77, 2005.
Fromm bringt eine umfangreiche Literaturliste über psychoanalytische Ansätze zum Krieg.

Ökonomistische Thesen zum Krieg

Creutz, Helmut, Die wirtschaftlichen Triebkräfte von Rüstung und Krieg, in: Zeitschrift für Sozialökonomie, (ISSN 0721-0752) Folge 128, Februar 2001.

Risāla Nr. 7, Krieg, 2010

Der Vertrag von Versailles, mit Beiträgen von S. Haffner u.a., (Neuausgabe) Frankfurt am Main 1988.

Erster Weltkrieg

Fischer, Fritz: Griff nach der Weltmacht – Die Kriegszielpolitik des kaiserlichen Deutschland 1914-18, Düsseldorf 1967, 1994.

Der Krieg nach dem Ersten und vor dem Zweiten Weltkrieg
Aggressionen gegen Marokko

Kund, Rudibert und *Müller, Rolf-Dieter*, Giftgas gegen Abd el Krim – Deutschland, Spanien und der Gaskrieg in Spanisch-Marokko 1922-1927, Freiburg o.J.

Titel zum Zweiten Weltkrieg
Aus der Sicht der USA

Chandler, Alfred D., Jr. (Ed.), The Papers of Dwight David Eisenhower – The War Years, 5 Vols., Baltimore 1970.

Cline, Ray S., Washington Command Post – The Operations Division, in: United States Army in World War II, ed. The War Department, Washington Office of the Chief of Military History, Washington 1951.

Coakley, Robert W. and *Leighton, Richard M.*, Global Logistics and Strategy, 1943-1945, United States Army, in: World War II, ed. The War Department, Washington Office of the Chief of Military History, Washington 1968.

Aus realsozialistischer Sicht erschien das umfassende Werk vom Autorenkollektiv und Internationalem Redaktionskollegium:

N. G. Andronikow (UdSSR), A. I. Babin (UdSSR), A. W. Basow (UdSSR), T. S. Buschujewa (UdSSR), E. Duraczynki (VRP), D. Eichholtz (DDR), M. Farkas (UVR), M. Fatu (SSR), N. K. Glasunow (UdSSR), G. Hass (DDR), D. D. Kodola (UdSSR), E. Kozlowski (VRP), M. Kropilak (CSSR), G. A. Kumanew (UdSSR), N. S. Lebedewa (UdSSR), E. Liptai (UVR), E. Moritz (DDR), N. M. Narynskij (UdSSR), G. Nicolae (SRR), K. Pech (DDR), V. Pesa (CSSR), L. W. Posdejewa (UdSSR), G. Raszo (UVR), O. A. Rsheschewskij (UdSSR), I. E. Saizew (UdSSR), A. S. Sawin (UdSSR), A. I. Schinkarew (UdSSR), M. I. Semirjaga (UdSSR), P. A. Shilin (UdSSR),E. M. Shukow (UdSSR), W. I. Sipols (UdSSR), D. Sirkow (VRB), B. B. Solowjew (UdSSR), O. F. Suwenirow (UdSSR), S. Toth (UVR), S. A. Tjuschkewitsch (UdSSR), W. Wolff (DDR), D. Zedew (MVR), G. Zegmid (MVR).
Der Zweite Weltkrieg, deutsch in: Dietz Verlag, Berlin (DDR) 1988.

Mandel, Ernest (Generalsekretär der Vierten Internationale), Der Zweite Weltkrieg.
Von westlicher Seite gibt es äußerst wenig theoretisch orientierte, kritisch reflektierende Darstellungen des Zweiten Weltkrieges, sondern eher chronologische.

Ein umfangreiches Werk mit beachtlichem Dokumentationsmaterial ist zum Nachschlagen geeignet:

„*Das Deutsche Reich*". Es umfaßt 10 Bände und behandelt die Zeit 1939-45. Darin wird die Kriegspolitik nach den offiziellen diplomatischen Quellen aufgeführt.

Zentner, Christian (Hg.), Chronik Zweiter Weltkrieg, St. Gallen 2007.

Einzelleistungen
Fritz Fischer, Der Zugriff nach der Weltmacht, Düsseldorf 1961.
Das Folgebuch von Fritz Fischer ersetzt das erstere:
Fritz Fischer, Hitler war kein Betriebsunfall, München 1992.
Fritz Fischer, Krieg der Illusionen, Düsseldorf 1969.
Peter H. Nicoll, Englands Krieg gegen Deutschland – Ursachen, Methoden und Folgen des Zweiten Weltkriegs, (Britain's Bluder) 1953, Tübingen 1963, 2001.
Baker, Nicholson, Menschenrauch – Wie der Zweite Weltkrieg begann und die Zivilisation endete, Reinbek bei Hamburg, 2009.

Aggressionen gegen den arabischen Raum
Khella, Karam, Gerhard Rohlfs im historischen Kontext – Die arabische Welt im 19. Jahrhundert, in: Afrika-Reise – Leben und Werk des Afrikaforschers Gerhard Rohlfs, Bonn 1998
Khella, Karam, Arabisch-israelischer Konflikt, Hamburg 1982.
Khella, Karam, Die libysche Herausforderung – Libyen von den Anfängen bis zur Gegenwart, Hamburg (3. Aufl.) 1990/91, und als Erweiterung die Broschüre: Die Libysche Krise, 2011
Khella, Karam, Sie kommen wieder ... – Golf und der 200jährige euroamerikanische Krieg gegen die Araber, Hamburg (2 Aufl.) 1991/92
Khella, Karam, Die Welt und Palästina, 2. Auflage, Hamburg 2011
Smit, Ferdinand, The Battle for South Lebanon – The Radicalisation of Lebanon's Shi'ites, 1982-1985, Amsterdam 2000.

Afrika und Aggressionen gegen Afrika
Protocoles et Acte Général de la Conférence de Berlin (1884-1885), éd. Bréme Mai 1884. ISSN 0344-4317, ISBN 3-88299-042-2.
Winston S. Churchill, The River War, London 1899.
Khella, Karam, Pharaonen des Goldlandes – Antike Königreiche im Sudan, in: Risāla, Bd. 4, Bremen 1999.
Loth, Heinrich, Afrika im Zentrum der alten Welt – Die historische Bedeutung eines Kontinents, Berlin (DDR) 1990 (Dort: Quellen und Literaturverzeichnis SS. 231-259).
Davidson, Basil, The Lost Cities of Africa, Oxford 1904.
Davidson, Basil, Vom Sklavenhandel zur Kolonialisierung – Afrikanisch-europäische Beziehungen zwischen 1500 und 1800, Reinbek bei Hamburg (Rowohlt) 1966.

Rodney, Walter, Afrika. – Die Geschichte einer Unterentwicklung, Berlin (Wagenbach) 1976.

Afrika – Geschichte von den Anfängen bis zur Gegenwart, 4 Bde., Köln (Lizenzausgabe bei Pahl-Rugenstein) 1979.

Wolf, Eric, Die Völker ohne Geschichte – Europa und die andere Welt seit 1400, Frankfurt am Main und New York 1991.

Cheikh Ante Diop, Die kulturelle Einheit Afrikas. [franz.: L'Unite Culturelle de l'Afrique Noire. Domaines du patriarcat et du matriarcat dans l'antiquite classique.], Paris 1959

Khella, Karam, Die Bedeutung Bismarcks – Aufgaben zur Revision der Geschichte des 19. Jahrhunderts, herausgegeben von: AK Süd-Nord, Universität Bremen, Bremen 1994/1995.

Lindqvist, Sven, Utrota varenda jävel, Stockholm 1992; deutsche Ausgabe: Durch das Herz der Finsternis, Frankfurt und New York 1999.

Khella, Karam, Der Sudan – Englische Aggression und sudanesischer Widerstand, in: Risāla, 4, Bremen 1999, SS. 10-61.

Kum'a Ndumbe III., Was wollte Hitler in Afrika? NS-Planungen für eine faschistische Neugestaltung Afrikas, Frankfurt am Main 1993.

Berichterstattung (als politisches Mittel)

Pilger, John, Wer deckte die Ziele, Frankfurt a. M. 2004.

Was sagen die Kriegsmacher?

Churchill, Winston S., The World Crisis of Finance, 1911-1918, London 1031.

Churchill, Winston S., The End of the Beginning – War Speeches by, Winston S. Churchill, Boston 1943.

Churchill, Winston S., Complete Speeches, London 1974.

de Gaulle, Charles, Mémoires, Paris 2000.

Dr. Goebbels Tagebücher (1942-43), Zürich 1948.

Goebbels, Joseph, The Goebbels Diaries, 1939-1941, New York 1983.

Goebbels, Joseph, The Goebbels Diaries, 1942-1943, New York 1984.

Periodicum

Bulletin of Atomic Scientists, ed. Atomic Scientists of Chicago (seit 1946).

isw – Institut für sozial-ökologische Wirtschaftsforschung e.V. Grafik-Report Nr. 12, 2009

Zeitung gegen den Krieg, erscheint im Büro für Frieden und Soziales – BFS e.V., Wilhelmshorst

Internetadressen

www.ag-friedensforschung.de
www.aufschrei-waffenhandel.de
www.rib-ev.de
www.sipri.org/
www.dfg-vk.de
www.imi-online.de
www.aksuednord.org
www.ivaw.org/wintersoldier
www.steinbergrecherche.com
www.jungewelt.de

Karam Khella

Über Imperialismus und Krieg

Zum Gesamtwerk

Karam Khella über den Krieg

Die Vorlesungs-Reihe „Krieg“ hat Karam Khella in einem Zeitraum von 22 Jahren (= 44 Semester; vom Sommersemester 1988 bis zum Wintersemester 2009/2010) durchgeführt. Soviel Zeit war nötig, um das Zeitalter der Kriege aufzuarbeiten. Bisher zirkulierten Mitschriften und Transkriptionen von Vorlesungen, die von studentischer Seite auf Tonträger aufgenommen wurden. Zum ersten Mal wurde das Thema „Krieg“ in dieser Gründlichkeit, Tiefe, Allseitigkeit und Klarheit behandelt und analysiert. Von vielen Seiten wurde der Wunsch geäußert, die verstreuten Texte zu sammeln und in einem Band herauszugeben. Karam Khella erklärte sich bereit, die Texte zu prüfen und zu vervollständigen. Dabei hat er Fachausdrücke ausführlich erklärt und Grundlagenwissen hinzugefügt, so daß das Werk allgemein verständlich wird. Es kann ohne Vorkenntnisse gelesen und von der breiten Öffentlichkeit genutzt werden. Hingegen sind der mündliche Vortragsstil und die Lebendigkeit der (nicht vorgelesenen) Vorlesung erhalten geblieben. Ebenso erhalten und wiedergegeben sind die Seminardiskussionen. Dadurch gewinnt die Publikation zusätzliche Lebendigkeit und Aktualität.

Khella ordnet die Ereignisse in ihren historischen Kontext ein, stellt Zusammenhänge her, zeigt Kontinuitäten und Diskontinuitäten auf. Die empirische Arbeit ist von fundierter gedanklicher Reflektion begleitet. Die Abhandlung ist interdisziplinär und mit Hinblick auf die Theoriebildung unverzichtbar. Der Autor ist bei allem bemüht, den Praxisbezug herzustellen: Was können wir tun? Im Schlußkapitel stehen die Analyse der gegenwärtigen Weltlage und die Perspektiven von Krieg und Frieden im Mittelpunkt. Initiativgruppen, Antikriegsbewegungen und Friedensforen können das Buch problemlos in ihre Arbeit integrieren. Mit diesem Werk hat Karam Khella für den Frieden, gegen Imperialismus und Krieg, einen unschätzbaren Beitrag geleistet. Khella liefert ein vorbildliches Werk der universalistischen Sichtweise und Wissenschaft.

Karam Khella über den Krieg

Band 1, Von den Kreuzügen bis zur Invasion Afrikas und Asiens
behandelter Zeitraum: 750-1885
Band 2, Erster Weltkrieg – Mythos und Realität
behandelter Zeitraum 1885-1933
Band 3, Zweiter Weltkrieg – Geschichte und Legende
behandelter Zeitraum 1933-1945
Band 4 und 5, Imperialismus heute – Krieg (liegen hier vor)
behandelter Zeitraum 1945 bis zur Gegenwart

Karam Khella
Imperialismus heute – Krieg und Frieden

Worum handelt es sich? Das Gesamtwerk *Imperialismus heute* erscheint jetzt in drei Büchern. Imperialismus ist das Phänomen, unter dem die Welt und jeder einzelne Mensch unmittelbar leidet. Noch nie wurde die Menschheit so bedroht und heimgesucht wie durch den Imperialismus.

Das Werk *Imperialismus heute* ist gegenwartsbezogen. Es hat die Absicht, eine möglichst vollständige Darstellung des Imperialismus, die sich auch als praktische Orientierung eignet, zu liefern.

Entschuldigung und Apologie: Für die Aufbereitung der dritten Auflage von Imperialismus heute ließ sich der Autor hinreichend Zeit. Die stürmischen Veränderungen der Weltlage, die nach der zweiten Auflage eingetreten sind, machten es notwendig, daß sich die dritte Auflage der Analyse neuer Situationen widmen mußte. Die Aufarbeitung dieser Entwicklungen nahm viel Zeit und Arbeitsaufwand in Anspruch. Die Aufbereitung des Manuskripts für den Druck verzögerte sich immer wieder durch das Eintreten neuer, gravierender Ereignisse, die nicht unberücksichtigt außer Acht gelassen werden konnten.

Fragen an den Autor und Druck von Seiten des Verlages, die alle auf ein baldiges Erscheinen der dritten Auflage drängten, mehrten sich. Das hiermit vorgelegte Werk nutze ich auch für den Zweck, mich bei allen Leserinnen, Lesern und beim Theorie und Praxis Verlag zu entschuldigen.

Aus dem einbändigen Imperialismusband sind drei geworden:

1. „***Imperialismustheorie***“ – Dieser Teil befindet sich in Risāla: Khella, Karam, Imperialismustheorie, in: Risāla – Jahrbuch für Theoriebildung, Geschichtsrevision, Eurozentrismuskritik und antiimperialistische Solidarität, Band 5, Hamburg und Bremen 2002, S. 14-246, ISSN: 1431-6293.
2. „***Die gespaltene Welt*** – Über die Ursachen von Armut und Reichtum in der Welt“, Hamburg 2002, 280 Seiten, ISBN: 3-921 866-90-1.
3. Der 3. Band ***»Jederzeit, überall, mit allen Waffen, Krieg und Frieden, Imperialismus heute«*** liegt hiermit vor mit dem Schwerpunkt „Militarismus und Krieg“.

Der Theorie und Praxis-Verlag

Erläuterungen zum inhaltlichen Aufbau des Werkes „*Imperialismus heute*“ in der dritten Auflage

Imperialismus heute

Erstes Buch
Imperialismustheorie

Was ist Imperialismus?
Warum gibt es ihn?
Wie entsteht er?
Muß er sein?
Wer profitiert vom Imperialismus?
Wer leidet unter ihm?
Wie funktioniert er?
Ist der Imperialismus besiegbar?
Wie?
Die Imperialismustheorie ist antiimperialistische Praxis.

Zweites Buch
Die gespaltene Welt

Über die Ursachen von Armut und Reichtum in der Welt.
Ökonomische Ausbeutung, politische Hegemonie.

Das zweite Buch behandelt u.a. die Themen: Wirtschaft, internationale Ausbeutung, ungleichmäßige Entwicklung, Technologietransfer, Finanzen, Geld, Weltbank, IWF, Verschuldung und Imperialismus im Alltag.

Drittes Buch

»Jederzeit, überall, mit allen Waffen«

Imperialismus heute

Krieg und Frieden

Militärische Bedrohung des Globus,
Herrschaft und Unterdrückung,
Anatomie der Destruktivität, Aggressivität und des Kriegs,
Über den Zusammenhang von Imperialismus und Militarismus,
NATO,
Der Krieg nach dem letzten und vor dem nächsten Krieg.

Jeder der drei Bände enthält eine ausführliche Analyse der Gegenwart. Im Hinblick auf die Praxis wird im dritten Buch die aktuelle Situation noch einmal ausführlich analysiert, um eine Basis zur Auseinandersetzung mit den Widersprüchen der Weltlage zu schaffen. Wir sind gefordert. Wir alle sind eingeladen, in der Zeit, in der wir leben, zu handeln und uns der eingetretenen Situation zu stellen.
Wer sich für einen bestimmten Schwerpunkt interessiert, muß nicht das Gesamtwerk erwerben. Die drei Bücher sind auch einzeln erhältlich und für sich jeweils verständlich.